马克思主义理论研究
和建设工程重点教材

社会心理学概论

（第二版）

《社会心理学概论》编写组

主　编　周晓虹

副主编　乐国安

主要成员（以姓氏笔画为序）

马广海　王小章　方　文　孙时进　李伟民　汪新建

张　洪　罗教讲　管　健　翟学伟

本版修订组

主持人　周晓虹

修订组成员（以姓氏笔画为序）

马广海　李伟民　张　洪　胡　洁　管　健

高等教育出版社·北京

图书在版编目(CIP)数据

社会心理学概论 /《社会心理学概论》编写组编. 2 版. -- 北京: 高等教育出版社, 2025. 7. --(马克思主义理论研究和建设工程重点教材). -- ISBN 978-7-04-062692-6

Ⅰ. C912. 6-0

中国国家版本馆 CIP 数据核字第 2024P1Y375 号

社会心理学概论
SHEHUI XINLIXUE GAILUN

责任编辑 程思祎 张婧涵　封面设计 王 鹏　版式设计 童 丹　责任绘图 邓 超
责任校对 高 歌　责任印制 张益豪

出版发行 高等教育出版社
社 址 北京市西城区德外大街 4 号
邮政编码 100120
印 刷 北京中科印刷有限公司
开 本 787mm×1092mm 1/16
印 张 24
字 数 400 千字
购书热线 010-58581118
咨询电话 400-810-0598

网 址 http://www. hep. edu. cn
http://www. hep. com. cn
网上订购 http://www. hepmall. com. cn
http://www. hepmall. com
http://www. hepmall. cn
版 次 2021 年 8 月第 1 版
2025 年 7 月第 2 版
印 次 2025 年 7 月第 1 次印刷
定 价 47. 50 元

物 料 号 62692-00

目　　录

绪　论

社会心理学是一门研究人类社会心理与社会行为的现代社会科学，是19世纪下半叶起在社会学和心理学两大母体学科的基础上逐渐形成的一门具有交叉性质的独立学科。作为系统阐述人类社会心理与社会行为的本质和规律的现代知识体系，社会心理学的发展历史至今不过一百多年。虽然历时短暂，但在发展的过程中，这门年轻的学科不仅在知识体系上日趋完整和成熟，而且在实际生活中也表现出了越来越大的应用价值。社会心理学力求对人类社会心理和社会行为的发生、发展、变化的规律作出科学的解释。社会心理学的学科性质及其独特的研究对象，决定了它在现代科学体系中的地位和在社会生活中的作用，也使它对学者及一般大众具有相当大的吸引力。

第一节　社会心理学的研究对象

一门学科存在的前提，是它应该有自己独特的、其他学科难以替代的研究对象，社会心理学当然也不例外。初学社会心理学的人可能会问：社会心理学研究什么？对于这个基本问题，人们得到的回答可能各式各样，莫衷一是，以至于有人说，社会心理学是那些自认为是社会心理学家的人倾心研究的一门学科；也有人说，有多少社会心理学家，就有多少种关于社会心理学研究对象的说法。在下文中，我们会分析，形成这种研究局面或研究困难的原因是复杂的，而了解这种复杂性对于理解社会心理学的研究对象、理解人类社会心理和社会行为的本质与特点大有裨益。

一、社会心理学研究的复杂性

社会心理学研究的复杂性，不仅取决于其研究对象的特殊性，也取决于由不同学科的介入而形成的视角异质性，以及由此形成的基本表述的多样性。我们有必要先认真分析这种复杂性，再讨论有关社会心理学研究对象及学科定义的主要观点，最后从马克思主义的角度剖析人类社会心理和社会行为的本质和规律。

首先，社会心理学研究的复杂性是由社会心理与社会行为两个分析概念二元并置决定的。初学社会心理学的人都会遇到一个基本的疑惑，除早期的学者之外，后来流行的社会心理学教科书大多不会声称社会心理学研究“社会心理”（social mind 或 social mentality），它们基本都认为社会心理学研究“社会行为”（social behavior），如安德列耶娃从苏联心理学特有的活动原则出发认为：“社会心理学首先分析那些为人们参加现实社会团体这一事实所制约的人的行为和活动的规律性。”①

在社会心理学的发展过程中，其研究对象从社会心理向社会行为的转变，从大背景上说与19世纪整个社会科学界极力张扬的实证主义和实验主义导向有关，从直接的动因上说则与20世纪初因行为主义的兴起而引起的由在欧洲各国流行的内省心理学②向美国学界倡导的力图做到“完全客观”的行为主义心理学的转变有关。我们了解这一转变，但考虑到中文语境中“社会心理”一词使用的广泛性以及这一概念迄今具有的生命力，在本书中仍将并列使用社会心理与社会行为两个分析概念，以贴合人们在日常生活中将心理视为内隐现象、将行为视为外显过程的认知习惯，方便读者理解。

其次，社会心理学研究的复杂性是由社会心理和社会行为的制约因素的复杂性决定的。社会心理和社会行为并不是个体对社会刺激的一种单纯的心理反应或个人活动，它直接或间接地受到包括个体自身在内的诸多主客观因素的影响与制约。一般来说，影响人类社会心理和社会行为的因素有两大类：其一，个体自身复杂的包括遗传因素在内的生物因素和以人格为主的心理因素；其二，人体所生存其间的同样甚至更为复杂的社会文化环境因素。

众所周知，包括遗传因素在内的生物因素对人类自身的成长具有基础性的作用，健康的机体和健全的机能为人类个体的成长及心理和行为的形成提供了

---

① ［苏联］安德列耶娃：《社会心理学》，南开大学社会学系译，南开大学出版社1984年版，第65页。

② 内省心理学（introspective psychology）是指一种运用内省法研究心理活动的理论取向，所谓“内省法”是心理学的基本研究方法之一，又称自我观察法。心理学研究通常要求被试者把自己的心理活动报告出来，然后通过分析报告资料得出某种心理学结论。现代心理学的创始人冯特等人的构造主义心理学把心理学的研究对象确定为直接经验，内省法便成了心理学研究的基本方法。20世纪初，行为主义心理学否定对意识经验的研究，把心理学确定为研究行为的科学，主张用刺激—反应方法进行研究，完全否定了内省法。而20世纪50年代后期，随着认知心理学的兴起，意识重新回到心理学研究视野，自我观察法再次受到心理学家的重视，并获得了新的发展。

生物学意义上的可能。继而，在人的社会化的过程中形成的，集聚了全部心理特征的稳定而整合的内在系统，即所谓“人格”，也在相当大的程度上支配着人的社会心理与社会行为。人格是不同的个体面临相同的环境或刺激作出不同反应的重要变量因素，也是个体或者群体在社会生活中激发主观能动性的一种动力机制。

进一步来讲，社会文化环境因素对人类社会心理和社会行为的影响与制约更为重要。一方面，社会心理与社会行为本身就是人对各类社会环境或社会情境发出的简单或复杂的刺激所作出的反应；另一方面，从根本上说，所有社会心理与社会行为都受制于人们生存的整个社会生活环境，或者说受制于以生产关系为主导的社会关系。马克思主义认为，人的社会存在决定了包括社会心理在内的所有社会意识。可以说，正是社会存在的复杂性决定了社会心理学的研究对象——社会心理和社会行为的复杂性。

再次，社会心理学研究的复杂性是由社会心理和社会行为的物质承担者——人——的组成形式的复杂性决定的。我们承认，个体可以作为社会心理和社会行为的主体，对来自他人或群体的社会行为作出自己的反应，当然这个反应受制于个体所生活的社会文化环境；进一步来讲，由个体所组成的规模不等的群体同样也是社会心理和社会行为的主体，这使得完整意义上的社会心理和社会行为的主体既具有个体性也具有群体性。具体来说，社会心理学所研究的社会心理和社会行为可以包括以下几类：（1）个体受他人或社会影响而产生的社会心理和社会行为，如社会性的感觉、动机、认知和归因；（2）既体现在个体身上又为群体中的其他成员所共有的行为，如语言、社会态度、模仿和从众行为等；（3）由各种有组织的和无组织的群体所表现出的行为，如合作、竞争、社会运动以及时尚、恐慌、流言和谣言等不同类型的集群行为。

最后，社会心理学研究的复杂性是由不同的研究者来自不同的母体学科，他们所秉承的理论和方法不同，科学立场和分析问题的视角也大相径庭决定的。社会心理和社会行为受制于社会、文化和人格等诸多因素，这为心理学家和社会学家从各自的路径切入社会心理学研究提供了可能。在社会心理学的现实发展中，英国心理学家威廉·麦独孤和美国社会学家爱德华·罗斯于1908年各自出版了社会心理学教科书，而他们各自所代表的学科在理论和方法上又大相径庭，某种程度上说，这既使得心理学和社会学成为社会心理学当之无愧的母体学科，也使得社会心理学内部的分裂状况一直延续至今。美国社会心理学家西奥多·纽科姆曾将社会心理学的历史形象地比作一条隧道的开凿，社会学家和心理学家是分别从人类行为这座大山的两面开始盲目挖掘的，因此，他们很难有打通隧道会面的机会。事实上，在社会心理学后来的发展中，文化人类学和社会生物学等学科也都不同程度地介入有关社会心理和社会行为形成的讨论之中，这不仅加大了社会心理学学科的内部分裂程度，也使得原本就莫衷一是的对研究对象的讨论变得更为复杂。

二、有关研究对象的经典论述

社会心理学研究对象的复杂性，加之这一学科在一百多年的历史中呈现出的异乎寻常的繁荣景象，使得现有的关于社会心理学研究对象的表述数不胜数。1982 年，在中国社会心理学刚刚重建之际，我国社会心理学家吴江霖从 1937 年到 1980 年这 40 余年间卷帙浩繁的社会心理学文献中筛选出了 30 条具有代表性的社会心理学定义；几年后，美国社会心理学家爱德华·琼斯也统计出，1985 年之前的 50 年间美国专门的社会心理学教科书达到上百种。虽然在 1949 年之前，包括我国社会学家孙本文的《社会心理学》在内，由中国人撰写的社会心理学教科书不过寥寥数种，但在中国社会心理学重建后的数年间所出版的各式各样的教科书起码也在50 种以上。通过分析，我们能够发现，对社会心理学研究对象论述的差异主要存在于不同取向的社会心理学家之间。简单地说，心理学家注重个体，试图通过个体的人格特征（来自本能或社会影响）来解释人的行为；而社会学家注重群体（早期为大群体，后期为小群体），试图通过人们在群体中的互动来解释人的行为。事实上，1908 年出版的最早的两部社会心理学教科书就明显反映出了上述分歧：罗斯的著作表明他是集群行为研究的先驱，而且他并不强调社会背景中的个人；相反，麦独孤则强调个人行为，他研究了行为的机制和先天倾向。

此后，美国心理学家、实验社会心理学创始人弗洛德·奥尔波特和美国社会学家埃尔伍德进一步将这一分歧明确化：前者认定社会心理学研究个人的社会行为与社会意识；而后者则认为社会心理学是关于社会互动的研究，它所关心的是人类群体行为的心理学解释。在后来数十年的发展过程中，尽管社会心理学的论域越来越宽、学科的系统性越来越强、分析方法越来越精致、应用领域也越来越广，但社会学和心理学两大学科在其学科内部“分庭抗礼”的局面并没有彻底改变。这种分裂表现在对研究对象的论述上：一方面，美国心理学家高登·奥尔波特于1968年首次作出的定义随着心理学化的倾向日趋强势而流行开来，多数人开始认同社会心理学“旨在理解或解释个人的思想、情感和行为如何受到他人实际的、想象的和隐含的存在的影响”①；另一方面，社会学家也没有退让，他们反对将研究聚焦于个体，依旧坚持社会学取向中对社会互动的关注，强调各种“塑造群体”的因素，如社会自我与社会化，他们认为，社会心理学的研究有助于理解社会环境对人类行为的影响，由此社会学背景的社会心理学家认定人的行为主要受到其所属的群体内和群体间的互动的影响。

20世纪20年代以后，由于在世界各地所从事的田野研究越来越多地涉及人类社会行为的文化差异，文化人类学家也开始关注社会心理学领域。人类学家意识到，在心理学及社会学的视野之外，存在着另外一类决定人类社会行为的因素——风尚习俗、典章制度、工具、哲学、语言等，即我们统称的文化。这一观点及大批富有成效的跨文化研究，开始对原先的以欧美社会为研究对象的主流社会心理学提出了挑战。1988年，作为这种努力的结果，迈克·彭主编了《跨文化对社会心理学的挑战》一书。该书的序言写道，社会心理学中的跨文化研究已对所谓“主流”的社会心理学提出了挑战，促使它从不同的文化中获取自己的发现，超越传统的过于狭隘的资料基础去拓展自己的远景。总的来说，从跨文化的角度来看，人类社会行为不仅受到社会因素的影响，同时也受到文化因素的影响。

尽管社会心理学存在上述两种主要的研究取向，但自20世纪20年代社会心理学进入中国以来，总体上来说，社会学家的观点并没有获得充分的发展，在有关研究对象的表述上自然也以心理学家的表述为主。例如，在1949年之前，孙本文醉心于社会心理学研究，但由于受到心理还原主义的影响，他的关注重心依旧是个体。所以，虽然孙本文视社会心理学为社会学中的一个基本部分，但在那本闻名遐迩的《社会心理学》中，他还是认为社会心理学应以个人行为与社会的相互影响为研究对象。

20世纪80年代中国社会心理学重建以来，首先进入这一领域的多为心理

---

① Gordon W. Allport, “The Historical Background of Social Psychology,” in G. Lindzey and E. Aronson, eds., *The Handbook of Social Psychology*, New York: Random House, 1985, p. 3.

学家，这使得心理学取向的社会心理学一家独大的现象延续下来。学科重建以来，在对社会心理学研究对象的表述方面，提出较早并被广为引述的是吴江霖的定义："社会心理学应该是研究个体或若干个体在特定社会生活条件下心理活动（内潜的和外现的）的变化发展的科学。"① 这一定义力图从马克思主义的立场出发，将人的心理的发生、发展置于较为广泛的社会生活中去考察，在一定程度上揭示了社会心理的本质。这一定义带有心理学化的倾向：在这里，社会心理学只是关于个体的一种研究，尽管定义提及了"若干个体"，但这个"若干个体"由于缺乏内在的结构显然不能说就是"群体"。这一表述影响了后来诸多有关社会心理学研究对象的界定。

尽管上述界定明确将社会心理学的研究对象确定为个体或若干个体的社会心理活动，但随着这一学科的不断发展，包括心理学家在内的越来越多的研究者认为社会心理学不能忽视群体甚至大群体的社会心理现象。林秉贤提出，社会心理学是研究个体或群体在特定社会条件下心理活动发生、变化与发展规律的科学；孙晔和李沂在此基础上将社会心理与社会行为并置，提出社会心理学是研究个体和群体的社会心理和社会行为规律的一门科学；进一步地，周晓虹将社会心理学的研究对象界定为"生活在特定的社会生活条件下、具有独特的文化和完整的人格结构的人对各种简单与复杂的社会刺激所作的反应"，并明确说明，这个作为社会行为主体的人"既包括作为群体成员的个体，也包括由这些个体组成的规模不等的群体"。②这说明社会心理学的研究对象既应该包括个体也应该包括群体的观点，已经成为这一学科内部的基本共识。

三、社会心理与社会行为

前述有关社会心理学研究对象的各种表述，为我们分析其中的规律并提出科学的定义提供了参考。从上述表述中，我们可以获得这样一些基本认识。

第一，无论是强调社会行为还是社会心理，又或是并列使用这两个概念，大多数研究者认为，社会心理学应以包括外部表现和内隐过程在内的人对社会刺激的全部反应作为自己的研究对象，尽管其实际涉及的领域可能要小得多。

---

① 吴江霖：《马克思主义社会心理学的展望》，周晓虹主编：《中国社会心理学文选：1919～2019》，社会科学文献出版社 2022 年版，第 367—368 页。

② 周晓虹：《现代社会心理学：多维视野中的社会行为研究》，上海人民出版社 1997 年版，第 11、14 页。

从上述各种表述能够看出，虽然西方学者多用社会行为，中国学者多用社会心理，但它们的概念内涵都不仅限于外部表现或内隐过程，这也是我们能够将这两者并列为社会心理学的研究对象的基本前提。

第二，对社会刺激作出反应的主体不仅包括个体，而且包括由个体所组成的大小不等、结构化程度不一的群体。就这里所说的群体而言，大小不等指的是这个反应主体可以是民族、阶级或社区这些规模较大的群体，也可以是家庭、邻里、小组或班级这些可以面对面交往的小型群体；结构化程度不一指的是这个反应主体可以是有严密的组织结构的群体或社会组织，如军队、工厂、党派或中国所强调的“集体”，也可以是散在的大众，甚至是完全没有结构性的所谓“群氓”（crowd）或“乌合之众”。

第三，个体或群体的社会心理和社会行为，或者说他或他们对社会刺激的反应受到其生存环境的影响与制约，其中包括生物因素、心理（人格）因素和社会文化环境因素。需要指出的是，尽管多数西方社会心理学家并未否认社会文化环境因素对社会行为的影响，但受马克思主义的影响，苏联和中国的社会心理学研究者对这一点更为关注。比如，安德列耶娃意识到人的心理中具有社会特征意义的内容正是在宏观社会的层次上形成的；而自吴江霖始，几乎所有的中国学者都将“特定的社会生活条件”视为人们形成相应的社会心理和社会行为的前提条件。

第四，中国的社会心理学家非常重视社会心理和社会行为的能动作用。早在 1946 年，孙本文在《社会心理学》一书中就提出，社会心理学除了解社会对于个人心理或行为产生什么影响及怎样影响之外，还要了解个人在社会中对于社会心理或行为方面产生什么影响及怎样影响。① 20 世纪 80 年代中国社会心理学重建后，在马克思主义的指导下，社会心理学研究者在这一点上的意识更为清晰。换言之，他们既看到了社会文化环境对人类社会心理和社会行为的制约作用，反过来，也强调人类社会心理和社会行为对社会文化环境的影响或改造力量。比如，林秉贤明确指出：“社会心理学不仅研究社会环境因素影响个人的行为，而且也研究个体改造与影响环境的力量。”②

综上所述，我们认为，社会心理学研究生活在特定的社会历史条件下的个

① 孙本文：《社会心理学》，《孙本文文集》第二卷，社会科学文献出版社 2012 年版，第 7—8 页。

② 林秉贤：《社会心理学》，群众出版社 1985 年版，第 6 页。

体或以不同方式组成的群体对各种简单或复杂的社会刺激所作出的反应，以及这些反应对社会生活的积极或消极影响。简言之，它研究人的社会心理和社会行为发生、发展、变化的过程及其规律。

从马克思主义的立场出发，上述有关社会心理学研究对象的解释或对这一学科的界定，最为关键的问题其实还是社会心理与社会行为的本质属性问题。虽然社会科学近200年来所发展出来的一整套包括定量和定性在内的研究方法以及社会心理学的研究内容在各国社会心理学家眼中都具有一定的共性，但从马克思主义的观点来看，我们对社会心理和社会行为的本质属性的看法还是与西方学者有所不同。显然，对于这些问题作出理论阐释对我们构建马克思主义的社会心理学不无裨益。

首先，社会心理和社会行为的主体或物质承担者是人，但这里的人不是抽象的或超历史的，而是生活在具体的社会历史条件下的人。人及其全部社会心理和社会行为从根本上来说受制于其所生存的社会文化环境。人的物质资料生产方式及其在一定的物质资料生产方式中所处的经济地位，以及其他社会生活条件与文化环境，都可以直接或间接地塑造、影响、调节人的社会心理，都会引导人的社会行为朝一定方向发展。正如马克思和恩格斯所说："个人怎样表现自己的生命，他们自己就是怎样。……个人是什么样的，这取决于他们进行生产的物质条件。"①所以严格意义上并不存在抽象的或永恒的人的社会心理和社会行为，存在的只有具体时代和具体社会文化环境下的个体或群体的社会心理与社会行为。

其次，社会心理和社会行为是人对各种简单或复杂的社会刺激作出的反应。对这种反应的科学理解建立在两个方面：（1）人对社会现实或社会刺激的反应是一种从内隐的社会心理到外显的社会行为的"连续统"（continuum），因此两者密不可分，有时也可以互为替代使用；但是，从严格的或狭义的意义上说，社会心理是人对社会刺激的内隐反应，而社会行为则是人在社会刺激下的外部表现。它们可能一致，也可能不完全一致。（2）人的反应是受到各种社会客体的刺激而自发产生的，因此它同经过人们加工和提炼而形成的、由一整套符号体系所表现的"意识形态"既有相同之处，也有相异之处。相同之处在于社会心理与意识形态共同构成社会的"意识"，而社会意识是社会存在的反

---

① 《马克思恩格斯文集》第一卷，人民出版社2009年版，第520页。

映；相异之处在于前者是人们在日常生活实践中自发形成的具有零散性和非系统性的精神形态，而后者则是经过加工和提炼的具有整体性和系统性的精神形态。可以说，社会心理作为一种直接的、自发的社会意识，常常比意识形态更能直接地感触到时代的脉动。

再次，社会心理和社会行为从根本上来说受制于人们生存的社会文化环境。具体来说，我们可以将作用于人的全部社会文化因素分为两大类：一类为社会文化情境，指与某个个体或群体直接发生联系的其他个体或群体，它们构成了人们活动于其间的即刻或短暂的社会文化氛围；另一类为社会文化环境，这是社会行为发生的宏观和长期的背景，包括政治制度、法律制度、经济地位与经济状况、社会规范、风俗、时尚、信仰体系、舆论、民族与阶级群体、交往方式等，在本书中有时又称为"环境"或"社会环境"。社会文化情境对人的刺激是直接的、当下的、简单的；而社会文化环境对人的作用则是间接的、长期的、复杂的。引发或影响社会心理和社会行为的社会刺激既包括来自前者的，也包括来自后者的。受马克思主义的影响，现在越来越多的社会心理学家意识到他人是社会刺激物，人的创造物诸如社会群体、社会规范和其他社会产物同样也是社会刺激物。此外，人们之间的交互作用所产生的环境变化有时也会反过来成为社会刺激的一部分。

最后，社会心理和社会行为一方面受制于社会文化环境，另一方面作为能动的人的主体反应，也能够反作用于社会文化环境。这种反作用十分复杂，一般来说：其一，对处于社会文化情境中的个体或群体来说，这种反作用进一步构成了对与之互动的其他个体或群体的社会刺激，它们赋予社会心理和社会行为以互动性；所以如沙莲香所言，并不是所有个体或群体的"心理活动都能成为社会心理，只有在社会成员中间起影响作用的心理才是社会心理"①。其二，对处于社会文化环境中的个体或群体来说，这种反作用最终赋予人类以自己的有意识的行为改造社会的力量。

第二节 社会心理和社会行为的制约因素

既然人们的社会心理和社会行为并非单纯的个人反应或个体活动，它们自

① 沙莲香：《社会心理学》，中国人民大学出版社 1987 年版，第 35 页。

然会直接或间接地受到自身之外的诸多主客观因素的影响和制约。对在不同的自然环境中生存的、具备正常的生理或遗传基础的个体或由这些个体组成的群体来说，这些影响和制约因素主要包括社会、文化和人格三方面。

一、社会

社会不但是社会学的研究对象，也是社会学取向的社会心理学家用来说明社会心理和社会行为的基本概念。那么，社会究竟是什么呢?

“社会”一词在汉语中的历史源远流长。《说文解字》中有“社，地主也。从示、土”。《孝经纬》说：“社，土地之主也。土地阔，不可尽敬，故封土为社，以报功也。”在这里，“社”指祭地神之地。进一步来讲，“社”也可以用来指合祭地神的群居之地，《周礼》中所谓“二十五家为社”，或“成群立社”，都将“社”引申为一切群居会合之处。与此对应，“会”则指集会、聚会，指人群的聚合。这两词的连用始见于《旧唐书·玄宗本纪》中“村闾社会”一词，《二程集》中也有“乡民为社会”语。此后，“社会”一词将“社”与“会”两词的含义综合引申，用以指一群人为某种共同的目的相聚在一起。

“社会”的英文 society 一词源自拉丁文 socius（意为“伙伴”），其含义与宋代以后中文中的“社会”一词十分类似。明治年间，日本学者率先将 society 译成汉文“社会”，随后这一译法在中国学界流行开来。不过，即使社会学已经有了近 200 年的历史，但学界对“社会”一词的界定仍然并不统一。甚至有人认为，社会这一概念是难以被明晰地作出系统阐述的，社会学的历史就是不断重复地试图对社会作出一个令人满意的明确表述的过程。

在社会学中，“社会”的歧义首先源自法国社会学家。塔尔德认为社会本质上是一种心理现象，一种具有共同心理的人群的集合。换言之，我们在哪里发现个体间的心理互动，就能够在哪里发现社会或社会现象。这种被称为“唯名论”的观点认为社会并不是一种真实的存在，它不过是指代一群人集合的名称而已。与此对立的是涂尔干的社会唯实论，他承认社会确实是由个人组成的，但个人一旦组成社会，后者就具有了独立存在的特征，或者说成了一种不依赖某个具体个人而存在的“突生”现实。总体上，在社会学的发展中，唯实论逐渐占了上风，并形成了各式各样的变式：有人强调社会是由相互联系的制度构成的某种结构；也有人认为社会是一种高度复杂的象征系统和交往系统；还有人认为社会是一种超乎个人之上的社会或文化遗产，包括传统、习惯、民俗等。

从马克思主义的角度来看，社会是人们交互作用的产物，是由在共同的物质生产活动基础上相互联系的人们组成的群体。我们可以从这样几方面来理解社会范畴及其本质：（1）社会是由人组成的群体，人是社会的主体。社会与组成它的个人并不是对立的。一方面，社会是人的社会；另一方面，人也是社会的人。马克思指出，“人的本质是人的真正的共同体”①，这个“共同体”就是社会学中所说的“群体”。（2）组成社会的人并不是孤立的个人，而是处在以生产关系为主导的特定的社会关系网络中的个人。因此，马克思说：“生产关系总合起来就构成所谓社会关系，构成所谓社会，并且是构成一个处于一定历史发展阶段上的社会，具有独特的特征的社会。”②由这段经典表述的后半段我们又可以推出下一点。（3）社会是历史的、具体的，世界上不存在抽象的社会。从空间或共时态的角度来说，这个由特定的社会关系相联结而组成的群体占有共同的疆域；从时间或历时态的角度来说，社会又只能是“处于一定历史发展阶段上的社会”。从马克思主义的角度来说，人类历史沿着原始社会、奴隶社会、封建社会、资本主义社会和社会主义社会或共产主义社会五种“社会形态”依次更替发展，不同的社会形态具有不同的生产方式和生活方式，自然也会对人们的社会心理产生不同的影响和制约。（4）全部社会生活在本质上是实践的，这是因为作为社会生活主体的人是通过实践获得与动物相区别的本质性的规定的，正如马克思和恩格斯所言：“一当人开始生产自己的生活资料，即迈出由他们的肉体组织所决定的这一步的时候，人本身就开始把自己和动物区别开来。”③因此，实践既是人的本质所在，也是人类社会产生的起点。

当然，社会有狭义和广义之分。从严格的意义上说，并不是所有人群共同体都能够被称为社会。只有那些占有共同的疆域、拥有共同的经济生活从而能够自给自足、自我繁衍，以及具有共同的价值观、行为模式和物质表现形式即具有共同的文化的人群共同体，才能够被称为社会。但我们也在广义上使用“社会”的概念，此时的“社会”泛指与个体相对应的各类人群共同体，如社会群体、社会组织、城乡社区或民族与宗教共同体都可以被称为“社会”。

人无法离开社会而生存，人的全部活动都是在特定的社会经济条件下进行

---

① 《马克思恩格斯全集》第三卷，人民出版社 2002 年版，第 394 页。
② 《马克思恩格斯文集》第一卷，人民出版社 2009 年版，第 724 页。
③ 《马克思恩格斯文集》第一卷，人民出版社 2009 年版，第 519 页。

的，因此人对生活环境中的各种社会刺激的反应就不可能单纯是本能性的，而更多是社会性的。在社会心理学家看来，社会经济条件对人类社会心理和社会行为的影响，从宏观上说，是通过人的社会化过程及在这一过程中其所参与的社会经济活动塑造的；从微观上说，则是通过人在社会化过程中养成的人格特征及在社会生活中所扮演的“角色”实现的。

二、文化

文化是一个与社会有着密切联系，但又相互区别的基本范畴。文化既是文化人类学家的研究主题，同时也是他们用来说明人类行为的基本概念。许多文化人类学家一再申明，我们在世界上不同民族中所发现的人类行为只能根据他们各自的文化来解释，而不能诉诸人的普遍感情或心理倾向。自 20 世纪 20 年代文化人类学家介入原始民族或不发达民族的社会心理与社会行为研究之后，他们对既有的建立在以西方社会人口为研究对象基础上的社会心理学提出了挑战，也使文化日渐成为人们解释社会心理和社会行为的一个重要的变量。那么，究竟什么是文化呢？

社会学中谈论的“文化”一词英文为 culture，源自拉丁文 cultus，意即“耕种出来的东西”，它与“自然存在的东西”相对立。因此，文化即通过人的活动对自然进行开发及其所得的成果。或者说，文化是在某一特定群体或社会的生活中形成的，并为其成员所共有的生存方式的总和。具体来说，这一定义至少包括如下几层含义：(1) 文化不仅包括价值观、行为准则、生活态度这类非物质表现形式，也包括各种体现这些非物质文化意义的物质表现形式，如器皿、工具、织物、房屋等。所以社会科学家往往认为文化包括精神文化（其核心是价值观）、规范或制度文化以及器物文化。(2) 不论是非物质文化还是物质文化，都既是人们赖以生存的基本方式或手段，同时也是人们社会生活的产品或创造物。(3) 文化是有层次的，不仅同一文化可以分为文化特质、文化丛和文化模式几个层次①，而且我们还可以将一个社会中的某些群体所具有的既包含该社会的主流文化特点同时又具有自身独特性的生活方式称为亚文化，如青年亚文化或社区亚文化等。

---

① 如果说“文化特质”是组成文化的最小要素或最小单位，那么“文化丛”则是功能上相互联系的一组文化特质，“文化模式”则是一个赋予各种行为以意义并将各种行为包括在一个文化整体中的基本框架。

需要指出的是，文化和社会对每一个具体的、现实的人来说，都是一种不以其意志为转移的客观存在，它们共同构成了人类除自然条件以外的全部生活环境，并因此构成了人类社会心理和社会行为的全部客观制约因素，所以社会科学家在说明外在世界对人的影响时，往往会混用或并列使用“社会”与“文化”这两个概念。但是，“社会”与“文化”毕竟是有区别的：社会由共享某种文化的、受制于特定社会关系的人构成；而文化则是该社会或群体共有的生存方式，是人类生活的产品或创造物。

文化不仅对特定人类群体的共同生活具有重要的功能——人们通过文化相互交流、达成共识，通过文化共享意义、实现社会整合，通过文化培育后代、传承文明，而且人们的社会心理和社会行为同样受到他们浸润其间的文化的影响与制约：（1）特定社会的价值观和行为规范或者说文化，塑造了这一社会的成员的思考方式与行为举止，它规定了这些方式与举止适当与否，也规定了它们可行与否；正是从这一意义上说，人类学家将社会学家称为社会化的过程称为文化濡化（enculturation），专指人们在生活于其间的社会中接受本群体的文化及其意义的过程。（2）不同的群体在自己独特的社会历史生活中孕育了不同的文化，由此形成了文化的多样性。自近代以来，不同文化间的交流与融合促进了人类的进步，但也常常引发不同民族或宗教群体的矛盾与冲突。进一步来讲，文化的多样性塑造了不同群体的社会心理和社会行为的多样性。（3）文化处在不断的变动之中，近代以来随着全球化的推进，这一变动更加显著，而伴随着这一变动，人们判断自身心理或行为正常与否的标准也在改变——就像100多年前中国妇女的缠足现象现已绝迹一样，旧时少见的婚姻自主今天也已然普及。这说明文化确实对人类的社会心理与社会行为具有形塑功能。

三、人格

在现代心理学和社会心理学中，“人格”是一个为人们广泛使用，但迄今仍未取得统一看法的概念。“人格”的英文 personality 源于拉丁文 persona，其原意是面具，因此有的心理学家就将人格定义为个人的面具，认为它是个人在社会生活中扮演的全部角色的综合；也有心理学家将人格看成一种控制行为的内在机制；还有心理学家将人格看成个人所具有的全部心理特征的总和。尽管存在分歧，但几乎所有的心理学家都赞同这样的观点：人格可以根据一个人的一贯行为模式加以描述。

1937年，社会心理学家高登·奥尔波特在《人格：一种心理学的解释》一书中，对此前有关人格界定的50种定义进行了梳理，作出了后来影响广泛的著名定义：人格是个体内部决定其独特地顺应环境的身心系统的动力组织。受奥尔波特的影响，德国心理学家阿多诺在《权威人格》一书中采取了相似的综合定义：人格是一种内在力量的持久组织。它帮助个体决定在各种情境下的反应，因此形成包括内隐与外显过程在内的行为的一致性。但是，不论行为如何一致，它和人格毕竟不是同一样东西，人格的力量并不在于反应，而在于反应的准备动力。同社会、文化这些影响和制约人的社会心理与社会行为的外在因素相比，黄希庭认为，人格是个体在行为上的内部倾向，它表现为个体适应环境时在能力、情绪、需要、动机、兴趣、态度、价值观、气质、性格和体质等方面的整合，是具有动力一致性和连续性的自我，是个体在社会化过程中形成的给人以特色的身心组织。

我们认为，无论具体如何表述，有关人格的完整认识应该包括：（1）人格是在个人的社会化或文化濡化过程中形成的包括各种生理、心理及其他具有社会意义的内在特征在内的完整、统一的动力系统。（2）人格这个完整、统一的内在动力系统为人们在社会文化环境中的行为提供了稳固的、一致的反应模式，或者说，社会行为受到具体的人格结构的支配。（3）具体的人格既包含了独特的个人成分，也包含了体现在个人身上但又为某一群体的成员所共有的成分：前者是规定一个人区别于其他人的内在因素；后者则是规定一个群体区别于其他群体的内在因素。这种为一个群体的多数成员所共有的内在因素既是这个群体共有的生活方式和基本实践活动的结果，也是社会学家和文化人类学家创设“社会性格”“民族性格”或“基本人格”“众数人格”等概念的理论前提。值得注意的是，人格这一概念主要是在西方语境中提出的，适用于中国社会时有其局限性。对此，中国社会心理学界基于“性格”“人情”等方面进行了深入的概念建构和理论探索。

在有关人格的研究中，人格结构始终是一个重要的探讨领域，心理学家希望借此解释人们在心理特征和行为倾向上相对稳定的个体差异。先是奥地利精神分析学家弗洛伊德将人格结构分成“本我”“自我”和“超我”三个层次；后来美国心理学家雷蒙德·卡特尔提出了16种人格因素，并被广泛用于人格测量实践；20世纪80年代后心理学界逐渐将人格收拢到五大领域，即人格结构中最核心、最稳定的五项人格特质是开放性、责任性、外倾性、宜人性和神经质，这就是最先由麦克雷和科斯塔提出的、后来经戈德伯格修订的大五人格模型。尽管这一模型通过人格测量量表的建立，获得了十分广泛的使用，并被称为人格心理学领域"一场静悄悄的革命"，但它对不同人群的适用性还是受到了质疑。

必须说明的是，社会、文化、人格对社会心理与社会行为的影响与制约并不是孤立的，而是共同起作用，而且这三者本身也处在密切的相互联系和相互作用之中。不同取向的社会心理学都没有只认定这三者中的一个而完全否定另外两者对人类社会心理和社会行为的作用，他们之间的区别只在于对这三者的强调程度以及由此决定的解释人类社会心理和社会行为的角度有所不同。

第三节 社会心理学的学科性质与研究取向

在现代科学体系中，社会心理学是社会科学的一种。因此，这里所说的学科性质是它相对于其他社会科学尤其是邻近学科而言的。显然，讨论社会心理学的学科性质，必须从其与这些邻近学科尤其是与社会学和心理学这两大母体学科的关系入手。而人类社会心理和社会行为受制于社会、文化、人格以及生物因素的事实，决定了很多学科都可能从自身的角度介入社会心理学研究，从而形成特点各异的研究取向。

一、交叉性与独立性

在讨论社会心理学的学科性质时，首先会涉及这一学科与它的两大母体学科——社会学与心理学的关系问题。从历史上看，社会心理学本身就是19世纪形成的社会学和心理学两大学科相互交叉、融合的产物；而从现实上看，尽管社会学家和心理学家的观点和方法有所不同，但他们对人类社会心理和社会行为研究怀有共同的兴趣，并且都对社会心理学的学科归属提出了自己的主张，并因此形成了有关社会心理学学科性质的两种主要观点。

第一种观点以心理学家为代表，他们认为社会心理学是现代心理学的分支学科之一，它与心理学的关系是局部与整体的关系。早在1924年，弗洛德·奥尔波特撰写《社会心理学》时就认为，社会心理学不应当被视为与个体心理学截然不同的学科，它是个体心理学的一部分；苏联社会心理学家安德列耶娃尽管承认社会心理学这门学科是在社会学和心理学内部同时成熟起来的，是真正地产生于这两门学科“交叉点”上的学科，具有边际性质，但她还是认为社会心理学是心理学的一个组成部分。20 世纪 80 年代中国社会心理学重建之后，吴江霖进一步重申了这一观点，并将社会心理学与生理心理学并置，作为整个心理科学的两大支柱。

第二种观点以社会学家尤其是早期社会学家为代表，他们认为社会心理学是社会学的分支学科之一，在社会学中占有突出地位。比如：美国早期社会学家吉丁斯和埃尔伍德都认为，社会心理学是社会学最重要的组成部分；中国社会学家孙本文也认为，就社会心理学发展的历史与当时心理学与社会学的趋向而言，似乎应把社会心理学视为社会学的一个重要部分。不过，同心理学家对这一学科的专属诉求相比，社会学家的声音显得没有那样“理直气壮”，而且他们对社会心理学的兴趣似乎也在逐步降低。

除了上述两种声音以外，近年来随着社会心理学领域跨文化研究的增多，一种被称为“跨文化社会心理学”的视角也在形成。或许有一天人类学家也可能提出对社会心理学归属的新诉求，20 世纪 60 年代，美国华裔人类学家许烺光就曾尝试在人类学和心理学之间建立一种被他称为“心理人类学”的学科。

我们认为，尽管上述看法各有各的道理，但单方面地将社会心理学归属于某一学科在理论上不科学，在实践中也行不通。比较而言，较为科学的看法是将社会心理学视为在社会学和心理学等母体学科基础上形成的一门具有交叉性质的独立学科。

社会心理学学科的交叉性既体现在其成长和发展的历史之中，也体现在其所研究的对象——社会心理与社会行为的边际性质之中。我们知道，社会学、心理学和人类学等学科在社会心理学的形成和发展过程中都起到了促进作用，而社会心理与社会行为又确实是在这些学科之间形成的交叉领域或边际问题。尤为重要的是，无论是社会学、心理学还是人类学都既不可能单独形成这一边际问题，也没有能力单独处理这一边际问题。因此，强调社会心理学学科性质的交叉性是符合这一学科的本来面貌的。

社会心理学学科的独立性则可以从这一学科的研究对象、研究方法和理论体系等方面来认识。诚然，社会心理学是在社会学和心理学等母体学科的基础上形成的，但它既不是某一学科的附属物，也不是上述学科简单的拼凑和混合。可以说，在这些母体学科基础上形成的社会心理学具有自己全新的性质和特点，这是它能够成为一门独立学科的前提条件。当然，必须强调的是，社会心理学的独立性或它与社会学和心理学等母体学科的区别是相对的而不是绝对的。事实上，不仅社会心理学与这些母体学科之间不存在绝对的界限，就是社会学、心理学和人类学之间也存在相互重叠的领域、相互影响的现象和相互接近的倾向。

二、理论性与应用性

社会心理学的学科性质涉及这一学科的理论和应用之间的关系问题。任何一门现代社会科学的产生除了自己的理论建树或对社会现实的抽象外，还必须对因现代社会的到来而产生的现实问题作出自己的回应。从马克思主义实践观的角度来说，理论必须始终置于鲜活的实践之中，指导实践并在实践中吸收新的经验材料，实现理论之创新。从这个意义上来说，社会心理学是具备一定程度的理论基础的应用学科。

社会心理学的理论性既来自社会学和心理学等母体学科围绕人的本质、人类生活和社会行为进行的一系列缜密的研究及其成果，也体现在它本身提出了一系列有别于其他学科的独特的理论体系与学术观点。尤为重要的是，为提出和证实自己的理论假设，秉承各种传统的社会心理学家单独或综合地使用了各个学科的技术特长，在区分行为特征和观察行为的细微变化方面做了艰难的专业性尝试，进行了大量的实验室与现场实验以及广泛的社会调查。在这些工作的基础上建立的诸多社会心理学理论，不仅在社会学和心理学等母体学科之间架起了沟通的桥梁，而且在社会心理学理论与现实社会生活之间架起了桥梁。

应该指出的是，我们之所以说社会心理学具有一定程度的理论基础，是因为现有的社会心理学的理论并不完善，并不能够全面而完满地解释人在社会生活中的全部社会心理与社会行为。事实上，由于社会心理学长期以来主要在西方国家获得发展，现在已经成形的理论主要是由西方学者提出的，目前的社会心理学理论不可避免地具有如下弊端：（1）由于不能充分说明人的实践在社会历史进程中的作用，现有的社会心理学理论虽然在中观或微观层次上揭示了人类社会心理和社会行为的某些规律，却无法在宏观层次上说明社会生活的本质，大多数研究者也不可能认识到解决理论的对立问题“绝对不只是认识的任务，而是现实生活的任务”①。（2）与此相应，尽管大多数社会心理学理论都承认社会心理与社会行为受到社会文化因素的影响，并且也确实从不同侧面对

① 《马克思恩格斯文集》第一卷，人民出版社 2009 年版，第 192 页。

人类行为进行了研究，但由于缺乏对社会互动本质和人类行为本质鞭辟入里的分析，这些研究往往只涉及亚社会情境甚至非社会情境中的社会行为。(3) 受实用主义和实证主义观点的影响，大多数社会心理学理论往往重视对局部微小问题的研究，极少涉及对人的本质和社会发展趋势等一般性问题的探讨，忽视了社会不平等、政治暴力、战争和种族冲突等重大社会问题。目前的社会心理学理论存在的这些弊端要求中国学者从马克思主义的立场和观点出发，直面中国社会现实并着力于理论建构，建立本土化的、有中国特色的社会心理学知识体系，并最终为社会心理学的全球发展作出中国贡献。

如果说上述原因造成了社会心理学在理论方面的缺憾，那么这一学科与社会生活的直接联系则为它在日常生活中的应用提供了天然的便利。在社会心理学中，应用工作在一定程度上“超过”了基础研究。事实上，不仅社会心理学的产生从根本上说源于人们为解决与现实生活有关的社会心理问题的迫切需要——这使它从一开始就带有明显的应用性，而且社会心理学在日后的每一步发展都直接从社会需要中获得了巨大的动力。比如，20 世纪 20 年代这一动力来自工业生产的实际需求，“霍桑效应”指出工人的士气与生产效率有着极大的关系；30 年代这一动力来自世界经济的萧条和社会的动荡不安，社会舆论、流言与谣言、种族关系和价值的冲突、民意及其测量都是当时急需关注的课题；40 年代这一动力来自第二次世界大战，信仰、偏见、劝导、态度与态度转变、民族性格等构成了这一时期的主题；而经历 50 年代战后的稳定和繁荣之后，60、70 年代西方社会由反战运动和青年大造反等构成的社会动荡则引发了这一学科的危机，使其一只脚站在实验科学的基础上，而另一只脚则处于社会变革的波涛起伏之中。

80 年代以来社会心理学在中国的发展，也是这一学科应用性的最好例证。众所周知，社会心理学及其母体学科社会学、心理学，都是在改革开放的大背景下开始重建的。这些学科的经验研究性质使其在重建伊始便具有鲜明的问题导向，因为“实现四个现代化是一项多方面的复杂繁重的任务”①，有大量的现实问题需要研究，所以，从一开始如何打破“铁饭碗”、推进企业改革，到如何打破平均主义、“允许一部分人先富起来”，再到面对社会剧烈分化如何构建和谐社会，及至今天如何重新凝聚改革共识、以中国梦引领社会进一步前

---

① 《邓小平文选》第二卷，人民出版社 1994 年版，第 180 页。

行……可以说，40多年来中国社会波澜壮阔的变革进程既为社会心理学的发展奠定了基础，也向这一学科提出了前所未有的挑战。

一百多年前，马克思就问题意识指出："问题就是时代的口号，是它表现自己精神状态的最实际的呼声。"① 党的二十大指出："问题是时代的声音，回答并指导解决问题是理论的根本任务。"② 作为时代口号和声音的"问题"，最鲜明的特征是它是伴随着一个时代而生，在时代的发展中得到不同程度的解决，又在时代的发展中因形势的变化而产生新的问题或以新的形式表现。就今天的中国来说，经过改革开放40余年的发展，一方面，我们取得了前所未有的成就，可以说比以往任何一个时期都更接近于实现中华民族的伟大复兴，但另一方面，我们所面临问题的复杂程度、解决问题的艰巨程度也明显加大，这向包括社会心理学在内的整个社会科学的理论创新以及话语体系创新提出了全新的挑战。

中国社会心理学研究者正面临如何用马克思主义的立场和观点说明人类社会心理与社会行为本质的艰巨任务，也正进行将这一学科的知识应用于社会变革的艰难尝试。其中尤为重要的是，如何在实现中国式现代化的伟大征程中，"用社会主义核心价值观铸魂育人"，助力中国人的现代化，在促进中国社会"物的全面丰富"的同时，增进"人的全面发展"③，同时继续完成党的十九大所提出的"加强社会心理服务体系建设，培育自尊自信、理性平和、积极向上的社会心态"④ 的历史重任。

三、主要研究取向

社会、文化等因素与人类社会心理和社会行为之间的制约与被制约关系，不仅决定了社会心理学的交叉学科性质，事实上也说明了社会心理学的研究对象本身就属于可以从不同方面探索的边缘或边际问题。这一事实部分解释了为什么社会学和心理学等学科对社会心理和社会行为研究怀有相同的兴趣，然而

① 《马克思恩格斯全集》第四十卷，人民出版社1982年版，第289—290页。

② 习近平：《高举中国特色社会主义伟大旗帜　为全面建设社会主义现代化国家而团结奋斗——在中国共产党第二十次全国代表大会上的报告》，人民出版社2022年版，第20页。

③ 习近平：《高举中国特色社会主义伟大旗帜　为全面建设社会主义现代化国家而团结奋斗——在中国共产党第二十次全国代表大会上的报告》，人民出版社2022年版，第44、23页。

④ 习近平：《决胜全面建成小康社会　夺取新时代中国特色社会主义伟大胜利——在中国共产党第十九次全国代表大会上的报告》，人民出版社2017年版，第49页。

却发展出了具有各自特色的社会心理学。就像加德纳·墨菲和柯瓦奇所言："当社会心理学成形时，它趋向于分为两枝，一枝是心理学家的社会心理学，着重社会情境中的个人，一枝是社会学家的社会心理学，着重团体生活。"① 后来，文化人类学对这一领域的涉足，更使得社会心理学的发展呈现出学科视角的多样性。

尽管存在着不同学科视角的社会心理学，存在不同的学科路径或研究取向，但从维护学科完整性的角度出发，我们坚持只有一种社会心理学。当然，分属不同学科的研究路径在研究重点、所用理论与概念体系及具体的研究方法等方面都互有区别，我们可以从这些方面入手简要介绍这几种研究取向各自的基本特点。

心理学和社会学两种取向的社会心理学，是在 19 世纪末 20 世纪初心理学和社会学两门新生的社会科学彼此接近和互动的过程中形成的，也是现存的社会心理学的两种最主要的形态。前者的研究重点主要在于说明个体社会心理和社会行为，即力图解释他人、群体或社会对个人心理或行为的影响；后者的研究重点则在于研究群体、群体之间或群体内部的互动，并以此来解释这些因素对人类社会心理和社会行为的影响。这两种社会心理学的形态在长期的发展中，都形成了各式各样的中观理论体系：前者包括精神分析理论、群体动力学理论、社会认知理论和社会学习理论等；后者包括符号互动理论、社会交换理论、社会角色理论和参照群体理论等。在 20 世纪 70 年代社会心理学的危机之后，带有综合色彩的社会认同理论、社会表征理论和社会建构理论等逐渐形成。在心理学取向的社会心理学理论中，社会学习理论占据主导地位，它以实验室中的控制性实验为主要手段，说明人格或个体的心理与行为倾向是如何通过社会学习的过程习得的；与此相应，在社会学取向的社会心理学理论中，符号互动理论占据主导地位，它以问卷法和访谈法为主要手段，强调通过社会地位、社会角色和社会化等塑造"群体"的因素来研究人们的社会互动，进而达到对人类行为本质的理解。

除了上述两种取向以外，还有一种尚未成熟的社会心理学取向——文化人类学的社会心理学取向。20 世纪 20 年代以来，诸多文化人类学家以社会心理

① ［美］加德纳·墨菲、约瑟夫·柯瓦奇：《近代心理学历史导引》，林方、王景和译，商务印书馆 1980 年版，第 607 页。

学为主题，在各种非西方文化背景中进行了大量的跨文化研究，其中有许多研究闻名遐迩。他们试图证明文化在一个民族的人格和社会行为模塑中的重要作用，研究人格与社会行为又是在何种程度上建构文化的。

社会心理学领域的“各行其是”，在一定程度上影响了作为整体的社会心理学学科的发展，所以一直以来也有诸多学者从不同的角度试图实现学科内部的整合。最早对社会心理学领域各种取向并存不满，试图建立一种综合的研究取向的是美国文化人类学家拉尔夫・林顿。1945 年，他在《人格的文化背景》一书中写道，迄今为止，个人、社会、文化被分别从各个领域进行探讨。心理学研究个人，社会学研究社会，文化人类学研究文化。但是，个人、社会、文化紧密联系而不可分割，彼此之间的互动也是持续不断的。任何脱离其他两项而单独研究其中一项的做法，都是行不通的。因此，他预言，在不久的将来，这几种学科的研究成果会结合起来，形成关于人类行为的一种科学。

20 世纪 40、50 年代，这种试图将社会心理学的不同研究取向加以整合的努力得以具体实施。为此，美国有些大学创立了独立的社会心理学系科并制订了单独的学位课程，以期改变社会心理学家偏重接受心理学或社会学训练并获得相应学位的状况。这种整合的标志是 1946 年哈佛大学“社会关系系”的建立（这意味着社会心理学处在与临床心理学、社会学和文化人类学并列的地位）和密歇根大学社会心理学博士课程的制订。但是，这种努力并未维持太久，从 70 年代起，这些独立的系科要么被解散，要么被重新并入原先的母体系科，单独的学位课程也被取消。尽管人们为发展一种综合的研究途径做了诸多工作，但学科间的“联姻”未能获得预想的成功。

这一失败有各方面的原因，但我们认为，从社会心理学以往的发展和现状来看，或许既不可能也没有必要完全消除社会心理学内部不同取向并存的现象，以求得纯粹的统一或综合。尽管不同取向对人类社会心理和社会行为提出了不同的假设，也采用了不同的理论和方法来表述和检验这些假设，但只要我们不将其绝对地对立起来，而将其视为可以互为补充以说明同一现象的不同方面的知识体系，我们或许会发现，社会心理学内部不同取向的并存实际上为我们理解人类社会心理和社会行为的本质提供了多种可能的视角和有益的途径。

四、马克思主义与社会心理学

现代社会心理学形成于 19 世纪末 20 世纪初，此时正是马克思主义理论开始在世界各国，尤其是在欧洲传播的时期。这决定了由马克思、恩格斯所创立的历史唯物主义思想必然会对现代社会心理学的形成与发展产生不小的影响。事实上，美国社会学家詹姆斯·马克·鲍德温就曾把马克思的《资本论》视作使社会心理学家对个体意识和社会意识关系的看法发生根本变革的著作。因此，科学的社会心理学的建立与完善绝不能无视马克思主义的相关理论，只有在历史唯物主义的指导下才能真正揭示人类社会心理与社会行为的本质。

马克思主义是无产阶级的革命导师马克思和恩格斯在人类优秀的文化成果尤其是19世纪无产阶级革命实践的基础之上提出的有关人类社会进步与发展的宏大理论体系，其中涉及的哲学与社会科学知识极其丰富。单就社会心理学这一学科而言，马克思主义的立场、观点和方法可以简单地归纳为两个方面：一方面，必须坚持社会存在决定社会意识的观点，充分揭示包括经济条件在内的社会存在对人们的社会心理和社会行为的决定作用；另一方面，必须肯定包括人的社会心理在内的整个精神活动在人类历史活动中的积极的能动作用。

社会存在决定社会意识的观点，是历史唯物主义对现代社会心理学的最重要贡献。马克思、恩格斯第一次揭示了隐匿在人们精神活动背后的物质动因，在他们看来，与自然界的发展有所不同，“在社会历史领域内进行活动的，是具有意识的、经过思虑或凭激情行动的、追求某种目的的人；任何事情的发生都不是没有自觉的意图，没有预期的目的的。但是，不管这个差别对历史研究，尤其是对各个时代和各个事变的历史研究如何重要，它丝毫不能改变这样一个事实：历史进程是受内在的一般规律支配的”①。这个规律就是人们的物质资料生产方式的矛盾运动。

我们认为，就社会心理学而言，上述社会存在决定社会意识的观点包括这样几个理论要件：（1）历史唯物主义充分揭示了人性或人的本质这一社会心理学议题的实质。马克思在批判费尔巴哈的唯物论时，曾精辟地阐释道：“人的本质不是单个人所固有的抽象物，在其现实性上，它是一切社会关系的总和。”既然人的本质是“一切社会关系的总和”，科学的社会心理学就不能偏离真实的社会历史进程，孤立地观察和研究人的心理与行为，并“假定有一种抽象的——孤立的——人的个体”。②（2）如果我们能够坚持从上述立场理解人的

---

① 《马克思恩格斯文集》第四卷，人民出版社2009年版，第302页。
② 《马克思恩格斯文集》第一卷，人民出版社2009年版，第501页。

本质，那么可以认为任何人类个体的社会心理和社会行为都受制于其所生存的社会历史条件，而他的所有活动也都反映出其所生存的社会的性质或社会关系的性质，即使"当我从事科学之类的活动，即从事一种我只在很少情况下才能同别人进行直接联系的活动的时候，我也是社会的，因为我是作为人活动的"①。(3) 既然人的社会心理与社会行为是由他生存其间的社会文化环境所决定的，那么相似的社会文化环境自然会形成相似的群体心理与行为反应，如民族性格、社区意识尤其是阶级心理等。从马克思主义的立场出发，某一群体尤其是大型群体的生存条件对其成员的社会心理的影响主要通过两种途径实现：其一，整个群体相似的社会经济生活条件决定了其成员具有某些典型的个人生活体验；其二，同一群体的不同成员在特定的社会环境中发生的交往，塑造了他们共同的或相似的思想、情感与行为方式。

必须指出的是，前述关于人类社会心理与社会行为的唯物主义观点并没有否认社会心理在人类历史活动中的积极能动作用。恩格斯明确指出，正是人们的思虑与激情、意图和目的，造成了人类历史活动的千差万别，而若干年后，列宁更是认定："决定论思想确认人的行为的必然性，摒弃所谓意志自由的荒唐的神话，但丝毫不消灭人的理性、人的良心以及对人的行动的评价。"②

在第一节中我们已经指出，在中国社会心理学重建的过程中，人们已经注意到了社会心理的能动作用。尽管受限于单纯的心理学立场，这种能动作用具有被局限于"个体改造与影响环境的力量"的倾向，但社会心理学研究者还是为从马克思主义立场出发阐释人类社会心理对社会历史进程的能动作用作出了积极的努力。我们认为，社会心理的能动作用至少表现在以下两方面。

一方面，人类社会的活动具有自觉的目的性，这是人类社会与自然界迥然不同的地方。恩格斯写道："在自然界中（如果我们把人对自然界的反作用撇开不谈）全是没有意识的、盲目的动力，这些动力彼此发生作用，而一般规律就表现在这些动力的相互作用中。"③ 而人类社会的活动具有自觉的目的性，无论是社会生活中的个体，还是由个体组成的群体，他们在从事社会活动时都是由预定的目的支配着的，并且都力求使用各种手段达成这些目的。很多历史事件的偶然性，其实恰恰是由无数有意识的个别愿望和个别行动的冲突或曰"对

① 《马克思恩格斯文集》第一卷，人民出版社2009年版，第188页。
② 《列宁选集》第一卷，人民出版社2012年版，第26页。
③ 《马克思恩格斯文集》第四卷，人民出版社2009年版，第301页。

冲”造成的，且导致了“在历史领域内造成了一种同没有意识的自然界中占统治地位的状况完全相似的状况”①。

另一方面，与动物界不同，人类在进行社会活动之前，其头脑中就已经有了预期的结果。可以说，正是人的社会心理所具有的这一显著特征，使人的有意识活动与动物的本能活动呈现出鲜明的本质性差异。马克思曾就此说过：“蜘蛛的活动与织工的活动相似，蜜蜂建筑蜂房的本领使人间的许多建筑师感到惭愧。但是，最蹩脚的建筑师从一开始就比最灵巧的蜜蜂高明的地方，是他在用蜂蜡建筑蜂房以前，已经在自己的头脑中把它建成了。劳动过程结束时得到的结果，在这个过程开始时就已经在劳动者的表象中存在着，即已经观念地存在着。”② 人类这种在头脑中“建构”的能力，体现在其所有的日常生活和社会活动中。人类正是通过这种有计划的活动对世界或社会进行复杂的改造，从而在自然界和人类社会打下了自己的印记。正如恩格斯所说：“人离开狭义的动物越远，就越是有意识地自己创造自己的历史，未能预见的作用、未能控制的力量对这一历史的影响就越小，历史的结果和预定的目的就越加符合。”③由此可见，正是因为人具有确定活动目的的自觉能力，他才能够自觉地创造历史。这是人类社会心理和整个精神世界能动性的突出表现。

人类社会心理和社会行为的社会决定论观点，及社会心理和社会行为对社会历史进程具有积极能动作用的看法，对社会心理学的发展有着十分重要的指导作用。但是，马克思主义对社会心理学的指导意义并不仅限于此，可以说在有关人类社会心理和社会行为的全部解释之中，都可以找到马克思主义的适用领域，包括社会认知、社会动机、社会态度和社会交往的研究，也包括对群体行动和社会行为变迁的解释。尤其在对当代中国社会和中国人社会心理的研究中，马克思主义同样能够从社会结构和社会变迁的视角为我们提供科学而有意义的说明。

具体说来，由马克思主义指导的这种科学而有意义的说明，其基本的出发点，就是由道路、理论、制度、文化构成的中国特色社会主义理论体系及其伟大实践。它的历史观奠基于马克思主义的社会形态理论之上，既是马克思主义基本原理与中国具体实际相结合、同中华优秀传统文化相结合的产物，也充分揭

① 《马克思恩格斯文集》第四卷，人民出版社 2009 年版，第 302 页。
② 《马克思恩格斯文集》第五卷，人民出版社 2009 年版，第 208 页。
③ 《马克思恩格斯文集》第九卷，人民出版社 2009 年版，第 421—422 页。

示了新时代中国社会的主要矛盾。从这一角度来理解马克思主义的中国化和时代化，重要的是“要运用其科学的世界观和方法论解决中国的问题，而不是要背诵和重复其具体结论和词句，更不能把马克思主义当成一成不变的教条”①。具体到对中国人社会心理及其嬗变的解释和说明上，应该意识到在未来相当长的时间里，人民日益增长的美好生活需要和不平衡不充分的发展之间的矛盾都势必会影响和制约中国人社会心理的发展和嬗变。

第四节　社会心理学的研究意义

任何一门学科的建立，尤其是现代科学知识体系的建立，都有其理论和现实意义，社会心理学自然也不例外。如果从共时态和历时态两个维度来讨论，我们可以将社会心理学的研究意义简单地表述为两个方面：其一，揭示人类社会心理与社会行为的基本规律；其二，探寻人类社会心理与社会行为的变迁轨迹。

一、揭示人类社会心理与社会行为的基本规律

社会心理学起源于人类对自身的本性及社会行为的探索，但一直到近代，凭借现代科学的进步，这种探索才真正建立在客观的经验研究的基础之上，社会心理学才成为以实证精神为导向的一门现代科学。作为一门现代科学，社会心理学立足于研究人类社会心理和社会行为发生、发展、变化的过程及其规律。也就是说，它立足于研究生活在特定的社会历史条件下的个体或以不同方式组成的群体对各种简单与复杂的社会刺激所作出的反应，以及这些反应对社会生活的积极或消极的影响。

事实上，所有现代科学都希望对其所研究对象的发生、发展和变化的规律作出科学的说明。在这里，“规律”亦可以称作“法则”，它是客观事物发生、发展过程中的本质联系，因此与“本质”是同等程度的概念，都是指事物本身所固有的、深藏于现象背后并决定或支配现象的主要方面。当然，本质更多地

① 习近平：《高举中国特色社会主义伟大旗帜　为全面建设社会主义现代化国家而团结奋斗——在中国共产党第二十次全国代表大会上的报告》，人民出版社2022年版，第17页。

指向事物的内部联系和内部矛盾；而规律则主要就事物的发展过程而言，指同一类现象的本质联系或本质之间的稳定联系，它是千变万化的现象世界中相对稳定的方面。规律是反复起作用的，只要具备必要的条件，合乎规律的现象就会重复出现。所谓社会心理和社会行为的规律即指在相同的社会文化环境中，个体或由个体组成的群体受到相同或相似的社会刺激时就会出现相同或相似的行为反应的现象。一般来说，在现代社会心理学中，对人类社会心理和社会行为规律的揭示主要有赖于以下两方面的探索：

第一，通过经验研究收集社会心理和社会行为的例证与数据，从中归纳出相关的规律。自现代社会心理学诞生以来，无数以此为业的研究者或借助实验方法，或借助问卷调查、访谈等研究方法，进行了大量涉及人类社会心理与社会行为的科学研究，在社会动机、社会认知、社会态度、社会交往和群体心理等诸多领域做了深入细致的探索，也获得了大量有关人类社会心理和社会行为规律的初步认识。这些研究不仅涉及不同的个人与社会群体，涉及他或他们置身于其中的不同的社会文化环境，也涉及不同个人与社会群体的社会心理与社会行为的不同侧面。可以说，如果没有这些以经验研究为基础的科学探索，就无法形成现代社会心理学这样一门有关人类社会心理和社会行为规律研究的学科，我们在现实生活中也就无法根据这些规律来指导和规范社会实践。

第二，建构说明上述规律的相关理论，从而揭示人类社会心理和社会行为的本质。理论是现代科学中抽象层次最高的概念构架，它指的是一组或多组具有逻辑关系的假设或定律。我们之所以说只有理论才能够说明事物的本质和规律，是因为理论具有以下重要功能：（1）整合现有的知识。围绕某一现象，某一学科会进行大量的观察和实验，也会进行相关现象间的比较，由此获得零散的相关知识或认识。此时就需要理论去整合或归纳这些既相互关联也有可能相互矛盾的知识，以求获得规律性的认识。（2）解释已有的事物。经过归纳获得的理论应该具有演绎的可能，即能够比较圆满地解释其他相似的事物或现象，理论的更新或替换也常常是发现原有理论不能解释新的事物或现象，进而产生了理论危机或科学革命所促成的。（3）预测未来的事物。预测指的是预见未来事物发生的可能性或事件的未来进程的能力，这是对理论是否反映了事物内在规律的一个确切的验证，也是人们运用科学的一个重要方面。（4）指导研究的方向。如果理论能够在不同程度上反映事物的规律或事件的进程，它也就能够使目前研究的薄弱之处和需要进一步探索的问题显露出来，因此也就能够指明未来研究应该推进的方向。

需要指出的是，作为一门以实证或经验研究为基础的现代社会科学，上述第一条路径对揭示人类社会心理与社会行为规律是不可或缺的，正是社会心理学在现代以来的进步，尤其是20世纪20年代实验社会心理学的兴起，对社会心理学挣脱哲学的怀抱，跳出几千年来争论人性善恶的窠臼作出了杰出的贡献。然而，实证主义在现代社会心理学领域的盛行，也直接造成了两个相互联系的恶果：一是对经验研究方法与技术手段即第一条路径的过分推崇；二是对理论研究和理论综合即第二条路径的极端轻视。这两个恶果使得西方社会心理学尽管理论庞杂繁芜，却常常忽视对涉及人与社会之本质的较一般问题的理论探讨。这些弊端如此明显，使得一些西方学者也认识到社会心理学中的大部分理论不过是关于某些重要社会心理现象的松散假设。这从一个侧面说明，今天的社会心理学离科学完整地揭示人类社会心理和社会行为的规律还有相当长的路要走，而这也正是中国社会心理学在马克思主义指导下应该着力之处。

需要补充的是，揭示人类社会心理和社会行为的规律不仅具有理论意义，也具有鲜明的应用价值。20世纪初，现代社会心理学刚刚建立起实证基础，就被广泛地用于不同类型的社会实践。20年代，哈佛大学的社会心理学家埃尔顿·梅奥等人就在洛克菲勒基金的支持下，在美国西部电气公司的霍桑工厂，研究了由小群体影响的工人的士气与生产效率之间的关系。30年代后，社会心理学知识更是被广泛地应用于社会舆论、流言与谣言、种族关系、价值冲突、民意、劝导与战争动员、广告与消费等各个实践领域，并取得了显著的成效。后来，苏联的社会心理学家也曾用自己的学科知识对富有特色的社会主义竞赛问题作出说明，他们意识到，当时的社会心理学不仅成了“生产力”，而且也成了重要的政治和战略力量。1978年以来的40多年间，中国社会心理学家也在改革开放中广泛运用了社会心理学知识，涉足的领域包括企业改革与群体凝聚力、社会变迁与中国农民现代性的成长、“奥运”与国家认同、社会心理调适与和谐社会建构以及深化改革与健康社会心态的培育等。可以预见，在未来的社会变革和社会实践中，社会心理学还将扮演促进者的角色。

二、探寻人类社会心理与社会行为的变迁轨迹

从共时态的角度揭示社会行为的基本规律只是社会心理学研究意义的一个方面，它的另一个方面涉及从历时态的角度研究人们社会心理的变动。社会存

在决定社会意识，那么社会存在的变化，就必然会影响包括社会心理与意识形态在内的人的社会意识的变化。从这一角度来看，没有什么亘古不变的人性或人的社会心理，所谓人性或人的社会心理始终是变动中的社会的精神产物。

在社会心理学百余年的短暂历史中，因探寻人类群体的社会心理变动轨迹而闻名于世的研究个案有许多，其中有两项值得我们在这里简要介绍。

第一项研究是 1904—1905 年德国社会学家马克斯·韦伯写成的《新教伦理与资本主义精神》。显然，在韦伯那里，资本主义精神是一种精神动力，或者说是一种在基督教新教改革之后在欧美世界普遍出现的社会心态，它为近代资本主义的出现或者说为欧美社会的转型铺平了道路。

用韦伯的话来说，在资本主义精神出现之前，支配人们的生活态度和行为习惯的是传统主义。在这种社会心态之下，劳动只是一种谋生的手段，它使得人们只要能够满足习惯性的需要，就不会努力改变既有的生活方式。但宗教改革引发了传统主义的坍塌，除了使人们宗教信仰发生改变以外，还促使他们的价值观和社会心理发生朝向现代的改变，这包括：（1）职业观念的改变。从原先的天意观转变为天职（calling）观，韦伯认为，上帝所能接受的唯一的生存方式不是要人们以苦修的禁欲主义超越世俗道德，而是要人们完成其在尘世所处的位置所赋予他的义务，如此，世俗行为就有了宗教意义，拼命挣钱也有了某种神圣性。（2）金钱观念的改变。如果说挣钱等世俗活动开始被认为是一种无可非议的天职，那么对金钱态度的改变也从另一个方面促发资本主义精神，在新教之下，勤奋挣钱的个人同时又必须具备禁欲的能力，克勤克俭，将节省下来的金钱作为新的资本进行投资，人只有意识到钱是可以生钱的，也就是意识到金钱的孳生性，才真正具备了现代资本主义的金钱观念。（3）时间观念的改变。既然人们的世俗生活能够增添“上帝的光耀”，那么每一刻都没有懈怠的理由，韦伯不仅高度推崇富兰克林的箴言——“切记，时间就是金钱”①，而且认为虚掷时光是万恶之首，在原则上是最不可饶恕的罪孽。显然，这种时间观念不仅促进了时间度量的精确化（机械钟表的发明体现了这一点），而且后来也成为整个资本主义管理体系中最重要的维度之一。

第二项研究是 1974 年美国社会学家阿列克斯·英克尔斯和戴维·史密斯出

---

① Max Weber, *The Protestant Ethic and the Spirit of Capitalism*, translated by Talcott Parssons, New York: Charles Scribner's Sons, 1958, p. 48.

版的《从传统人到现代人——六个发展中国家中的个人变化》。这项研究在1962—1964年进行，研究对象是阿根廷、智利、印度、以色列、尼日利亚和孟加拉国6个国家的约6 000名耕田农民、新工业工人、有经验的工业工人以及城市中的非工业工人。两位社会学家想通过这项大规模的经验研究来说明人并不是生来就具有现代性的，促成人们成功转向现代的是他们在变迁社会中的特殊经历。

在这项研究中，英克尔斯和史密斯首先确定，在这六个发展中国家里有这样一些日渐鲜明的典型因素可以被称为“现代的”：工厂制度、大众传播媒介、城市生活和现代教育。尽管实际的研究过程十分复杂，但基本的结论一目了然：“我们首先强调工厂是培养现代性的学校。我们也认为，城市生活以及同大众传播媒介的接触会产生可以同工厂相提并论的影响。在强调这种经历形式更代表现代世界的特征的同时，我们没有忽视研究教育，更早的研究表明教育是个人现代性的一个有力的预报器。”①

虽然这种“从传统向现代转变”的二元对立的解释范式一直充满争议，上述将“传统人”“现代人”分立的研究也可能带有其他现代化理论所具有的西方意识形态色彩，但这项研究揭示了这样一个无可争议的事实：社会环境的改变带来了人们价值观和生活方式的改变，而后者则具备鲜明的能动意义，因为它们不是派生于制度现代化过程的边际收益，而是这些制度得以长期运转的先决条件。

在我们看来，探寻人们的社会心理的变迁轨迹，首先要认识到，正因为包括社会心理在内的社会意识是社会存在或社会生活的反映，所以“发展着自己的物质生产和物质交往的人们，在改变自己的这个现实的同时也改变着自己的思维和思维的产物。不是意识决定生活，而是生活决定意识”②。从中国社会的历史和现实来看，传统的价值观和社会心理是中国社会长达数千年的农耕文明和封建制度的产物。近代以来，随着西方文明的影响和中国社会本身翻天覆地的变革，中国人的价值观和社会心理或者说精神面貌开始发生嬗变，与现代相称的精神世界日渐形成。作为社会心理学研究者，忽视这种变化，或者忽视中国人精神世界的变化与具体的社会历史变迁的关系，

① ［美］阿列克斯·英克尔斯、戴维·H. 史密斯：《从传统人到现代人——六个发展中国家中的个人变化》，顾昕译，中国人民大学出版社1992年版，第7页。

② 《马克思恩格斯文集》第一卷，人民出版社2009年版，第525页。

都不能很好地反映社会心理的本质属性，也就不能完整地理解现代社会心理学及其基本要义。

探寻人们的社会心理的变迁轨迹，其次要认识到，作为人的精神世界的重要组成部分，价值观和社会心理并不是被动地受制于社会存在或人们的物质生活实践的，它起码能够在两个方面体现出自己的相对独立性：（1）人的价值观和社会心理可以能动地反作用于社会存在；（2）如奥格本所言，文化的不同部分在变迁速度上存在差异——即所谓“文化滞差”（culture lag），作为非物质文化的精神文化的变迁常常会滞后于物质文化的变迁。因此，价值观和社会心理的变迁常常落后于社会生活或物质生活的变迁。也就是说，有时人们的物质生活条件发生了巨大的变化，他们的价值观和社会心理却依旧受到传统的束缚。

立足于当下，改革开放在使中国社会发生翻天覆地的变化的同时，也使中国人的价值观和社会心理发生了巨大的嬗变，这为中国社会心理学工作者探索中国人社会心理的变迁轨迹提供了无与伦比的良机。为此，社会学家费孝通在1992 年提出，在人文生态层次之外，我们还要研究心态层次的问题，因为我们“必须建立的新秩序不仅需要一个能保证人类继续生存下去的公正的生态格局，而还需要一个所有人类均能遂生乐业、发扬人生价值的心态秩序”①。这一主张的提出，不仅直接推动了社会心态领域的多项研究，而且进一步发展为费孝通本人拓展社会学研究传统界限的主张，即将外在的社会关系研究延伸至中国人擅长的“意会”与“心”的内蕴层面。如果推进得当，这一研究方向或许有助于我们建构具有中国特色的社会心理学的话语体系。

基于此，我们认为应该研究中国人在中国式现代化这场大变迁中经历的社会与经济的制度性变革，即“中国经验”，同时应研究发生在价值观与社会心理领域的变革，即“中国体验”。②中国经验和中国体验作为改革开放或中国式现代化的一体两面，是我们理解当代中国社会变迁的双重视角。可以说，中国体验在精神层面上赋予了中国经验完整的意义和价值。因此，中国社会心理学甚至整个中国社会科学都应该担负起说明和解释中国体验的历史使命。

---

① 《费孝通文集》第十二卷，群言出版社 1999 年版，第 315 页。

② 参见周晓虹等：《中国体验：全球化、社会转型与中国人社会心态的嬗变》，社会科学文献出版社 2017 年版。

思考题

1. 如何理解社会心理学的研究对象？
2. 人类社会心理和社会行为受到哪些主要因素的影响和制约？
3. 怎样理解社会心理学的交叉性和独立性？
4. 如何理解马克思主义对社会心理学的指导意义？
5. 为什么要研究社会心理学？

▶ 答题要点

第一章　社会心理学的发展历史

自19世纪后期以孔德为代表的社会学家和以冯特为代表的心理学家开始期望客观描述人类的社会心理和社会行为开始，一百多年来，社会心理学一直致力于帮助人们用新的思维方式理解范围广大的社会生活，使人们思考问题的方法和视角更符合社会生活现实，它将这种知识不断延伸到生活中的各个领域，成为兼具社会科学属性和自然科学属性、理论研究和应用研究并重的交叉学科。了解社会心理学的发展历史，可以明晰这一学科发展的脉络。

第一节　社会心理学的发展阶段

作为一门科学，社会心理学的产生与发展经历了从哲学思辨到经验描述，再到科学实验的过程，其发展经过了孕育时期、形成时期、确立时期和扩展时期四个阶段。

一、孕育时期

这一时期是社会心理学发展的哲学思辨阶段，也是社会心理学的“史前思想积累阶段”。社会心理学作为一门学科，在其诞生之前经历了一段长时期的准备过程。美国当代社会心理学家霍兰德在1976年所著的《社会心理学原理和方法》一书中将社会心理学形成前的准备时期称为“社会哲学阶段”（stage of social philosophy），这一阶段从古希腊时期一直延续到19世纪上半叶的西欧思辨哲学时期。这一时期与其后的几个时期相比，时间跨度较长，而且由于这一时期中社会心理学思想同一般的心理学甚至哲学见解紧密相连，因而很难把纯粹的社会心理学观点划分出来，但这一时期理论的系统化和条理化直接为后来社会心理学的各个理论流派的形成奠定了基础。

从总体上看，这一时期有两条哲学的基本线索涉及社会心理学思想。其一源于古希腊的苏格拉底和柏拉图，他们认为人性虽然不能完全摆脱生物遗传的影响，但是可以受到环境和教育的深刻影响。苏格拉底指出，如果善不是由于本性就是善的，岂不是由于教育而形成的吗？从这一观点来看，人性是由社会决定的。柏拉图在《理想国》中主张设计一种社会，在其中孩子能够通过适当的教育得到适当的塑造。他的观点被后来的思想家康德、歌德和卢梭等人继承，并得到进一步发展。他们相信，人具有潜在的善性，使人趋向邪恶的是外在的社会，因此改变人性的前提在于改变社会。这种改变社会、改变人性的构想体现在卢梭的《爱弥儿》中，并一直延续下来，构成了美国新行为主义心理学家斯金纳的《超越自由与尊严》《瓦尔登湖第二》等一系列著作的哲学基础。其二来源于古希腊的亚里士多德，他认为社会建基于人的自然本性，而人性又是由生物或本能的力量所决定的，因此改变人的本性、建立理想国的主张是无法实现的。亚里士多德是古希腊哲学的集大成者，他的许多著述为当代社会心理学直接开辟了广泛的研究领域，现代社会心理学有关态度或劝说的研究与亚里士多德的思想具有密切联系，他将这些内容归入了修辞学。亚里士多德在《诗学》中提出的“宣泄说”孕育了弗洛伊德的“心理动力学”，并进而影响到当代社会心理学对人类侵犯行为的研究。他在《尼各马可伦理学》中阐明的人类行为的交换理论观点是当代交换理论的起源，而他关于社会和人性的学说则经过奥古斯丁和阿奎那的发展，最终由马基雅维利和霍布斯进一步发扬光大。美国社会心理学家高登·奥尔波特认为柏拉图和亚里士多德都是在哲学知识内部建立了社会心理学主题思想的创始人。但是，社会哲学的致命弱点在于它无法借用经验的方法来证明自己的假设，这导致了社会心理学和社会哲学不可避免地走向分离。

综上所述，早期思想的积累为社会心理学的产生奠定了最初的基础，只不过由于当时的社会生产力低下、社会变动比较缓慢，这一奠基过程经历了相对漫长的时间。

二、形成时期

社会心理学经历了漫长的思想积累之后，经过从 19 世纪中叶到 20 世纪 20 年代的各种努力，终于成为以实证手段为主流范式的现代社会科学。

在最初的形成时期，社会心理学尚处于经验描述阶段，其特点是根据经验来描述社会行为。19 世纪下半叶到 20 世纪初是人类社会发生重大历史变化的时期。伴随着整个资本主义世界相对稳定的发展，许多学科都取得了很大的发展和进步，包括一些同社会生活各个过程有直接关联的学科。其中，社会学、心理学、人类学及其他与社会相关的邻近学科都取得了长足的发展。社会心理学是在社会学和心理学分别脱离哲学母体之后，又从这两门学科的接触中应运而生的一门边缘学科。社会心理学学科的出现来自社会发展的需要和相关学科的理论准备。美国社会心理学家希布塔尼指出，社会心理学之所以能在19世纪末20世纪初成为独立的学科，其部分原因在于当时已有的学科（主要是社会学和心理学）无法解决某些现实问题。也就是说，社会学和心理学在发展过程中，直接产生了建立新学科的需要。当时，资本主义的经济变革所导致的大动荡促使人们用已经出现的政治算术和人口统计学来考察人口、家庭收入、生活状况、犯罪类型等社会问题。在这一时期的社会调查中，有不少问题已涉及社会心理学的研究课题，如1834年出版的两卷本《巴黎城里的卖淫》使用了警方记录和个人访谈法来了解卖淫妇女的社会出身、对宗教和婚姻的态度、“堕落”的原因等问题。虽然作者并不是专业的社会心理学研究者，也没有意识到他们所从事的研究具有社会心理学的性质，但在后人看来，他们是“社会心理学研究的第一批样板”。

社会学对社会心理学的兴趣与社会学中的心理学派有着密切的联系。自从1839年法国实证主义哲学家孔德在《实证哲学教程》第四卷中创造性地使用了“社会学”概念，宣布了作为独立学科的社会学的诞生起，社会学就力图从其他知识领域吸收已有的规律解释一系列社会事实，这种社会学的还原主义在历史上的第一种形式是“生物还原主义”。生物还原主义在斯宾塞的著作中体现得淋漓尽致，他也成为社会有机论的创始人。然而，生物还原论的失败迫使社会学研究者用心理学的规律去解释社会，实践证明，这种心理规律决定社会过程的构思是行不通的。不过，社会学中的这种心理学倾向却为社会心理学的诞生打下了基础。

心理学对社会心理学的兴趣丝毫不亚于社会学，这种兴趣最初形成于精神病学和变态心理学。精神病学实践的发展，特别是作为特殊暗示形式的催眠术的应用，揭示了个体的心理调节依赖于另一个体的操纵作用这一事实，推动了社会心理学的研究。早在1842年，由布雷德进行的催眠术实验成为解释社会心理现象的基础。1890年前后，人们又开始将精神分裂归因于社会行为。这些触及社会心理学的思想都产生在冯特创立民族心理学之前。可见，社会心理学在形成过程的一开始就受到两种不同学科的影响，这一影响一直持续到现在，也就是说，社会心理学的理论一直带有社会学或心理学的取向。因而，苏联社会心理学家安德列耶娃将社会学和心理学比作社会心理学的“双亲”是恰如其分的。

社会心理学最初跨入社会经验论阶段的标志，是1859年德国的拉扎勒斯和斯坦达尔创办《民族心理学和语言学》杂志。在社会经验论阶段，除了这一杂志的创立，以下事件也成为社会心理学形成的主要标志：1875年，德国学者舍夫勒首先在现代意义上使用了“社会心理学”一词，他在《社会躯体的结构及其生活》一书中，论述了社会生活中的心理状况或者说是民族意识的一般现象。1894年，斯莫尔和文森特在美国率先使用“社会心理学”一词，并将“社会心理学”列为《社会研究导论》一书的主要章节。1897年，美国社会学家鲍德温将“一种社会心理学研究”作为《心理发展的社会和伦理解释》一书的副标题，他认为，个人是个体化的社会我，是社会的一部分，也是社会的结果。翌年，特里普利特在《美国心理学杂志》上首次发表了一份社会心理学的实验报告，对骑自行车中的单独行驶、陪伴行驶和竞赛的速度进行了测量与对比研究。1898年，法国社会学家塔尔德写出《社会心理学研究》一书，试图用模仿的概念来解释社会行为。

从学科意义上说，社会心理学诞生于1908年。这一年英国心理学家麦独孤和美国社会学家罗斯分别出版了《社会心理学导论》和《社会心理学：大纲与资料集》，这象征着社会心理学由此终于从促使其诞生的社会学和心理学土壤中脱离出来，并走向独立。1924年，美国心理学家弗洛德·奥尔波特根据关于社会促进的系列实验的结果，出版了《社会心理学》一书，这被看作实验社会心理学的开端。这部经典著作为后来美国社会心理学的发展奠定了基石，影响了几代美国社会心理学家。社会心理学的形成时期表现出四种主要的理论形态，即德国的民族心理学、法国的群氓心理学、英国的本能心理学和美国的社会心理学。德国的民族心理学是社会心理学理论的最初形态之一，在19世纪中叶形成，属于心理学取向的社会心理学理论发展线索；法国的群氓心理学以研究群体心理和群际关系居多，代表人物是塔尔德、涂尔干和勒庞；英国的本能心理学的代表人物是麦独孤，他在《社会心理学导论》一书中沿着达尔文的进化论线索，探讨了个体行为的动力问题；而在美国社会心理学中，社会学家罗斯主张社会心理学要研究人们的相互作用对其行为的影响。

除欧美地区以外，俄国的社会心理学在19世纪末20世纪初也开始形成，其中俄国思想家普列汉诺夫起到了重要的推动作用。在马克思主义的发展史上，普列汉诺夫首先对社会心理作了系统的研究，并形成了比较完整的思想。

他第一次将社会意识区分为社会心理和思想体系两个基本层次，提出了社会意识的两种形式。普列汉诺夫在《马克思主义的基本问题》《唯物主义史论丛》《论一元论历史观之发展》《从唯心主义到唯物主义》等著作中分别论述了他的社会心理学学说。普列汉诺夫认为，哲学、宗教、文学、艺术等意识形态都有一个共同的根源，即社会心理。“要了解某一国家的科学思想史或艺术史，只知道它的经济是不够的。必须知道如何从经济进而研究社会心理；对于社会心理若没有精细的研究与了解，思想体系的历史的唯物主义解释根本就不可能。……因此社会心理学异常重要。甚至在法律和政治制度的历史中都必须估计到它，而在文学、艺术、哲学等学科的历史中，如果没有它，就一步也动不得。”① 他认为，马克思、恩格斯在自己的著作中虽然没有使用“社会心理”这个概念，但是他们使用的阶级情绪、阶级要求、社会理性等，实质上就是社会心理。普列汉诺夫认为，社会心理一部分由经济直接决定，一部分由建立在经济基础上的社会政治制度所决定，具体包括：（1）一定时期、一定国家的一定社会阶级的主要情感和思想状况；（2）一定的精神状况和道德状况及相应的能力、趣味和倾向；（3）人的生活的主观方面，即社会人的精神；（4）一定时期的社会意识状况；（5）当时流行的信仰、观点、思想方式以及满足一定审美要求的方法；（6）使社会生活带有独特风格的各阶级的流行情趣；（7）社会人的一切习惯、道德、感觉、观点、意图和理想；（8）特定社会或特定社会阶级的占支配地位的审美倾向；（9）特定民族或特定社会阶级的人生观和世界观；（10）特定时期的智慧、道德风俗与习惯状态。总体来看，普列汉诺夫认为，社会心理是指在特定时代、特定民族或特定社会阶级和阶层的广大群众中间普遍流行的、没有经过职业思想家系统加工整理的精神状况，如情绪、感觉、理想、要求、愿望、信仰、习惯、道德风尚和审美情趣等，它所包括的阶级心理、民族心理、时代心理和职业心理正是社会心理学研究的主要范畴。普列汉诺夫的社会心理学学说提供了一种方法论原则，明确提出历史唯物主义必须研究社会心理，这是他对马克思主义哲学的重要贡献。

社会心理学在其形成初期，还缺乏帮助它不断繁荣发展的实验作为理论基础。因此社会心理学在其社会经验论阶段，尽管已经被宣告作为一门独立学科

---

①《普列汉诺夫哲学著作选集》第二卷，生活·读书·新知三联书店 1961 年版，第 272—273 页。

存在，但毕竟还带有明显的思辨和抽象性质，是一门描述性较强的学科。

三、确立时期

从20世纪20年代起，以弗洛德·奥尔波特的实验为前导，社会心理学完成了其发展历史上最具革命意义的转折，大踏步地走向科学。这一时期可以说是社会心理学的确立时期，主要特征是社会心理学开始从描述转变为实验，从定性转变为定量，从理论转变为应用，从普遍论转变为特殊论。从此以后，社会心理学得到了空前的发展。在上述转变过程中，社会心理学的研究重镇也从欧洲转向美国。

社会心理学在美国的发展经历了两个高峰，即20世纪30年代和60年代。这两个时期正是美国资本主义经济和文化的发展时期，这说明一个国家的社会心理学发展与其政治、经济、文化的发展紧密相关。此时的社会心理学涵盖众多主题，一些社会心理学家关注个体过程，如态度和信仰；另一些社会心理学家则强调友谊和人际关系网络，并刻画日常生活中的社会交往；还有一些社会心理学家肩负时代和历史的使命，考察内群体与外群体关系、偏见与歧视等社会性问题。

社会心理学在确立时期逐渐从描述向实验转变，这与此时的心理学从强调本能发展到强调习得，行为主义迅速统治了整个美国，社会学中也同时出现和牢固确立了经验的倾向有密切关联。此时的社会心理学同其他学科一样表现出了极端的实用倾向，明确地指向实际的社会需要。弗洛德·奥尔波特综合前人的成果所进行的研究就体现了这一点，其实验方法及有关实验成果都具有划时代的意义。他的研究主要受到特里普利特在1898年发表的关于他人在场和竞争对个人行为影响的实验报告、德国的莫德在1913年进行的有关群体对个人行为影响的实验的启发。1916—1919年，奥尔波特进行了一系列有关“社会促进”的实验，富有成效地观察到合作群体中存在的社会刺激会使个人的工作速度提高、成果数量增加。他将这些实验成果写进了1924年出版的《社会心理学》一书，这被人们公认为实验社会心理学诞生的标志。

此后，实验心理学获得迅速发展，研究课题越来越广泛。这些研究课题有很多是在工业化的推动下产生的。20世纪初，德国心理学家闵斯特伯格通过个性检验法，为特定的工作挑选合适的工人，以提高工作效率。20世纪30年代，面对世界经济萧条和社会动荡不安，社会心理学家重点研究领导、舆论、谣言、种族关系和价值冲突等问题。美国社会心理学同社会学、文化人类学一起对小群体的人际关系做了多方面的研究，如乔治·米德关于小群体和社会化的研究、莫雷诺关于社会病态心理的研究等。20 世纪 40 年代，第二次世界大战以及之前的政治动乱给社会心理学带来了剧烈的影响。战争期间，许多社会心理学家迁至美国，他们被政府招募，进行主题广泛的应用研究。这一时期，受第二次世界大战的影响，社会心理学研究课题倾向于信仰、偏见、劝导和宣传等方面。20 世纪 50 年代，社会心理学研究范围扩展到社会交际形式和各种人格特征对社会行为的影响。20 世纪 60 年代，美国的社会心理学发展迅猛，重要原因之一是第二次世界大战中的心理战为美国培训了大批社会心理学的专业人才，同时战争期间希特勒的反犹太人政策使得一批德国犹太学者来到美国发展，成为美国社会心理学的重要力量。20 世纪 60 年代以后，以计算机为代表的现代科学技术迅速发展，对社会心理学的发展起到了重要的推动作用。这一时期社会心理学的研究范围几乎涉及人类社会行为的各个方面，形成了比较完整的科学体系和众多分支学科，并在学术界占据了一定地位，得到了充分发展。在行为主义统治心理学半个世纪后，第一次认知革命浪潮使社会心理学的研究产生了相应的变化，认知社会心理学得到进一步发展。

社会心理学的确立不仅表现在美国，也表现在欧洲。20 世纪 60 年代，欧洲国家的社会心理学研究机构一直处于彼此隔绝、一盘散沙的状态，各个国家的研究机构规模都很小，既缺乏必要的经费，也缺乏充分的交流与合作。1965 年，欧洲实验社会心理学会成立，致力于在欧洲发展实验取向的社会心理学研究，它成为欧洲社会心理学界重要的科学家共同体。

四、扩展时期

第二次世界大战后，社会心理学在 50 年代和 70 年代先后受到两次认知革命的影响。第一次认知革命提出将各种各样的规则、图式、惯例作为解释人类行为模式的路径，这场革命以及先前的格式塔心理学、勒温的场论、建立在现代信息加工论基础上的认知心理学，在战后孕育了一系列认知社会心理学理论。1955 年奥斯古德提出一致性理论，20 世纪 50 年代美国心理学家麦奎尔提出认知相符概念，1957 年费斯汀格提出认知失调理论，1958 年海德提出认知平衡理论和归因理论，1961 年纽科姆对认知平衡理论进行发展，1967 年哈罗德·

凯利对归因理论进行发展。认知社会心理学强调认知活动或认知过程在社会心理与社会行为中的作用。

进一步，第二次认知革命则将人们的关注点引向行为背后的心理过程。因为对行为意义及产生过程的关注，这场革命推动了社会建构论的产生。社会建构论视认知过程为使用语言和话语的结果，认为语言并不是中性的工具和媒介，它为人们认识世界和自我提供了范畴和方式。社会建构论强调社会心理学家应该关注话语的作用，并以话语分析（discourse analysis）作为社会心理学的基本研究方法。因为语言通过一定的结构化方式组织成各种话语，任意语词的意义都依赖于它所处的话语背景，所以社会心理学家应该分析话语对社会心理学知识的影响，并以话语分析作为社会心理学的研究方法，揭示语言在认识自我过程中的作用。它还认为，社会心理学应该对特定文化历史条件下的话语进行分析，找出特定心理产生的社会原因，并进行历史和跨文化的分析。社会建构论的观点意味着要对传统社会心理学的一切研究成果进行重新审视，对这一学科产生了巨大冲击。这场革命催生的话语心理学（Discursive Psychology），为社会心理学解释人和世界提供了新的视角。话语心理学是广义的话语分析，它通过研究文本和话语是如何建构的，来分析文本和话语本身的心理学意义。话语心理学不仅使用认知过程的术语解释文本和话语的建构及其作用，还采用建构的观点，强调对行为的描述方式，重视事件如何在话语中被建构起来。话语心理学把建构出的关于现实世界和精神生活的样态作为行为的表现要素，其分析的焦点在于如何使建构与特定行为相配合。

此外，进化社会心理学（Evolutionary Social Psychology）也是一个新兴领域，它吸收了由达尔文提出并被其他生物学家深化发展的观点，将进化和自然选择的原理应用于理解人类行为和社会生活。进化社会心理学认为人类的许多倾向和偏好是自然选择的结果，它们被称作进化而来的社会心理机制，是人类祖先对遇到的特定问题的适应性反应；所有的人类行为都反映了内在的心理倾向和外部情境要求的共同影响；人是在特定的社会情境中行动的生物有机体，生物因素和社会因素都会对人类行为产生重要影响。

总体而言，从 19 世纪下半叶以孔德、冯特等为代表的社会学家和心理学家开始尝试客观地描述人类的社会行为到今天，社会心理学作为一门现代科学已经走过了 100 多年的历史，在 21 世纪之后出版的英文核心心理学刊物中，社会心理学的研究发表率与引用率都是最高的，顶尖研究中涉足社会心理学领域的越来越多；在全球的一流大学心理学和社会学院系中，社会心理学都已经成为核心课程；社会心理学的实际应用在经济与社会发展中也发挥着越来越重要的作用。

第二节 国外社会心理学的现状与发展趋势

了解社会心理学的现状和今后的发展趋势，可以帮助我们在宏观上掌握社会心理学的概况。这方面的学习与训练，是在本科阶段更好地了解和掌握社会心理学的基本路径，也能够为今后的研修和深造打下良好的基础。

一、美国的社会心理学

美国和欧洲是现代社会心理学产生和发展的两大基地，美国不仅是社会心理学的发源地之一，而且一直占据社会心理学学科发展的领先位置。目前，美国仍然是社会心理学知识积累和科学研究的重镇。在美国，无论是心理学还是社会学都是高度发达的科学领域。在心理学内部，心理学家公认的许多心理学的重要发展都直接与社会心理学相联系。在美国心理学会中，从事社会心理学或其他相关学科研究的会员占有相当大的比例，“人格与社会心理学”分会一直是美国心理学会最大的分会，另外还有“社会问题心理学研究”“消费心理学”“社区心理学”“心理学与法律”“妇女心理学”“公共服务心理学”等应用社会心理学分会。在实际研究、教材出版、教学及学位授予方面，社会心理学在美国都是最重要也最引人注目的心理学分支。美国社会心理学家除注重对社会认知、社会影响、人际交往、合作等基本问题的研究外，还注重对吸引与交往、助人行为、态度改变、法律与犯罪心理问题等应用性问题的研究。近年来，有关自我概念、家庭背景对儿童的影响、教养方式、环境设计、成就动机、人机交互等一系列应用性问题受到社会心理学家越来越多的关注。

除心理学以外，美国社会学领域也一直有大批的社会心理学研究者，20 世纪 30 年代他们曾占到美国社会学会会员的 1/3，第二次世界大战后这一比例开始降低，但现在依旧保持在 10%左右。美国社会学会设有社会心理学分会，设立“库利—米德奖”，创办权威期刊《社会心理学季刊》和《美国社会学评论》。第二次世界大战后，美国很多大学还成立了独立的、跨学科的社会心理学研究机构，如密歇根大学、哈佛大学、耶鲁大学等。

20 世纪 60 年代后，社会心理学逐渐向心理学研究取向倾斜，2/3 以上的社会心理学家把自己看作心理学家，自认为社会学家的不足 1/3。所以，美国社会心理学仍然呈现出心理学一家独大的局面，过分注重认知，忽视人与人的互动，不同领域间的学术合作仍处于初级阶段。① 这一时期的社会心理学家大多受心理学个人主义的影响，过分重视实验室实验，不断把研究建立在他人研究的基础上，而不是建立在对社会现象和社会问题的观察上，因而他们的研究成果频繁遭到质疑，这使社会心理学整个学科陷入了危机。这场危机开始于 20 世纪 60 年代末 70 年代初，危机的中心正是作为现代社会心理学大本营的美国。而美国社会心理学的危机是当时整个美国社会的政治、经济和文化危机的一种折射。从 20 世纪 60 年代中期开始，美国社会经历了严重的社会危机，黑人运动、妇女运动、青年抗议运动此起彼伏，整个社会处于激烈的动荡之中。面对日益严峻的现实，许多人呼吁社会心理学家寻找良方，对症下药，然而令人遗憾的是，社会心理学家一时间手足无措，这导致了人们对社会心理学这一学科的失望。法国社会心理学家莫斯科维奇形象地说，这场危机乃是一张石蕊试纸，检验出了以美国为代表的整个现代社会心理学的不成熟性。这场发生在 20 世纪 70 年代的学科危机使人们意识到了现代社会心理学踌躇不前的根源。人们开始思考如何通过对实证主义的反叛，使社会心理学走出困境，进入另一个全新的时代。

在 20 世纪 70 年代的“危机”中，社会心理学受到的批判主要包括三个方面：一是对理论的轻视、建构视角的单一；二是过于依赖实验和定量方法；三是对社会问题的关注不够。此后相当长的一段时间里，包括美国在内的西方社会心理学家力图在多个方面弥补这些欠缺。比如，危机前的主导范式——人格特质论和场论对人格与行为、行为与行为之间关系的解释不能令人满意，社会心理学家们便开始转向社会感知和社会认知研究。认知社会心理学成为危机之后占据主导地位的范式。进一步地，认知社会心理学家发现，人的很多思考都是在社会情境中完成的。社会情境的特征会影响人的认知和信息处理策略，这些特征如行动者的责任、他们对观众反应的期待、他们的相互依赖，以及他们在特定权力等级中的位置；还有一些研究强调对话在人类思辨过程中的作用，

① 方文：《欧洲社会心理学的成长历程》，《心理学报》2002 年第 6 期。

或强调合作性认知，探讨人们如何在思辨和记忆任务方面合作解决群体中的问题。这些研究都推动了社会心理学中“社会认知革命”的进展[①]，也使社会心理学在危机之后获得了不同程度的“新生”。

二、欧洲的社会心理学

在美国社会心理学陷入危机的同时，欧洲社会心理学开始异军突起。美国社会心理学之所以发生危机，源于它极端浓郁的个人主义色彩；而欧洲社会心理学之所以能够崛起，源于它从20世纪60年代开始的对群体心理研究的持续重视。

事实上，作为现代社会心理学的发源地之一，无论是对“社会心理学”这一概念在现代学科分类意义上的最早使用，还是作为这门学科重要理论形态的民族心理学、群氓心理学和本能心理学的研究都发生在欧洲。但是，与其他许多门类的社会科学一样，随着美国在世界政治、经济中的重要性日益凸显，社会心理学研究的大本营在20世纪上半叶，尤其是三四十年代也逐渐地转移到美国，在它的诞生之地欧洲反而趋于式微。这一时期欧洲的许多社会心理学家为逃避纳粹德国的迫害而纷纷逃亡美国，这是包括思想和产生这种思想的思想家在内的一次彻底的“搬迁”。欧洲“老家”的所有“家底”一下子成了美国的“特产”。[②] 因此，第二次世界大战结束之后，欧洲的社会心理学在重新建立时，从研究选题、研究内容到具体的研究方法基本上都是美国社会心理学的复制品。1945—1966年，美国开始资助欧洲的社会科学和行为科学研究，其中也包括社会心理学研究，一系列的资助、沟通与合作推动了欧洲实验社会心理学会的创立。这一时期，欧洲的社会心理学研究仍由美国的观念所主导，大多数欧洲社会心理学家都是在美国接受教育和训练的。但是当时，整个欧洲的社会心理学界已经开始孕育重新思考和定位社会心理学的观点了。

1965年，欧洲实验社会心理学会正式成立，开始寻找自身的发展之路，同时也对美国式社会心理学的发展范式进行了深入思考。这一时期首先发展出的是法国社会心理学家莫斯科维奇的社会表征理论和英国社会心理学家泰弗尔的

---

① 方文：《“文化自觉”的阶梯——〈当代世界学术名著：社会心理学系列〉总序》，《开放时代》2010年第5期。

② 方文：《学科制度精英、符号霸权和社会遗忘——社会心理学主流历史话语的建构和再生产》，《社会学研究》2002年第5期。

社会认同理论，两者集中地批判了美国式社会心理学中的实证主义、实验主义和个体主义。社会认同理论、社会表征理论、话语分析理论等欧洲社会心理学本土化的研究成果，都致力于突破美国流行的社会认知的信息加工模式，倾向于在宏大背景下研究公众的社会认知过程，并致力于从历史、社会和文化的视角推动欧洲社会心理学的本土化运动。这些理论不仅致力于促进主流社会心理学中群体心理和群际关系的研究，而且关注群体创新、社会变迁、文化变异，在理论和实践上都具有开创性意义。

与此同时，欧洲实验社会心理学会于 1971 年正式创办《欧洲社会心理学杂志》。从 1979 年开始，“欧洲社会心理学研究丛书”陆续出版，该丛书包含了诸多欧洲社会心理学的标志性理论，成为国际社会心理学的经典著作，这也是欧洲社会心理学复兴的开始。这套丛书在建构欧洲社会心理学的国际学术声誉方面，具有不可估量的地位和价值。其中，《社会维度：社会心理学的欧洲发展》《社会认同和群际关系》《社会表征：社会心理学探索》《少数人的影响》等，已经成为国际社会心理学界的经典著作，这些著作的出版也是欧洲社会心理学重建的主要标志。

20 世纪 80 年代，在美国社会心理学经历危机时，一批欧洲学者开始独立探索，立足于社会现象与社会实践，发展出重视研究群体现象和社会文化面向的社会心理学。泰弗尔的社会认同理论，莫斯科维奇的社会表征理论都开始吸引全球范围内的关注，并在相当程度上影响了“危机”后的社会心理学走向。其中，社会认同理论更是成为欧洲社会心理学独特强调社会维度的先锋队。

经过 40 余年的积累与发展，长期处于边缘地位的欧洲社会心理学终于迎来了新的春天。此时，美国的社会心理学由于受到认知心理学的影响，发展成为以社会认知研究为主导的社会心理学，而欧洲学者则开始思考如何将社会心理学与美国范式的社会认知研究相结合，开辟全新的社会心理学研究路径。正是欧洲社会心理学和社会认知研究两者的结合，为社会心理学带来了新的繁荣。尽管当前欧洲社会心理学仍然处于次中心地位，学科体系还有待成熟，话语权仍待提高，但其多元化的思考有利于丰富整个现代社会心理学的知识体系，推动社会心理学事业的发展与繁荣。

三、欧美以外的社会心理学探索

近年来，澳大利亚和新西兰两国积极发展社会心理学，并成立了相应的学会组织，每年邀请世界范围内的社会心理学家出席相关会议并参与交流。澳大利亚和新西兰心理学家和欧洲心理学家一样也对话语心理学比较重视，这一特点体现在他们的年度学术讨论会论题和发表的论文中。

日本社会心理学的研究历史并不是很长，但是相关研究非常活跃。20 世纪 50 年代之前，日本只有一些零散的、不系统的社会心理学研究。第二次世界大战前，日本社会心理学家曾研究舆论变化的社会影响、对儿童的社会测量等问题，战后日本社会心理学的发展受到了美国的影响，当时的很多美国社会心理学著作都被翻译成日文出版。1955 年，日本成立了社会心理学研究会，20 世纪 70 年代，学者们开始研究政府高速经济发展政策带来的社会问题和变化年代的日本人人格问题。此外，跨文化研究在日本相当活跃，主要表现在对不同价值观的比较研究和文化心理学等领域。

十月革命之前，除普列汉诺夫外，俄国学者对社会心理学几乎没有什么研究，到 20 世纪 30 年代，苏联社会心理学研究曾活跃了一段时间，30 年代后期，社会心理学研究受到了挫折。直到 50 年代末期，苏联各大学都尚未设立心理学系，只有莫斯科大学和列宁格勒大学设有哲学系心理学专业。1959 年，科瓦列夫在《列宁格勒大学学报》上发表《论社会心理学》的文章后，许多心理学家相继在各种刊物上就社会心理学问题展开讨论。1962 年学科联席会之后，苏联的社会心理学研究开始活跃起来。1972 年，莫斯科大学在安德列耶娃主持下设立社会心理学专业。与此同时，列宁格勒大学（今圣彼德堡国立大学）、苏联教育科学院、苏联教育学院也开始关注社会心理学，主要负责人包括库兹明、肖洛霍娃和彼得罗夫斯基等。当时苏联的社会心理学著作包括《调节社会行为的心理学机制》《社会心理学的方法论与方法》《集体的社会心理气氛：研究的理论与方法》《社会主义竞赛的社会心理学方面的问题》等。20 世纪 50 年代的苏联社会心理学较为封闭，很少与其他国家进行学术交流，对西方社会心理学也采取批判的态度，认为只有苏联心理学才是以马克思主义理论武装的心理学，当时的课堂上只讲苏联的材料，基本上不介绍西方社会心理学。直到 20 世纪 80 年代，苏联社会心理学界才开始国际交流，派代表团参加各种社会心理学国际会议。随着新技术革命促使生产进一步社会化，社会中既有的社会矛盾尚未解决，新的社会问题又开始出现，这都需要社会心理学的研究工作，加之苏联政府的支持和社会文化历史学派学术地位的重新确立，种种刺激因素促进了社会心理学在苏联的发展，这一时期苏联的社会心理学着重研究社会心理的集体特征。20 世纪 90 年代，理论与实践结合是俄罗斯心理学的一大特征，俄罗斯社会心理学工作者已经大批地深入社会改革的各个领域中从事研究工作。

此外，就欧美以外的社会心理学而言，社会心理学发展的首选策略是本土化，即以民族国家的本土社会问题为先导，积累本土经验材料，以求在国际学术舞台上有平等而有尊严的对话能力和资格。早在 20 世纪 30 年代，社会学在中国的发展就经历了本土化运动，当时孙本文在南京、吴文藻在北京都积极推动社会学的中国化。70 年代资本主义社会尤其是美国社会的危机推动了本土化运动在全球范围内的展开，甚至成为第二次世界大战后在除美国以外的其他工业化国家组成的第二世界和包括中国在内的发展中国家组成的第三世界中，掀起的一种带有普遍性的学术运动。换言之，这是社会科学领域内，社会科学话语体系的“依附国”力图摆脱对“主导国”的学术依附地位的一种集体诉求。在这样的背景下，甚至有人采用毛泽东的“三个世界”理论，将心理学也划分为三个世界，其中心理学的第三世界就包括中国在内的发展中国家的心理学。在这股思潮的影响下，印度、澳大利亚、中国以及非洲的学者纷纷对西方社会心理学的大一统模式予以反思，提出了各种本土化的研究模式，强调结合国情和本土文化研究社会心理学。总体上，从世界范围看，社会心理学经历了一个“北美长期占主导、欧洲后来融入、亚洲正在突围”的时空模式。相比于北美的个体心理学、欧洲的群体心理学，亚洲的社会心理学以其独特的东方文化为特色，以本土心理学为依托，提供了独特的思考和研究视角。

四、域外社会心理学的当代趋势

在介绍完美国、欧洲和包括苏联在内的其他各国的社会心理学的现状之后，我们有必要再论及当代西方及至整个域外社会心理学的学科发展趋势①，20 世纪 80 年代后的学科发展趋势，可以简要地描述为以下两个方面：

其一，认知革命与以美国为代表的主流社会心理学的再造。

20 世纪 70 年代以美国为代表的主流实验社会心理学的“危机”之后，尽管行为主义依旧保留在某些特定的理论中，但“社会心理学进入了一个新的认

① 胡洁、周晓虹：《危机与“脱危”之后：社会心理学的晚近发展》，《山东社会科学》2022 年第 7 期。

知阶段”①，或者说“行为主义的弱化为认知主义的兴起铺平了道路”②。同时，随着行为测量方法的减少，由口头或数字表达的判断也逐渐成为研究中的主要测量方法，认知社会心理学终于成为危机之后颇具主导地位的研究范式③。在50年代的第一次认知革命的基础上，孕育了第二次认知革命，社会心理学领域出现了一系列以认知研究为导向的新变动。比如，人作为信息处理者的隐喻就发生了一系列的嬗变：从70年代前的“素朴的科学家”（the naive scientist，强调人们在认知过程中寻找、分析事物产生的原因，由此进行预测和控制），到80年代的“认知守财奴”（the cognitive miser，认为人们为了节省认知能量，并不着力全面、系统和理性地处理信息，而是单纯追求效率），到90年代的“积极的战术家”（the motivated tactician，假设人们往往会根据动机和社会情境因素进行选择），直至2000年后的“被激活的行动者”（an activated actor，即社会环境提供的信息和动机比我们想象的要更能塑造或驱动人们的反应）。

借助自然科学尤其是神经与脑科学的进步，近年来的社会认知研究更是体现出了无法预测的潜力：首先，社会认知研究呈现出从单纯的信息加工的“冷”（cool）认知向社会性的“暖”（warm）认知转变的趋向。随着上述有关人的基本隐喻向积极的战术家甚至被激活的行动者的转变，原先受到忽视的情绪、情感、心境、目标和动机等所谓“暖”因素，在社会心理学家对认知形成过程的解释中开始受到重视。其次，社会认知研究呈现出与现在发展越来越快的神经科学联姻的取向。在20世纪90年代尤其是21世纪之后，借助包括磁共振成像技术、正电子发射断层扫描技术、经颅磁刺激技术、事件相关电位技术、单细胞记录技术以及神经心理学损伤技术等在内的认知神经科学方法与技术的进步，确实在社会心理学的认知方向上，逐渐形成了风头一时无两的社会认知神经科学④。有人甚至认为，“通过携手合作，社会心理学家和认知神经学

① Hilton, Denis, “The Emergence of Cognitive Social Psychology: A Historical Analysis,” in Kruglanski, Arie W. & Wolfgang Stroebe, eds., *Handbook of the History of Social Psychology*, New York: Taylor & Francis Group, 2012, p. 69.

② Adair, John G., “Social Cognition, Artifact and The Passing of the So-Called Crisis in Social Psychology,” *Canadian Psychology*, vol. 32, no. 3, 1991, pp. 445-450.

③ A. M. McMahon, “The Two Social Psychologies: Postcrises Directions,” *Annual Review of Sociology*, vol. 10, 1984, pp. 121-140.

④ 俞国良、刘聪慧：《独立或整合：社会认知神经科学对社会心理学的影响与挑战》，《中国人民大学学报》2009年第3期。

家将不再是在街头擦肩而过的陌生人，而是一起奔向光明未来的同道”①。

其二，后现代社会心理学的兴起与本土化运动的挑战。

30年前即有研究者论述过，现代社会心理学的危机引发了人们新的设想：如何通过对实证主义的反叛，使社会心理学进入另一个全新的时代？这个时代的社会心理学因其与该学科的现代形态的既延续又超越的关系，被称为后现代社会心理学。关于后现代社会心理学的思考，最初始于美国人肯尼斯·J. 格根。这一革命性的设想，包括前述欧洲社会心理学中的“反叛”，使社会心理学家有可能不再就本学科来谈论现代社会心理学的危机及相应的变动，而将其视为“一个更大及更深远的人类知识及文化转变的一部分”②，并对社会心理学中由信奉科学统一观、决定论原则及价值中立说构成的实证主义精神提出了挑战。这一设想并未获得整个社会心理学界的普遍响应，社会心理学虽然依赖认知革命大体脱离了行为主义的羁绊，却依旧主要奔驰在经验主义的大道上，但格根等人的挑战起码昭示人们，以实证主义、实验主义和个体主义为主导特征的社会心理学的现代形态，绝不是这一学科唯一的可能形态。

与后现代社会心理学相呼应，如我们在前一节末尾所述，在美国和欧洲以外的国家和地区还掀起了一场声势浩大的“本土化”（indigenization）浪潮。伊朗裔学者法萨利·穆贾达姆甚至采用毛泽东的“三个世界”理论来划分心理学，并深信来自本土的挑战一定会首先发生在社会心理学这个“受社会文化因素影响最鲜明的领域”③。在这样的背景下，近几十年来社会心理学在世界各地获得了更为积极的发展，其中包括了鲜明的本土化努力。比如，1973年成立的拉丁美洲社会心理学会，就广为吸收社会心理学的“危机话语”，提倡结合拉美军政体制研究切合拉美实际的社会心理学，尤其是造成整个拉美社会断层和社会紧张的巨大的社会不平等。再如，尽管非洲还没有社会心理学的专门化组织，但南非的学者也致力于“通过关注南非背景中的心理学理论和实践，来形

① K. N. Ochsner & M. D. Lieberman, “The Emergence of Social Cognitive Neuro science,” *American Psychologist*, vol. 56, no. 9, 2001, pp. 717 -734.

② Gergen, Kennth J., “Toward a Postmodern Psychology,” *Humanistic Psychologist*, vol. 18, no. 1, 1990, pp. 23-34.

③ Moghaddam, Fathali M., “Psychology in the three Worlds: As Reflected by the Crisis in Social Psychology and the Move toward Indigenous Third-World Psychology,” in *American Psychologist*, vol. 47, no. 10, 1987, pp. 912-920.

成一种社会—历史和批判理论的视角”①。相比而言，亚洲社会心理学更是志向高远，以中日韩为代表的亚洲社会心理学会成立之时就毫不避讳地提出，锻造亚洲社会心理学的目的就是因为这一学科“需要创造社会心理学的‘第三势力’”②。而作为第三势力的重要阵营的中国社会心理学，更是在这四十多年中有了显著的进步。

第三节 中国社会心理学的萌生与发展

心理学拥有久远的历史和短暂的过去，说其“久远”，是因为从人类诞生伊始，心理就伴随着人类的发展，人类也开始了相关研究；论其“短暂”，是因为其就学科而言，不过经历了百余年的发展历史。同样，中国社会心理学的学术思想也是源远流长，但作为一门学科而言，它是随着西方社会心理学的传入而在中国逐步确立和发展起来的。在这期间，我们曾学习苏联、效仿美国，经过有选择地引进西方社会心理学基本理念和理论体系、组建机构、成立学会、探讨马克思主义的社会心理学体系等一系列努力，中国社会心理学逐渐进入改造、发展和繁荣时期。中国社会心理学必须依靠中国的优秀传统文化和社会背景才能更好地发展，在坚持正确的方法论原则的前提下，将新科学、新方法、理论建设和中国实际结合起来才是中国社会心理学发展的基本方向。

一、西学东渐与中国社会心理学的萌生

所谓西学东渐，是指从明朝末年到近代的西方学术思想向中国传播的历史过程，它虽然亦可以泛指自上古以来一直到当代的各种西方事物传入中国的过程，但通常而言是指在明末清初以及晚清民初两个时期欧洲及美国等地学术思想的传入。西方社会心理学思想的输入始于商品经济开始发展的明朝末期，当时一些外国传教士传入了很多科学思想和技术，其中也包括了西方的心理学思想。明万历二十三年（1595），利玛窦于南昌撰写了《西国记法》，内容共六

① Arie W. Kruglanski and Wolfgang Stroebe, “The Making of Social Psychology,” in Arie W. Kruglanski and Wolfgang Stroebe, eds., *Handbook of the History of Social Psychology*, New York: Taylor & Francis Group, 2012, pp. 13-14.

② Kim, Uichol, “Editor's Preface,” in *Asian Journal of Social Psychology*, vol. 1, 1998, pp. iii-iv.

篇，主要传授形象记忆法，这是西方心理学思想传入中国的开端。之后，耶稣会传教士、意大利人艾儒略于1623年撰写的《性学觕述》是一本心理学的综合读物，作者结合中国实例，引用了中国古书上有关论述说明和解释现象，不仅用心理学讨论了中国的实际社会状况，还和中国传统心理学思想做了很好的结合。到了清末，西方心理学向中国的传播日渐兴盛，由于西学东渐，一些赴欧美留学的学者对西方近现代心理学的传播作出了很大贡献，他们不仅在新学堂和教会学校中开设心理学课程，也积极地将传统文化中的心理学思想和西方思想相结合。如到西方留学的容闳、颜永京等纷纷回国传播西方的哲学心理学和实验心理学。

社会心理学作为一门学科进入中国始于新文化运动前后。它是中国这个古老的社会朝向现代转型的诸多尝试之一，或者用社会学家吉登斯的话说，是现代性的后果之一。1917年，中国现代心理学的先驱陈大齐获得蔡元培的支持，在北京大学建成中国最早的心理学实验室；1920年，南京大学的前身南京高等师范学校在陆志韦等人的努力下建立中国第一个心理学系；也是在20世纪初，西方传教士及教会学校开始在中国开设社会学课程、设立社会学系，1916年康宝忠在北京大学首开中国人教授的社会学课程，1921年起厦门大学等陆续建立社会学系。心理学系和社会学系的创建，为中国社会心理学的萌生提供了土壤：1919年，陈大齐撰成《民族心理学之意义》一文，采纳冯特的观念，将社会心理学与民族心理学并置；1924年，陆志韦出版第一部中国人自著的相关著作——《社会心理学新论》；1929年，潘菽写成《社会的心理基础》一书；1945年，吴江霖赴美留学，师从实验社会心理学创始人弗洛德·奥尔波特，系统学习社会心理学；1946年，孙本文出版上下两卷本的《社会心理学》……社会心理学在北京、南京、上海、天津、广州、昆明等逐步走向现代化的都市里开始了缓慢而顽强的生长。

这一时期，从欧美留学回来专门从事心理学及社会心理学研究的人逐渐增多，他们积极从事教学和译述，介绍西方心理学流派，建立系所和研究机构，创办刊物，进行多种形式的学术交流。在科学与民主的旗帜下，社会心理学作为一门现代社会科学开始在中国，尤其是沿海地区的高等学校扎下根来，孙本文等人也开始了社会心理学的中国化尝试，潘菽等心理学家则尝试运用马克思主义思想来解释人的社会心理。当然，从抗日战争全面爆发到新中国成立，由于时局动荡，教学和研究工作时断时续，中国的社会心理学饱受重创。

新中国成立后，社会稳定、民心齐聚，学习辩证唯物论哲学和苏联学术思想成为当时学界的基本潮流，此前在中国萌生和成长的社会心理学学科本应有更为广阔的发展前景。但是，由于对社会心理学学科性质的理解有偏差，加之受到1952—1953年院系调整等影响，20世纪50年代以后社会心理学学科被全部取消，直至80年代后才得以恢复和重建。

社会心理学在中国的传播与发展是近代文化“西化”过程的一个缩影。近代以来，中国文化思想发展的重要问题是“中学”与“西学”的关系。随着近代西方科学与文明的兴起与西学东渐，西方知识传入中国，学人们一直力图运用西方的知识结合中国的社会现实，找到一条富民强国的发展之路。正是在这样的背景下，中国社会心理学开始萌生与发展。

二、重建以来的中国社会心理学

中国社会心理学在1949年之前曾进行过一些针对中国特定问题的研究，但系统性不足。1949年后，由于早期“一边倒”学苏联及1966年开始的“文化大革命”的影响，社会心理学在中国一直没有得到应有的重视。从1949年至1978年近30年间，社会心理学成了学术研究的禁区。1979年，在改革开放和心理学、社会学等学科重建的背景下，王极盛在《光明日报》上发表了一篇名为《建议开展社会心理学研究》的文章，吹响了社会心理学在中国重建的第一声号角。

1982年，中国社会心理学研究会（后更名为中国社会心理学会）成立，陈元晖任首任会长。1982年12月10日第五届全国人民代表大会第五次会议批准的第六个五年计划（1981—1985）中将社会心理学列为“要加强研究”的学科之一，改变了人们对社会心理学的错误看法，也解除了人们在开展社会心理学研究方面的种种顾虑。在这一时期，北京、上海、天津、广州等地陆续出现“新老结合”的研究群体，一部分译介著作也相继出版，使中国社会心理学研究者可以用较短时间完成社会心理学的恢复重建。1981年，苏联学者库兹明和谢苗诺夫主编的《社会心理学》一书被翻译出版；1984年，苏联学者安德列耶娃的《社会心理学》和美国学者巴克的《社会心理学》被南开大学翻译出版；之后，美国学者弗里德曼等人的《社会心理学》被翻译出版。随后，又陆续有十几种国外著作被翻译出版。同期，全国数家报刊发表了几百篇关于社会心理学的译作和介绍性文章，国内学者在翻译与学习的基础上，也开始陆续出版自己的社会心理学著作和教材，为我国社会心理学理论体系的建立和科学研究打下了良好的基础。在课程建设方面，1982 年，吴江霖在北京大学讲授社会心理学，系统介绍社会心理学的性质、方法论和社会化、社会知觉、人际影响等课题；1982 年，中国社会学会开办讲习班，邀请美籍华人陈郁立讲授社会心理学；1983 年，在教育部的支持下，南开大学社会学系举办了为期一年的社会心理学师资培训班，邀请国内著名专家讲学，全国高校和科研单位的 40 余名学员参加学习，扩大了社会心理学的影响，壮大了学科队伍，有力地推动了社会心理学的发展。1984 年后，南开大学等高校陆续招收社会心理学专业的硕士生和博士生，正规化的社会心理学教育为我国培养了一定数量的专业人才。

1985 年，中国社会科学院社会学研究所正式组建社会心理学研究室。随后，南开大学社会学系、广州师范学院教育科学研究所、中国人民大学社会学研究所、南京大学社会学系、北京大学心理学系、北京师范大学心理学系等高等院校的心理学或社会学系纷纷成立社会心理学研究室或研究所，社会心理学研究基地的先后建立推动了社会心理学研究与教学工作的开展，其培养的一批中国社会心理学工作者已经成为中国社会心理学研究队伍的重要力量。

重建伊始的中国社会心理学，其研究重点主要集中在社会心理学理论体系建立、社会心理学基本理论探索、人际交往理论研究和教育社会心理学理论探讨等方面。受我国台湾和香港地区强调心理学本土化的社会心理学家影响，大陆（内地）的研究者也开始注重中国人独特社会心理问题的研究。从 20 世纪 80 年代后期到 90 年代中期，学者们对各种社会心理学问题的研究取得了令人瞩目的成就，社会心理学在教学、论文与著作发表、人才培养等方面的发展尤其迅速。这一时期，一批以西方社会心理学素材和理论体系为主的著作陆续出版，一批以教育社会心理学、社会化等课题为核心的著作也相继面世。

三、社会变迁与中国社会心理学的发展

纵观近些年中国社会心理学的发展，它大致可以分为三个阶段。第一阶段的重点在引进、介绍国外社会心理学的成果和经验，这一时期主要引进、介绍美国和苏联的社会心理学，内容包括各个流派的理论、观点和研究技术、研究方法等。第二阶段的重点在对国外社会心理学的理论方法兼收并蓄，这一时期的学科发展经历了以中国的经验为主体，对舶来的社会心理学加以消化改造的

过程。第三阶段的重点在结合当前的社会建设实际，探索具有中国特色的社会心理学。

伴随着中国社会的变迁，中国社会心理学一方面致力于满足国家与社会需求，解决重大社会现实问题，另一方面在此基础上建立起了相对完备的学科体系与不可替代的学科地位，展现出基础研究和应用研究齐头并进的学科特点。社会心理学研究工作采用科学的研究方法，展开了对自我、态度、决策、人际关系、群际过程、团体动力等基本心理过程和规律的探讨。同时，这些研究成果与现实问题紧密结合，学者们开展了涉及幸福、尊严、人际和谐、群际冲突、民族关系、偏见与歧视、危机与风险、社会信任与公正公平、网络心理和人机交互等主题的研究，推动了社会发展与社会进步。其中，周晓虹关于文化反哺与代际关系新变化的研究、变迁时代江浙农民的社会心理嬗变的研究，乐国安关于当代中国社会越轨行为的研究、群体性事件发展规律的研究，杨宜音关于中国人群己关系的研究、社会变迁中社会心态的研究，翟学伟关于中国人人情面子的研究、中国人行动逻辑的研究，方文关于社会行动者的理论和经验的研究，彭凯平关于文化和认知、文化与自我同一性的研究，以及李伟民、张建新、彭泗清等人对中国人社会信任的研究等都在不同程度上促进了中国社会心理学的当代发展。①

当代中国社会处于持续的转型中，社会心理学中关于“中国模式”“中国问题”“中国经验”，尤其是“中国体验”的研究也逐渐受到国外研究者的关注，并在国际社会心理学界占据了一席之地。中国学者必须进行中国化的社会心理学研究，抓住社会心理学快速发展的大好时机。当前中国社会心理学正在以实践和应用为基础的创新之路上前行，根据现实生活和社会发展的逻辑来不断调整自身的研究内容、研究方法和研究策略，在科学性研究的基础上，经世致用，服务社会。

四、马克思主义与当代中国社会心理学

马克思指出：“工业的历史和工业的已经生成的对象性的存在，是一本打开了的关于人的本质力量的书，是感性地摆在我们面前的人的心理学；对这种心理学人们至今还没有从它同人的本质的联系，而总是仅仅从外在的有用性这

---

① 周晓虹主编：《中国社会心理学文选（1919—2019）》，社会科学文献出版社 2022 年版。

种关系来理解……如果心理学还没有打开这本书即历史的这个恰恰最容易感知的、最容易理解的部分，那么这种心理学就不能成为内容确实丰富的和真正的科学。”① 马克思没有专门研究心理学问题，但他在从哲学和经济学角度出发的研究中广泛论及了人类学和心理学的问题，把人的心理与人的实践活动，即劳动实践和革命实践紧密地结合起来，从而在人类社会的历史运动中找到了自然与社会、个体与类别、本质与存在的统一。马克思强调，社会关系实际上决定着一个人能够发展到什么程度，一个人的发展取决于其直接或间接进行交往的其他一切人的发展，他主张从社会关系中来认识人。具体到社会心理学层次，我们可以推出，人的具体心理活动的内容也是由个体的社会关系所决定的，因此要从社会关系的角度认识社会心理。

苏联心理学最早对马克思的社会心理思想进行研究，曾对中国心理学的发展产生重要的影响。长期以来，苏联的社会心理学一直重视理论研究，尤其在自觉地发展以马克思主义哲学为指导的心理学方面取得了很多重要成果，受到国际心理学界的重视。十月革命以后，马克思主义对苏联心理学产生了巨大的影响。以科尔尼洛夫、维果茨基为代表的一批学者坚决主张用马克思列宁主义作为苏联心理学的方法论基础，提出建立马克思主义心理学的纲领原则，主张确立马克思主义对苏联心理学的领导地位。当时出版的《心理学与马克思主义文集》和《从辩证唯物主义的观点阐释的心理学教科书》等著作从概念上阐释了马克思主义和心理学的关系。随后，维果茨基、列昂捷夫和鲁宾斯坦等心理学家对马克思主义进行了深入的研究，倡导以辩证唯物主义的方法研究心理学。其中，马克思主义心理学家维果茨基创立了文化历史发展理论，积极尝试建立马克思主义心理学。

与此同时，一些学者则把马克思主义和精神分析结合起来，其中，阿德勒和弗洛姆都是长期研究马克思主义的心理学家，都致力于将弗洛伊德的理论和马克思主义结合起来推进心理学的发展；威廉·赖克和马尔库塞也希望在精神分析的基础上吸收马克思主义的思想，以增进其批判功能。

马克思主义的辩证唯物主义对心理学的指导意义很早就被中国心理学界认识到，但是马克思主义心理学在中国的发展经历了曲折的历程。20 世纪 20 年代末，潘菽、高觉敷等老一辈心理学家就开始向国内学界介绍苏联的辩证唯物

---

① 《马克思恩格斯文集》第一卷，人民出版社 2009 年版，第 192—193 页。

主义心理学，并不断探索建立科学的辩证唯物主义心理学的途径。潘菽指出，社会心理学是一门跨界学科，是心理学和社会学交错领域的分支学科。高觉敷认为，整个心理学思想史就是唯物主义心理学和唯心主义心理学思想斗争的历程，因而必须利用辩证唯物主义和历史唯物主义的理论武器，建立马克思主义心理学。20 世纪 30 年代，郭一岑、曹日昌、刘泽如等倡导用辩证唯物论的观点和方法研究心理学。郭一岑编译的巴甫洛夫、科尔尼洛夫和别赫捷列夫的《苏俄新兴心理学》是中国介绍苏联心理学较早的译著；曹日昌坚持和维护心理学的正确研究方向和科学方法，强调心理现象中的辩证法则；刘泽如以马克思的辩证唯物主义为指导，明确提出改造传统心理学和建立马克思主义心理学的观点，对马克思主义心理学的理论建设作出积极努力。1937 年出版的《现代心理学概述》是中国较早用马克思主义哲学指导心理学和心理学史研究的著作。之后，中国心理学工作者开始学习辩证唯物论哲学、巴甫洛夫学说与苏联心理学，致力于建立以辩证唯物主义为指导的马克思主义心理学。各地心理学工作者选编各种马克思主义有关心理学思想的经典论述，并运用辩证唯物主义观点对心理学进行讨论。

受国际研究范式的影响，当前一些社会心理学研究在经验范式和科学范式的指引之下，崇尚把实验研究作为指导性研究，排斥对文化和历史背景的分析，把个体视为脱离社会文化背景而存在的抽象个体。马克思主义社会心理学强调社会关系和文化历史性问题，历史唯物主义的方法主张把人的主观能动性理论、人的本质理论、人的对象实践活动理论等引入科学的研究。长期以来，西方主流的社会心理学忽视马克思对这一学科所做的贡献，认为马克思的观点只关心经济现象和唯物主义，不属于心理学的概念范畴。事实上，马克思主义心理学研究的发展取向可以为社会心理学的理论建构和实践应用带来新的思想资源。在全球化视野内反思和探索心理学未来发展模式的过程中，我们应该充分借鉴马克思主义心理学这种辩证唯物主义的精神资源。2022 年 10 月召开的党的二十大强调要坚持马克思主义的指导地位，坚持马克思主义的根本方向，并指出“推进马克思主义中国化时代化是一个追求真理、揭示真理、笃行真理的过程”①。在这个基础上，我们才能够坚持解放思想、实事求是、与时俱进、

① 习近平：《高举中国特色社会主义伟大旗帜　为全面建设社会主义现代化国家而团结奋斗——在中国共产党第二十次全国代表大会上的报告》，人民出版社 2022 年版，第 16 页。

求真务实，一切从实际出发，着眼解决新时代改革开放和社会主义现代化建设的实际问题。也只有在这个基础上，我们才能够运用社会心理学的知识，不断回答中国之问、世界之问、人民之问、时代之问，作出符合中国实际和时代要求的正确回答。在社会心理学研究中，要将马克思主义和中华民族的优秀传统文化相结合，同时汲取包括西方在内的一切人类优秀文明成果，不断丰富和发展中国社会心理学学科体系、学术体系和话语体系，并在中国人民迈向中国式现代化的伟大征程中体现其实践价值。

改革开放以来，社会主义现代化建设日新月异，随着经济全球化的发展，现代化浪潮不断推进，中国的经济社会发展取得了举世瞩目的成绩。但在新的历史时期中，面对世界及中国前所未有之大变化、大调整、大转型，各种问题也层出不穷。价值观念的冲突、发展水平的差异、群体矛盾的凸显，社会转型期的种种复杂性、不确定性、非稳定性都伴随着社会问题的涌现而显现出来，这一现实成为驱动马克思主义社会心理学理论进一步发展的重大动力。马克思主义是科学的理论，它创造性地揭示了人类社会发展规律；马克思主义也是发展的理论，只有直面和应对时代性的重大理论和现实问题，才能保持持久的生命力；马克思主义更是开放的理论，它始终站在时代前沿，积极吸收全人类的有价值和有生命力的精神财富。思考如何看待社会心理学研究中马克思主义的指导作用，如何继承和发展中国社会心理学优秀的文化成果，如何处理社会心理学与实际生活实践的关系等问题，不仅有助于我们更加深入地了解马克思主义社会心理学的理论基础，而且对进一步思考中国社会心理学未来的发展也具有一定的启示意义。科学是如实地反映客观事物及其发展规律的，只有使用辩证法才能如实地反映事物本身，所以唯物主义道路是一切科学发展的必由之路，社会心理学在发展成熟的过程中，也必然要走辩证唯物主义的道路。因此，我们要建立的社会心理学体系是马克思主义指导下的，具有中国特色的社会心理学体系，只有这样的社会心理学体系才能更好地为中国的社会现实服务。这就要求我们既掌握马克思主义的基本原理，又积累大量的经验材料，通过积极弘扬和努力践行社会主义核心价值观引领中国社会心理学的发展。发展马克思主义社会心理学不仅要紧跟时代前进的脚步，还要保持理念的科学性、实践的有效性，这是理论发展的必然，也是回应现实的必然。只有这样，我们才能够通过研究大变迁时代中国人的社会心理，坚定我们的理论自信和文化自信，增进我们的制度自信与道路自信。

思考题

1. 简述现代社会心理学产生的社会历史背景。
2. 社会心理学中国化的路径何在？
3. 社会心理学发展的主要阶段和各自特点是什么？
4. 结合社会心理学的发展历史，简述马克思主义在社会心理学发展中的当代价值。

▶ 答题要点

第二章　社会心理学的研究方法

研究方法是一门学科的重要组成部分。与其他学科相比，社会心理学的研究方法具有特殊性，这是由社会心理学学科的特殊性所决定的。社会心理学学科的特殊性，主要表现为它是在社会学和心理学两大学科之间产生的一门交叉学科或边缘学科，不仅社会心理学的理论被深深地打上了这些学科的烙印，而且其研究方法也因受母体学科的影响而复杂多样。此外，由于当代社会科学之间的相互融合和相互渗透，学科的边界越来越模糊。受这种大趋势的影响，社会心理学需要在马克思主义的指导下，借鉴和吸收其他学科新的研究方法，如博弈论方法、社会网络分析方法和计算机模拟方法等。社会心理学的研究方法是一个复杂的知识体系，包括方法论、具体的研究方法以及社会心理学研究中的伦理规则三大部分，其中，具体的研究方法种类丰富，我们将分为一般方法和方法的拓展来分别介绍。

第一节　社会心理学的方法论

在社会心理学的研究方法体系中，方法论起着引领方向和指导具体研究方法的作用。从马克思主义的立场出发，社会心理学方法论的具体内容就是指导研究者如何在研究中运用辩证唯物主义和历史唯物主义的基本原理解释人类行为。正如党的二十大报告指出的，“我们坚持以马克思主义为指导，是要运用其科学的世界观和方法论解决中国的问题”①。

一、方法论的内涵

每一门学科都存在思考和解释所研究问题的基本立场和普遍原则，它具有抽象的哲学意涵或者说形而上的特征，从而成为该门学科的方法论。在讨论研究方法的著述中，对方法论和研究方法这两个概念的理解和运用大都没有作出

① 习近平：《高举中国特色社会主义伟大旗帜　为全面建设社会主义现代化国家而团结奋斗——在中国共产党第二十次全国代表大会上的报告》，人民出版社2022年版，第17页。

明确的界定和解释，很多人都把方法论与研究方法混为一谈。在这里，我们有必要明确方法论和研究方法两个概念之间的区别和联系。一门学科的方法论，与阐述该学科存在的必要性和可能性的形而上思想相关，属于科学哲学研究的内容。一门学科存在的必要性也就是其存在的价值。学科存在的必要性越大，其研究所产生的价值越大，但学科存在的必要性或价值必须通过其研究方法的可能性表现出来，而研究方法的可能性又表现为研究方法的科学性、准确性与合理性。

方法论对于每个学科来说都既是基本的问题，也是重要的问题，因为方法论是从科学哲学的高度讨论学科研究的价值和研究方法的科学性与合理性的。方法论与研究方法存在密切的关系，但二者不是同一个层次的概念。研究方法是一门学科开展研究活动的具体思路设计、操作程序及技术手段的总和。方法论与研究方法的关系是：研究方法的设计和操作实施是在方法论的指导下完成的，研究方法是方法论思想在科学研究中的具体体现。

一门学科的方法论讨论的问题通常主要包括两大相互关联的内容：该学科研究对象的本质属性和与之相应的研究范式。有人把方法论中对学科研究对象的认识称为元理论。“任何研究范式都有其背后的元理论（meta theory）。社会心理学的元理论，或者称为‘元社会心理学’（meta-social psychology），是关于社会心理学的研究对象究竟为何的根据，因而，它不是社会心理学本身，而是社会心理学理论建构的预设。”① 对学科研究对象本质属性的认识决定了研究范式的选择，从而形成了不同的方法论基础。

西方社会心理学自产生开始就在对研究对象本质属性的认识上存在分歧和模糊性，他们把社会心理学的研究对象确定为在人与人相互影响条件下的心理现象，至于人与人相互影响的社会机制与社会结构则不是他们关注的对象。这种情况直接导致了社会心理学个体主义方法论及其研究范式的形成。

在西方社会心理学中鲜有提及社会心理这个概念，因此社会心理学从不被直接阐述为研究社会心理的学问。但从社会心理学的定义中，又可以看出社会心理学所研究的对象——人际交往过程中通过相互影响而形成的心理其实就是社会心理。人是社会动物，凡是正常的人都要与他人交往，都会产生相互影

① 杨宜音：《关系化还是类别化：中国人“我们”概念形成的社会心理机制探讨》，《中国社会科学》2008年第4期。

响，因此大部分个体心理的本质也是一种社会心理。这一点西方社会心理学家很早就意识到了，这从绪论曾提及的美国社会心理学家高登·奥尔波特的经典定义中可以明显地看出。他提出，社会心理学家认为他所投身的学科旨在理解或解释个人的思想、情感和行为如何受到他人实际的、想象的和隐含的存在的影响。这表明，西方社会心理学家在实际研究中，没有从方法论的意义上去认识和理解处于社会交往中的个体心理与社会意识之间的关系这一本质性的问题。

以个人为中心的社会心理学研究范式的方法论预设是个体主义的，因而也被称为“方法论的个体主义”。有学者认为，在这一研究范式之下，个体不仅是社会心理学学科的出发点，也被视作社会行为逻辑的出发点，他人、群体乃至社会、文化都是个体心理活动的背景和条件。而社会心理学不过是用来揭示个体如何面对和应对他人和群体的规律的学问。因此，在反省社会心理学的危机时，这种状况被批评为没有“社会”的社会心理学。

没有“社会”的社会心理学研究，其研究成果的科学性遭到质疑是可想而知的。在这种情况下，改变或修正既有社会心理学的研究范式成为社会心理学发展的重要任务。20 世纪七八十年代，以群际关系为中心的研究范式应运而生。有学者认为，这一范式下，最有意义的研究进展是社会认同理论和自我类别化理论的提出。社会认同理论和自我类别化理论揭示了个体从独立个体到群体成员的过程，即个体通过类别化完成“去个性化”，实现对群体的归属和成员身份的定位的过程，从而将“社会”重新纳入社会心理学的视野。个体与群体之间的关系便不再被认为是孤立的、断裂的，不再是对象与背景之间的关系。简而言之，个体主义范式与群际关系范式的区别在于，前者研究以“自我”为意义单位的行为，后者研究以“群体成员”为意义单位的行为，因而后者被称为更加具有“社会”意味的社会心理学。

与西方社会心理学不同，从马克思主义的立场来看，我们应该从社会的整体结构和社会系统的运行机制出发来理解和分析社会心理现象，建立以辩证唯物主义和历史唯物主义为方法论基础的社会心理学分析范式。

二、马克思主义的分析视角

我们在第一章中提到的俄国思想家普列汉诺夫在马克思和恩格斯关于社会意识问题的论述的基础上，经过深入研究和分析，首次提出了后来产生重要影响的“社会结构五因素公式”或“社会结构五因素理论”。

虽然普列汉诺夫的著作中并未出现关于社会心理的完整定义，但他在不同的著述中，从不同的角度对社会心理进行过各种阐述，涉及社会心理的各个方面。普列汉诺夫对社会心理的论述影响了当代社会心理学研究者对社会心理的基本看法，叶小文在总结了普列汉诺夫的“社会结构五因素理论”后指出：“社会心理，是人们在社会生活中自发产生并互有影响的主体反映，属于社会意识的范畴。……社会意识是有结构层次的，……其中最直接的比较低级的日常意识就是社会心理。它在特定的历史时代、特定的群众精神生活中自发形成，并且是不定形、不系统、不稳定的，诸如社会知觉、社会印象、社会判断，诸如感情、情绪、需要、动机、愿望、信仰、风俗习惯、道德风尚和审美情趣等等。”①

我们把马克思主义社会心理学的分析范式或视角称为以社会结构为中心的社会心理分析范式。社会心理的产生和影响的发挥都取决于一定的社会结构：生产力决定生产关系，经济基础决定上层建筑，社会存在决定社会意识，社会意识反作用于社会存在。社会心理在这种决定和反作用的过程中，扮演着重要的桥梁作用。

实践告诉我们，无论在研究中还是在实际工作中，都“必须坚持系统观念。万事万物是相互联系、相互依存的。只有用普遍联系的、全面系统的、发展变化的观点观察事物，才能把握事物发展规律”②。中国社会心理学研究秉持以社会结构为中心的研究范式，研究者运用这种范式研究中国社会转型过程中的社会心理现象，取得了不小的成绩。

自中国社会心理学恢复和重建后，社会心理学研究者在不同程度上受到西方社会心理学的影响，但随着中国踏上民族复兴的伟大征程，社会转型与社会变迁加速，各种新现象和新问题不断出现，人们发现，不仅西方主流社会心理学研究范式不能很好地解释这些具有中国特色的现象和问题，而且我们以往运用的以社会结构为中心的研究范式也存在局限性。当代的中国研究必须突破传统研究范式，创建新的社会心理学研究范式。

当代社会心理学界创建新研究范式的努力集中在对“社会心态”的阐释

---

① 叶小文：《变革社会中的社会心理：转换、失调与调适》，《中国社会科学》1989 年第 5 期。

② 习近平：《高举中国特色社会主义伟大旗帜 为全面建设社会主义现代化国家而团结奋斗——在中国共产党第二十次全国代表大会上的报告》，人民出版社 2022 年版，第 20 页。

上。长期以来，由于关注个体和小群体研究的心理学家在社会心理学领域占主流，导致“社会心态”一词在现代社会心理学中基本处在边缘位置，这一领域的研究成果不多。我们可以发现，对社会心态研究感兴趣的社会学家都着重强调这一概念所包含的宏观、动态、突生及与重大社会历史变迁相关联等特征。比如，杨宜音提出社会心态是一段时间内弥散在整个社会或社会群体/类别中的宏观社会心理状态，是整个社会的情绪基调、社会共识和社会价值观的总和。周晓虹认为，重大的社会历史转型时期都会伴随着社会心态的转变和重塑。马广海更是直截了当地指出，社会心态是与特定的社会运行状况或重大的社会变迁过程相联系的动态社会心理现象。我们认为，在讨论改革开放以来中国社会心态的变迁这一主题时，继续关注上述核心特征不仅有利于理论阐发，也具有重大的实践意义。

把社会心态从充满歧义的概念升华为一种新的社会心理学的研究范式具有很重大的意义。从某种意义上说，社会心态这一概念的提出并被广泛使用，是使用汉语的社会心理学研究对社会心理学学科的一大贡献。在一种语言中，对某类现象的表达有时必须使用某一个词语，否则就无法准确地表达关于这一事物或现象的思想、感受，社会心态概念的使用正是如此，就如当年勒庞若不使用“群氓”（crowd，也译成“群众”）就不足以表达当时法国的社会心理状态一样，而当“社会心理”不足以表达中国社会转型期社会成员的各种情感、情绪等动态心理活动内容时，汉语的“态”字便为研究者提供了更恰如其分地表现此类心理活动内容的语言形式。相比于社会心理，社会心态是一个能够更准确地反映当前社会变迁过程中人们心理世界的变动状况或特征的概念。

三、社会科学背景下的社会心理学方法论

西方社会心理学著作大都不讨论社会心理学的方法论问题，这是因为：一方面，西方社会心理学研究者对方法论的理解与我们有所不同，在他们看来，方法论与研究方法似乎无甚差异，因此没必要区分这两者；另一方面，西方社会心理学研究者通常不会把几种取向的社会心理学整合在同一本书中，而倾向于各自撰写具有单一取向的社会心理学著作。

要想把不同取向的社会心理学整合成统一的社会心理学学科，就需要讨论这门学科的方法论问题，其中重要的问题是：社会心理学研究遵循的是个体主

义的方法论原则，还是整体主义的方法论原则。

方法论个体主义与方法论整体主义命题来源于社会哲学中的唯名论与唯实论，它们在具体社会科学中的运用与争论则开始于经济学。经济学被认为是典型的奉行方法论个体主义的社会科学，从亚当·斯密开始，古典经济学、新古典经济学到当代经济学都遵从方法论个体主义，即认为分析问题的出发点是个体的经济行为，个人是观察和分析一切经济现象的基本单位。方法论个体主义认为，在社会中，只有个体才是真实存在的，社会或社会集合体只是人们理智的建构，集体行为或社会整体行为皆由个体行为聚合而成。因此，它把对个人行为的解释看成理解和解释社会现象的前提，认为集体行为可以被还原为个体行为。亚当·斯密著名的“看不见的手”理论，就是由个体行为推演出社会整体行为的典型例子，他认为社会中利己的个体行为，在市场或价值规律这只“看不见的手”的控制下，会促使推动社会进步的整体行为的形成。

与经济学不同，社会学遵奉的是方法论整体主义原则，认为社会现象或集体行为的承载体是社会整体或社会群体而非个体，只有通过考察整个人群，才能了解和把握社会现象或集体行为的规律。社会学方法论整体主义的典型代表是涂尔干，他认为社会学的研究对象是社会事实，社会事实通过相互关联的群体行为表现出来。因此，社会学研究强调对社会人群的随机抽样调查，认为只有这样才能揭示出社会现象或集体行为的真实面貌和运行规律。

在社会科学中，个体与社会或个体行为与社会整体行为的关系一直是方法论中争议很大的问题，也是社会科学研究中存在的难题。经济学中微观经济学与宏观经济学的关系，社会学中的个体微观水平解释如何向社会宏观水平解释过渡的问题，都是由于个体行为与社会整体行为关系解释机制的缺位而导致的。

社会心理学方法论原则的确定取决于我们对社会心理学的学科定位，如果把社会心理学定位为社会学的分支，则它遵循的是方法论整体主义原则；如果把社会心理学归入心理学的行列，则奉行方法论个体主义原则。也就是说，在不同取向的社会心理学中存在着不同的方法论，社会学的社会心理学遵循方法论整体主义原则，而心理学的社会心理学以及跨文化社会心理学一般遵循方法论个体主义原则。

以往的社会心理学著作在讨论不同取向的社会心理学的区别时，通常只强调它们在理论建构取向和具体研究方法上的差别，不涉及方法论的差异问题。

实际上，不同取向的社会心理学的最大差异正是方法论的差异。这种方法论上个体主义和整体主义的差别使得社会心理学在发展过程中难以形成完整统一的学科体系，不同取向的社会心理学始终不能融合为统一的社会心理学知识体系，只能沿着各自的取向往前发展。

第二节　社会心理学研究的一般方法

社会心理学研究的一般方法，是指人们在社会心理学研究的操作过程中通常使用的方法，这些方法包括实验研究法、调查研究法以及其他研究方法，如现场研究法、文献研究法等。

一、研究方法多样性的来源

社会心理学产生于社会学与心理学两大学科的交叉处。当我们讨论社会心理学作为一门新的学科的正式诞生时，都要提到1908年这一具有划时代意义的年份。这一年在英国和美国同时出版了两本以社会心理学命名的著作：一本是英国心理学家威廉·麦独孤所著的《社会心理学导论》；另一本是美国社会学家爱德华·罗斯撰写的《社会心理学》。麦独孤以心理学的视角和方法来理解社会心理学，运用当时在欧洲心理学界处于主流地位的本能论来解释人类的社会行为，从本能角度寻找个体行为和群体行为之源，认为本能作为一种先天或遗传的倾向，既是一切思想和行为的动力，也是民族性格形成和发展的基础。而罗斯则既重视群体行为的力量，又强调社会控制的作用，他认为社会的本质就是群体行为和社会控制的相互作用。罗斯把社会心理学界定为研究个体心理与其社会环境之间的相互作用的科学，他用社会学的视角和思考方式来研究社会心理学。麦独孤和罗斯被认为是社会心理学作为独立学科诞生的奠基人，受到世人的敬重，但他们所确立的不同研究传统也为后来社会心理学的发展播下了纷争的种子。由于他们的开创性工作，后来者都以他们两人为榜样从事社会心理学研究，一队人马集合于以麦独孤为旗手的用心理学的视角和方法研究社会心理学的旗帜之下，他们称自己的学问为“心理学的社会心理学”；而另一路大军则聚集在以罗斯为旗手的旗帜之下，他们的旗帜上大书“社会学的社会心理学”，他们研究这门学问的视角和方法来自社会学。

社会心理学学科从一开始就形成两军对垒的局面，两种取向的社会心理学各自朝着不同的方向发展，使用不同的研究方法，研究不同的问题，建构不同的理论，这在其他学科的发展中是罕见的。这种情况正是心理学的社会心理学与社会学的社会心理学学科认同不同的反映。心理学的社会心理学者认为自己的研究属于心理学，而社会学的社会心理学者则认为其研究属于社会学。这表明社会心理学作为独立学科的存在面临认同危机。面对这种情况，有学者早在20世纪50年代就进行过整合两种取向的社会心理学的尝试，希望能消除两种不同取向的社会心理学之间的差别和门户之见，形成具有统一取向的社会心理学。但这种努力不久便被证明是徒劳无功的。20世纪80年代以后，社会心理学的发展状况变得更加复杂。原本只是认为自己对社会心理学的产生和发展有贡献的文化人类学，在20世纪80年代突然宣称在文化人类学中也形成了一门具有人类学取向的社会心理学，即跨文化社会心理学。

尽管关于文化人类学对社会心理学产生和发展的影响的大小存在争议，社会心理学的产生和发展到底是“两条腿”还是“三条腿”走路的论辩也曾出现，但对于文化人类学“抢占社会心理学的地盘”的行为，社会心理学表现出极大的宽容，认为这是对社会心理学研究内容和方法的又一种丰富。社会心理学研究的问题与人类文化有着十分密切的关系。例如，现代科学心理学之父冯特晚年完成的十卷本《民族心理学》就被认为是跨文化社会心理学研究的开始。很多人类学家的研究早就进入社会心理学领域，如卡丁纳的《社会的心理疆界》和杜波依丝的《阿罗人：一个东印度岛的社会心理学研究》等著作就是典型的社会心理学著作。文化人类学一直等到20世纪80年代才正式宣告进入社会心理学领地，这是因为美国夏威夷大学东西文化研究中心的特雷安迪斯和朗伯特主编的《跨文化社会心理学》（《跨文化心理学大全》第5卷）直到20世纪80年代才正式出版。至此，也有人认为社会心理学具有三种不同的研究取向，更确切地说，社会心理学成了一门由三种各具特色的知识系统构成的交叉学科或混合学科。

但是，我们不得不承认，跨文化社会心理学的产生对社会心理学作为独立学科的整合性发展带来了更加严峻的挑战。如果三种取向的社会心理学在学科性质上都归属于或认同于各自的母体学科，那么独立的社会心理学就失去了存在的合理性和必要性；如果社会心理学要作为一门独立的学科发展下去，那就必须使其内部三种取向脱离各自的母体学科，整合建构起具有自己特色的理论分析框架和研究方法体系。

由于社会心理学具有不同的研究取向，因此其研究方法实际上是心理学、社会学甚至包括人类学中各种适合于研究社会心理现象的方法的集合体。当然，我们不能说社会心理学的研究方法是完全模仿或照搬不同母体学科的，社会心理学在发展过程中也在不断推动研究方法的发展和创新。

从研究方法上说，对社会心理学的发展影响和贡献最大的是实验研究法，这是心理学的功劳。在社会心理学从思辨发展为科学的过程中，实验研究法扮演着重要角色。在社会心理学作为一门独立的学科诞生时，尽管罗斯和麦独孤都在自己的开创性著作中，在总结前人研究成果的基础上提出了自己对社会心理学问题的系统性思考，但他们对社会心理学的研究还处于思辨阶段，离科学的社会心理学的建立还有几十年的路要走。社会心理学在研究方法上的发展，首先受到心理学的影响。人们把德国人冯特 1879 年在德国莱比锡大学建立的世界上第一个心理学实验室作为科学心理学产生的标志。受此影响，人们也把使用实验研究法的社会心理学等同于科学的社会心理学。

实验研究法在社会心理学研究中的广泛使用，大大推动了社会心理学的发展。回顾社会心理学的发展历史，我们不难发现，社会心理学中有影响的重要理论和研究成果几乎都是运用实验研究法得来的。

关于实验研究法与社会心理学的关系，有两点需要注意：第一，尽管运用实验研究法研究社会心理学遭遇的非议和批评很多，它甚至曾导致社会心理学危机的出现，但无论如何不应该否定实验研究法对社会心理学发展的贡献，而且实验研究法也在不断地进行自我改进和创新，不断克服其自身的缺陷，因此实验研究法在当代乃至未来社会心理学的研究中，将一如既往地发挥很大的作用。第二，实验研究法在心理学研究中的运用没有遭到任何非议，而社会心理学研究中运用实验研究法则引来众多的批评，这表明社会心理学与心理学之间存在着较大的差异。

社会心理学的研究方法随着社会心理学的发展而不断进步和丰富。早期的社会心理学研究以实验研究法为主，后来各种其他研究方法逐渐应用于社会心理学研究，这些方法包括调查研究法、现场研究法、文献研究法等。我们将对这些方法进行简要的介绍。

二、社会心理学的实验研究法

实验研究法即用做实验来收集研究对象的相关资料的研究方法。所谓做实验，就是研究者按照研究目的和要求，对研究对象（通常被划分为实验组和对照组或控制组）施加一定的影响（刺激变量），引起实验对象产生某些反应（反应变量），从而分析和探索刺激变量与反应变量之间关系（相关关系或因果关系）的一整套程序和方法。

实验研究法与社会心理学的关系非常密切，它不仅一直是社会心理学使用的主要方法，而且使社会心理学被认为是科学的，实验社会心理学一度被认为与科学的社会心理学具有同等的含义。

从传统意义上说，实验研究法主要运用于自然科学中，社会科学很少使用实验方法，这是因为当时大多数人认为社会现象很难使用实验研究法进行研究。心理学和社会心理学都依靠实验研究法确立了自己学科的科学地位，这对实验研究法来说也是一个突破性发展。心理学使用的实验研究法和社会心理学使用的实验研究法有所区别，这是由两门学科的研究对象不同和它们所遵循的方法论原则不同所决定的。这种差异还引发了不同的社会评价，心理学使用实验研究法被认为理所当然，而使用实验研究法研究社会心理学问题却一直受到学术界的质疑和批评。但这不仅没能阻止学者们继续在社会心理学研究中使用实验研究法，而且促使社会心理学家不断改进和完善实验研究法。现在，实验研究法不仅在社会心理学中被运用，而且经济学、政治学、社会学也越来越多地使用实验研究法开展研究工作，由此产生了诸如实验经济学、实验政治学和实验社会学这样新型的研究领域。这表明，只要设计与操作得当，社会科学是可以而且应该使用实验研究法进行研究的，社会心理学更是如此。

目前存在多种不同形式的实验研究法，按照不同的标准可以对实验研究法进行不同的分类。按实验条件的不同，可将实验研究法分为实验室实验法、自然实验法和模拟实验法。

实验室实验法即在实验室条件下进行实验操作的方法。早年的社会心理学实验研究大多采用实验室实验法进行，包括阿希的从众实验研究、米尔格拉姆的权威服从研究等著名的实验研究。社会心理学的实验室实验法的优点是可以按照研究者的意愿设计和控制实验条件，但其致命的缺点是实验室条件与社会真实状况的差异无法消除。因此，在实验室实验中得出的研究结论能否推广到现实社会，以及因被试知道自己是在参与实验所产生的“霍桑效应”是否影响到实验结果，都值得商榷，这些缺陷是这种研究方法受到严厉批评和质疑的主要原因。

为了克服实验室实验法的缺陷，自然实验法（或称现场实验法）应运而生。自然实验法是指在自然条件（即研究对象的生活或工作环境不受研究者干扰）下所进行的实验。例如，为了研究旁观现象或救助行为的责任分散现象，社会心理学家选择在某些公共场所，如行人如织的大街上或购物者众多的商场门前，让人假装突发急病躺倒在地，研究者在一旁观察人们对于这位急需救助的“病人”的救助行为。有些自然实验，研究者一个人就可以进行。比如，为了研究人们的诚信行为，研究者到各个小商店购物，购买 20 元钱的小商品，买完之后走出商店，几分钟后突然返回，很抱歉地对售货员说“对不起，我刚才购买的东西忘记付钱了”，然后重新付钱，并观察售货员是否接受第二次付款。上述两个实验都是在自然条件下进行的，前一个实验只有研究者和扮演“病人”的研究助手知道是在做实验，其他人都不知道，他们的行为不会受到任何干扰；而后一个实验则更加简单，只有研究者本人知道自己在做实验。

由于实验室实验法存在的缺陷及其受到的批评，自然实验法成为社会心理学研究中较多采用的研究方法。自然实验法的最大优点是可以避免产生“霍桑效应”，因而实验结果真实可信，其揭示的社会心理规律与现实社会具有一致性。它的缺点是实验中的各种因素或变量不容易进行控制，实验的设计必须考虑现实社会中各种条件的限制。

模拟实验法是研究者根据研究需要，模仿现实社会状况设计某种活动和情境，让参与研究的被试在情境和活动中分别扮演各种角色，根据研究者设计的行为规则进行活动，研究者观测各种行为角色的行为规律。

此外，按组织方式的不同，还可将实验研究分为单一实验组实验、实验组与控制组实验和多组实验。单一实验组实验是只有一个实验组的实验，因而研究者只能对研究对象接受刺激前的反应与接受刺激后的反应进行比较，从而发现刺激变量与反应变量之间的关系。实验组与控制组实验是一种包括两个组，即实验组（接受刺激组）和控制组（不接受刺激或少接受某种刺激组）的实验，这种实验不仅支持刺激前、后反应变量的比较分析，而且支持实验组与控制组之间的比较分析，从而使实验结果更加准确、可信。多组实验则指包括三个及以上组（其中有实验组和控制组）的实验。参加实验的组越多，实验设计越复杂，操作难度越大，但实验结果也为比较研究提供了可能。

近年来，我们已进入大数据与计算社会科学时代，一种新的实验法——互联网社会实验方法应运而生。这种方法利用互联网来完成社会心理学实验，实验的全部活动都在互联网上进行，这一实验法的最大特征是可以借助互联网获得突破时空限制的大量样本数据。比如，可以在社交平台上进行实验，观察消费者或用户在不同条件下的行为变化，从而进一步优化产品设计和用户体验。显然，传统的实验法无论是在实验室进行还是在自然环境中开展，其样本量都是有限的，因此实验结果的推广往往会因为样本量较小而受到质疑，当研究者试图将实验法所得的研究结论用于解释群体现象时，也会受到相似的质疑。而互联网社会实验法的出现为研究宏观现象提供了强有力的支撑，海量样本所带来的优势是传统的实验法所无法比拟的。

三、社会心理学的调查研究方法

调查研究法指的是系统地或直接地从某一社会群体那里收集资料，并通过对资料的分析来认识和解释社会现象及其规律的社会研究方法，它包括问卷调查法、个案调查法等不同类型的具体方法，其中以问卷调查法最为重要也最常用，在社会心理学研究中更是如此。因此我们在这里重点介绍问卷调查法。

问卷调查法简称问卷法，它是研究者运用在一定的理论框架的指导下、根据一定的研究目的设计的调查问卷，对研究对象进行资料收集、分析从而得出研究结论的方法。在现代社会心理学研究中，问卷法得到了广泛的运用。

问卷调查可以采用不同的方法实施。如可以把问卷当面交给调查对象填写，也可以把问卷邮寄给调查对象让其填写完成后寄回，或把问卷登在报纸或杂志上，调查对象填写后寄给调查者。随着互联网的普及，人们开始通过互联网发布问卷进行问卷调查，这便是网络问卷调查法，这种方法简单便捷，节约了大量的人力物力。以上四种方式都是调查对象自行填写问卷，我们将之统称为自填式问卷调查。除自填式之外，也可以当面把问卷中的问题读给调查对象听，调查对象对问卷中的问题作出回答后，调查者代替调查对象把答案填写在问卷上，调查者也可以通过电话进行问卷调查，由电访员将调查对象的回答记录下来。这两种方式我们将其称为代填式问卷调查。

不同的问卷调查方法对问卷的设计具有不同的要求。例如，自填式问卷（如发放式问卷、邮寄式问卷、报刊问卷、网络问卷），其指导语、问卷卷面的安排、问卷中问题的逻辑结构、问卷的长度等都与代填式问卷（如访谈式问卷和电话问卷）有所不同，确切地说，自填式问卷设计的要求更加严格。

不同的问卷调查法各有其优缺点，如访谈式问卷法，由于是通过调查员手持问卷与被调查者面对面交谈，因而能收集到更多、更准确的资料，但这种调查的成本即所花费的人力、物力要比其他问卷法（如发放式问卷法、邮寄式问卷法）高得多；而发放式问卷法、邮寄式问卷法等方法虽然调查成本低，但问卷的回收率、调查资料的真实性与准确性会低一些。

在实际的社会心理学研究中，研究者使用什么样的问卷法收集资料，取决于研究者研究经费的充足与否、研究目标对数据的要求高低等具体条件。从表2-1中，我们可以全面了解除网络问卷以外的不同问卷调查方法的优缺点。

表 2-1 不同问卷调查方法的优缺点

项目	自填式问卷调查			代填式问卷调查	
	报刊问卷	邮寄式问卷	发放式问卷	访谈式问卷	电话问卷
调查范围	很广	较广	较窄	较窄	可广可窄
调查对象	无法控制和选择，代表性较差	可在一定程度上控制和选择，但回复问卷的代表性难以估计	可控制和选择，但过于集中	可控制和选择，代表性较强	可控制和选择，代表性较强
影响回答的因素	无法了解、控制和判断	难以了解、控制和判断	可在一定程度上了解、控制和判断	便于了解、控制和判断	不太好了解、控制和判断
回复率	很低	较低	高	高	较高
回答质量	较高	较高	较低	不稳定	很不稳定
投入人力	较少	较少	较少	多	较多
调查费用	较低	较高	较低	高	较高
调查时间	较长	较长	短	较短	较短

资料来源：水延凯等编著：《社会调查教程》（第五版），中国人民大学出版社 2010 年版，第 243 页，有改动。

四、社会心理学研究中的其他方法

社会心理学的研究方法体系还包括其他方法，如现场研究法、文献研究法等，它们也是常用的研究方法。

（一）现场研究法

现场研究法也被称为田野研究法，是一种研究者亲临现场，通过对研究对象的访谈、观察获取研究资料，得出研究结论的综合性研究方法。社会心理学中现场研究法的典型范例，是1930年美国一位名叫理查德·拉彼埃尔的斯坦福大学教授所进行的一项对后来具有深远影响的研究。拉彼埃尔与一对中国留学生夫妇结伴周游美国，他们三人一行在两年时间内一共去过184家餐馆和咖啡厅、67家旅馆和专门招待旅行者的家庭。这项研究所处的时代正是美国对中国人充满歧视的年代，尽管如此，在接待这三位旅行者的251个场所中，只有一个地方让他们感觉到了种族歧视行为的存在。而且，在其中72处场所他们自认为受到了超出一般规格的接待。由此，研究者认为美国人对中国人并不存在歧视或偏见行为。在他们三人的旅行结束6个月之后，研究者用邮寄调查问卷的方式对他们去过的每一处场所的业主进行调查。问卷上的问题是："你会在你那里接待中国人吗?"调查共回收了128份问卷，其中餐馆和咖啡厅81份，旅馆等47份。问卷统计的结果是：有118份问卷明确表示他们不会接待中国人，占总调查问卷的92.19%；有9份问卷回答要视情况而定，占7.03%；只有1家汽车旅馆的老板做了肯定的回答，仅占0.78%。这项研究第一次发现了人们对待事物的态度（心理）与其行为上的不协调或不一致问题。

现场研究法主要包括访谈法和观察法两种收集资料的方法。

1. 访谈法

访谈法也称访问法，它是一种研究者通过与调查对象有计划地面对面交谈来收集研究资料的方法。根据提问的标准化程度，访谈法可分为结构式访谈法与非结构式访谈法。

结构式访谈法也称标准式访谈法，它是研究者使用预先设计好的访谈提纲，按一定的步骤和程序对调查对象进行访谈的方法。一般而言，访谈法中使用的提纲可以粗略也可以很详细，而当提纲详细到成为一份问卷时，结构式访谈就成了访谈式问卷调查方法了。

非结构式访谈法也称非标准化访谈法，它是研究者不使用访谈提纲，只就某一主题或某一问题与调查对象进行开放式的交谈、收集研究资料的方法。当然，在非结构式访谈中，调查者不使用事先设计好的访谈提纲并不意味着调查者毫无准备，谈到哪儿算哪儿。实际上，进行非结构式访谈同样要求调查者做好准备，设想好如何引导调查对象毫无保留地说出自己的情况和想法。

根据访谈对象的人数，访谈法又可分为个别访谈法和集体访谈法两种类型。

个别访谈法即对单个调查对象进行的访谈。个别访谈只有调查者和调查对象两个人，调查者与调查对象之间的交谈与互动不会受到其他人的干扰，因此是一种比较理想的访谈方法。当然，个别访谈也要注意所处环境因素的影响，选择好的访谈环境非常重要。

这里有必要提起的是近年来兴起的口述史访谈法。与一般的个别访谈法相区别的是，口述史访谈法作为一种独立的研究方法，强调将个人生命史纳入研究视野，而不是仅仅针对某一个主题开展访谈。对社会心理学而言，它的重要性在于，口述史中承载的个人生命史及其相随的精神或心理状态，为我们理解这些个体所组成的群体或共同体的共有经历和集体心态开辟了一条可行的研究路径。口述史访谈法因其天然所带有的对劳动者或普通人生活经验的浓厚兴趣，为社会心理学研究提供了一种“自下而上”的，深入理解中国社会和中国人心理的底层或基层民众视角。

集体访谈法也就是我们通常所说的开座谈会，即调查者选择与多个调查对象共同进行访谈、收集研究资料的方法。显然，集体访谈的效率更高，可以收集到更多的资料。但集体访谈因为涉及多个调查对象，因而要求更高的组织技巧，其难度自然也更大。集体访谈要注意如下事项：

首先，集体访谈的人数以5～7人为宜。人数太少，效率就会低，集体访谈就失去了它的意义；人数太多，不仅访谈不容易组织好，而且难以让每个访谈对象都有畅所欲言的机会。

其次，由于集体访谈有多个访谈对象，他们形成了一个小群体，这就要求访谈者在访谈过程中，注意防止可能出现的某些影响访谈对象充分发表自己意见的群体心理现象，如群体压力导致的从众现象等。在集体访谈中，先发表意见的人有可能对后发言的人产生影响；特别是访谈对象中的权威人士发表的意见更容易对其他人产生影响，导致其他人不能或不能充分发表自己的不同意见。这是访谈者必须注意的问题。

2. 观察法

观察法是指研究者运用自己的感官或凭借某些工具对研究对象进行现场观察，从而收集研究资料的方法。观察法是一种最基本、最普遍，同时也是最容易操作的方法。在日常生活中，观察是个体适应社会生活的基本行为和基本技能。当然，作为科学研究手段的观察法虽然与人们日常生活中进行的观察活动存在共同之处，但又有其不同的特点：

其一，观察法是一种具有目的性和系统性的观察活动。作为一种科学研究方法，观察法与人们日常活动中的观察行为的不同之处在于它具有明确的目的性和系统性。观察法的目的性一方面是指研究者在一定的理论架构内或在一定理论的指导下进行观察；另一方面则指观察是为收集研究资料，或者说是为论证或发展某种理论这一目的服务的，观察本身不是目的而是手段。所谓观察法的系统性，是指作为科学研究方法的观察不是随意进行的，它有着自己的程序和原则，在这些程序和原则的指导下，研究者对研究对象进行全面、系统的观察。

其二，观察法有时需要借助工具进行。作为科学研究手段的观察法，有时需要借助工具和仪器进行观察，而日常生活中人们通常不会这样做。现代科学技术的发展为社会心理学研究者借助各种先进的工具进行科学观察提供了条件。现在，研究者对研究对象的活动进行拍照、摄像，然后反复进行观察和分析已越来越普遍。

其三，观察是一种科学研究者必备的研究能力。在日常生活中，虽然观察能力存在很大的个体差异，但正常人的观察能力通常不会差到影响自身生存的地步。在科学研究领域则不然，观察能力是一个合格的研究者必须具备的科学研究能力。优于常人的观察能力能帮助研究者在他人习以为常的现象中看到不寻常的东西，在别人看不到的现象中发现重要的线索或迹象。

根据不同的分类标准，我们可以把观察法分为结构式观察法与非结构式观察法、直接观察法和间接观察法、参与观察法与非参与观察法。

结构式观察法是指有明确的研究目的、程序和观察范围的观察方法，它通常是根据统一设计好的观察表和观察卡而进行的。非结构式观察法是相对于结构式观察法而言的，指并不根据预先设定的标准、内容和范围进行观察，而只根据研究的目的和任务灵活地、广泛地进行观察的方法。

直接观察法是指研究者亲临观察现场，以自己的眼睛进行的观察。间接观察法则是指观察别人用工具（如照相机、摄像机等）记录下来的观察资料的方法。当然也有这样的情况：研究者亲临现场进行直接观察，同时又用工具记录下所观察的现场，随后反复进行观察。这样研究者便把直接观察和间接观察结合起来了。

参与观察法是这样一种观察方法：观察者（研究者）参与观察对象的活动，他既是一个观察者，同时又是一位活动者，通过参与观察对象的活动，更系统、深入地观察观察对象的行为。参与观察法的优点是观察者深入观察对象的生活，通过参加观察对象的活动并与他们进行互动，缩短与观察对象的心理距离，能观察到许多细微和内在的内容。这种方法的缺点是，观察者作为一个外来人加入观察对象行列中，这势必会打破观察对象原有的结构，影响其心理活动与行为表现，因而影响所观察结果的真实性。

非参与观察法是指观察者作为一个局外人或在观察对象不知晓的情况下对其进行观察。非参与观察法的优点是可以避免参与观察的缺点，即观察者不会影响观察对象的行为，因而观察到的结果会更加真实；而其缺点也正与参与观察的优点相对应，即因观察者不深入观察对象的生活，不仅不能亲身体验到观察对象的感受，而且不能观察到某些细微的内容。

（二）文献研究法

文献研究法是研究者根据自己的研究目的，通过收集与分析各种书面文献资料和其他资料，如档案资料、音像资料等，得出研究结论的研究方法。文献是记载人类各种社会活动历史资料的总称，它包括所有以文字、图像、符号、视频、音频作为载体记录下来的人类行为与社会活动以及各种知识与经验的集合。从社会发展的角度来说，人类一切已经发生过的事情（包括久远的和刚刚发生的）都是历史，而历史是不能原模原样地重复出现的。更为重要的是，现在和未来将是历史的继续与发展。因此，要更好地理解与研究现在和未来，必须分析和研究历史。历史既已过去且不能再现，那就只能研究和分析已成为“死材料”的历史，即文献。

总体而言，科学研究工作都是离不开文献的，采用文献研究法之外的任何一种方法进行社会心理学研究，也同样要与文献打交道，如要通过查找和分析文献了解与借鉴他人已有的科研成果。这就表明，文献研究法中所使用的文献与一般科学研究中所使用的文献是存在区别的，我们把前者称为资料文献，而把后者称为参考文献。

参考文献是指研究者在研究过程中参考、借鉴的他人已有的以文献形式保存的研究成果；资料文献则是指那些研究者在研究过程中作为原始资料或分析对象使用的资料。参考文献和资料文献的存在形式除了图书、论文、研究报告或是档案、图表及其他影像资料，还包括某些历史性的数据记录、报刊资料、个人日记、官方文件和经济报表等。我们在存在形式上无法区分参考文献与资料文献，凡是能做参考文献的也能成为资料文献，反之亦然。

参考文献与资料文献的根本区别在于：参考文献是供研究者借鉴的，其借鉴作用具体表现为提供某种理论框架、理论依据或视角，或作为论据、研究方法而被研究者使用；而资料文献则是作为研究者的原始分析资料或研究对象而存在，研究者使用一定的方法（如内容分析法），通过解剖、分析、综合或提炼这些资料，从中得出自己的研究结论。

资料文献可以分为两大类型，即定量的数据资料和定性的文字或其他符号资料，前者如官方的统计资料或其他数据资料，后者如已出版的图书、发表的文章、档案和个人日记等。对于这两类资料文献，研究者通常采用不同的分析方法。对于数据文献资料，可采用统计分析方法；而对于定性的文献资料，则应采用内容分析方法。

对数据资料进行统计分析，是社会科学研究中的通常做法。在一般情况下，统计分析所使用的数据是研究者根据自己的研究意图和目的收集到的，研究者在收集数据之前的研究设计中已把数据的统计分析方法考虑在内，因而数据的统计分析是研究者研究程序的自然发展。但在文献研究中，研究者所使用的数据不是自己收集的，而是官方或其他研究者收集的，这势必给数据的使用与统计分析带来种种限制，要求研究者看菜吃饭，量体裁衣，灵活而有效地使用和分析这种数据。既然数据是他人收集的，那么通常不可能对其进行更改，这就要求研究者在使用数据时做到：

其一，解剖数据结构，读懂数据的内容。任何一种有用的数据，必然存在一定的结构，结构中包含一定的内容，而数据的结构与内容体现的便是数据收集者的意图。只有弄清楚数据的结构和内容，才能理解数据收集的意图；同样，只有理解了数据收集者的意图，才能明了数据所蕴含的功能，从而正确而有效地使用与分析数据，达到研究的目的。

其二，将数据纳入自己的研究框架。研究者自己收集数据时，其程序是先建立研究框架，然后再根据需要去收集数据。而使用他人的数据，则只能根据已有数据的结构和内容建构自己的研究架构，从而顺利地把数据纳入研究框架之中。

其三，创造性地使用数据。使用与分析他人已有的数据，同样是一个充满创造性的过程。既然数据具有一定的结构，而结构由不同的要素构成，那么合理地对构成结构的元素进行调整、变化，便可以创造出新的结构，从而生产出新的内容，这就是一种创造。创造性地使用与分析数据，这正是研究者研究能力与创新水平的体现。

对于资料文献中的定性材料，我们通常运用内容分析法进行分析。所谓内容分析法，就是一种通过对资料文献的内容进行特定分析，从而揭示文献中所蕴含的研究对象的信息及其规律的方法。内容分析的对象是定性的资料文献，即文字、图表或音频、视频资料，因而一般采用定性的分析方法，即研究者从一定的理论架构出发，以其对定性文献资料的解析为根据，完成对原有理论假设的证明，达到研究的目的。随着现代定量研究手段的发展，越来越多的人使用定量方法分析定性的资料文献，即尽可能把定性资料进行量化处理，然后进行统计分析，有人还研制出了专门对定性文献资料进行定量分析的软件，使这种研究更加规范化、程序化。不过，虽然定性资料的量化分析近年来发展非常迅速，其方法和技术也越来越复杂，但这种方法的信度和效度一直存在着相当大的争议，需谨慎使用。

第三节　社会心理学研究方法的拓展

当代社会科学出现了学科之间相互交叉融合的发展趋势，各门学科互相取长补短，学科之间的界限更加模糊不清，这种状况使得以独立的研究对象为标准来划分学科的传统做法不再适宜，现在任何一门社会科学都无法声称自己的学科拥有独一无二、其他学科无法研究的研究对象。正是学科的相互交叉与融合，引起了不同学科在研究方法上的相互借鉴与创新。社会心理学在研究方法上的拓展也是在这样的背景下实现的。

一、学科交叉与融合背景下的社会心理学

在学科的交叉与融合方面最为“激进”的是经济学。当代经济学已不再将自己囿于只研究有限资源如何在需求与供给之间进行有效配置的经济现象了，而是成了研究人类行为的综合性社会科学，于是有了所谓“经济学帝国主义”的说法。经济学四面出击，“侵入”传统意义上属于其他学科的领地。经济学研究政治学问题，形成了公共选择经济学；经济学研究法律问题，产生了法律经济学；经济学研究社会学问题，出现了社会经济学。同样，经济学也“侵入”心理学和社会心理学的领地，研究传统意义上只能由心理学和社会心理学研究的问题，并形成了生命力非常强大的行为经济学（或心理经济学）。当然，有“能力”的其他学科也“侵入”经济学领地，研究过去只能由经济学研究或

只有经济学家感兴趣的问题。社会学研究经济现象，因而产生了经济社会学；心理学和社会心理学家研究经济行为，因而形成了经济心理学；文化人类学家也研究经济现象，因而出现了经济人类学。

我们说一门学科有能力研究其他学科研究的问题，或者说有能力“侵入”其他学科的领地，这个“能力”指的就是研究方法，包括方法论意义上的解释问题的分析范式和具体的研究方法与技术。经济学能四面出击，研究众多其他学科研究的问题，就在于它具有由建立在理性人假设基础之上的成本—收益分析范式和与之相匹配的强大的数理分析工具所组成的研究方法。这种研究方法上的优势使得经济学在研究和解释社会现象和人类行为时，看起来更接近科学，特别是更能给人以科学的美感。

同样的道理，社会学、人类学、心理学与社会心理学可能也“有能力侵入”经济学领地，比经济学更出色地研究和解释某些经济现象，这说明这些学科的研究方法在某些方面有优于经济学的地方，如社会学的方法论整体主义与调查方法、人类学的现场研究方法、心理学与社会心理学的实验研究方法等。从这里我们看到的一个重要问题是，社会科学所研究的社会现象与人类行为远比自然现象更加复杂，需要从多角度切入，运用多种方法进行研究、建立多种理论，从而作出正确合理的解释。这说明当代社会科学的交叉与融合趋势具有合理性和必然性。

一门科学突破性的发展，通常开始于研究方法的创新。当代社会科学的交叉与融合趋势，实质上也主要是研究方法的交叉与融合。2002 年的诺贝尔经济学奖授予实验经济学家弗农·史密斯和行为经济学家丹尼尔·卡尼曼，更进一步说明了这一点。史密斯是实验经济学的主要创始人。经济学从产生起就被认为是不能进行实验研究的，但史密斯坚持不懈地努力，创立了实验经济学这门崭新的学科，最终取得了令世人瞩目的成就，对经济学的发展作出了贡献。卡尼曼是一位心理学家，他是第一位完全凭借心理学研究成果荣获诺贝尔经济学奖的非经济学家。瑞典皇家科学院认为，卡尼曼成功地将心理学分析法与经济学研究相结合，从而为创立一个新的经济学研究领域奠定了基础。心理学方法被引入经济学，使得经济学不但可以研究人的理性行为，也可以研究人的非理性行为，这大大拓展了经济学的研究范围。

当代学科间的交叉与融合对社会心理学的影响表现为两个方面：其一是其他学科已经或正在用它们的方法研究社会心理学问题，社会心理学对此应该如何应对；其二，社会心理学如何学习、借鉴其他学科的先进研究方法或自己进行方法上的创新与发展。

当代非社会心理学家研究社会心理学问题或与其密切相关的问题已非常普遍，其中以实验经济学和行为经济学影响最大。最近二十年来，这两门新型经济学科对诸如人的理性与非理性、人类合作行为产生的机制、自私利己与互惠利他等许多问题进行了大量的实验研究和运用其他方法的研究，取得了重要的研究成果。显而易见，这些都是社会心理学研究者所关注的问题，现在成了经济学研究者研究的热门问题，而且他们独特的分析视角和研究方法使得其研究结果也格外引人注目。

对于其他学科的社会心理学问题研究，社会心理学应该采取积极的态度，将其有价值的研究成果纳入自己的知识体系，特别是要积极学习、借鉴那些有特色的研究方法。

二、社会心理学的博弈论分析方法

博弈论原本是数学的一个分支，经济学引入博弈论方法几乎根本性地改变了经济学的面貌，这使得博弈论在社会科学中的地位大幅度提升。其实岂止社会科学，现在几乎所有研究人类行为的学科都与博弈论有着不同程度的关系。由于博弈论的基本原理和分析方法建立在人类交往与互动的策略选择这一基本事实的基础之上，因此它适合于分析几乎所有的人类行为。尽管博弈论原理运用于对人类行为的分析不断遭到各种非议，但博弈论作为一种普适性的方法进入各门研究人类行为的学科已经成为一种不可逆转的趋势。同时，面对批评，研究者也在不断对博弈论进行更新和改进，从经典博弈论到现代博弈论再发展到演化博弈论，博弈论在不断地完善。可以预见，博弈论还会继续完善，逐渐克服其缺陷和不足，成为一种更加科学和实用的人类行为分析方法。

博弈论分析方法与社会心理学研究有着天然的内在联系，博弈论以人类交往与互动的策略选择为基础，而社会心理又产生于人类交往与互动之中，这一基本事实证实了这一点。

正因为如此，社会心理学家的研究早就与博弈论发生了密切的关系。众所周知，“囚徒困境”与“纳什均衡”是博弈论中两个最基本、名气最大的概念，前者是博弈论的起点，而后者则是运用博弈论分析方法对前者作出的基本解析。20 世纪 50 年代，有社会心理学家将人际互动中实际存在的一种博弈方式设计成“囚徒困境”实验，此后这一实验引起了数学家的广泛关注。

后来的学者们认为“囚徒困境”问题的提出具有戏剧性。20 世纪 50 年代，在美国普林斯顿大学的一次例行研讨会上，一位名叫塔克的数学家为了解答一个数学系研究生提出的一个理论问题，随手在黑板上举了一个例子：假设警察抓住了两个一同作案的纵火犯，但警察并没有确定的证据来定他们的罪。警察将他们隔离囚禁，要他们各自坦白。如果他们两个都坦白，每人将被判处 3 年监禁；如果他们都不坦白，由于证据不足，每人只被判处 1 年监禁；如果他们当中一人坦白，另一人不坦白交代，则坦白者免于处罚，马上无罪释放，而拒绝坦白者则被判处 5 年监禁。这就是最早由社会心理学家设计、今天已经世界闻名的“囚徒困境”实验（见图 2-1）。

		囚徒A	
	策略	坦白	不坦白
囚徒B	坦白	(−3, −3)	(0, −5)
	不坦白	(−5, 0)	(−1, −1)

图 2-1 “囚徒困境”博弈矩阵

说“囚徒困境”问题的提出具有戏剧性，是因为塔克教授的这一为解答学生提问兴之所至的举例，竟对世界产生了如此大的影响，而且这种影响还在继续。当年提问的那个数学系的研究生就是纳什，他因为用数学方法证明了“纳什均衡”的存在而誉满全球，并获得了 1994 年的诺贝尔经济学奖。

“囚徒困境”问题的最大影响是几乎导致了整个经济学大厦的坍塌。

在“囚徒困境”中，囚徒 A 和囚徒 B 都是理性人，以理性人的行为方式进行决策，囚徒 A 的严格优势策略是“坦白”，同样，囚徒 B 的严格优势策略也是“坦白”，因此“坦白—坦白”是稳定的纳什均衡。但“坦白—坦白”不是“帕累托最优”。显然，对囚徒 A 和囚徒 B 来说，最佳的选择是彼此合作，两人都“不坦白”，“不坦白—不坦白”才是“帕累托最优”。问题在于，“不坦白—不坦白”这个“帕累托最优”是不稳定的。因为自私的理性人不会为他人着想，更不会相信他人。此时两人都面临一个巨大的诱惑，当一方“不坦白”时，另一方选择“坦白”可以获得巨大的回报。理性人 A 和 B 都期望自己获取更大的收益，都要防范着对方，不让自己成为牺牲品。理性算计的结果是 A 和 B 最终选择不合作的“坦白”。这是“囚徒困境”唯一稳定的“纳什均衡”。

人们从“囚徒困境”中得出的结论是：由于理性人在“囚徒困境”的博弈中不能达到合作的结果，因此在理性与效率之间出现了不可调和的矛盾，个体的理性导致集体的非理性。

社会心理学家在博弈论的产生与发展过程中发挥了巨大的作用。但在今天，当博弈论作为一种强有力的分析方法在各门研究人类行为的学科中被广泛应用时，我们在博弈论的使用者队伍中却很少看到社会心理学家的身影。因此，是否应该将博弈论的最新研究成果和分析方法引入社会心理学研究和如何运用博弈论方法拓展社会心理学研究，是当代社会心理学发展需要关注的问题。

三、社会心理学的计算机模拟研究方法

计算机模拟研究方法是20世纪80年代兴起的一种新型的社会科学研究方法，它的实质是让电脑来模拟人完成实验研究，其操作程序是研究者把参与实验的被试者的各种可能行为方式、实验环境和实验（游戏）规则都编写成计算机程序，通过运行电脑程序来得出研究结果。这种方法虽然对研究者的计算机程序设计能力要求很高，因而会使很多人望而却步，但其所具有的优势非常明显，特别是可以克服社会心理学实验研究中长期受人非议的某些缺陷，如“霍桑效应”问题、实验情境与现实社会的差异问题以及社会心理学实验研究的伦理限制问题等。因此，人们对这种研究人类行为的新方法倾注了很大的热情并寄予厚望。

我们举一个例子来看这种方法的作用。桑塔费学派的萨缪·鲍尔斯和赫伯特·金迪斯认为“强互惠”是人类在漫长的进化过程中逐渐发展出的一种行为特质。他们用计算机仿真方法模拟了这一过程，得出了非常有价值且耐人寻味的研究结论。

他们用计算机仿真模拟的是一个早期人类社会（更新世晚期）的生活形态和运行机制。研究者为这个社会设定的条件是：（1）社会中族群规模不大，族群成员之间都能直接交往；（2）该社会中不存在权威和领袖人物（如酋长、宗族和宗教领袖），社会规范的形成与维护完全依靠社会成员的共同参与和努力；（3）族群不以亲缘关系为基础构成，排除以亲缘解释利他行为的可能性；（4）社会中个体差异主要表现在其行为特征上，其他如身份、地位方面的差异很小；（5）社会中的劳动产品实行平均分配；（6）社会采用“即时回报”的

生产系统，个体不储存食物或积累资源；（7）社会对成员的主要惩罚手段是驱逐，即将犯有严重错误的社会成员驱逐出社会组织；（8）社会中个体的行为存在变异的可能性。

研究者根据社会成员对待合作的态度，把他们分成三种类型："自私者""合作者"和"强互惠者"。"自私者"拒绝合作，只想分享合作成果；"合作者"无条件地与其他人合作，且从不惩罚背叛自己的人；"强互惠者"不仅与他人合作，而且愿意牺牲自己的利益去惩罚那些违反合作规范的人。

在此基础上，研究者建立了一套复杂的仿真动力学模型，即为这个社会的运行规定制度（博弈规则）、运作程序与方式，让计算机按照这个被设计好的"社会"进行演化和发展。实验得出的结论是：在上述条件下，通过演化而形成的人类行为大约有38.2%的概率表现出自私倾向，24.6%的概率表现出单纯合作的倾向，37.2%的概率表现出强互惠倾向。平均而言，每个人因机会主义充当"搭便车"者的概率大约为11.1%。

运用计算机技术来研究人类的行为毕竟是一种新的探索，因此仁者见仁、智者见智是很正常的事。但这种发展趋势毫无疑问具有其必然性，而且其发展前景也是乐观的。一种新的研究方法的广泛接受和普遍使用需要解决两个问题：其一是人们的观念问题；其二是操作技术的可行性问题。用计算机程序来模拟人的行为，接受这一研究方法对很多人来说必定存在观念上的障碍；而模拟人类行为的计算机程序的设计，则无疑会令更多人觉得不可思议，好在这个难题可以用合作研究的方式予以解决。时间会说明一切，运用计算机模拟方法研究人类行为将会成为未来人类行为研究的主要方法。西方国家已有很多学者关注这种研究方法，我国学术界对此的反应也非常迅速。

四、社会心理学的大数据研究方法

大数据时代已经到来。所谓大数据时代，是指以当代计算机技术、互联网、物联网、云计算、认知科学与脑科学，特别是人工智能等快速发展的高科技为手段，在数据的产生、收集、存储、挖掘与分析处理方面的革命性突破所引发的新型的时代变迁。信息与通信技术的发展使世间一切存在都可能成为数据，任何数据都能够被收集、存储、挖掘和分析，它使我们能够更好地发现世界与人类社会变化的规律。这是以往任何时候都没有出现过的奇迹，因而它们开启了一个崭新的时代，我们称之为大数据时代。其实在这里，大数据只是一个比喻或形象的说法，因为在人们心目中，数据一般都是比较小的，所以大数据一词很容易让人们产生具象化的联想，突出其与传统数据相区别的特征，因而被广为接受。但也正因为如此，当我们需要准确地界定到底什么是大数据时，争议和问题出现了。这是因为把具有比喻和想象特性的大数据概念转化为操作性定义时，会受到不同定义者主观因素的影响。这就是迄今尚无法形成大家公认的大数据定义的主要原因。

大数据难以被定义，还在于人们对其性质的认识经历了一个由简单到复杂、由表象到本质的过程。一开始，有人提出大数据就是全样本数据，因而有了大数据，就不再需要抽样调查所获得的样本数据，统计推断将成为多余，科学研究只需分析变量之间的相关关系，无需探究其因果机制等。这些观点一度给人们认识和接受大数据研究方法造成了混乱。

随着时间的推移，人们对大数据的性质及其功能的认识日趋深入。

对于大数据的性质，人们认为可以用5V来概括和描述。

（1）大容量（volume）：大数据体量巨大，非传统小数据可比。

（2）多样性（variety）：大数据多种多样，包括结构化、半结构化、准结构化和非结构化等各种类型的数据。

（3）快速率（velocity）：大数据的产生速度快，其处理和分析也追求时效。

（4）价值性（value）：大数据的价值性表现为高、低两个矛盾体的对立统一。从整体来看，大数据具有很高的价值，但从组成大数据的个体来说，单个数据甚至部分数据的价值密度往往比较低。

（5）模糊性（vague）：由于数据生成、采集的多样性与差异性，以及其他各种人为或技术条件，大数据容易混入虚假以及错误的成分，影响数据的清晰度与真实性，我们称此为大数据的模糊性。大数据存在的模糊性对大数据的挖掘、处理与分析提出了挑战，有人由此对大数据的价值产生了怀疑。

实际上，模糊性的提出，正是我们在大数据性质认识上的一个进步。此前有人提出大数据具有的5V性质，其中第5个V，不是“模糊性（vague）”，而是“真实性（veracity）”，即认为凡是大数据，都是不受任何外在的干扰和影响、自然而然地记录下来的原始数据，因而是不受任何污染的真实数据。形成这种“大数据错觉”的原因之一是对不同种类大数据的混淆。

大数据概念是由自然科学界首先提出的，自然科学家们在研究中发现，随着技术工具的进步，科研数据产生和积累的速度与容量都在惊人地增长，因此他们提出了“大数据”这个新名词，并且宣告了科学研究的第四范式——由数据驱动的科学研究新范式的诞生。

当社会科学界追随自然科学前进的步伐，接受和使用大数据概念与方法时，争论和问题便产生了。在某种意义上说，这种争论和问题其实就是过去关于社会研究应否运用自然科学方法之争论在大数据时代的继续。研究对象的性质不同，需要采用不同的研究方法。从大数据的角度来看，我们需要区分自然科学研究领域的大数据和社会科学研究领域的大数据。正如社会科学研究的对象——人与社会，比自然科学的研究对象要复杂得多一样，社会科学大数据要比自然科学大数据复杂得多、“模糊”得多。这就决定了运用大数据方法研究人与社会比研究自然世界要面临更多的挑战和问题。

当我们讨论社会科学大数据研究方法时，必定要引出另一个重要的新概念——计算社会科学（computational social science）。大数据时代的到来对全球政治、经济、社会、文化的发展变化带来了全方位的巨大影响，它对社会科学的影响同样巨大，其中最重要的影响之一就是催生了计算社会科学，或者说推动了社会科学的计量范式向计算范式的转换，使社会科学的发展进入一个全新的阶段。

从这里我们不难看出，“计算”是大数据、大数据时代以及计算社会科学产生和发展的共同技术基础与根本动力条件。所谓社会科学的大数据研究方法实际上就是计算社会科学研究方法。

我国学者把计算社会科学研究方法总结为五大组成部分：互联网大数据的获取与分析、定量分析与定性分析方法的融合、互联网社会实验方法、多主体计算机社会仿真模拟方法、计算社会科学研究工具的研制与开发。这五个组成部分相互关联，共同构成计算社会科学研究方法即社会科学大数据研究方法的有机体系。在具体社会科学研究中，如何运用这些方法，需要根据各个学科的具体情况进行取舍。

大数据研究方法在社会心理学的研究中具有非常广阔的发展前景。从已有的研究文献中我们可以看到，社会科学大数据的五大方法都已经在社会心理学研究中得到应用，并且取得了显著的成绩。

而且，更令我们充满期待的是，现在大数据时代已经又向前大步发展，迈入人工智能时代，过去我们尚存疑虑的有关困难和挑战，如自然语言、图像资料等非结构化数据处理的难题，随着人工智能技术的突破性发展，都有可能迎刃而解，包括社会心理学在内的社会科学研究迎来一个崭新的时代应该不再是梦想，而且可能为期不远。

第四节　社会心理学研究中的伦理问题

社会心理学家在开展研究的过程中，实际上是用一种特殊的方式在与人进行交往或互动。这种特殊的方式，就是由研究中采用的方法所决定的研究者与研究对象之间关系的处理方式，这种方式与人们之间日常的交往方式通常是不一样的，而且正是这种不一样给研究的科学性与合理性带来种种问题和争论。物理学研究中存在所谓的“测不准原理”，说的是当科学家运用仪器对物理对象进行测量时，这种测量活动本身会对测量对象产生影响，使得其发生某些改变，因而影响测量的真实性。人对物的测量尚且如此，人对人的测量与研究可能产生的问题更加复杂。社会心理学研究中采用最为普遍的方法是实验研究法，人们对这种方法诟病最多的便是认为存在所谓的“霍桑效应”，即实验研究中实验参与者知道自己是在参与实验会影响研究结果的真实性。因此，社会心理学家一直在追求的理想研究方法实际上是一种研究者与研究对象之间的交往不具有特殊性的方法，即研究者所使用的研究方法不会改变研究对象的日常行为方式，如运用自然实验法等。当然这只是一种理想类型，实际研究很难达到这种境界，因为社会心理学研究方法的现实运用需要考虑的条件和限制因素太多，其中包括研究中尊重研究对象的隐私权问题、道德伦理问题以及风俗习惯问题等，这都会对研究结果的真实性造成影响。

一、科学研究的困难与科学精神

科学研究是人类运用自己的知识与智慧，采用一定的方法和工具，对一定领域内的未知现象进行探索，发现其运行与变化的规律，从而发现真理并创造新的知识的活动或行为过程。人类进行科学研究的目的是更好地生存和发展。可以说，人类发展的过程就是一个不断地开展科学研究的过程。随着人类社会的不断进步，科学研究所使用的方法和工具越来越先进，人类在科学研究中所投入的人力、物力和财力越来越多，科学研究成果的积累与新知识的发现越来越快。总之，科学研究对人类的生存与发展越来越重要。

但是，我们又必须认识到，科学研究是一种非常特殊的活动或行为。这种特殊性主要表现在三个方面：第一，科学研究是人类高级的智力活动，从事科学研究的人必须经过一定的专业训练才能够胜任这项工作；第二，规范的科学研究的进行必须具备一定的物质条件，如开展科学研究的工具、技术设备与科研经费支持等；第三，科学研究是一种探索未知、发现规律与追求真理的过程，而规律与真理通常被纷繁复杂的表面现象掩藏在很难发现的地方，因此科学研究通常是一个非常艰难、需要经过长期的不懈奋斗才能够有所收获的探索过程，而且科学研究还要承担失败的风险，有时再艰苦的努力也不能够保证研究百分之百获得成功。

由此可见，一个合格的科学研究者除了接受必要的专业训练之外，还必须具备一种勇于探索未知、追求真理的精神，我们称之为科学精神。当然，科学研究者学习专业知识、提高研究能力的过程也包含了科学精神的养成。正是因为科学研究是一项非常神圣而且艰难的高级智力活动，培养与弘扬科学精神就显得特别重要。

科学精神的培养是科学研究人才培养的核心内容。一个具有科学精神的科学研究者，在科学研究中必然坚持的原则是：第一，以探索规律、追求真理为根本目标；第二，严格遵循科学研究的规范与程序，不弄虚作假。

二、社会心理学研究中实验启动的技术问题

社会心理学研究涉及的伦理问题中，被讨论最多而且争论最为激烈的是研究中的实验启动或称“善意欺骗”的技术问题，也就是研究者在研究过程中不告诉研究对象真实情况，而采取一种对研究对象隐瞒意图的方法开展研究工作。这个问题之所以引发众多持久和激烈的争论，是因为西方不少著名的社会心理学经典研究都是在这样的情况下完成的。最为典型的是美国社会心理学家所罗门·阿希于 20 世纪 50 年代所进行的从众实验研究和米尔格拉姆于 20 世纪 60 年代所进行的权威服从研究。

本书第九章将详细介绍阿希研究个体对群体压力的屈从问题的实验。简单来说，在实验过程中，一组被试面对着许多垂直线段，主试要求他们指出哪些线段的长度与另外一条给定线段的长度相等。这是一件极其简单的事情，因为线段的长度非常清楚，所有人都觉得很容易找到正确的答案。但问题是在这个实验中，这一组被试里只有一个人是不知道内情的真正被试，其他人都是主试

请来帮助"欺骗"那一个真被试的帮手，他们都故意把两条长短不等的线段说成相等，从而对真被试形成群体压力。在这项研究中，主试阿希告诉被试们，他们所进行的是一项测量视知觉的研究。这就是说，"欺骗"是该实验不可缺少的组成部分，没有这个"欺骗"行为，这个实验便无法进行。

与此相同，米尔格拉姆的实验也必须使用隐瞒意图的方法才能够进行。米尔格拉姆在实验中告诉被试们他们参加的是一个学习实验。他让这些参加实验的被试学会对另一个被试实施不断升级的电击。但实际上，实验中的被电击者是主试米尔格拉姆的"帮手"，他们并没有受到电击，被电击的效果是实验设计的"骗局"。这个实验的内容是研究人们对权威的服从问题。

上述两项研究是社会心理学中的经典研究，尽管学界对其研究方法的批评不绝于耳，但这些批评并没有影响其声誉与其研究成果的权威性。这启发我们思考一个问题：社会心理学研究中的"善意的欺骗"应不应该被允许？在这个问题上的确存在两种不同的意见。一种意见认为，无论出于何种理由和原因，社会心理学研究中的"欺骗"都是不应该出现的；但另一种意见则主张，在不采取"欺骗"手法，社会心理学的研究便无法进行的情况下，这种"欺骗"应该得到学界的认可，因为这有利于学术和科学研究的发展。这是一场至今没有结果的争论。但随着时代的发展和研究方法与技术的进步，这个争论可能不再重要，如大数据时代产生的计算社会科学中的计算机模拟实验方法和互联网社会心理学实验方法的使用，使得研究过程中"善意的欺骗"不再成为必要。

三、社会心理学研究的伦理规范问题

科学研究是人类为探索未知世界运行规律而进行的一种特殊活动，科学研究必须遵循一定的规范，其中包括伦理规范。

社会心理学的研究是作为人的研究者和同样作为人的研究对象以一种特殊的方式发生互动的过程。与人们的日常交往需要遵守伦理规范一样，社会心理学研究这种人与人之间的特殊交往同样需要遵循一定的特殊规范来进行。这种特殊规范就是社会心理学研究的伦理规范。

我们通常把伦理规范分为无形的和有形的伦理规范两种形式。无形的伦理规范是指人们心照不宣、约定俗成的道德准则；而有形的伦理规范则指有正式的文字表述的规章制度。社会心理学研究的伦理规范同样分为无形和有形两种形式。无形的社会心理学研究伦理规范是指内化进入研究者精神结构中的科学

精神及其他科学伦理元素；而有形的社会心理学研究伦理规范则指社会心理学研究者共同体所制定的、研究者在社会心理学研究中需要遵守的行为准则及相关注意事项。美国心理学会早在1973年就制定出台了“使用参与人进行研究的伦理原则”，对社会心理学研究中研究者的行为进行了具体的规定和建议。我国社会心理学界现在还没有类似的规范。近年来，我国社会心理学迅速发展，学科地位不断提高，大数据时代的到来在为社会心理学提供了发展机遇的同时，也引发了新的问题，因此，我国社会心理学界应该提高对研究伦理的重视，加强对研究伦理的规范。

思考题

1. 简述方法论在社会心理学研究中的作用。
2. 如何理解作为知识体系的社会心理学研究方法？
3. 如何理解社会心理学中的一般研究方法与拓展研究方法之间的关系？
4. 如何认识学科交叉融合背景下社会心理学研究方法的发展？
5. 如何评价社会心理学研究中的“善意的欺骗”问题？

▶ 答题要点

第三章　人格、自我与社会化

社会心理学关注社会情境中的个人成长和个人在其中所建立起来的社会认知方式与行为模式。这意味着社会心理学并不单纯地讨论个体心理的发生与发展，还要把个体置于与其相关的情境中去思考。因此，人与情境的关系是社会心理学关注的要点。要想在社会心理学的框架中研究人，首先需要对环境与人的相互性，即情境性，进行研究。具体而言，社会心理学家要对环境如何限定人的心理和行为、人如何在环境中成长、人格特质和由此而生的社会交往方式，乃至人格本身如何构造环境等问题进行研究。同时，研究者还要意识到，在各自的环境中，不同文化特征也在潜移默化地形塑着人格类型的差异。

第一节　环境与人格

情境是社会心理学的核心概念之一。通常意义上，情境的含义表明了环境中的个体对其所处环境的感知和定义，可见，情境的客体就是环境，其客观性也体现为环境的客观性。环境一般包括两大方面：自然环境与社会环境。自然环境大致可以分为陆地、海洋两大类，而陆地又可细分为平原、高原、山地、丘陵、盆地等；也可以按照地理方位分为东南西北，按季节分为春夏秋冬等。而社会环境则是人们依据生存与生活的需要和发展所建立起来的环境，体现了人类自身使用劳动工具建造自己所需要的环境的能力，典型的社会环境如城市、社区、公园、工作和居住地以及相应的设施；而通过自身的意识及行为模式，人类也建立了制度环境和社会氛围等。环境深刻地影响着人类的生活方式，也限定了人的行动能力与想象力。

一、自然环境与社会文化环境的影响

讨论自然环境与人类生活的关系时，比较容易产生的学术争论在于环境决定论是否成立。坚持环境决定论的学者认为文化是由环境决定的，反对者则认为相同的环境下也有不同的文化模式。我们认为这点涉及人的能动性问题。如

果说人类作为物种，其遗传、进化等深受环境影响的话，那么人的能动性即表现为其观念与行为，它将使人有机会超越自然环境的束缚，通过劳动来改造环境，甚至创造环境。正如马克思和恩格斯所言："人创造环境，同样，环境也创造人。"① 对此，马克思还对旧唯物主义学说进行了批判："有一种唯物主义学说，认为人是环境和教育的产物，因而认为改变了的人是另一种环境和改变了的教育的产物，——这种学说忘记了：环境正是由人来改变的，而教育者本人一定是受教育的。"② 如在现代社会，互联网的发展推动了整个远程教育环境的发展，可以让人足不出户地在家里接受各种新知识；再如社会现代化进程促使人们改变交通状况，使原先封闭的山区生活和外面的世界相连接；又如人们通过人造的城市环境而使人口发生大规模迁徙等。而人自身也在改变环境的同时被改变了。当然，人类也不能无限制地改变环境，尽管科学技术的发展一再为改变人类生活环境提供了新的可能，但这种改变依然是有范围限制的、局部的。人类主观能动性的发挥应以尊重客观规律为前提，正如党的二十大报告所说："大自然是人类赖以生存发展的基本条件。尊重自然、顺应自然、保护自然，是全面建设社会主义现代化国家的内在要求。必须牢固树立和践行绿水青山就是金山银山的理念，站在人与自然和谐共生的高度谋划发展。"③

社会文化环境是人为的，相对而言对人类带来的影响也更加直接，或者说人自身就是社会性的产物，不能将人想象成一个纯粹的或抽象的个体而将他与其所处的环境分离开来。"既然人天生就是社会的，那他就只能在社会中发展自己的真正的天性；不应当根据单个个人的力量，而应当根据社会的力量来衡量人的天性的力量。"④ 进而，我们还应意识到，人与环境的关系也应该是实践的关系。当然，由于人所处的时代与各自的条件不同，其社会形态也是多种多样的，比如，乡土社会与城市社会就有差别，主要体现在一个人是生活在熟人社会还是陌生人社会，是生活在节奏慢的社会还是节奏快的社会等。伴随着人类文明的发展，人类的社会环境也越来越复杂，为了满足人类的政治、经济、教育、娱乐、交通和居住等需要，社会环境中出现了许多设施和场所，而互联

① 《马克思恩格斯文集》第一卷，人民出版社2009年版，第545页。
② 《马克思恩格斯文集》第一卷，人民出版社2009年版，第504页。
③ 习近平：《高举中国特色社会主义伟大旗帜　为全面建设社会主义现代化国家而团结奋斗——在中国共产党第二十次全国代表大会上的报告》，人民出版社2022年版，第49—50页。
④ 《马克思恩格斯文集》第一卷，人民出版社2009年版，第335页。

网时代的到来也使得一部分人更加愿意投身于虚拟的社会环境，反而同现实的社会环境保持距离。例如，有报道称，中国的传统节日春节本来是一家人团聚的喜庆日子，可当大家围在饭桌前吃饭聊天时，一些年轻人则一直低头玩手机，这似乎意味着他们对现场实景互动没有兴趣，反而更愿意沉浸在网络世界中。

社会心理学关于环境的讨论催生了环境心理学等研究方向，在对自然环境的研究中，学者们集中讨论了光线、气候、污染和温度等对人的影响，而在对社会环境的研究中，社会氛围、公共空间和私人空间、居住和工作环境及能源消耗等是讨论的热点问题。这些讨论都表明，环境对人的生活有至关重要的影响，它构成了我们研究人类社会心理与社会行为的一个重要视角。

二、文化类型与人格特质

由于环境对人类社会心理和社会行为具有重要影响，研究人类社会行为的学者在对一种行为进行分类时，首先需要对其环境进行分类。文化类型从某种程度上讲就是根据大环境的特征对文化进行的分类，这同文化生态学的观点最为接近，文化唯物论也在此基础上产生。文化唯物论虽然不同意环境决定论，但也肯定了环境对人类心理与行为的重要影响。根据它的一些观点，海洋文明或陆地文明曾经一度被作为解释东西方文化差异的理论，但这样的理论一直受到质疑，因为它的解释显得过于宽泛和模糊。

但无论如何，文化通常被当作一种相对固定的模式来看待，即所谓文化模式。偏重心理学的社会心理学学者倾向于认为一个人自身的遗传、本能、偏好与性格对其行为特质的影响很大，而文化学者认为决定人性格特征的主要是文化。一旦将一种看似个人的特征置于某一民族文化或地域文化中，或者通过统计学来呈现，我们就会看到这样的特质其实带有众数人格的特点。这一点在不同文化的比较中清晰地体现出来。比如，人类学家认为，美国人、印度人、日本人、中国人、欧洲人等说法是可以成立的，或者说，以族群、地域文化作为考察人格的视角，是可以看到文化类型层次上的（而非个体类型层次上的）人格特点的。于是，文化与人格构成了社会心理学看人的两个不同视角，前者倾向于在人类学中看，后者倾向于在心理学中看。其争论在于，心理学家认为个体的行为差异性是由一个人的遗传、动机、情绪、认知与自我等形成的，而人类学家认为无论个体有多大差异，其特质还是受到文化模式中的信仰、价值体系、习俗等的影响。以上这些问题最终集中在了对文化与人格究竟是什么关系的讨论中。19 世纪，英国人类学家爱德华·泰勒曾在《原始文化》一书中把文化定义为一个大杂烩，包含了知识、信仰、艺术、法律、道德、习俗以及作为社会成员习得的其他能力和习惯在内的复合的整体。这样的说法虽然含混，但多少流露出认为人的心理成分是文化的一部分的观点。而到了 20 世纪，美国人类学家林顿对文化的定义则是一种习得行为与行为之结果的综合结构，这种习得行为的组成要素被一个特定的社会成员所分有和传递。在这一定义中，林顿强调了行为，行为与文化被紧密地关联在一起。而从人格方面来看，虽然如绪论中所言，学界对其尚无统一的定义，但它大体上可以被定义为那些体现在个体身上的，使人的行为比较稳定的、相对持久的特质、倾向或特性模式。

具体地说，人格是由特质或倾向构成的，它们决定了个体之间行为的差异，以及个体行为跨时间的一致性和跨情境的一致性。这些特质或倾向可能是每个人特有的、可能是某些群体共有的，也可能是整个物种都有的，但其表现模式是每个人迥然不同的。这使得不同学科背景的学者在讨论文化与人格时，聚焦于人格与文化是否一致的问题。从心理学角度，弗洛伊德借助《图腾与禁忌》，希望找出其文化背后的心理动力，而从文化人类学角度，马林诺夫斯基的《野蛮社会的性与压抑》则挑战了弗洛伊德的恋母情结的普遍主义学说。心理学与人类学的不同见解启发了处于同一时代的美国人类学家博厄斯，他一方面不同意心理学与精神病学对于图腾和禁忌的解释，另一方面寄希望于将文化作为人格的模塑因素和背景加以研究，但其中的争议是文化是外在于个人而对个人施加影响的部分，还是个人自身的部分。美国文化人类学家本尼迪克特认为，文化其实就是一个人之人格的典型性放大，而文化模式在某种程度上也可以用人格来指称，比如，根据各个部落文化的特点，可以将其概括为日神型、酒神型、偏执狂型。类似的观点也表现在玛格丽特·米德的《三个原始部落的性别与气质》等著作中。显然，这样的划分有利于他们从文化的角度来讨论民族性格的特点，而其中的典范就是本尼迪克特为研究日本国民性而写成的作品《菊与刀》。这部作品没有聚焦于人类学传统的研究对象——原始部落，而是转向对现代复杂社会的研究，无论从理论意义上还是实际意义上都成功地证明了在文化与人格之间讨论民族性格的可行性。当然，人类学家把人格与文化混为一谈也遭到了一些学者的反对，而国民性是如何通过人数或者整体体现出来的也屡受质疑。

随着全球化的加速和跨文化交流的不断增加，大约从20世纪60年代开始，跨文化心理学开始成为一门独立的学科，到20世纪末逐渐发展成心理学中的一个重要分支。跨文化心理学的研究通常采用心理学中的量化研究方法，探讨不同文化背景下，个体心理与行为的差异性和相似性，以及其形成原因和可能后果。大量研究表明，处于不同文化下的个体，可能在认知模式、情感反应和人格特征等方面存在系统性差异。另外，文化与人格的匹配程度也可能对个体的身心健康造成一定的影响。这一领域的研究整合了文化和个体两个层面的因素，对我们认识文化与人格之间的互动，乃至促进跨学科和跨文化交流均具有重要的意义。

三、人格理论与人格测量

在心理学中，人格理论有着悠久的历史。其基本意图是希望对个体的心理与行为差异性和相似性进行解释。人格理论大致可以分为精神分析理论、行为主义理论、社会学习理论、特质理论、人本主义/存在主义理论。在这些理论中，有的理论是从临床或定性的角度出发的，如精神分析理论、人本主义/存在主义理论；有的是从实验或测量角度出发的，如行为主义理论、社会学习理论和特质理论。这些理论在对人格的结构、形成、发展和动力性等方面的解释上，具有较大的差异。这说明了人格本身的多面性和复杂性。下面我们将简要地介绍这些理论的基本观点。

精神分析理论是在19世纪末20世纪初由奥地利精神病学医生弗洛伊德创立的。弗洛伊德认为，以往心理学的研究主要是在意识（conscious）层面，但心理学更应关注人的潜意识（unconscious）。潜意识是我们意识不到的意识，但它却激发了人的欲望、冲动、本能和情感。人们对潜意识的认识主要借助人的梦境、口误或神经症症状，而这些途径本身也说明了潜意识之所以不被人们意识到是因为它受到了压抑。压抑潜意识的环节主要是前意识（preconcious），它很像一个看门人，阻挡了潜意识进入意识。由此，如果我们借助意识来认识一个人的心理，那么看到的很可能是伪装后的潜意识，而心理学家的任务是通过揭示伪装而获得对人的深层心理的了解。弗洛伊德认为，潜意识受到压抑的阶段主要在一个人的童年期，尤其同其性心理和行为密切关联。因此，假如一个成年人有心理问题，则需要分析他的童年，特别是他童年期的性意识或行为。潜意识如此重要，是因为它包含着力比多，也就是性的驱力和能量，力比多在人的成长中随不同的阶段而转移，也有多种表现形式，最终因其差异而形成一个人的独特人格。精神分析理论的影响力远不限于心理学，而是几乎波及了所有人文与社会学科。精神分析理论提出的人格结构包含本我、自我和超我三个部分。其中，本我代表个体原始的欲望和驱动力，超我则体现了内化的环境要求。自我是个体意识的核心，不断协调本我和超我之间的冲突。从潜意识的角度重新诠释一些著名人物的生活动力及其特点，也成为一种分析作家和作品的理论依据。但是从心理学自身的发展，尤其是人格研究的角度来看，精神分析理论受到的质疑和挑战不断，其学派内部也在分裂和分化中，其中荣格对于人格类型的研究和对集体无意识的研究等影响巨大，并在以后一定程度上促成了人格特质理论的发展。

心理学的行为主义理论的诞生比精神分析理论稍晚。它的创立者华生持有与精神分析理论极端对立的观点。行为主义理论的出发点来自对动物的实验与观察，该理论并不看重人的心理活动。当然，华生的行为主义理论并非只针对精神分析理论，而是针对整个心理学传统的。在他看来，心理学不应该去讨论那些同心理相关的问题，比如饥饿、意识（或潜意识）、价值观、动机、情绪等，而应该在刺激与反应之间建立起对人的解释框架。这一观点促使斯金纳在更为激进或者科学的意义上强调了环境条件的重要性。在斯金纳看来，心理学的研究重点应该放在如何改变环境条件来塑造人的行为上。按照这一思路，与其讨论学习动机不如讨论奖励措施，一个人的学习成绩可以通过奖励的强化建立起来，人类的大多数行为是其操作性条件反射的结果，而其中发生的强化作用可以用来解释各种行为的建立和消退。人格作为一种相对稳定的行为习惯，体现了个体独特的强化史。虽然斯金纳其实并不否认人的遗传、爱、自我意识等概念，但为了便于观察与操作，这些概念唯有同操作、强化联系起来解读才有意义，如果不能，那只能放弃它们或将其放入自然进化史中去看待。环境决定论最终导致斯金纳的理论不但反对精神分析理论，实质上也排斥人格特质论，因为在他的理论框架中，脑、遗传和智力等也一样不受关注。

鉴于行为主义理论引起了很大争议，另一些学者随后提出了社会学习理论。班杜拉是该理论的开创者，为了强调人自身的重要性，他提出了人格是受行为、个人因素和环境交互作用的产物。而其中个人因素部分主要指人的认知能力，人通过语言和其他符号可以调节其行为和环境的关系，也能记忆、计划和预测，这使人格具备了可塑性的特点。班杜拉的理论可以说是一种交互决定论，持有相似观点的还有罗特和米歇尔，他们分别在人类行为预测和认知—情感人格系统方面提出了自己的理论。

心理学的人本主义/存在主义理论基本上比较松散地体现于一群关注个人的存在、价值及其社会意义等方面的心理学家的著作中，其主要思想在于寄期望于从个人自身来挖掘人的潜能和积极、健康、向上的心理动因，这一理论的影响力很大，以至于构成了心理学的第三势力。这一学派的代表人物有马斯洛、罗杰斯、乔治·凯利等，而偏重存在主义的是罗洛·梅。其中马斯洛是该理论的代言人，他主张应该整体性地研究个人的心理动力，并提出了非常有影响的需要层次理论。罗杰斯的观点主要强调以个人为中心，他将自己的理论应用于心理治疗方面。而乔治·凯利的思想在于提出“构念”的研究方式，其含义是所有人，包括心理学家自己，都是通过自己的理解和解释来判断和预测外部世界，并在此过程中进行调整与修订的。总体来看，人本主义/存在主义理论带有现象学的意味，在临床心理学和心理治疗方面都有很重要的影响，而且在理论探讨方面对偏重还原主义的、动物性的或者贬低人的精神层面的心理学具有极大的挑战性。

特质理论认为，特质是人格测量的基本单元，而人格测量是特质理论心理学家努力要构建的一种方法。首先在概念层面，高登·奥尔波特对人格概念进行了开创性的整理和界定，这为后来的人格测量打下基础。人格测量的内容在广义上有四类：（1）生活资料；（2）相关他人的评价；（3）实验或标准化测验；（4）自我报告。这四类在不同的心理学家那里被广泛地应用于很多领域。人格测量领域最为重要的还属卡特尔人格量表和艾森克的人格模型（PEN 模型）。前者通过人格 16 因素问卷来测量人格的基本特质，进而比较复杂地归纳出了人格的 36 种特质；而后者将人格维度简化为三种，即精神质、外倾性和神经质。卡特尔人格量表和艾森克的人格模型所用的方法都是因素分析法，两者的不同之处在于后者认为因素分析法不过是研究工具而已，测量重点应放在找到决定人格的更为基本的生物学因素上。这意味着人格测量不只是测量人格的基本特征，还要分层次地对人格特征分别对待。在卡特尔和艾森克的基础上，通过大量的调查研究和数据分析，近年来心理学家建立起了五个较为稳定的基本人格维度，即开放性、责任性、外倾性、宜人性和神经质，简称“大五人格”。目前大五人格在社会心理学中有很大的影响力，也启发了中国社会心理学家通过对中国人人格的研究来检验其稳定性。

虽说人格研究有很多方法是通过测量或自我报告来体现的，但无论其技术发展得如何，关键应在于研究人的真实表现，正如恩格斯所言："判断一个人当然不是看他的声明，而是看他的行为；不是看他自称如何如何，而是看他做些什么和实际是怎样一个人。"① 个人的差异性使得历史带有偶然性，但这些差异的碰撞和冲突最终会形成历史的规律，忽略了这样的规律，就会以偶然性来解释历史。正是基于这样的观点，我们认为下面即将论述的中国人性格的特点是在中国的历史文化中因自然、政治、社会和价值观等多方力量造就的，这一方面的讨论也引发了从不同立场出发的研究者的争论。

四、有关中国人性格的若干讨论

人格一词在英文中是 personality，我们上述的介绍就是将人格概念置于西方心理学的语境中进行的，然而用这一概念来讨论中国人性格的特点似乎存在一些问题。尽管我们大体上同意有关中国人的性格研究可以放在人格一章中来讨论，但若直接将其表述为中国人的人格将会产生歧义：首先，人格在中国文化的语境中含有道德的意味，"人格尊严"或者"侮辱人格"等说法都体现了这一点，而性格一词可以较好地避开这个问题，与西方人对人格的理解相类似。其次，在有关中国人性格的讨论中，有些总结不属于人格领域，只是说明中国人尤其是近代之前的中国人身上可能有这样的特点，比如不守时、爱面子等。如果将这些特点放在人格概念下来研究，那就扩大了人格的含义，且并不符合中国人的实情，如一些心理学家用人格概念来看待中国人的面子问题就是踏入了这样的误区。或许西方学者自己也认为，用人格来描述中国人的特征并不很合适，因此很多时候他们会用 characteristics，而非 personality。

有关中国人性格尤其是传统中国人性格的讨论，大致沿着两条线索进行，一条线索源于 19 世纪末在中国生活多年的美国传教士明恩溥，他记录自己在中国的生活感受与观察的著作《中国人的特性》于 1907 年在纽约出版，该书被列为西方人了解中国、在华外国人熟悉中国的必读书。这一时期，像明恩溥这样的西方传教士以及包括日本学者在内的其他学者，都开始大量出版关于中国人性格的图书。这一现象直至许烺光开始从心理人类学的角度研究中国人之

① 《马克思恩格斯文集》第二卷，人民出版社 2009 年版，第 438 页。

后，才逐渐偃旗息鼓，因为前者松散的、只停留在观察层面的议论，逐渐被人类学专业研究或心理学的测量方法所取代。另一条线索比较特别，它不是对西方文化与人格学派观点的延续，而是代表了中国近代以来的一批学者走向世界的反思。具体而言，近代中国学者对国民性的研究有三个特点：一是内向型。西方的国民性研究秉承文化人类学的传统，是向外开展的，学者往往把他们的目光投向世界的某一个角落，去研究与自身文化大相径庭的民族，而中国学者通常热衷于讨论自己国家的国民性问题。二是被动发生。对中国人性格的讨论和中国近代被西方列强入侵关系密切，或者说是被中国外交失败、军事失利、国土被侵占等耻辱激发的。三是以批判为主。由于前述历史原因，中国学者说起中国国民性时容易情绪化，尤其喜欢嘲讽、谩骂或批判。可以说，大多中国近代文化和学术界名人都批判过中国人的国民性，当然其中也有守成者。守成者的讨论相对平和一些，他们各自对中国人的文化性格发表了一些看法，比如辜鸿铭的《中国人的精神》、梁漱溟的《东西方文化及其哲学》《中国文化要义》、傅绍曾的《中国民族性之研究》、王桐龄的《中国民族史》、林语堂的《吾国与吾民》、庄泽宣和陈学恂的《民族性与教育》、冯友兰的《新事论》《新世训》、贺麟的《文化与人生》、费孝通的《乡土中国》等；而批判者如梁启超、孙中山、胡适、陈独秀、李大钊、鲁迅、王国维、林纾、章太炎、邹容等则尖锐一些。其中，梁启超的《新民说》、孙中山的《三民主义》和陈独秀创办的《新青年》等对中国人的国民性作出了猛烈的抨击，而鲁迅的代表作《阿 Q 正传》更是成了讽刺国民劣根性的代表作。不过，在抨击的同时，鲁迅并不极端，他也清楚地看到：“我们从古以来，就有埋头苦干的人，有拚命硬干的人，有为民请命的人，有舍身求法的人，……虽是等于为帝王将相作家谱的所谓‘正史’，也往往掩不住他们的光耀，这就是中国的脊梁。”① 除此之外，吴虞、蔡元培、张君劢、陶行知等对此话题也有过一些议论。②

这两条线索曾一度有过交集，比如明恩溥关于中国人性格的讨论对启动中国文化学者的反省起过重要的作用，但两者并未合流。其中最主要的原因是，在中国学术界讨论中国人性格的学者大多是那些从事哲学、文学、史学的人文

① 鲁迅：《中国人失掉自信力了吗》，《鲁迅全集》第 6 卷，人民文学出版社 1981 年版，第 118 页。

② 参见翟学伟：《中国人的脸面观——形式主义的心理动因与社会表征》，北京大学出版社 2011 年版。

学者，而非人类学、社会学、心理学和社会心理学方面的社会科学研究者。另外，虽然有关中国人性格的讨论一再有过高潮，但学术界各执一词，五花八门的讨论并未给中国人的性格带来比较确定的结论。大体而言，大家讨论比较集中的话题是中国的旧习、孝道、面子、中庸、集体主义（家族主义及合群）、权威主义等几个方面，但都未深入研究。20 世纪 80 年代后，中国台湾地区社会心理学界兴起了社会与行为科学本土化讨论。本土化讨论的发端源自一些系统受过西方学术训练的社会与行为科学家，他们希望通过对本土的社会、文化与心理的研究来改变西方（主要是美国）学术独霸世界学术舞台的格局。所谓本土研究（indigenous research），就是要让从事相关学科的学者从了解当地人及其社会入手，从契合性上建立起相关的研究假设、理论、分类、概念并进行实证研究等。比如在相关的理论研究方面有杨国枢提出的“社会取向”研究架构，黄光国的人情与面子的理论模型和杨中芳的中庸心理学等。在实证研究方面，从 20 世纪 90 年代起，有关中国人民族性的大型调查开始出现①；进入 21 世纪，为了回应中国人性格中是否存在大五人格的疑问，中国社会心理学家提出了“大七”人格等。除此以外，更为深入的概念性探讨聚焦于对中国人的脸面观、人情及关系等方面的概念建构和理论探索。②

第二节 自我与自我意识

自我是一个同人格紧密联系的概念，许多人格理论的重要组成部分都是讨论自我的形成。不过，相对于内涵丰富、内容广泛的人格概念，自我概念更多地集中于研究个体的意识成长，或者一个人对自己的认知和体验，比如“我是谁”及由此而来的自尊、自卑、自爱、自信、自恋、自私、自我需要、自我价值、自我评价等。显然，人格概念包含了个人先天遗传和个人后天习得的各方面综合性特征，而自我概念想表达的是自己如何被意识到并发展出对自己的行为的预期和控制能力等。那么什么样的因素会影响自我的形成呢？马克思和

① 参见沙莲香主编：《中国民族性（一）》，中国人民大学出版社 1989 年版；沙莲香：《中国民族性（二）》，中国人民大学出版社 1992 年版；沙莲香：《中国民族性（三）——民族性三十年变迁》，中国人民大学出版社 2012 年版。

② 参见杨宜音主编：《中国社会心理学评论》（第一辑），社会科学文献出版社 2005 年版。

恩格斯对此有深刻的洞见："既然人是从感性世界和感性世界中的经验中获得一切知识、感觉等等的，那就必须这样安排经验的世界，使人在其中能体验到真正合乎人性的东西，使他常常体验到自己是人。"① 显然，他们想证明的是，并没有一种被抽象出来的或纯粹的个人所具有的天性或者智力，人的一切，包括对自我的感知都是从社会生活中得到的，即"人的全部发展都取决于教育和外部环境"②。

一、自我的形成

心理学家倾向于在发展的意义上讨论自我的形成。他们发现幼儿的自我知觉大约在出生后 3 个月开始出现，比如可以感知到是其他人吃，不是自己吃，拍打其他人不是拍打自己等。自我意识的出现大约在出生后 15 个月，幼儿在交往中开始发现自己和其他人的差异，由此可以对自己的能力进行评估。在关于自我的研究中，班杜拉提出的自我效能概念受到过高度重视。他认为同人格相比，自我不是那么确定而且处于变化中，它会随时处于社会认知的信息加工中，以便对特定情境中的自我能力进行判断。由此，自我效能的信念变得十分重要，决定它的因素有：实际工作的成就、替代性的经验、言语说服力和情感唤起。比如一个人可以在从事一项工作时，在工作成就中获得自我效能信息，然后通过替代性经验观察他人的成败，并在言语方面听取他人意见，在情感幻想中，比如在威胁、沮丧、兴奋、喜悦中完成这项工作。

社会学家关于自我的讨论主要集中在自我的形成受到哪些外部力量的推动。正如马克思所说："人起初是以别人来反映自己的。名叫彼得的人把自己当做人，只是由于他把名叫保罗的人看做是和自己相同的。"③ 社会学家把自我的形成用传记体和身份定位两种取向来表示。由于自我是社会学中的最小概念，因此自我在传记体意义上被看作持久稳定的个人特点，从这个角度来看，自我似乎同心理学中的人格混为一谈，只不过社会学关注的重点是一种持久稳定的自我形成，它既来自社会背景，也同样会影响社会结构。而身份定位的观点则认为一种被定位的身份需要在社会舞台上展示自我，它同时也在不断地调整自己，对于这一点，戈夫曼的《日常生活中的自我呈现》非常杰出地提供了

---

① 《马克思恩格斯文集》第一卷，人民出版社 2009 年版，第 334—335 页。
② 《马克思恩格斯文集》第一卷，人民出版社 2009 年版，第 333 页。
③ 《马克思恩格斯文集》第五卷，人民出版社 2009 年版，第 67 页。

自我展示的解释框架。以上这些讨论看似在研究自我，其实都涉及社会结构和社会制度的话题，或者说经济的、教育的、文化的、职业的环境都在塑造一个人的自我。

二、社会心理学中的自我理论

从社会心理学角度出发的对自我的研究，早期主要是由人格心理学理论中的精神分析理论及其延伸和社会学习理论中的社会认知学派提供的，罗杰斯也在治疗意义上提出了自我概念。我们在前面介绍了精神分析理论中的潜意识、前意识和意识三个层面，相应地，在个体的心理结构中也就有了本我、自我和超我三个层次。其中本我由本能的欲望与冲动组成，遵循快乐原则，而自我是个人决策和执行的机构，遵循现实原则，对本我有压抑作用，可最终个人能否去行动必须通过超我来决定。超我是人的良知和自我理想，遵循道德原则，它会通过内疚和社会规范来要求自己。弗洛伊德的精神分析理论倾向于在自我本身的结构中进行推演，而这个理论的追随者阿德勒、荣格、霍妮等都讨论过自我动力的社会文化面向，尤其是沙利文建立的人际关系学派进一步阐述了这个问题，其主要观点是强调自我是在关系中被感受到的，他人的评价与反响对自我的形成有重要的作用。同样受到这一传统影响的埃里克森的心理学理论在很大程度上就是自我心理学。

从社会认知理论角度进行自我研究的既有乔治·凯利的个人构念理论，也有班杜拉的社会学习理论。在个人构念理论中，自我既可以去构念角色，它本身也是一个构念。这个构念通常在两极中来识别自我，也就是说在我与非我中进行识别，如我好—我坏、自信—不自信、自谦—自满等。正因为有了这些可观察和测量的自我构念，一个人才可以认清自我。自我的识别之所以重要，是因为它不但可以形成认知，而且还可以作出预测。这一过程中的自我一致性尤为重要，如果构念中出现不一致，自我就会焦虑或感受到威胁。凯利的自我研究影响力不大，而由班杜拉提出的自我效能概念则在很多方面弥补了凯利的研究的不足，并将自我研究推向心理健康与其他应用心理学领域。

其实，沙利文的人际关系理论一方面受到弗洛伊德有关自我结构的观点的影响，另一方面则受到社会学取向的社会心理学的影响。在社会学的社会互动研究中，自我是一个举足轻重的概念。这个概念既来自詹姆斯的生理我、心理我与社会我的区分，更多的则来自社会学家库利提出的“镜中我”概念，他认为每一个人都是把他人作为一面镜子来认识自我的。这个观点启发了社会学家乔治·米德，米德同詹姆斯一样对自我进行了划分。他认为自我可以分成主观我和客观我，其中主观我是意愿和行为的主体，而客观我折射出他人眼中的我。主观我蕴含行为的动力，客观我则是在交往中形成的对主观我的评价和监督。主观我和客观我并非自我中的两个实体，而是在行动中相互转化的过程。一个人的成长在某种意义上就是客观我的形成过程，这一过程最终是在人的社会化中完成的。

而面对人格在成长中出现的问题，罗杰斯也开始关注自我，进而建立起了自我概念。自我概念表示对自我感知的组织化和一致性的模式，而人作为一种生命有机体都有生存、成长并促进自身发展的需要，所以在根本上是自我实现的人。从自我实现的人来看待自我，可以将其区分为真实自我和理想自我，当两者和谐统一时就达成自我实现，反之就会产生心理问题。比如，一个人对自己的工作评价与实际表现不一致，即形成了对自我概念的威胁。由此，罗杰斯在心理治疗上提出“无条件的积极关注”。

当前，自我仍然是社会心理学中极为重要和活跃的研究领域。社会心理学学者从多个角度，包括认知结构、行为动力和评价对象等，对自我展开了充分的研究。从认知结构角度，社会心理学学者探讨自我的构成和自我认知的发展，尤其是儿童和青少年的自我发展，以及自我认知对心理和行为的影响。从行为动力角度，社会心理学学者探讨自我决定、自我效能、自我控制等重要概念，考察自我作为行为动力和监控机制对个体行为及其结果的影响。从评价对象角度，社会心理学学者重点关注自尊和自我价值。这些不同方面均有众多理论得以提出，如自我差异理论、自我损耗理论、社会测量理论、恐惧管理理论等。这些探索一方面展示了社会心理学学者对自我的立体和全方位的认识，另一方面也折射出自我本身的复杂性。

三、自我：东方与西方的比较

自我概念研究最具吸引力的地方在于我们在不同的文化之间看到了自我的差异。如果如心理学家把自我看作人格的一种体现，或者如社会学家把自我看作社会互动乃至分析整个社会的出发点，那么文化的问题很容易受到忽略。自我与文化研究的兴起在某种程度上是对文化与人格研究衰落之后一个有力的补充。这一部分研究不但有社会学家、心理学家、文化人类学家的参与，而且也有哲学家、历史学家和文化学者的承续与融合。

文化心理学家从环境与思想出发，在文化类型上区分东方文化和西方文化，并就此展开了比较研究。其中一项具有重要意义的研究来自马库斯与北山忍。他们在比较了东西方的自我概念后，提出了“互依我”与“独立我”的差异。这个构想大大地增加了我们对不同文化下的自我的认识。“互依我”是东方人的一个特征，它更多地表达了“关系”在此文化类型中的重要性，或者说，因为东方的文化更加重视关系的作用，所以自我不是像西方学者所定义的那样是对自己和他人区分的认知，而是双方彼此构成的部分重叠，也就是我们所谓的“不分彼此”，或者叫“我中有你”和“你中有我”。相对于东方人，西方人的自我非常强调个人的独立性，无论彼此关系如何亲密，个人的独立性包括隐私都是需要保留的。独立我在比较哲学、伦理学、文化研究的意义上其实连接着个人主义和理性主义，而互依我则同家庭主义和儒家思想有密切的关联。有关自我与文化的研究，夏威夷大学社会心理学家马通礼邀请了一批学者专门就自我的基本问题以及其在西方、日本、中国与印度文化中的表现进行了讨论。

有关中国人的自我问题，杨中芳在社会心理学的本土化研究中提出了重要见解。她认为自我概念本身是一个来自西方文化的概念，这个概念在英文词汇中延伸出许多带有自我的词，比如自我意识、自我效能、自我评价、自我实现乃至自尊等。而中国人所用的“我”与“己”并没有延伸出这些词义，中国人通常会讨论自省、自觉、安分守己等，这些词更多地包含一种同社会的融合之义，至多也只是点出大我与小我之关联，而个人在其中更多地表现为一种妥协。借用梁漱溟的话来讲：“西洋人是有我的，中国人是不要我的。在母亲之于儿子。则其情若有儿子而无自己；在儿子之于母亲，则其情若有母亲而无自己；兄之于弟，弟之于兄，朋友之相与，都是为人可以不计自己的，屈己以从人的。他不分什么人我界限，不讲什么权利义务，所谓孝弟礼让之训，处处尚情而无我。虽因孔子的精神理想没有实现，而只是些古代礼法，呆板教条以致偏欹一方，黑暗冤抑，苦痛不少，然而家庭里，社会上，处处都能得到一种情趣，不是冷漠、敌对、算帐的样子，于人生的活气有不少的培养，不能不算一种优长与胜利。”①

与梁漱溟不同，费孝通在描述差序格局之后进一步认为：“在这种富于伸

---

① 梁漱溟：《东西文化及其哲学》，《梁漱溟全集》第一卷，山东人民出版社 1989 年版，第 479 页。

缩性的网络里，随时随地是有一个‘己’作中心的。这并不是个人主义，而是自我主义。个人是对团体而说的，是分子对全体。在个人主义下，一方面是平等观念，指在同一团体中各分子的地位相等，个人不能侵犯大家的权利；一方面是宪法观念，指团体不能抹煞个人，只能在个人们所愿意交出的一分权利上控制个人。这些观念必须先假定了团体的存在。在我们中国传统思想里是没有这一套的，因为我们所有的是自我主义，一切价值是以‘己’作为中心的主义。”①

其实，这两种看似矛盾的议论的关键就在于我们是基于独立性的个体去认识自己，还是基于关系性的个体去认识自己。上述的矛盾是在独立自我的视角中发生的，也就是说，有自我，还是没自我，两者必居其一；而以关系性的视角来看，自我则互依重叠，这样一来，自我的范围及其重叠面有多大就成为讨论的核心点。如果我们将关系性自我的范围收拢到最小，那么自我主义就发生了；如果将关系性自我的范围放得很大，那么他人取向就出现了。通过这样的比较，我们必须意识到，关系视角对于我们重新解释中国人或者东方人的自我概念具有重要的意义。

第三节　个体的社会化

当讨论完人格和自我之后，我们意识到，无论是人格还是自我的形成，其实都是同一个人的生活环境（包括自然环境和社会环境）和这些环境对个人施加的影响密切相关的，也就是说：“人的本质不是单个人所固有的抽象物，在其现实性上，它是一切社会关系的总和。”② 因此，研究人格、自我在某种程度上也是研究人的社会化，其中，人格与自我研究偏重对个体自身概念产生与成长的讨论，而社会化的议题则更偏重在个体的成长过程中环境或者他人所发挥的作用。

一、社会化的要素

社会化是将一个自然人转化为社会人的过程。在社会化过程中，个体习得

① 费孝通：《乡土中国》，生活·读书·新知三联书店1985年版，第26页。

② 《马克思恩格斯文集》第一卷，人民出版社2009年版，第505页。

特定社会文化环境中的知识技能、行为规范、价值观等，从而适应并融入社会。在动物世界中，绝大多数动物都是靠本能来生存的，虽然部分动物也有极为简单的学习过程，但最高的学习程度也只能是所谓通人性，而无法具备人性。人性是人不同于其他动物的基础，是人超越其他动物的地方，或者说，人已经超越依靠本能的驱动来生活的进化阶段，而懂得按照其社会性、习得性等后天获得的文化方式来生活。社会化要讨论的问题正是自然人是如何成长为一名合格的社会成员的。大体而言，促成一个人社会化的要素有以下几方面：

1. 家庭。家庭一般是个人社会化的第一个场所，父母也随之成为自然人的第一位老师。家庭在个人的社会化中极为重要。

2. 学校。在现代文明社会，个人的许多知识和能力是通过在校学习获得的。一个人在学校中不但实现了对社会文明知识和技能的传承，而且他自身也逐渐成长为文明社会的一分子，并在不同文化程度上被看作可以自食其力的人。

3. 同伴。一个人的成长，尤其是他的学习、交流、模仿和价值观的形成等，很多与他的同伴密切相关，如邻居、舍友、朋友、伙伴乃至网友等。同伴有的时候比父母或学校老师对个人的近距离成长起着更加重要的作用。

4. 职业。工作环境与同事，包括一个人所从事的工作种类对个人的社会化也有影响。许多人非常看重职业选择，在很大程度上也是考虑到工作环境和职业地位，包括工作伙伴对个人影响的重要性。

5. 传媒。一个人经常阅读的图书、报刊或观看的电影、电视剧和上网浏览的内容等也会对人的生活方式和价值观带来重要的影响。过去，我们常将学校和家庭视为社会化的主要机构，但进入网络社会后，网络也跻身成为社会化的重要影响因素。截至 2024 年 12 月，我国网民规模达 11.08 亿人，互联网普及率达 78.6%，网络支付用户规模达 10.29 亿人，网络购物用户规模达 9.74 亿人。因此，通过网络，“形成网上思想道德教育分众化、精准化实施机制”①，在今天这个时代对于确立社会主义核心价值观，完善人的社会化十分必要。

6. 社会文化的大环境。每一个人都无可避免地处于某一历史时期，或者说大时代和小时代、主流文化与亚文化中。每个人也都处于特定的文化类型中，

---

① 《中共中央关于进一步全面深化改革 推进中国式现代化的决定》，人民出版社 2024 年版，第 33 页。

它的宗教、信仰、地方风俗以及一种时代的风气或价值导向等，都在很大程度上制约或引导了人的社会化方向。

二、社会化的过程与类型

社会心理学在讨论社会化过程时，首先遇到的问题是社会化的完成时间。一种观点认为社会化是一个人的人生阶段，通常以人的成熟来衡量，随着一个人的成年，其社会化便完成了。不少心理学家对此比较赞成，因为大多数从事发展等研究的心理学家都把主要研究对象放在儿童身上。而社会学家往往认为社会化伴随一个人的一生，这一点似乎更加强调个体所面对的变动的社会自身。因为个人所处的或所加入的群体自身在演变，制度也在改变或者说社会本身在变迁，所以个人为了适应群体或社会，或者为了下一代的社会化，总是在不断地调整自我和角色，学习新的东西。如果我们把这两种不同的观点结合来看，可以说，到成年为止的社会化过程同终生的社会化过程之间是存在差异的，如就学习而言，儿童更多的是在被动或被迫中获得了社会化的知识与技能，而成年人则是主动地或积极地让自己继续社会化。

关于社会化的过程，受精神分析理论的影响，埃里克森提出的人格发展阶段理论的影响力较大。这个理论把社会化过程（心理的发展）分成 8 个其内部可出现矛盾关系的阶段，这 8 个阶段中的主要矛盾分别为：信任对不信任，自主对羞愧或怀疑，自动自发对罪恶感，勤勉对自卑，同一性对角色混乱，亲密对孤独，多产对停滞，整合对失望。以上 8 个阶段同精神分析理论中儿童时期的性意识发展阶段有对应关系。而就后来的研究发展而言，埃里克森提出的同一性问题最为重要，是社会化过程的核心议题。另一种影响力较大的理论是皮亚杰提出的认知发展理论，他从认知结构的角度建构了一个“图式”的概念，一个人会社会化成什么样子，受图式这一认知结构与模式的支配，相应地，儿童获得这一图式将经历感知运动阶段、前运算阶段、具体运算阶段与形式运算阶段。对于心理学家对社会化过程的种种划分，文化与人格学派的人类学家持有异议，他们还是坚持文化的相对主义，认为心理学家所谓的社会化过程在有些文化类型中是看不到的，因此社会化与其说是带有生物性的规律性，不如说是文化形塑的结果。

有关社会化的类型，我们可以根据其不同的内容来划分，如可划分为语言社会化、政治社会化、法律社会化、道德社会化、职业社会化与性别角色社会化等。几乎所有社会心理学家都认可个体的价值观及态度形成对其成长的重要性。由此在中国“广泛践行社会主义核心价值观”① 和加强思想道德建设，是中国公民社会化的重要内容。“富强、民主、文明、和谐，自由、平等、公正、法治，爱国、敬业、诚信、友善”这浓缩的24字的社会主义核心价值观既包含了中国文化的优秀传统，也体现了中国对人的现代化的追求。而在思想道德建设方面，随着中国社会从封闭走向开放，从农业文明走向工业文明，从手工劳作走向科技进步，许多过去形成的道德思想需要做相应的改变，人与人之间的、人与物之间的伦理问题也需要进行相应的调整和更新。另外，性别社会化也是最重要的和最基础的社会化过程。生物性的性别是关于人类的生理性别上的区分，但在现实生活中，很多性别现象属于社会性别，如男性女性化或者女性男性化，或者一个特定时期人们对中性化的偏好等。更为复杂的变性与同性恋构成了社会学必须探讨的重要问题，其中涉及政治、伦理、自由、权利等多方面的议题。

三、社会化的变异

从社会化的定义来看，社会化是所有人都必须经历的完整过程，也就是社会化假定了一个人从小到大的顺利成长，如身心是健康的、心态是良好的、获得知识是顺利的，成年后从事一定的体力或脑力劳动、成家立业、生儿育女直至退休、养老都一帆风顺等。其实，社会化的复杂性就在于这个过程充满着变数。或许一个人意外或有意加入了某些群体，或者接触到了某些特别的人或读物，或者发现被某些事情所蒙蔽，或者只是原有的社会化过程因为移民、疾病或其他重大事件而被迫中断等。

社会化的变异包括社会化的过度、不足或者失败，也包括再社会化、反社会化与反向社会化。我们设想一下，如果一个人被过度社会化，那么此人将完全符合社会方方面面的要求。从社会适应的角度来看，这似乎没有问题，但从知识和文化传承的角度来看，这样的社会化将无法生成催发改变的内在机制，这会使社会失去自身的活力与弹性。反之，如果一个人社会化不足，那么他很可能就是一个长不大的孩子，在个人能力和社会适应等方面都会遇到不少问

---

① 习近平：《高举中国特色社会主义伟大旗帜 为全面建设社会主义现代化国家而团结奋斗——在中国共产党第二十次全国代表大会上的报告》，人民出版社2022年版，第44页。

题。还存在这样的情境，一个人社会化遭遇失败或进入一种新的环境，其价值观和行为与社会的期待和要求不相符，那么再社会化就变得十分重要，如移民学习新的文化，又如个人因与主流文化不符，而被要求在相对封闭的环境中接受再教育，这些环境场所如戒毒所、监狱或一些特殊学校等。

另有两种社会化的变异是反社会化和反向社会化。反社会化有两个方面的含义。一方面，反社会化可用于表示对现有的社会化环境、过程、方式或者内容不满，而提出新的主张或采取新的行动。一般而言，在社会制度过于稳定甚至陈腐或者已经出现种种弊端的时候，反社会化就会发生。许多革命的主张、观点和理论乃至行动都是在这样的环境中酝酿出来的。另一方面，反社会化也可用于表示个体在一定的社会环境影响下，形成与一定社会的道德、法律、社会习俗和共同生活准则等社会规范相抵触或反抗的个性心理品质的过程。这一过程，被认为是引发青少年犯罪的诱因之一。而反向社会化在社会转型时期尤为突显，通常在两代人之间，如果此时社会发生转型，会导致老一代人所经历的社会化过程无法传递给下一代，或者为了适应新的时代要求，老一代人不再是社会化的施予者，而成了向下一代学习的接受者，此即“文化反哺”。①

四、传统与现代：社会化模式的变迁

社会化模式自身的改变来自社会的变迁。从纵向历史来总结社会变迁时，绝大多数学者都将这一变迁置于传统与现代两个维度上来衡量。英国法律史学家梅因认为，所有进步社会的改变都是从身份到契约的改变。而社会学家帕森斯提出的社会行为模式的五对变量，也可以作为从传统到现代的参照：情感性和情感中立，集体取向和个人取向，特殊主义与普遍主义，先赋性与获致性，扩散性与专一性。虽然帕森斯本人在行为模式变量方面提供了五对两难选择，但总体来说，在这五对变量中，前者指向比较传统的社会，后者指向比较现代的社会。

如果一种社会的教化环境是希望把社会成员培养成前者，那么相对传统的人在社会行为模式上就会更加强调互相间情感的满足，如把家人和亲人看得尤为重要，而且在任何情况下都是集体优先，个人将服从集体的决定。相应地，

---

① 参见周晓虹：《文化反哺——变迁社会中的代际革命》，商务印书馆2015年版。

所谓特殊主义意味着人们在设立价值标准的时候，是按照亲疏远近或情感的深浅来规范人的行为的，而行动的理由则是按照先赋性，也就是一些天然的因素来决定的，比如血缘或地缘。在较为传统的社会中，人与人的交往是多方位的、不确定的，因此具有扩散性。而进入现代社会之后，社会对人的教化方向则希望以上述特征的反面为标准，它重视不带情感地判断事情，并重视个人自己的选择与责任，尤其在标准的设立上，主张放弃不同的人用不同标准的做法，而希望在一视同仁和普遍原则的基础上面对每一个人。由于人的获致性受到强调，那么只要一个人努力和有能力就有机会成功。情感的中立与个人取向的凸显，使得人与人的交往带有专一性和职业性，相对融入与多方位的交往行为将大大减少。

关于人的现代化问题，英克尔斯和戴维·史密斯做过专门的研究。他们认为，一个现代化的公民应该具有以下特质：乐于接受新经验；准备接受社会的变革；形成公意或持有公意；掌握信息；注重现在和未来；个人效能；制订长期规划；可依赖与信任；重视专门技术；重视正规教育与职业的志愿等；有尊严；了解生产及过程；等等。其实，传统和现代并非社会的两极，不是非此即彼的，社会生活中更多显现的是两者之间的融合。中国几千年的历史所创造的文化在现代化的今天依然留存了许多，而对于那些已被证明为优秀的传统文化还应该“创造性转化、创新性发展”①，以坚定中华民族的文化自信。

另外，中国家庭教育社会化的模式也发生了重要的改变，原先在多子女家庭中，中国父母对每个子女倾注的精力相对较少，在养育方式上偏重权威模式。而受到社会变迁、经济发展和少子化的影响，现代中国人对子女的投入更多，且倾向于采取民主式教养方式，溺爱型教养亦有所增加。而从传统到现代，不变的是中国人望子成龙的期待。从学校教育方面来看，中国人的社会化从原先强调做人，转向了强调知识学习。相对于其他社会，中国儿童的社会化过程比较缺少生存技能训练和情境性学习，由此而表现出更多的重视书本知识与应试教育方面的特征。对于许多人来说，他们积极主动的社会化往往是在离开父母监护或走出学校后才开始的。这样的社会化过程缺少连

---

① 习近平：《高举中国特色社会主义伟大旗帜 为全面建设社会主义现代化国家而团结奋斗——在中国共产党第二十次全国代表大会上的报告》，人民出版社 2022 年版，第 43 页。

贯性，因此其中所发生的社会化变异，比如重新适应等，是一个急需讨论的问题。

个体的社会化过程离不开家庭、教育系统以及全社会的共同努力。党的二十大报告指出，“培养什么人、怎样培养人、为谁培养人是教育的根本问题”，并提出“培养德智体美劳全面发展的社会主义建设者和接班人”① 的重要目标。党的二十届三中全会进一步提出要“健全德智体美劳全面培养体系，提升教师教书育人能力，健全师德师风建设长效机制，深化教育评价改革”②。这指引了个人社会化的方向，并对全社会提出了要求。而在此过程中，家长、教师及其他社会力量如何结合中华优秀传统文化和现代化进程，培养出符合时代要求的社会主义建设者和接班人，将是我们面临的一项重大挑战。

第四节　社会化与社会角色

社会化是一个人学习掌握社会文化、社会知识和技能，成为社会成员的过程，表示社会化复杂机制的一个重要概念就是角色。围绕角色的各种理论和讨论，无论其观点有何差异，都是在表明一个人在社会上不能随意行事，而要通过角色来生活与工作。

一、面具、角色与互动

我们曾经提及，面具原本是人格一词的词根 persona。人格研究中曾将人格视为个体与环境之间的媒介，是个体表现出的特征。但是，随着人格理论自身的演变，它的面具含义在逐渐消失，更多的含义聚焦于面具背后的特质，这促成了所谓特质理论或自我研究。尽管人格研究已经发展出不同理论从而脱离了面具的含义，但面具概念本身仍有意义。从荣格对它的定义来看，面具似乎介于人格与角色之间，也就是说，荣格认为面具是根据角色的需要发展而来的。如果说面具的背后是一个真实的自我的话，那么自我就是通过面具来部分体现

---

① 习近平：《高举中国特色社会主义伟大旗帜　为全面建设社会主义现代化国家而团结奋斗——在中国共产党第二十次全国代表大会上的报告》，人民出版社 2022 年版，第 34 页。

② 《中共中央关于进一步全面深化改革　推进中国式现代化的决定》，人民出版社 2024 年版，第 13 页。

的，或者一个人总是借助面具来告诉他人“我是谁”，而不直接展露原本的自我；当一个人的面具相对稳定，或者说具备了类别概念，如善恶美丑等的时候，就会进一步发展出角色。角色概念的提出是对戏剧表演理论的借鉴，表示一种更加外化的规定要求。角色可以指某一社会身份或地位，也可理解为对具有一定社会身份者的行为期待或规范。举例来说，一个人具有一定的性格特征，那么他会通过面具来表现他的一些特点，虽然面具不能完全表现出他的真实自我，但是人们已经可以借助面具来认识此人，因为毕竟他相对稳定的表现方式同其他人有所差别。这样的表现仍然可以展示出个体差异。但是，如果这样的表现被赋予了父亲的含义，它就被当成了父亲这一角色的表现。这时，无论这一个体本身有多少种性格或其他独特表现方式，也只作为父亲被理解。

一般而言，心理学家在从事社会化研究的时候，会倾向于在自我和面具方面进行研究，但社会学家在思考社会化问题的时候，更希望看到角色的形成，于是倾向于在社会互动中研究角色的作用和意义。有关社会互动的最为重要的思想是乔治·米德提出的，这一思想后来演变成符号互动论。该理论认为，如果没有社会互动，那么个体主要发展出来的是主观我，这将无法体现出人的社会性。人的社会性应该是一个具有主观我的个体在和父母、伙伴及更多的人的交往中逐渐发展出一个客观我，也就是个体学会了从他人的角度来看自己，也学会了在互动中了解自己与他人的关系。在他经历了父母的陪伴、儿童的游戏之后，客观我中就会出现重要他人，使他受其影响，进而最终产生对他人的概念化，即概化他人。比如，儿童同父母互动、同伙伴玩耍、在学校学习，所交往的对象都是具体的他人，其中对儿童产生重要影响的是重要他人，也就是他深受其影响或者极力模仿的那个人，但随着儿童的成长，这些具体的他人已经不再是具体的，而是一些相对固定的，可以理解的一般角色，如朋友、老师等，那么这个时候，人们的角色概念就产生了。当我们说起老师的时候，不是指哪位老师，而是泛指老师这一角色。可见，角色是在社会互动中建立起来的。

二、地位、规范与期待

社会化与社会互动研究中，对角色的各种讨论大大地扩展了我们对角色的认识，目前关于角色的研究也向各个方面延伸，当然不同学者之间也存在争议。比如，当心理学家把角色与自我或者与社会化联系起来看的时候，社会学家则把角色看成一种认同他人行为模式的过程，如一个女孩子看到妈妈在关爱自己，她也会抱一个布娃娃来关爱，对布娃娃表现出妈妈的行为。由此，角色带有许多模仿的特点，它也成为从社会来看个人的重要视角。这一视角一旦触及角色所具有的社会结构性特征，就可以把角色看成一种地位，也就是每个人都具有的一个先于自己的，由社会安排的位置。虽然这个位置会发生变动，但变动的是人，不是位置，或者说，位置不随个人而改变，是人随位置而改变。比如，一个人从儿子变成了父亲，那么他就会在父亲的位置上行事，而他之所以声称自己是父亲，是因为他已经有了一个儿子。地位作为一个概念，本身只表示位置的差异，但在不同的文化中，位置差异会形成等级，等级反过来会让我们重新认识角色的重要性、人的诉求及其相应的社会文化价值。从另一个角度来看，角色是如何被识别的也是一个需要研究的问题，为什么我们能够在极短的时间里看出谁是领导，谁是员工，谁是朋友，谁是同事？其中就存在一种对符号或身份的识别或者行为方式的差异。符号互动论认为，一个人在互动中发出的信息十分重要，这同时也意味着，某一角色表现出的一系列行为不是随意的和任意的，而是受到某种规范限定的。社会完整的运行之所以可能，是因为在微观层面，每一个位置所对应的角色都有一套规范，由此在很大程度上，角色行为是在规范中建立的，而非单由性格决定。接下来的问题是：社会本身没有剧本和导演，角色怎么会有规范呢？这涉及期待的问题。用期待来解释角色，似乎比用行为方式来解释角色要合理。也就是说，尽管社会本身没有导演来排戏，但期待可以让角色扮演者知道如何行事。目前来看，社会本身的期待、他人的期待、角色互动方的期待或者表演者自己的期待都会影响角色的规范，所以角色更多指向应该做的行为，带有心理压力的成分，而非指向行为方式本身。

一个人在面对不同的互动对象时，需要扮演各种不同的角色，每个人都有一个角色丛，很难始终只扮演一种角色。有时，不同的角色期待会导致角色冲突。最为明显的角色冲突来自一个人同时扮演两种或更多角色时。比如，在中国的大家庭中，一个男人可能同时是儿子、父亲和丈夫，有时其行为方式就会发生冲突。角色冲突的产生还可能因为不同他人对相同角色的期待不一样，比如，儿子认为父亲应该是和蔼的，而妻子认为丈夫作为父亲，对儿子应该严厉些。

三、角色理论

许多社会心理学家都认为通过对角色的分析可以解释个人与个人、个人与社会的关系及其运作原理。但确切地讲，社会心理学界并没有为此而发展出一个相对统一和系统的角色理论。角色概念自身的丰富性导致不同取向的社会心理学家对它进行了不同的理论演绎，大致而言，比较重要的角色理论有三种：（1）结构角色理论。自林顿在20世纪30年代提出角色是地位的动态体现起，该看法被许多社会学家所接受，后来布劳用结构主义的观点对角色进行了系统的研究。布劳认为，社会角色就是社会位置，而社会结构就是社会位置的分布，这种分布不是抽象的概念，而是可以用参数表现的事实。社会位置参数可分为两类：类别参数和等级参数。前者如人的性别、民族、职业、住所等；后者如教育、声望、财富、权力、年龄等。人们在社会上的角色和地位的分化，相应产生了社会的异质性和不平等，由此对社会整合产生影响。（2）角色过程理论。这一理论源自詹姆斯对主观我与客观我的区分和乔治·米德对主观我和客观我关系的讨论，在此基础上形成的符号互动论中有许多观点与角色形成过程有关。这一理论预设了社会先于个体，而个体需要从自我中逐渐分离出一个外化的自我来顺应这个社会，这一外化的自我就成了符合他人期待的社会角色。（3）角色表演理论。受马克斯·韦伯的理解社会学和阿尔弗雷德·舒茨的现象学社会学的影响，加芬克尔的常人方法论与戈夫曼的戏剧理论提出了互动双方的假定、理解和表演者自我呈现的策略。尽管解释角色表演的理论框架各有不同，但他们都认为社会是由没有历史背景的个人在现实互动中建立起的真实社会，它不存在什么外在于个体的稳定的规范与结构。角色和地位的作用不过是互动者在互动时使用的有意义的符号或面具而已。而社会学家只有去了解行动者的主观意识、共同设定、印象整饰等，才能理解社会。

以上三种理论范式虽各有解释优势，却也有各自的不足。如结构角色理论把社会看得太有秩序，以至于把个体的行为看成一种相应的机械反应；角色过程理论把个人扮演角色看作对他人期待的顺应，只暗示了个人适应社会的那一面；而以角色的主观性为起点的角色表演理论由于完全把社会交还给个人的意识、自我或表演的策略，因而忽略了超越个体之上的社会制度对人的制约作用。

四、人情与面子

人情与面子是中国人社会互动中最为常见的两个概念。这两个概念之所以有讨论的价值，是因为它们有助于我们建构出一个解释中国人的心理与行为的模式或理论。[①] 与西方社会心理学中的有关角色理论相比，我们认为，对人情和面子的讨论更倾向于一种“去角色化”的理论，也就是说，如果我们坚持以角色来理解人情和面子，将会很难理解其基本内涵，比如说，师生关系可以被看作一种角色关系，这样的关系不需要考虑人情和面子的因素，完全可以借助上面讨论的地位、规范与期待等概念来说明，但如果师生关系进入人情和面子的层面，那么其中包含的角色性就会模糊或者变得不重要，而一种更为复杂的、私人的、交换性的、情感性的关系将成为可能。人情和面子在中国人社会行为中的凸显，首先表明的是中国人在社会生活中重视“关系”。在这一议题中，我们不建议套用西方社会学中的符号互动论或社会心理学中关于人际关系模式的理论来进行研究，因为作为一种去角色化的理论建构，人情和面子更多地符合“个人关系”的含义，即有一种“交情”或“私交”的含义而不同于人际关系。虽然人际关系也是指个人与个人的关系，但这一层面上的个人是有角色的个人，也就是带有类别性的个人。而个人关系的范畴是希望打破角色意义上的期待和规范，将人与人的关系引向一种情感性的、交换性的和长久性的方向上去。从这一点上看，有关人际关系的概念不但不能解释个人关系，反而限制了个人关系，因为人际关系总是要求人们通过规范的或类别化的方式互动。

面子、人情与“关系”本身之间的关系亦比较复杂，要想理解它们，需要从以下四个方面加以思考：(1) 理解中国人的面子、人情和“关系”需要建立一种脉络观，我们不建议从中国社会文化中将其抽离出来独立理解，因为这样容易忽略细致而重要的社会运行机制，从而无法实现对中国人关系的深入研究。(2)“关系”的含义偏重对亲缘与地缘的表述，也指借助某种组织方式发展出来的紧密联系，如同学、同事或战友等。无论上述何种连接都会构成相对稳定的社会网络，而面子与人情都滋生于这一社会网络之中。大多数情况下，在没有社会网络的地方，面子和人情很难得到培育。(3) 滋生于关系网络中的面子与人情彼此促成：面子可以形成人情，人情也可以产生面子。面子是通过人情体现的，人情也是通过面子体现的。(4) 假如一个人获得了面子，通常会与其所处的社会网络分享，一个功成名就者应该理所当然地主动回报曾经帮助

---

① 参见黄光国、胡先缙等：《人情与面子——中国人的权力游戏》，中国人民大学出版社2010年版。

他获得面子的那些人。这是人人看重面子的原因之一。

虽然人情同面子之间存在着许多模棱两可、纠缠不清的含义，但各自的侧重点还是有所不同的。面子这个词也用作表示颜面、面目和脸皮等，由面孔一词转变而来。在中国社会，由于个人是家族链条上的一分子，因此他的言行举止、为人处世、事业功名等问题不仅是他个人的问题，也牵涉整个家族的期待，这一期待还会带来“沾光”的问题。如果他做的事情或事业选择违背了家人对他的期望或以失败而告终，他会感到羞耻、丢脸，且这样的羞耻感也不只限于他个人，还会关联他的全家乃至祖先。于是，面子的丧失会让一个人不愿回到家人群体中去，以免被家人羞辱或连累其家人在众人面前感到无地自容。因此，面子的动力和行为方向都是以与相关者共享共荣为特征的，即与所谓的光宗耀祖、光大门楣、沾光等心理和行为相联系。这点与戈夫曼戏剧理论中对人行为的阐释有所不同。

人情的含义与面子不同，它是一个排斥性或封闭性的概念，其原本的含义是指人的自然欲望和情绪，后来发展成人们维持关系的方式。在家庭制度和儒家思想的影响下，人情明显地带有人伦或者情感义务的含义，主要表现在交往的双方时常进行有形资源和无形资源的交换，以期获得关系的牢固性和长久性。人情的封闭性表现在交换的双方彼此知道谁欠谁的人情或谁不欠谁的人情，而不涉及其他更多的人。与人情相比，面子是一个辐射性或推广性的概念。比如说，一个家族或家乡里出了一位名人，家族和家乡的人们不需要这位名人的首肯，就已经沾了他的光，也就是说，共享了他的面子，而人情则是互惠互欠的。总之，人情偏向的是一对一的交换关系，因此它的回报方式应是实惠和实质性的帮助；而面子则赋予交往关系以价值判断。二者之间的联系在于，平时多做人情，就会得到较大的面子；平时不讲人情，就很难得到面子。

但人们有时将人情和面子混用，这也表示它们有共同之处。这主要是在不考虑第三者的情况下体现的。比如 A 和 B 之间建立了人情关系，这时 B 可以对 A 说“看在我的面子上”，也可以说“看在我们的情分上”，这里的面子和情分在 A 和 B 之间没有区别。但在出现了第三方 C 时，人情和面子就出现了区分，比如 A 和 B 之间有人情关系，B 和 C 之间也有人情关系，可 A 和 C 之间没有人情关系，人情社会便可以这样来运行，即让 B 起面子的中介作用。此时 C 没法对 A 说“看在我的面子上”，因为 C 和 A 没有人情关系，自然得不到 A 的面子，但可以说“看在 B 的面子上”。这时，A 虽不想给 C 面子，但因为要给 B

面子，也就只好给C面子，联想一下中国人社会交往中的“打招呼”“托关系”等现象就可以理解上述过程。显然，一个人的面子可以作为一种“个人地位”来连接关系网络，唯有有面子或面子大的人才有机会或能力在其社会网络中占据主导地位。

由此可见，人情和面子理论在本质上是一种基于个人关系而形成的有关社会运行的理论，那么它同各种角色理论的区别在何处？要回答这个问题，我们可以回到将社会看作一个大舞台的戏剧学上来。在此比喻中，我们可以发现，结构论注重的是演出剧本对角色的要求是什么，演员表演得对不对；互动论关心的是演员如何进入角色；现象论关心的是演员应该如何对观众计策性地展现自我；而人情与面子论则认为，无论剧中演员本身演得好坏，观众是否捧场才是最重要的。

思考题

1. 马克思主义是如何看待人与环境的相互关系的？
2. 请结合相关资料，梳理人格理论的发展史。
3. 请结合本章的社会化理论和互联网的发展，讨论人的社会化过程。
4. 试论述自我方面的研究，并思考中国人自我的基本特点。

▶ 答题要点

第四章　社会动机

社会动机是驱动人的社会行为的基本力量。人是群居动物，无论是马克思主义经典理论，还是当前社会心理学前沿研究，均认同人的本质离不开社会关系。在世界上任何一个地方，我们都会看到人们形成各式各样的群体，如家庭及各种社会组织。脱离了社会关系，人的生存和发展都是不可能的。人的社会动机一方面根植于人类对社会关系、控制感、胜任力等的基本需要，另一方面外化为各种社会行为，如利他、侵犯等，使个体的需要在特定的社会环境中获得满足。了解人的社会动机对于了解人类社会行为具有重要的意义。在本章中，我们将在介绍社会动机的基本概念、属性及相关的理论解释的基础上，对一些重要的社会动机，如侵犯、利他、成就、权力、亲和等，进行深入解读。

第一节　需要、内驱力和社会动机的内涵与基础

讨论社会动机首先要涉及需要和内驱力等相关概念，这些概念看上去比较相似，但内涵有所差别。我们在学习过程中，需要对这些概念加以厘清。

一、需要、内驱力和社会动机

需要是个体生存和发展所必需的那些条件。和其他动物一样，人类有最基本的生理需要，如对食物、空气和水的需要。此外，人类还有许多心理和社会需要，比如，著名的马斯洛需要层次理论就提出了人类有生理、安全、归属与爱、尊重和自我实现这五类逐层升高的需要。按照马克思主义理论，这些需要尽管根植于人类的本性，却受到不同历史阶段和社会文化的调节。内驱力是在需要的基础上产生的一种内部唤醒状态或紧张状态，它是推动有机体活动以满足需要的内部动力。根据克拉克·赫尔的内驱力减少理论[①]，当某种需要未能得到适当满足时，有机体就会出现一种不平衡状态，从而促使其去寻找某种方

---

① 值得注意的是，内驱力减少理论并不能解释人们故意增加而不是减少内驱力的行为，如寻求冒险。

式以恢复平衡。这种因为不平衡而导致的紧张状态就是内驱力。而一旦有机体的需要得到满足，内驱力就会减少。内驱力的强度在一定程度上决定着动机的大小。所谓动机，指的是引起和维持有机体活动，并使活动朝向某一目标的心理过程。当这一目标具有社会属性（如地位、荣誉和情爱）时，即谓社会动机。如果说内驱力是一种生理上的紧张状态，那么动机就是个体行为的直接原因。动机为个体的行为提供了方向和目标。

需要、内驱力和动机之间的关系（如图 4-1 所示），可以用以下这个简单的例子加以说明：当我们对食物的需要得不到满足时，就会产生饥饿感，饥饿是一种强有力的内驱力，促使我们形成寻找食物的强烈动机，进而产生寻找食物的行为，以实现饱腹的目标。在进食之后，食物这一需要获得了暂时性的满足，饥饿这种内驱力以及寻找食物的动机的强度就暂时下降了。

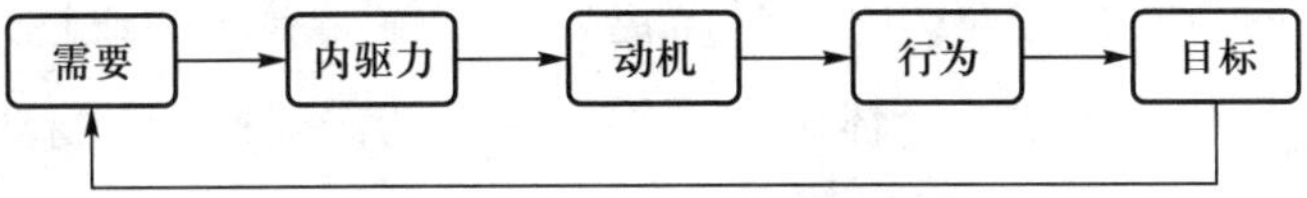

图 4-1　需要、内驱力与动机的关系

人的需要只能获得暂时性的满足，只要活着，需要就不会消失，人们就总会出现需要未得到满足的状态。生理需要，如我们上面所分析的对食物的需要，比较简单和固定。在一定程度上，我们也可以像理解生理需要、内驱力和动机一样理解社会需要、内驱力和动机的性质。比如，一个人自尊受挫，也就是说，自尊的需要未能得到满足，那么他就会产生一种心理失衡感，产生弥补自尊的动机和行为。但是，相对于生理需要，人类的社会需要和社会动机系统更为复杂，更多地受到社会环境的塑造、引导和激发。当然，这并不是说所有的社会需要都是习得的，比如，心理学中有关依恋的理论和研究就表明，人类对社会关系的需要是与生俱来的。但是，相对于生理需要，社会需要更灵活、更微妙、更难以觉察，其满足方式也呈现出更大的多样性。人类行为的复杂性很大程度上体现在社会需要的强度和社会需要的满足方式的差别上。并且，因为受到文化和社会力量的强大影响，人类的社会需要、社会动机和社会行为之间往往存在着不一致甚至矛盾。

二、与需要和动机相关的研究

理解需要与动机对于解释和评估人类行为具有重要的意义。因此，在需要和动机领域存在着大量的理论与实证研究。比如，上文中提到的马斯洛的需要层次理论就是一个影响十分深远的理论。马斯洛认为，人的需要可以按照层次高低划分为五个不同的层级，只有当低层次的需要获得了适当的满足后，人们才会产生高层次的需要并寻求满足。这五个层次的需要依次是：（1）生理需要，包括对食物、空气、水等的需要；（2）安全需要，即对身体、心理、经济等各方面感到安全的需要；（3）归属与爱的需要，即个体需要在人际关系中被接纳、被爱，需要对他人和群体产生归属感；（4）尊重的需要，这包含两个方面——个体既需要自尊，也需要被他人和社会尊重；（5）自我实现的需要，即个体认识并最大限度地发挥自己的潜能的需要。

对于社会心理学和管理心理学比较有影响力的经典需要理论还有麦克利兰提出的三个需要理论。麦克利兰认为，在人的生存需要基本得到满足的前提下，人最主要的需要有三种：（1）成就需要，个体渴求成功或达到某种卓越水平的需要；（2）权力需要，个体影响或控制他人的需要；（3）亲和需要，个体与他人建立起友好亲密的人际关系的需要。在本章的第四节，我们将对成就动机、权力动机和亲和动机分别进行深入探讨。

德西和瑞安提出的自我决定理论大概是最为活跃的关于需要与动机的理论。这个理论认为，内部动机，即个体从事某项行为的动机，在于享受这项行为本身而不是为了实现其他目的，是个体身心健康的源泉。只有在支持人类最基本的心理需要的社会环境中，个体才会发展出内部动机，或成功将外部动机转化为内部动机，从而体验到活力和幸福感，并实现其心理成长和发展。自我决定理论认为，人的三种基本心理需要分别是：胜任（知觉自己有能力完成所从事的行为的需要）、自主（知觉自己是自身行为决定者的需要）和关系（归属及与他人产生联系的需要）。自我决定理论是一个系统的理论，它还包括多个子理论，如基本心理需要理论、认知评价理论、有机整合理论和因果定向理论等。这一理论框架产生了大量的实证研究，它们在为理论提供支持的同时，也为我们更好地认识人类的需要和动机提供了极具价值的指导。此外，近年来，以鲍迈斯特、格瑞伯格等人为首的心理学家对关系和自尊这两种重要的社会需要进行了大量的实证研究，翟学伟等也对人的权力和面子等动机提出了深刻的见解。

需要和动机领域的理论和实证研究极其丰富。除了我们上面所介绍的这些理论之外，还存在着大量的需要理论，如奥尔德弗的生存—关系—成长需要理论、赫茨伯格的双因素理论等。这一领域的理论非常庞杂，在此无法一一列出。可以说，目前并不存在一个有说服力的且占据主导地位的需要和动机理论，每种理论似乎都包含了部分真理，而每种理论似乎又总不能与人类的复杂行为模式吻合。我们还看到，在描述人类动机时，不同的理论提出者所用的术语不尽相同，所用术语在内涵和外延上的区别与联系也是错综复杂的。所以，要进行理论间的比较常常十分困难。这或许是因为人类的需要和动机本身就是变幻万千的，因此，要实现对其更深入、更全面、更准确的认识，还有待进一步的研究。

三、社会动机的性质与类型

人类动机具有一些基本的特点，马斯洛的《动机与人格》一书对这些特点进行了概括。我们结合马斯洛的理论和最新的研究进展，可总结出动机所具有的一些基本性质。

首先，动机是完整的个人的动机，而不仅仅属于人体的某些部分。大脑对行为的控制绝不是单向的，而是交互的。即使是像饥饿这样相对简单的信号，也是由大脑和感觉器官协同发出的。生理动机如此，社会动机更是如此。因此，人的动机是整体性的，一旦形成某种动机，个人会驱动整个躯体向某个目标行动。当然，这并不是说在任何时候，我们都只能有一个动机。事实上，我们可以同时具有多种动机，但每种动机都发自整个人的需要，而非躯体某一部分的需要。

其次，对于人类来讲，其动机具有一定程度的普遍性。从进化的角度来看，世界各地的人们面临着一些相似的情形，如生存、获取配偶等，因此，他们也发展出一些共同的生理和心理需要。比如，我们都偏好高热量的食物，害怕被他人和社会所排斥，对死亡感到恐惧。人类的基本动机是共同的，但是在不同的文化下，用于满足这些动机或需求的方式却不尽相同。比如，研究显示，西方人更喜欢自我提升，而东亚人则常常表现得很谦虚。这两种行为方式表面看上去大相径庭，但如果寻求对行为的进一步解释，我们会发现，人们只不过都是在以被自己的文化规范所接受和推崇的方式行事而已。成为一个被自己的群体所接纳的人，是这些不同的行为背后隐藏的普遍的人类动机。马斯洛的需要层次理论是在西方文化背景下提出的，但中国人看到也会产生共鸣。然而，目前的心理学理论和研究似乎还不足以提出一个令所有人信服的，包含且仅包含那些最基本的、最具有普适意义的需要的理论。

再次，动机具有指向和强度，并总与目标相联系。动机为行为提供方向和动力，使行为指向某种目标。目标是行为所要达到的某种状态，它可能指向现实存在的客观事物，也可能指向某种心理上的主观状态。动机比目标更为基本、内在和隐蔽，是行为背后的推力，而目标是行为所指向的结果。一种动机往往可以指向不同的行为目标。比如，维护自尊的动机，可能指向提升自己的专业技能、积累物质财富和寻求他人的认可等多种具体的行为目标。需要的程度越迫切，动机的强度越高，其为行为提供的能量也越高，更可能会转化为持续不断的努力。在前面的分析中，我们已经看到，动机处于一个动态过程中，动机的强度时刻都在随着需要的缺失或满足而发生变化。根据耶克斯-多德森定律，动机水平与活动效率之间并非线性关系，而是“倒 U”形曲线关系，也就是说，最佳的动机水平是中等强度的。如图 4-2 所示，动机水平过高或过低，都会造成活动效率的下降。简单任务的最佳动机水平较高，而复杂任务最佳动机水平较低。

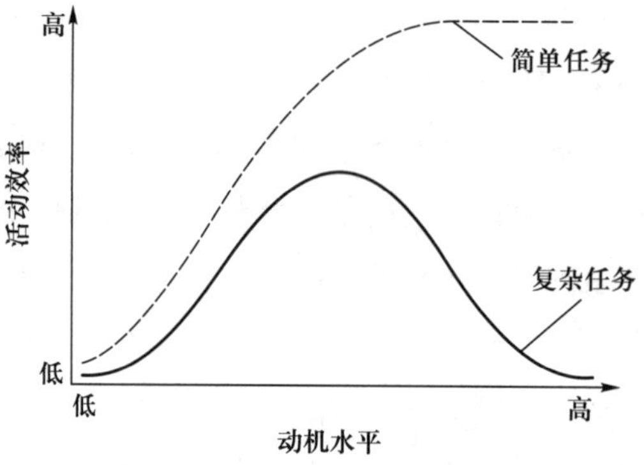

图 4-2 动机水平与活动效率的关系

最后，人类的动机是复杂多样的，动机与行为之间并不是简单的一一对应关系。一方面，同一动机可能驱使个体采取不同的行为，而同样的行为也可能出于不同的动机。比如，一个人帮助他人，既可能是出于自己良好的意愿，也可能是期待得到回报。个体有时并不能够或者不愿意表达行为背后的真正动机。另一方面，并非所有的行为都是有动机的，也并非所有的动机都是有意识的。当前心理学界普遍认可人类存在两种行为模式：一种是快速的、不假思索的、不消耗认知资源的自动反应，比如个体看到危险立即表现出退缩行为；另一种是比较慢的、需要经过深思熟虑的、占用认知资源较多的应对反应，比如做复杂的数学题。在前一种行为模式中，个体可能并没有意识到行为动机的存在。我们习惯的情绪反应模式、运动模式、模块化的认知反应模式等，都更像是自动的而非受到有意识的动机所调节的行为。而生活中的另一些决策行为，如报考专业等，则更可能是有意识的、受动机所支配的。

以上所描述的动机的性质，对于社会动机来讲也是成立的。但社会动机还具有一些自身特有的性质。首先，相对于生理动机，社会动机更为复杂多样。生理动机源于有限数量的生理需求，而社会动机则可称得上千变万化，且促成外部行为的动机可能并不与个体感知到或未感知到的需要完全对应。其次，社会动机更为社会文化所塑造。不同社会文化中，人们的生理动机基本相同，而社会动机则受到不同社会文化的鼓励和抑制作用而呈现出跨文化的差异。比如，在攻击和成就动机上，不同文化中和不同历史时期的个体所表现出的水平存在很大差异。而即使是同样的动机，比如追求成就，在不同文化中的表现也可能有所不同。最后，社会动机的灵活性比生理动机更大，更具有可替代性。尽管我们认为，与生理需要一样，基本的社会需要的满足也是个体健康发展的必要条件，但社会需要毕竟不像生理需要那样直接与生存或繁衍相联系，因此其可能以微妙的形式被压制、替代或转移。

我们可以根据不同的标准粗略地对社会动机进行分类。比如，根据动机与活动本身的关系，可以将动机划分为内部动机和外部动机。内部动机是指人们对活动本身感兴趣，活动本身即从事该活动的推动力。比如，人类的好奇心和艺术天分使得有些行为，如探索和创作，本身就会带给人满足感，个体可以充分享受这些活动本身带来的乐趣，而不去考虑活动所带来的外部奖赏。外部动机则是受奖赏或惩罚调控的动机。如果一个人努力工作是为了赚钱，而不是真正享受工作本身，那么就可以说，他的工作行为是由外部动机所驱动的。个人目标领域的研究表明，内部动机所驱动的行为比外部动机所驱动的行为更可能成功，而在成功后，个体所获得的满足感和个人成长也更大。

内部动机和外部动机之间是可以相互转化的。比如，我们上文所提到的自我决定理论就认为，在能够满足个体自主、关系和成就需要的良好环境下，外部动机能够有效地转化为内部动机。而如果在内部动机本身已经十分强烈的情况下，提供外部的奖赏或惩罚，则可能削弱内部动机，出现“过度辩护效应”，即人们将自己行为的原因归结为外部的奖赏或惩罚，而不是自身的兴趣。比如，如果儿童本身已经对一项游戏非常感兴趣，这时对其玩游戏的行为提供奖赏，那么在奖赏撤销之后，儿童对游戏的兴趣就下降了。认识这一现象对于教育和管理有着重要的意义。

此外，根据行为活动的内容可以将社会动机分为学习动机、工作动机、交往动机和游乐动机等；而根据动机行为指向的目标和方向可将其分为亲和动机、成就动机、权力动机、利他动机等。

第二节　社会动机的理论解释

对需要和动机有了基本的了解之后，我们将介绍有关社会动机的解释理论。也就是说，接下来我们想要解决的核心问题是：社会动机从哪里来？我们将看到不同的理论流派对社会动机的源头作出的不同解释。

一、本能：从麦独孤到威尔逊

本能论认为，社会动机是遗传的。它与生俱来，不学而能。个体发展到一定的阶段，就自然展示出某种社会行为。这一流派用本能来解释社会动机。达尔文在《人类的由来》一书中指出，本能是人的感情、欲望和意愿的基本来源。人的社会性本能，起源于远古时代社会关系对于人类生存至关重要的意义，经由自然选择，直到今日它继续为人类的行为提供动力。受到达尔文的影响，本能系统在美国心理学家威廉·詹姆斯的心理学理论中占据了核心地位。在 1890 年出版的《心理学原理》一书中，他提出人类比动物有更多的本能。他同时认为这些本能可能被经验取代，不同本能之间也可能会产生冲突。比詹姆斯稍晚一点，麦独孤在其 1908 年出版的《社会心理学导论》中提出的本能理论对社会心理学和大众心理产生了较大影响。麦独孤认为人的一切行为的动力都可以归结于本能。本能不但为行为提供动力，而且影响个体的知觉和情绪，为其行为提供目标和方向。麦独孤一共识别出了 18 种本能及其相对应的情绪，如避害本能与恐惧情绪，拒绝本能与厌恶情绪等，并以此作为解释人类一切行为活动的基础。

几乎与此同时，本能的概念也被精神分析理论的创始人弗洛伊德引入临床心理学中。弗洛伊德将性本能看成人的一切行为活动的根本源泉。在弗洛伊德看来，所有愉快的活动追本溯源，都起因于性本能。性本能驱使个体去满足本能的欲望和冲动，这种驱动的能量被称为力比多。体内力比多积聚到一定程度，就会造成机体的紧张，机体就要寻求途径释放能量。弗洛伊德早期的理论提出了两种本能，即自我本能（自我保存的本能）和性本能，其中性本能占主导。他在晚期著作中又提出了死本能的概念，死本能有时也被称为破坏或攻击的本能。它的目的是使有机体回归到一种无机的状态，即死亡的状态。

习性学家洛伦兹和廷伯根等人的研究也为人类动机的由来提供了本能论解释。洛伦兹对印刻现象展开了大量的研究。所谓印刻，指的是生物在某些特定的生命阶段所形成的特定的反应模式，这些反应模式常常无视行为的后果而存在。比如，在孵出后的最初几个小时，幼鹅会发展出跟随它们所见到的第一个活动物体的行为（在洛伦兹的研究中，这一物体有时是洛伦兹本人，见图 4-3），洛伦兹认为这一印刻现象反映了一种本能的情感纽带。他还认为，饥饿、繁殖、恐惧和攻击一起构成动物的四种本能。每一种本能行为均存在某种内生性的“行动特异性能量”。一个合适的刺激，会像打开喷泉的阀门一样，打开这一能量的蓄水池，释放出能量，从而使得生物表现出相应的本能行为。基于洛伦兹的研究，廷伯根于 1951 年出版了《本能的研究》一书，阐述了行为是如何同时受到既定模式与外部刺激的影响而展开的。他提出了一个本能行为的层次模型，将本能解释成一种呈阶梯结构的神经性机制，能够对内在性或外在性的引动、释放和导向等刺激因素逐次展开反应。

图 4-3　洛伦兹与印刻效应

20 世纪二三十年代，本能论受到了较大的冲击。这一冲击在很大程度上来自心理学中的行为主义流派，在更大的范围内则受到马克思主义的影响。极端的行为主义否定本能，强调人类行为的可塑性，尤其强调奖励与惩罚对于行为塑造的影响。但 20 世纪 70 年代之后，随着分子生物学和遗传学的最新发展，本能论再次获得了一定的认可。比如，哈佛大学教授爱德华·威尔逊就在习性学的基础上发展出了社会生物学。他认为包括利他主义、宗教、伦理道德、性爱、战争和同性恋在内的诸多社会行为均有其生物学基础。这些行为主要或部分由基因所决定，各物种所表现出的特定行为模式均具有适应性的意义。比如，在食物来源匮乏的环境中，鸟类会形成一夫一妻制，雌雄两性共同抚育后代，以确保后代的存活。再如，猴群中严格的等级制度有助于维持猴群的内部团结，使猴群能更好地抵御侵犯者和保护弱小者。由社会生物学发展而来的进化心理学在20世纪90年代兴起，其代表人物为戴维·巴斯。进化心理学将研究重心放在了两性在择偶偏好和性策略等方面的差异上，并用两性所面临的生存和繁衍条件的不同来解释这些差异。

本能论固然有一定道理，尤其是新生儿身上所展示出的各种先天性的反射现象，以及个体在各种发展关键期上表现出的特定行为，都让我们窥见本能的影子。但本能论也存在着严重的不足，它最大的问题是循环论证，即看到一种现象，设想一种本能，然后又用这种本能去解释相关的现象。这其实既不能证明也无法否定本能的存在。每出现一种行为现象就命名一种本能，也导致在社会科学相关书籍中，曾经提到了近6 000种人类本能。此外，从本能论出发，我们也很难解释不同社会中或者同一社会中人和人之间存在的巨大行为差异。

二、社会动机的非本能论解释

行为主义心理学家对本能持否定的态度，极端的行为主义者甚至根本不关注“动机”，而只关注肉眼可见的行为本身。强化是行为主义心理学中的一个核心概念，它与奖惩相对应，指的是任何能够增加反应频率的过程。强化可以分为正强化和负强化。正强化物的施加带来行为频率的增加，而负强化物的撤销带来行为频率的增加。比如，表扬就是一种正强化过程，因为做好事而获得表扬通常会增加这一行为出现的频率，而制止婴儿的啼哭可以看成一种负强化过程，这一行为增加了母亲抚慰婴儿的频率。尽管强化理论非常具有说服力，且至今仍广泛应用于临床治疗、广告营销等领域，但不考虑个体内部动机，单纯强调外部环境对行为的塑造，这在大部分条件下显然是失之偏颇的。我们在上一节中也已经分析了外部动机对于内部动机的削弱作用。

班杜拉发展了行为主义心理学的强化概念，并提出了三种强化形式。（1）直接强化。也就是个体行为的直接后果作为后继行为的强化物。（2）替代强化。在观察学习中，个体通过观察榜样人物的行为受到的奖励或惩罚而间接受到强化，从而调整自己的行为。（3）自我强化。人们为自己确立某些规范，通过自我奖赏或自我惩罚的方式对自己的行为作出反应。在自我强化中，个体可以自己设定强化的标准和依据，也可以自己掌握和支配强化物，这与完全受制于外界的强化具有本质性的差异。相对于传统的行为主义心理学，班杜拉的理论更偏重认知，他强调人的思维在动机和行为中的影响。除了对观察学习和自我强化的深入探讨之外，班杜拉还提出了一个重要的概念：自我效能。自我效能指的是个体对自己在特定情境中是否有能力实施行为的预期。当自我效能感较低，即个体对于自己能够顺利进行某种行为以产生一定结果感到不确定的时候，个体的动机水平和努力程度便会下降，而提高自我效能感会带来行为动机水平的提高。

行为主义心理学之后出现的认知心理学流派也对人类的社会动机提出了自己的解释。归因理论就是从人们内在心理活动的角度来认识行为动机的。人们在实施一个行为之后，会对所出现的或正面或负面的结果进行分析。比如，维纳提出，成败归因可以分为三个维度：（1）原因源，即个体将结果归结到自身（如能力或努力）还是外部原因（如任务难度或运气）。（2）可控性，即原因是否受行动者的主观意志控制。比如，努力的可控性较高，而能力和运气的可控性较低。（3）稳定性，即原因是否随时间或情境不同而发生变化。比如，运气很不稳定，而能力较为稳定。个体的成就动机会随着归因在这三个维度上的差异而不同。如果将正面的行为结果归结于可控的或内部的因素，而将负面的行为结果归结于不稳定的或外部的因素，那么个体的行为动机就会得以维持。相反，如果认为正面的行为结果不过是因为运气或者外部偶然的因素，或者认为负面结果是不可控的，那么个体的行为动机就会被削弱。维纳的归因理论被广泛应用于成就动机的激发和培养上。

既然动机的强度可以被训练和塑造，那么动机就不像本能论所框定的那样是固化和不可改变的。但同样地，如果没有生物体内部的动力性因素的存在，任何强化似乎都无关痛痒，无济于事。说哪些动机是天生的，哪些动机是习得的，这种思维模式恐怕本身就是错误的。先天的倾向总是在后天的环境中得以展开，在展开的过程中总是会被后天环境所塑造。而离开这种先天的倾向性和发展动力，后天的影响也无着力之处。社会动机的展开既离不开人类先天的倾向，也离不开后天的环境，缺了任何一方，动机都不会形成。也许比较中肯的说法是，我们无法逃脱进化，但同时，我们的基因又允许了行为的高度可塑性。或者说，我们的本能就是适应环境，按照环境的要求发展出丰富多样的行为模式。

三、马克思主义的社会动机观

马克思从不否定人的需要，相反，他把人的需要看成对生命本质力量的表现和确证，认为人的需要是对其生存与发展的客观条件的依赖和需求，这些“欲望的对象是作为不依赖于他的对象而存在于他之外的”①。需要不仅是人的本性，而且构成了人们活动的基础和原动力。而“劳动过程……是制造使用价值的有目的的活动，是为了人类的需要而对自然物的占有”②。因此，人的需要是生产关系得以形成和生产力得以发展的动力。

马克思认为，正是人类这种总是不能完全满足的需要推动着历史的前进。尽管马克思并不否认人的自然属性，并将吃、喝、生殖等称为人的“动物的机能”，但他更强调建立在社会关系基础上的、具有具体性和历史性的人的社会属性。人类需要的满足依赖于人们结合在一起从事的社会劳动。马克思认为，“有意识的生命活动把人同动物的生命活动直接区别开来”③。这种“有意识的生命活动”，就是人改造自然，创造人类世界的劳动。因为人类的劳动是社会劳动，在劳动中所定义的人性也具有社会的意义。就像我们一再援引的那样，马克思指出：“人的本质不是单个人所固有的抽象物，在其现实性上，它是一切社会关系的总和。”④ 他认为，“只有在社会中，人的自然的存在对他来说才是人的合乎人性的存在，并且自然界对他来说才成为人”⑤。

总之，马克思将人的需要看成人类社会发展背后的力量。而在人的各项需要中，他又区分出生物性需要和社会需要。同时，马克思认为，对于人类来讲，即使是生理需要，比如对食物的需要，其满足也具有社会性。而个体的社会需要和动机的产生与满足则依赖于个体所处的具体历史情境，依赖于个体的社会身份和阶级属性，说到底，依赖于生产力的发展和生产关系的变革。

① 《马克思恩格斯文集》第一卷，人民出版社 2009 年版，第 209 页。
② 《马克思恩格斯文集》第五卷，人民出版社 2009 年版，第 215 页。
③ 《马克思恩格斯文集》第一卷，人民出版社 2009 年版，第 162 页。
④ 《马克思恩格斯文集》第一卷，人民出版社 2009 年版，第 505 页。
⑤ 《马克思恩格斯文集》第一卷，人民出版社 2009 年版，第 187 页。

马克思所设想的“建立在个人全面发展和他们共同的、社会的生产能力成为从属于他们的社会财富这一基础上的自由个性”① 的共产主义社会，正是人类需要得到最全面满足的阶段。

第三节　侵犯行为、利他行为与亲社会行为

这一节中，我们将重点考察两种类型的社会动机：侵犯和利他。这两种动机对于任何个体和群体的生存和发展均有着重要意义。动机是行为的内在动力，在本节中，我们会同时涉及对动机与行为的讨论。

一、侵犯：先天与后天之辩

侵犯行为或称攻击行为，无论在动物界还是人类社会均广泛存在。比如，黑猩猩为争夺领地发生群斗，人类为抢夺资源而发动战争等。即便在人们的日常生活中，争吵斗殴、中伤他人之类的现象也屡见不鲜。但要对侵犯进行精确定义，似乎并不容易。在研究侵犯时，我们既要考虑行为及其造成的后果，也要考虑行为背后的动机。如果单纯看行为，那么过失误伤也会被判为侵犯；如果仅有伤害性的动机，没有外显的行为表现，就谈不上侵犯。我们甚至不可避免地要考虑行为发生的社会情境，因为在一个社会中被允许甚至认可的行为，在另一个社会中则可能被界定为伤害。在众多对侵犯行为的定义中，我们认为巴伦和理查森的定义相对比较全面。他们认为侵犯是以伤害某个想逃避此种伤害的个体为目的的任何形式的行动。这个定义强调了行为的目的是造成伤害，所以就排除了无意伤害的情形，且它将侵犯定义为行动，而非目的本身。此外，这一概念还突出了伤害者所施加的行为是被伤害者想逃避的。如果被伤害者本身心甘情愿地接受某种伤害，那么这种伤害就不构成侵犯。这就将被伤害者的特征和社会情境因素也考虑在其中了。

对侵犯行为进行分类有助于我们更好地理解这个概念。根据侵犯的最终目的或者说效用的不同，伯克威茨将侵犯分成敌意性侵犯和工具性侵犯。敌意性侵犯通常是愤怒的结果，其最终目的就是给他人造成痛苦。比如，激情驱使的

① 《马克思恩格斯文集》第八卷，人民出版社2009年版，第52页。

谋杀便是敌意性侵犯。而工具性侵犯则是将对他人的伤害看成达到某一目的的手段，比如为了获取报酬或赢得其他有价值的东西而伤害他人。大部分的恐怖袭击和战争便是出于工具性的目的。在实际生活中，这两种形式的侵犯常常同时存在。另一种具有启发性的分类方法是阿诺德·巴斯的三个分类维度：身体的—言语的、主动的—被动的和直接的—间接的。比如，男性表现出更多的直接的、主动的、身体上的侵犯行为，女性则表现出更多的间接的、被动的、言语上的侵犯行为。此外，也有研究者根据行为是否符合社会规范和准则，将侵犯行为划分为反社会、亲社会和被许可三种类型。其中，反社会侵犯行为指违背社会规范，不被社会许可的侵犯行为，比如无故对他人造成伤害；亲社会侵犯行为是出于某种符合道德原则的目的，且以被社会所认可的方式展示的侵犯行为，如家长规范子女、警察打击犯罪等；而被许可的侵犯行为则是能够被社会普遍理解和接受的侵犯行为，如正当防卫等。但无论是在心理学研究中还是日常生活中，人们谈到侵犯行为时通常指的是反社会侵犯行为。

当观察到人类社会大量存在且持续发生各种形式的侵犯行为时，我们不禁要问：侵犯行为的起源是什么？在这个问题上，很多研究者提出了自己的观点。与上文中所讨论的对社会动机的解释相对应，对侵犯动机和行为的观点也可以粗略地划分为两类：一类认为侵犯动机是一种先天的、本能性的动机，而另一类则认为侵犯动机是后天形成的衍生性的动机。

本能论的观点认为侵犯是人类本性的一部分，是与生俱来、不可避免的。这一派的代表人物有弗洛伊德和洛伦兹等。如前所述，弗洛伊德最初只提出了自我本能和性本能，但第一次世界大战的发生使得他对自己的理论重新进行了思考。在他 1920 年出版的《超越唯乐原则》一书中，弗洛伊德提出了死本能的概念，认为人类的侵犯起源于一种自我破坏的冲动。这种原始的死亡冲动，始于生命自身的一种回到最初的无机状态的倾向。死本能向内表现为自我伤害和毁灭，从自我转移到他人身上，便派生出攻击、破坏、战争等一系列毁灭行为。洛伦兹则认为侵犯具有适应性的意义而非自我破坏。他在《攻击与人性》一书中指出，侵犯有利于物种的生存繁衍，所以在进化过程中产生并延续了下来。他认为侵犯比种族内的友谊和爱更早出现，在某种程度上是生物进化的原始动力。种族内侵犯可以使得最强壮的基因得以传递，并能在个体间达成一种平衡发展的状态。和弗洛伊德一样，洛伦兹也认同侵犯的能量是本能性的，与生俱来、无须学习且普遍存在，如果这种能量得不到释放，就会在机体内部不断积聚，直至爆发。

侵犯确有一定的生理基础。在人和动物身上，侵犯均具有一定的遗传性，一些化学药品、微量元素和激素等被证明与侵犯倾向之间存在一些关联。但如果侵犯行为只是人类本能的展开，那么我们就很难解释为什么侵犯存在着那么大的历史和文化差异。在中国漫长的历史进程中，也曾反复出现大规模的破坏性活动，但在今天这样的和平年代，群体间的斗争不再是人们社会生活的主要议题。今天的心理学家一致认同：认为战争或其他的暴力行为是以基因编码的形式根植于人类本性的，或者认为战争是因为本能或任何单纯的动机所导致的，从科学的角度来讲都是错误的看法。

尼尔·米勒和多拉德等人在 1939 年提出的挫折—侵犯理论撇开了本能这种说法，而将关注点放在了引发侵犯的具体情境上。挫折—侵犯理论中的挫折指的是任何阻止我们实现某一目标的事物。当我们实现一项目标的动机很强烈，非常期待获得满足，却发现这一目标完全被阻断时，会产生极强的挫折感。按照挫折—侵犯理论，这种挫折感会转化为侵犯倾向。侵犯始终是挫折的结果，而挫折必然导致侵犯。但侵犯的能量并不一定指向挫折的来源，而很可能指向一个更安全的替代对象。替代侵犯更可能在侵犯对象与挫折来源比较相似，并表现出某些微小的激怒行为时发生。研究者注意到，在个体遭受了挫折之后，任何微小的冒犯都可能会引发敌意情绪的爆发。而相对于群体内成员，群体外成员更可能成为替代侵犯的对象。

但是，实验证据并没有为挫折—侵犯理论提供完全的支持：研究结果表明挫折并不总是引发侵犯。比如，当挫折可以被理解的时候，就不会引发侵犯。伯克威茨意识到最初的挫折—侵犯理论过分强调了挫折和侵犯之间的联系，所以对其进行了改进。他认为挫折导致愤怒，而愤怒为侵犯提供了情感上的准备。愤怒产生于当有人明明可以选择不让我们遭受挫折，却令我们遭受挫折的时候，但也可能被很多其他情形唤起，如炎热拥挤的环境、特定的生理状态等。所以，挫折不一定导致侵犯，而侵犯也并非一定由挫折引起。此外，修订后的挫折—侵犯理论还强调了侵犯线索的作用。伯克威茨认为，环境中的侵犯线索，如手枪、刀等侵犯工具，可以启动侵犯。当侵犯线索打开侵犯的阀门时，受挫折的个体的侵犯行为会被放大。事实上，禁止持枪的国家比不禁止枪支的国家谋杀率更低。而且在允许个人持枪的国家，如美国，手枪伤害的更多是持枪者的家庭成员而非入侵者。

侵犯并不总是被动产生的，有时候它是一种自发行动而非反应模式。侵犯行为常常会获得奖赏，如若一个儿童的侵犯行为成功“收服”了其他儿童，那么他的这种行为很可能再次发生。班杜拉提出了侵犯的社会学习理论。他相信人们不仅通过亲身经历侵犯的后果，也通过观察他人的侵犯行为所引发的后果来习得侵犯。在他的一系列实验室研究中，他首先让儿童观察成年人对一个玩偶实施击打、推倒等侵犯行为。然后，让这些儿童经历挫折情境（儿童被告知不允许玩一些很有趣的玩具）。接着，他将儿童带到有玩偶的房间，结果发现儿童会更多地模仿之前看到的成年人的举动，对玩偶实施侵犯行为。班杜拉的研究对于儿童教育具有重要的意义。事实上，家长的体罚正是儿童模仿的对象之一，成长于暴力家庭的儿童更可能发展出暴力的倾向。而社会心理学家克雷格·安德森的大量研究表明，社交媒体和视频游戏中的暴力所带来的示范效应，不仅会增加儿童的暴力倾向，也会增加成年人的暴力倾向。

侵犯不仅存在于个体之间，也存在于社会群体之间。研究表明，群体间的侵犯行为往往比单独个体实施的侵犯行为更严重，且更具破坏性。不可否认，在特殊时期，暴力革命和战争曾经扮演了改变或推进历史进程的角色。马克思主义者不回避群体间暴力行为发生的可能性，但即使是马克思本人，在无产阶级与资产阶级高度对立的形势下，也清醒地认识到工人有可能用和平手段达到自己的目的，“在和平的宣传鼓动能更快更可靠地达到这一目的的地方，举行起义就是发疯”①。马克思主义者坚持唯物主义历史观，认为一种社会形态取代另一种社会形态有其必然的条件和规律。战争是一个历史范畴，有它产生、发展和消亡的过程，并不是永恒的社会现象。暴力并非不可避免，通过一些和平的解决方案，如制度改良或社会运动，同样可以实现社会变革。

如何减少侵犯？本能论者，对于这一问题持比较悲观的态度。他们认为，侵犯本能能量的积聚大概只能通过某种非侵犯形式的释放才不至于转变成侵犯行为。比如，洛伦兹就主张开展体育竞赛以发泄群体间的侵犯冲动。但实证研究表明，这种宣泄不但不会减少侵犯，反而可能增加侵犯。激烈的足球比赛常常引发球员或球迷之间的敌意和侵犯行为；暴力视频游戏不会平息怒火，反而示范了暴力行为。但从挫折—侵犯理论和社会学习理论的角度来看，减少侵犯似乎是可行的。既然侵犯动机和行为可以被环境所引发，那就可以通过一些干

① 《马克思恩格斯文集》第三卷，人民出版社2009年版，第611页。

预手段得以降低它们的发生概率，比如，减少环境中的侵犯线索，减少侵犯行为的回报，对个体进行情绪管理、社交技能和侵犯替代训练，树立和平的榜样等。实践证明，这些举措对于减少侵犯是有效的。

二、利他行为与亲社会行为

与侵犯行为一样，广泛存在于人类和动物社会的利他行为和亲社会行为，也引起了无数研究者的关注。利他是利己的反面，是一种增加他人福祉而不考虑自身利益的动机。19 世纪，法国哲学家和伦理学家孔德首先将这个概念引入道德理论，并以此作为他的伦理学体系的基础。孔德认为人类除了存在利己本能，也存在利他本能，道德就是用利他主义来约束利己主义。亲社会行为指的是正面的、建设性的、对他人有帮助的社会行为。在社会心理学界，最早使用亲社会行为一词的是美国学者威斯伯。他在《社会行为的积极形式考察》一文中，用亲社会行为这一概念来指代所有与侵犯行为等负面行为相对立的行为，如同情、分享、捐助等。这些行为虽然表现各异，但都有一个共同特征，即使得他人、群体或社会获得好处。利他行为和亲社会行为在定义上较为相近，但有所区别。亲社会行为包含所有为增加他人福利而采取的行为，而利他行为则强调在有利于他人时，不去考虑个人的得失。因此，亲社会行为的概念比利他行为的概念更广，而利他行为则是更纯粹意义上的亲社会行为。

有多种理论流派尝试对利他行为和亲社会行为作出解释，如社会交换理论、社会责任规范和进化心理学等。社会交换理论由乔治·霍曼斯提出。这一理论将人类的社会交往看成以最大化回报、最小化付出为目标的交易。根据这一理论，如果助人能给自己带来回报，或者不帮助别人会给自己造成麻烦或不利，那助人就是明智的选择。它有助于解释很多常见的亲社会行为，比如，企业捐款以提升自身形象，帮助他人以赢得友谊或赞赏，给予他人方便以期待他人能够同样为自己提供方便等。从社会交换视角出发，我们更愿意帮助那些吸引我们的人，或是我们想获得其认同的人，或是掌握更多资源的人。此外，回报不仅可以是外在的，也可以是内在的。比如，帮助别人可以给自己带来好心情，减少不安或内疚，或是让人产生良好的自我感觉等。给予常常是快乐的，帮助他人，自己也会感到愉悦。有研究甚至发现，捐款能激活与奖赏相关的脑区。

尽管人们并不是时刻都有意识地监控自己在人际关系中的付出和回报，但这种有关付出和回报的考虑确实可以在一定程度上预测我们的行为。世界各地的人们的行为都或多或少遵循社会交换法则。比如，几乎在所有的社会中都存在着互惠规范，这一规范要求我们去回报而不是伤害帮助过我们的人。但如果我们仔细考量社会交换理论的适用范围，我们就不得不考虑社会交换所发生的具体情境。比如，我们与陌生人交往的原则显然和与家人交往的原则是不同的，而人们在长久性关系中的表现也不同于其在短暂的、偶然的关系中的表现。在家人、朋友这种相对亲密且稳定存在的关系中，人们并不追求应用于陌生人的刻板的、完全对等的、及时补偿的交换关系。

在中国传统文化中，社会交换式的思维也很常见，只不过被裹上了浓浓的人情味。中国人将社会交往中的给予称为“施恩”，而将回报称为“报恩”。施恩和报恩的框架通常是因亲缘、地缘或师缘等形成的长期的稳定的关系。当一方给予另一方帮助时，根据社会的一般规则，另一方应在合适的时机报答这份恩情。因为双方处于长期稳定的关系中，所以施和报在时间上可以拉得很长。但施恩与报恩并不是对等的交换，通常报都要大于施，以便这一“施报”关系可持续发展。但具体大多少，取决于施恩者、受恩者的社会地位高低和关系亲疏等因素。此外，在“施报”关系中，人们看重的并不是物质性或精神性酬赏本身，而是其背后的“心意”。中国人当然不否认酬赏的数额在一定程度上反映了心意的大小。但具体有多少“心意”，还取决于“施报”双方彼此心照不宣的感受。在中国文化中，我们一方面教导施恩者“施恩莫望报”，另一方面又告诉受恩者要“滴水之恩，涌泉相报”。良好的社会关系，就建立在施报双方这种“温情脉脉”的交换行为之上，如果一方施恩图报或是另一方不思回报甚至忘恩负义，彼此之间的关系就难免尴尬甚至恶化了。

如果人们的行为只是遵循社会交换的法则，那么那些没有能力进行交换的个体的处境似乎是很不利的。幸运的是，除建立在社会交换之上的互惠原则之外，每个社会中都存在着一定范围或程度的社会责任规范。社会责任规范要求人们去帮助真正需要帮助的人而不计较回报。它可以解释为什么有时即使在匿名的情况下，人们还是愿意帮助需要帮助的人。人们帮助需要帮助的社会对象，尤其是当他们的处境被归因于环境而非他们自身时，人们更愿意承担起帮助他们的责任。社会责任规范在不同文化中均有所体现，但其适用的范围有所差异。有些文化或宗教信仰中强调无差别地帮助需要帮助的人，甚至“去爱你的敌人”，而在中国传统儒家文化中，社会责任规范不强调普适性，而是根据“差序格局”（即社会对象与自己关系的远近层级）来决定其适用范围。

与社会交换或社会责任规范的解释不同，进化心理学从基因延续的层面对利他行为和亲社会行为进行了解释。该理论认为，一方面，基因是“自私”的，为陌生人的利益而自我牺牲的基因不能在进化竞争中取得优势；但另一方面，人是群居动物，离开与他人的合作，人也不可能在进化中取得成功。因此，人类社会中发展出了多种抑制利己、使得种群作为一个整体得以延续和发展的机制。这些机制包括亲缘选择、直接互惠、间接互惠以及群体选择等。

首先，我们的基因使我们倾向于照顾那些与我们有血缘关系的人。一个人与我们的基因重叠程度越高，那么我们就越倾向于帮助他，以此部分实现自身基因的延续。与没有血缘关系的人相比，我们更愿意帮助有血缘关系的人，而与不同种族的人相比，我们更愿意帮助同一种族的人。父母为了子女牺牲自我，实际上增加而非减少了基因传递下去的可能性。其次，用基因的延续可以解释为什么助人行为在小而封闭，而非大而松散的群体中更常见。在紧密的群体中，一方给予另一方帮助后，更有可能获得对方的帮助，通过这种互惠，自己的基因可以得到间接的保存。最后，自然选择可能在多个层面上发生。在进化过程中，不但个体与个体之间存在竞争，群体与群体之间也存在竞争。尽管在每个群体中，获利更多的是那些利己的个体，但在群体竞争中，那些成员间能够互相提供支持的群体可以存活得更久，也就是说，自然选择偏好拥有更多利他倾向的成员的人类群体。人类社会也因此进化出各种伦理道德规范和宗教信仰以约束损害群体利益的利己行为。

以上我们所谈及的有关利他行为和亲社会行为的三种理论视角：社会交换、社会责任规范和进化心理学，是在不同层面上探讨这个问题的。社会交换偏重个人层面；社会责任规范（包括互惠规范与责任规范）偏重社会层面；而进化心理学则偏重生物层面。抛开这些宏大的理论框架，社会心理学家还较细致地研究了增加和减少利他行为和亲社会行为的一些具体的心理和社会情境因素。比如，在巴特森等研究者看来，真正的利他行为和亲社会行为产生于个体与他人之间发生共情的时候。共情是将自己放在他人的位置上所产生的一种设身处地的感受。当人们目睹他人的不幸时，自己会感到烦恼，进而可能因为想免除自己的烦恼而逃离这种情形，也可能为了减少他人的痛苦而伸出援手。巴特森等人经过 20 多年的研究，发现共情能推动真正为减轻他人苦难所做的努力，能够抑制侵犯，增进合作，并改变人们对受歧视群体的态度。总之，当我们真正与不幸者产生共情时，我们愿意为减轻他人痛苦作出自我牺牲。

对于促进或抑制助人行为的社会环境因素，探讨得最多的恐怕是在场人数问题了。拉坦纳和达利发现，在紧急情况下，当旁观者数量增加时，个体得到帮助的概率不是增大，而是变小了，这一有违直觉的现象被称为“旁观者效应”。这一效应的产生有几个机制。首先，在场的人数越多，人们就越难注意到紧急情况的发生。他人的存在占据了人们的注意和认知资源，使人们对环境中发生的其他事情不敏感，尤其是当外界信息过多，导致信息过载时，个体更可能将自我封闭起来，而不去关注环境中发生的事情。其次，在场人数较多的时候，即使注意到了意外的发生，我们也更难将这一情境解释为紧急情境。当在场人数较多而情境较为模糊时，人们往往会通过观察他人的反应来判断自己该如何反应。当每个人都这样做时，就意味着没有人采取行动。最后，人数增多也带来责任分散的问题。人数越多，每个人越不觉得自己有必要在他人袖手旁观时伸出援手，因此主动站出来提供帮助的人就更少了。拉坦纳和达利通过大量的实证研究，证明在助人的每一个环节中，旁观者数目的增多都造成了助人行为的减少。

除了共情和旁观者数量之外，社会心理学家还考察过其他一些影响利他行为和亲社会行为的因素。比如：榜样的作用——当目睹他人提供帮助时，个体会得到精神上的升华，也更可能会实施助人行为，因此，要提高人们的利他程度，就要树立利他榜样；时间的压力——时间紧迫感让人顾不上去留意那些需要帮助的人，实际上，人群的密集、流动性和时间紧迫感使得大城市中助人行为的发生率远低于乡村；相似性——人们总是倾向于帮助那些在各方面与自己相似的人。此外，研究者发现利他行为也存在着一定的个体差异和性别差异。尽管环境对人类行为有着很大的影响，但即使在最严酷的环境中，也会有一些个体比另一些更愿意实施利他行为。男性更可能在危险情境下伸出援手，而女性相对来讲则更愿意做志愿服务或者在日常情境中助人。

三、马克思主义的相关解释

马克思主义学说并未直接以侵犯或利他为主题进行论述，但是作为描述人类社会变化发展的宏大理论，其不仅涉及相关的问题，且将它们放在了更为广阔的尺度上去阐述，如从个体与社会、国家与阶级、新旧社会的发展与更替等角度对这些问题进行探讨。比如，在看待侵犯的激烈形式——犯罪问题时，马克思和恩格斯指出：“犯罪——孤立的个人反对统治关系的斗争，和法一样，也不是随心所欲地产生的。相反地，犯罪和现行的统治都产生于相同的条件。

同样也就是那些把法和法律看作是某种独立自在的一般意志的统治的幻想家才会把犯罪看成单纯是对法和法律的破坏。”①由此我们可以理解，犯罪是孤立的个人对统治关系的斗争，它不单纯是对法和法律的破坏。侵犯亦非随心所欲地产生，而是由具体的、历史的、现实的社会生产塑造的结果。侵犯是社会整体的产物，是社会结构的各部分，即生产力与生产关系、经济基础与上层建筑等矛盾和冲突的结果。

作为一个阶级推翻另一个阶级的手段的暴力革命，表面上看是一群人对另一群人的侵犯。然而，暴力革命作为推翻统治阶级的最高政治行动，有时又具有极大的利他属性——为了一个阶级或更多阶级谋求共同利益或共同幸福。这时，侵犯与反抗所服务的是更高层次的利他。根植于某个历史时期或某一社会形态的道德无法对此类侵犯行为的善恶进行判断。也就是说，马克思主义将侵犯与利他放在群体甚至人类共同体的层面上来看，认为它们是人类历史进程中阶级矛盾和社会矛盾激化的产物，起因于矛盾发展，又解决发展了的矛盾。在暴力革命背后，暗含了由个体所组成的组织、机构、国家机器、政治派别等之间的相互作用。而长期以来社会心理学对个体过于关注，其研究缺乏对宏观层面问题的解释力。

当代的道德心理学对人类的侵犯行为和利他行为给予了相当多的关注，但往往局限于个体间的利他、利己和侵犯，并将侵犯归结为利己，提出与利己主义相对立的利他主义，作为“拯救社会”的良药。而马克思主义所关注的，是人类社会意识形态和道德判断的社会历史性。从这一视角出发，当前心理学中“利他主义”一词也是社会历史的产物。在未建立起复杂生产关系及由此生发的社会关系的原始社会，面对生存压力，人们必须彼此紧密联结，从而表现出普遍的社会性，“个体”的观念因而没有适宜的土壤。此时，去进行利己或利他的讨论是没有多大意义的，因为利己和利他在生存这一主题下高度统一，尚未出现足够的分化和对立。而在资本主义社会，资本主义生产方式以及作为价值的一般等价物的金钱的出现，使得个体能够在一定程度上独立于他人而存在，“独立的个体”这一观念才得以深入人心，自我与他人、利己与利他之间的矛盾因而凸显出来。由此可见，从马克思主义的视角来看，心理学对利他和利己的探讨，是根植于当今人类社会所处的历史时期的，具备现实意义的同时也具有一定的历史局限性。

---

① 《马克思恩格斯全集》第三卷，人民出版社 1960 年版，第 379 页。

进一步地，马克思主义将人的本质归结为社会关系，认为道德建立在具体的社会经济关系的基础之上，具有历史性和阶级性。马克思认为，“财产的任何一种社会形式都有各自的‘道德’与之相适应”①。在不同的生产方式下，属于不同阶级的人们会发展出各自的道德要求和标准，而社会经济关系的根本变革迟早会引起新旧道德的更替。比如，一些在封建社会中被奉为美德的行为，在今天看来可能就令人难以接受；而今日社会中人们很多的行为规则，放到古代也会叫人错愕不已。因此，马克思主义伦理学将道德问题放到特定历史时期中人们的关系中去解答，反对抽象地谈论人们应该利他还是利己。而随着生产关系的改变，利己和利他之间的关系亦会呈现新的运动态势。将两者的关系静态地表征为二元割裂的做法是荒谬的。

在今天的中国社会中，侵犯、利己和利他等问题常常被转化为社会成员之间及社会成员与组织之间如何相互对待的问题。比如，社会主义核心价值观中所强调的“爱国”“敬业”“诚信”“友善”，即阐明了个人应该如何处理与国家、与社会、与他人之间的关系。这些价值观念立足于中国社会目前所处的实际状况，有利于建构国家认同、民族认同和文化身份认同，有利于在全社会范围内营造一个安全、互信、温暖、向上的积极环境。从马克思主义的视角，这些价值导向体现了现实需求和时代精神，因此倡导和践行这些价值观符合国家和人民群众的根本利益。

第四节 其他形式的社会动机及其调控

在这一节中，我们将首先探讨成就动机和权力动机这两种相互关联却又有所区别，在一定条件下甚至相互矛盾的社会动机；其次，我们将探讨另一种重要的人类动机——亲和动机；最后，我们将结合动机的性质和特质探讨社会动机的激发与控制问题。

一、成就动机

成就动机是个体为了取得较高成就，达到既定目标而积极努力的动机。美国

---

① 《马克思恩格斯文集》第三卷，人民出版社 2009 年版，第 214—215 页。

心理学家莫瑞是最早系统地提出成就需求概念的学者。他认为，成就需求是指个体想要尽可能地把事情做好的一种欲望或倾向，它与紧张、持续和重复性的努力相联系。在莫瑞的基础上，麦克利兰对成就动机进行了系统的研究，他提出在人类动机背后存在三种主要的需求：成就、权力和亲和。麦克利兰用“竞争”与“优秀标准”来解释成就动机，认为它是在具有某种优秀标准的竞争中对成功的关注。他通过主题统觉测验对成就动机进行测量，具体来讲，他向被试呈现4张主题模糊的图片，要求被试根据图片编写故事，然后分析这些故事的内容。根据分析的结果，他将被试划分为高成就动机者和低成就动机者。

在成就动机的来源问题上，麦克利兰认为，成就动机受到社会中的各种文化和亚文化因素的影响，如宗教、家庭和社会阶层。受马克斯・韦伯有关新教伦理与资本主义精神的思想的启发，他认为新教伦理所代表的价值观使得美国父母在教育子女时，非常注重训练他们的独立能力和克服困难的能力，这种教养方式使得子女形成了很高的成就动机。在其他国家，父母的教养方式也影响着子女的成就动机水平。他认为在中国传统社会中，对儿童的教养方式强调顺从、依赖和合作，因此，传统中国人的成就动机普遍较低。在成就动机所带来的社会结果上，麦克利兰认为，社会中重要成员的成就动机为经济和技术的发展提供了极其重要的刺激。比如，他通过统计发现1920—1929年各个国家成就动机的分数可以显著预测1929—1950年各国的经济和技术增长水平。在这些研究的基础上，他设计出了一套帮助个体增强成就动机的训练计划，将其理论应用于实践。

余安邦、杨国枢等人不认同麦克利兰关于中国人成就动机较低的说法，他们认为成就动机的本质与内涵具有浓厚的文化色彩。在西方社会，家庭教养强调独立性训练，因此西方人具有较强的“自我取向成就动机”；在东方社会中，家庭教养强调依赖性训练，因此东方人具有较强的“他人取向成就动机”。在他人取向成就动机中，个人的成就目标、追求目标的行为和行为的效果评定，主要由他人或所属团体，而非个人自身来决定。总体上说，个人对成就的内化程度较弱，与此相对应，成就的社会工具性较强，即个人努力是为了满足他人或群体的要求和期望。我们耳熟能详的一些说法，比如“光宗耀祖”“不辜负组织的嘱托和人民的期望”等，都体现了这种他人取向的成就动机。表面上，他人取向成就动机似乎没有自我取向成就动机自主和有效。但研究表明，当行为者与他人或群体之间的关系非常亲密时，即使是出于满足他人或群体期望的行为，也会被行为者看成自主选择的，并且能够取得和由内部动机产生的行为同样好的效果。

麦克利兰的学生阿特金森于1957年提出了“期望—价值”成就动机理论。这一理论用公式表明了个体的行为倾向与动机强度、达成行为目标的主观概率和诱因价值三因素之间的关系。菲什拜因和阿耶兹将阿特金森的“期望—价值”理论扩展成理性行为理论，后又由阿耶兹扩展为计划行为理论。在计划行为理论中，对成功或失败的期望和成功或失败的效价共同决定个体对实现一个目标的态度，而态度、主观规范（即个体认为他人是否期待自己这样做）及知觉到的控制感（个体感到行为或行为结果是可控还是不可控的）三者共同决定个体的目标意向，目标意向直接影响目标行为。事实上，从阿特金森开始，相关学者已经将关注的焦点从追求成就的倾向性转移到个体在实现某一具体目标时的动机强度，在计划行为理论中，这一偏好更加明显。目前，计划行为理论仍被广泛应用于健康、教育、咨询、管理等领域。而高尔威泽提出的行动阶段的心态理论对计划行为理论进行了补充。该理论指出，目标意向并不能直接引发目标行为，两者之间还有一个准备的过程。在这个过程中，个体所持有的具体计划方案（他称之为“实施意向”）能够有效促使个体启动行为。而如果个体只是具有目标意向，对如何开展目标行为没有任何的具体方案，目标意向就很可能不会转化为行为。

前面已经提及，德西和瑞安的自我决定理论指出，胜任、自主和关系是每个个体天生就具有的三种基本需要。在这三种需要能够得到满足的环境中，个体更能够将外部动机转化为内部动机，从而获得自我成长及最佳的身心状态。其中，胜任是人们感觉到他们具有能力完成所从事的行为的需要。因为德西和瑞安认为这三种需要是天生的，且是人类共有的，所以他们将研究的关注点放在考察能够满足这三种需要的环境因素，而非需要水平的个体差异上。之后的一些研究表明，这些需要的满足程度会对不同的人造成不同的影响，采用主题统觉测验所测得的内隐成就动机越高的个体，在胜任需要满足后会产生越高的目标动机。

此外，我们之前在探讨动机的基本理论时曾介绍过维纳的归因理论和班杜拉的自我效能理论等，这些理论都可以应用于对成就动机的解释和激发。这里不再赘述。

二、权力动机

人类社会是一个等级社会。在等级社会中，人们的地位存在差异，居于较高地位的人比居于较低地位的人享有更多的权力。我们可以将权力理解为一种控制、支配或影响的力量，它在互动关系中体现为某个人或某些人能够使其他人表现出他们所希望的行为的程度。权力一般与资源的控制和利用有关。资源是权力主体用来影响权力客体行为的基本手段，包括奖赏、惩罚、信息、专业知识等。权力的高低取决于高权力者拥有低权力者所想要获取的资源的多少，能够决定如何分配这些资源的程度，低权力者赋予资源的价值以及他们能够从其他渠道获取这些资源的可能性等因素。权力的高低也会受到社会背景、历史传统、情感等因素的影响而不完全取决于某个人或某些人掌握的资源的情况。当代社会心理学理论不仅将权力看作一种基于社会事实而存在的结构变量，也将权力看作一种以控制感为核心的心理状态。如果对这种心理状态进行细分的话，又可以将其分为社会权力和个人权力。社会权力侧重影响他人的能力，而个人权力侧重个体掌控自身、脱离他人影响的能力。

从进化心理学的角度看，对权力的需要始于个体掌控生存环境的需要及种族内竞争。如果将十几只小鸡放在一起，在经过几轮打斗之后，它们很快会建立起一个“啄链”，每一只都知道它可以挑战哪几只，而哪几只它不能惹，也就是说，一个地位等级系统建立了起来。在人类社会，个体间的等级关系建立在各种复杂因素之上，规范和调节着不同文化中人们的行为。在世界范围内，男性的权力动机普遍高于女性，而几乎在现存的所有人类社会中，居于统治地位的都是男性。进化心理学认为这是男性在择偶竞争中进化出来的反应模式。戴维·巴斯等人研究了世界上几十个国家中人们的择偶偏好，发现男性普遍偏爱年轻貌美的女性，而女性则偏爱经济社会地位较高的男性。他们将这种性别差异产生的原因解释为两性所面临的择偶环境不同。女性需要男性在其怀孕分娩及抚育后代的过程中提供物质上的支持，这使得女性偏好拥有更多社会资源、更高社会地位的男性。高地位的男性在获取配偶上占据优势，而低地位的男性的繁殖机会较少，因此在进化过程中男性的攻击性和支配性水平就提高了。①

权力动机的水平除了存在性别差异之外，也存在较稳定的个体差异。在这方面，人格心理学家提出了两个重要的人格变量：权威人格和社会支配取向。

---

① 需要说明的是，按照进化心理学的假设，当女性的经济社会地位提高而不再依赖男性提供资源后，对配偶的地位和资源的看重程度会下降。但这一假设并未得到证实，事实上，一些研究表明女性的经济地位越高，对其配偶的经济要求也越高。

具有权威人格的个体崇尚对权威人物绝对服从，无法容忍不服从的现象。它体现在两个方面：一是对强于自己的权威人物绝对服从；二是对自己的下属采取权威式、苛刻和压制性的行为方式。权威人格的提出者认为，权威人格的形成与家庭教养方式有关。如果在成长过程中，父母采取权威式的教养方式，强调严格的行为规范，对不符合要求的行为实施严厉的惩罚，抑制子女的自主性与自我表达，那么子女在成年后较易发展出权威人格。这种教养方式所引发的愤怒、缺失感和不安全感，将被成年后的子女带入与他人的交往之中，通过对权威人物的绝对服从和对下属的绝对压制，来替代解决与父母之间未解决的冲突。权威人格体现的是个体对他人的支配，而社会支配取向则偏重群体间的关系。具有较高社会支配取向的个体偏好等级系统而非平等关系，他们也更愿意承担能够扩大而非减少群体间不平等的角色和工作，对强化群体不平等的政策更为接受和支持。相对于权威人格在养育方式上的根源，社会支配取向被认为受到个体天生的气质和社会化过程的共同影响。

在更宏观的层面上，社会系统和历史文化条件也是影响一个社会中个体权力动机水平的强大因素。根据霍夫斯塔德等人对文化维度的经典研究，权力距离是文化的一个维度，根据权力距离可以将文化分为垂直文化和水平文化。在权力距离较大的社会，处于不同权力等级的个体之间所占有的资源差别较大，且人们较容易接受等级差异。在权力距离较小的社会，人们追求权力的平等与正当性。在霍夫斯塔德等人的研究中，相对于世界平均水平，中国社会的权力距离较大，这似乎能从中国长期处于等级森严的封建社会这一客观历史事实得到部分解释。在“权大于法”的封建社会，高位者权力超越于法律的制约，享有极多的资源和特权，而低位者只能寄希望于碰上“青天大老爷”，少受点压迫和剥削，别无他法。因此，人们对权力表现出畏惧、羡慕和向往的心理。不得不说，从封建社会遗留至今的官本位思想，仍在刺激着一部分人的权力动机。当然，在如今的社会主义市场经济体制下，社会资源的分配方式发生了根本性改变。当官本位的客观基础逐渐减弱时，人们的恋权情结也会有所变化。

权力动机对个人和社会的影响应该从正反两个方面来看，而不能进行片面化解读。高权力动机的个体在某些情况下可能比低权力动机的个体更胜任管理岗位，比如，当企业发展前景不明朗的时候，一个高亲和动机、低权力动机的人可能会在下命令时犹豫不决，使他的下属因为缺乏清晰的目标而不满。此时，高权力动机的个体所表现出的决断力就显得比较重要。权力动机的影响还受到个体的其他特质，比如责任感和共情等因素的调节。当一个人缺乏责任感时，更可能将个人的权威凌驾于任务之上，将对权力的追求外化为侵犯行为，欺压、利用或操纵他人。而高权力动机者如果同时具有较高的社会责任感和共情能力，则可能更好地激励下属完成任务，并保护下属的权利。

当前西方社会心理学界较为关心心理上的权力感对认知和行为带来的影响。比如，接近—抑制理论认为，高权力动机激活行为的接近系统，而低权力动机激活行为的抑制系统。情境聚焦理论将个体与环境的互动纳入视域，认为高权力动机者在认知加工中具有更高的灵活性和选择性，而低权力动机者的认知调节能力较低。权力的社会距离理论则结合了解释水平理论与权力效应。该理论在不同权力个体所拥有的资源和交往意愿的差异的基础之上，提出高权力动机者比低权力动机者感知到更大的社会距离，因此解释水平更高，心理表征也更抽象，相应地在目标追求、自我控制、共情、工具化地认知他人等各个方面表现出与低权力动机者的行为差异。

三、亲和动机

亲和动机指的是人们寻求与他人保持温暖、和谐和友好的关系的倾向。麦克利兰曾对亲和动机在工作中的影响进行深入分析。事实上，在社会心理学中，对于关系与归属需要的讨论从来就没有停止过。不同理论流派在表示这类动机时所采用的术语不尽相同，内涵也有所差异，但是几乎所有的动机理论都承认，建立和维持人际关系是人类最原始、最基本和最强烈的动机之一。比如，马斯洛的需要层次理论提出了归属与爱的需要；在自我决定理论中，胜任、自主和关系共同组成了人类最重要的心理需求；拉里等人提出的社会计量器理论更是将自尊看作个体所感知到的被他人接纳程度的监测器，一旦个体感知到自己不被他人接纳，其自尊则会受挫，个体将尝试再度被他人接纳以恢复自尊。

当代实验社会心理学为研究亲和动机提供了强有力的实证依据。大量研究均证明了与他人建立起良好关系对个体身心健康的重要影响。当亲和动机得到满足时，个体感到安全、幸福，也会认为自己的存在更有意义和价值。而相应地，被他人或群体排斥则成为个体最痛苦的体验之一。研究表明，即使那些号称自己不在乎他人看法的人，仍然会在被拒绝后感到自尊受挫。社会拒斥会令个体体验到孤独感，怀疑自身的价值甚至存在的意义。被拒绝后的个体渴望再次与他人建立起联系，因而更为迫切地寻求人际接纳的信号。当个体的亲和动机长期得不到满足时，个体就可能产生抑郁和低自尊的心理状态，甚至将这种动机外化以寻求补偿，比如，通过积累物质财富来弥补人际关系和自尊上的不足。更为重要的是，研究表明，亲和动机的满足不仅对个人有利，对他人和社会也同样有利。当个体感到被接纳、被关爱的时候，更容易将目光从自身需要转移到他人的需要上，更能感受到自身和他人之间的相似性，社会和道德认同的范围更广，对他人尤其是外群体成员的偏见更少，更不愿意表现出伤害他人的举动，而更可能表现出亲社会行为和利他行为。

尽管人类的亲和动机有着进化上的根源，但在个体之间，对亲和的需求仍然存在程度上的差异。麦克利兰和鲍迈斯特等人均开发了测量亲和或归属需要的量表，以考察不同个体在这方面的差异。与亲和动机较低的个体相比，亲和动机较高的个体更希望被他人接纳和喜欢，因此他们对人际信号更为敏感，更愿意在团队中而非独自进行工作；他们渴望融入集体中，而不愿意出风头；喜欢合作而非竞争；他们更为保守，不愿意尝试高风险的行为。一方面，当个体的亲和动机与环境特征相匹配，比如，高亲和动机的个体处于有机会与他人建立良好关系的环境中，或低亲和动机的人处于有机会表现自我的环境中时，个体在心理上会更为舒适，各方面表现也更好。另一方面，环境中的一些因素也会促发或抑制个体的亲和动机。比如，当个体因对环境的控制感较低或觉得面临威胁而感到恐惧不安时，更有可能产生较强烈的亲和动机，渴求与他人建立联系，以应对环境中的危机。在实验中，那些认为自己将接受挑战性的实验任务的个体更有可能寻求与其他参加实验的人进行社会交往。现实生活中，在发生大规模的自然或社会灾难时，人们往往能团结一致，共克时艰。

一个人的亲和动机只有在与他人的交往中才能得到满足。我们可以将满足亲和动机的渠道大致分为两类。首先，个体渴望保持一定数量、一定程度的亲密关系，其中，与家庭成员的关系尤为重要。比如，当被问及“什么让你的人生有意义”时，绝大部分受访者都提及家庭和亲情。尽管随着时代的发展，家庭关系也呈现出了新的发展态势，但是，对于个体来说，寻求亲密关系，或者与某些特殊个体之间建立深层次的“依恋”关系，仍然被认为是一种从摇篮到坟墓都存在的需求。其次，个体渴望被群体接纳，建立群体身份认同。群体的范围可大可小，分类也可能随情境发生变化，如国家、民族、企业甚至一个工作小组，都可看作某种群体。个体总是能体验到自己属于某些群体，并对这些群体产生心理上的认同。当所认同的群体取得成绩时，个体会感到光荣和自豪，就像自己取得了成绩一样；而当群体表现不佳时，个体也会觉得沮丧。一个人如果离开自己熟悉的环境，便很容易感到归属感或认同感上的缺失，渴望能够通过某种方式融入新的群体。一般认为，中国社会具有较强的集体主义取向，中国传统文化重视家庭关系，也强调个体对国家和民族的责任。

亲和动机是社会的黏合剂，但是，过分关注人际关系在一些情境下也可能对社会产生负面影响。比如：当面临问题和分歧时，过高的亲和动机可能不利于解决问题和完成工作任务；而过分关注与某些特定个体或群体之间的关系也可能妨碍公平，滋生任人唯亲等现象；过分关注与他人和群体的和谐，还可能使得个体避免在群体中表达异议，进而导致群体极化等问题，令群体作出错误的决定。从这些方面来看，崇尚亲和更需要注重原则性；要追求人际和谐，但更要尊重事实和事物的客观规律。

四、社会动机的激发与控制

在这一章中，我们讨论了社会动机的基本性质及几种主要的社会动机：侵犯、利他、成就、权力和亲和动机。本章中我们介绍的理论大致可以归为两类，一类强调本能和自然选择，如进化心理学；另一类则强调社会因素的影响，如班杜拉的社会学习理论。应该说，这两类解释均有其合理之处，我们应在两者之间寻找结合点。前文已经对社会动机的根源进行了诸多探讨，在最后一部分中，我们将联系社会现实，谈谈社会动机的激发与控制。任何社会应尽可能保证绝大多数人的基本权益不受侵犯。一些具有破坏潜力的社会动机，如果不对其加以引导和控制，就可能会对社会安全与发展造成负面的后果；而对于另一些能增进社会和谐，有利于社会物质和精神财富积累的社会动机，则需要对其进行适当的激发与鼓励。

（一）认识个人成就动机和国家发展之间的关系

如果麦克利兰对今天的中国人进行研究，那么他很可能不会再得出中国人成就动机较低的结论。事实上，随着中国经济的发展和贫富差距问题日益凸显，追求成功已成为人们社会生活中的一个核心议题。有研究表明，今天的年轻人相对于他们的父辈，对成功的渴求更为迫切。如果一个社会中，相当一部分人具有很高的成就动机，无疑会在全社会范围内形成无形的压力，这从今天中小学生的教育中便可窥见端倪。其结果既可能表现为巨大的活力，也可能表现为极大的破坏性。因此，如何让涌动的成就动机和权力动机转化为对人民、社会和国家有利的行动，是一个极其重要的问题。我们认为，这个问题有两个方面需要加以考虑：一是如何定义成功；二是如何追求成功。个人的成功应当与国家和社会发展目标相一致，追求成功应当采取光明、公正、积极的方式。

（二）处理好个人与集体的关系

随着经济发展，越来越多的人更多注重个人的自由和权利，而更少关注他人或集体利益。如何平衡个人利益和集体利益，在当前似乎比以往更为重要。集体利益是所有人的共同利益。一方面，集体利益的达成既不可能也不需要建立在对个人利益完全放弃的基础之上；另一方面，集体利益的达成最终有利于个体利益的实现。一个一盘散沙的社会，不利于所有人的生存和发展。根据我们上文提到的群体选择理论，在群体的生存竞争中，拥有较高凝聚力、能够彼此协调和配合的群体更可能获胜。事实上，确有研究表明，一个社会中愿意作出利他选择的人越多，这个社会就越有可能发展和繁荣。马克思主义者坚持个人利益与集体利益从根本上相一致的原则，是符合科学规律的。从个体角度来讲，在个人利益与集体利益发生冲突时，应能作出一定的自我牺牲；从社会角度来讲，应在尊重和保护每个人基本权益的基础之上，增进集体利益。

（三）减少暴力，增进社会和谐

当前，社会心理学家普遍认为，暴力并非人类与生俱来、不可避免的心理倾向。暴力的产生，尤其是群体间的暴力行为，有一定的社会根源。根据社会认同理论的观点，不同群体间接触越少、差异越大、资源竞争越激烈，在社会交往过程中就越可能产生矛盾。当前，在社会转型过程中，社会资源的分配方式和分配结果均发生了较大的变化，不同区域之间的发展仍不均衡，因而也不可避免地催生了一些新的社会矛盾。比如，城乡关系、民族关系、阶层关系等均出现了新的动态趋势。这些社会矛盾在某些条件下可能激化，升级为暴力行为。而伴随着技术的发展，暴力行为的形式也更为多样化，其破坏性更加不可预测。要减少社会矛盾和社会暴力，应着力减少不同群体间的敌意和不信任，增进群体间的相互认识、相互尊重和相互包容。而从根源上，则应促进社会的公平正义，这与习近平总书记在党的二十大上的重要讲话精神是一致的。只有实现社会经济、政治地位上的相对平等，才能够真正减少各群体间的隔阂和偏见，也相应减少群体间的冲突，促进群体间和谐共处。此外，确立共同目标有助于弥合群体差异，促进群体间互助。因此，应促使全社会共同面对和解决问题，倡导理性思维和人文关怀，充分尊重群体间的差异，关注共同目标，让人们意识到彼此根本利益的一致性，最终追求社会各方面的协调发展。

按照包括马斯洛在内的众多心理学家的观点，人类只有在最基本的心理需要获得了一定程度的满足的前提下，才能够拥有健康的身心状态和积极的自我发展意愿。比如，当个体感到被尊重和接纳，同时拥有一定的自主性并能愉快地胜任生活任务时，个体才更可能走出狭隘的自我关注，转而关注他人和社会的福祉。这并不是说个体完全受制于环境，而是表明人类心理有着一定的客观发展规律。个体的需求要在与环境的交互中得到满足，同时，环境又由个体间的交互所形成。个体受到环境的影响，同时也作为影响环境的因素而存在。当周围的人表现出不道德甚至暴力行为时，个体也倾向于表现出相似行为。而当周围的人表现得高尚时，个体也会获得精神上的升华。个体本身的行为又进而成为他人和自身所处环境的一部分。因此，只有人们共同努力，才能在全社会范围内营造关怀、友爱、平等、互助的环境，并激发人性中善良美好、积极向上的部分。对此，社会中的每一个人都有一份责任。

社会动机的激发与控制是一个全面系统的工程，受到方方面面的影响。我们只有充分认识和尊重社会动机的客观规律和性质，在社会、机构和个人各个层面上作出努力，才能最大限度地满足个体的社会需求，激发良好的社会动机，抑制不良的社会动机，推动社会的和谐与进步。

思考题

1. 如何理解人类社会动机的根源？
2. 如何理解人类社会动机的普遍性与独特性？
3. 简述马克思主义对社会动机的解释。
4. 请根据你所理解的中国社会的现实状况，选取两种形式的社会动机，就它们的性质、表现形式、形成原因、发展趋势及影响等进行深入探讨。

▶ 答题要点

第五章　社会认知

辩证唯物主义揭示了在社会实践基础上人的认识发生和发展的宏观过程，社会心理学所说的社会认知则是从微观视角来考察人的认识过程，可以说，这是对认识研究的进一步推进和深化。在社会心理学百余年的发展过程中，学者们通过不懈的努力，在该领域贡献了许多令人瞩目的研究成果，这些研究成果也理所当然地成为社会心理学知识宝库中不可分割的组成部分。

第一节　社会认知及其图式

想要学习社会认知，我们首先需要了解的内容是社会认知的基本含义和特征以及社会认知的重要概念之一——图式。

一、社会认知及其特征

在辩证唯物主义看来，人的主观世界是对客观世界的能动反映，实践是连接主客观世界的桥梁，实践的社会性决定了认识的社会性。我们可以依据这一框架来理解社会认知。具体的、历史的社会认知研究进一步印证了马克思关于人的社会性、人是社会关系的总和的思想，它认为具体个人的意志、情感和认知等无不带有强烈的社会色彩。

（一）社会认知的含义

从历史的角度看，社会认知研究源于两个脉络。其一是不断经历“社会化”的一般意义上的认知研究。布鲁纳和古德曼在 1947 年对既往的知觉研究提出了批评，认为这些研究仅仅把知觉者当作一个被动的“记录仪”，忽略了其动机、需要等社会因素的影响，这使得日常生活中知觉的性质难以得到足够的说明。在他们看来，更为全面的知觉研究应该对日常生活中知觉的性质作出说明，应该重视态度、价值观在知觉中的作用。其后海德在其认知平衡理论中用“单元形成”和“平衡状态”两个概念解释了人的情感，即对另一个人或物所产生的好与恶。不难看出，布鲁纳和古德曼强调人的社会态度、社会需求对知觉的能动作用，海德则侧重人对社会中其他人的知觉，所以他们的研究分别被称为社会知觉和人际知觉。其二是受20世纪60—70年代认知心理学的信息加工理论冲击而在社会心理学内部产生的关于社会认知心理学的研究。特别是1967年奈瑟尔的《认知心理学》问世以后，讨论内在的“认知”并以此来解释外在的行为成为学术潮流，社会心理学家认为认知心理学的方法和理论有助于他们更好地理解社会心理现象。由此，记忆的联想模型、思维推断模型和图式理论等被引入社会心理学，社会认知被公认为社会心理学的一个研究领域。1980年，《人格与社会心理学杂志》被划分出三个板块，其中之一就是“态度和社会认知”。

从前面的讨论我们可以看到，社会认知不仅包括感性层面的人际知觉和社会知觉，还包括理性层面的对他人心理及其特点的推测和判断。因此，我们可以把社会认知理解为：个体在和他人的交往中，通过观察获取相关信息，并在此基础上对他人或自己行为的特点、他人与自己关系的特点形成一定的印象和看法、作出推断和评价的过程。

（二）社会认知的特征

社会认知具有几个基本特征，这些特征是人的能动性在社会认知过程中的积极体现。

1. 互动性

人们在认识自然世界时，人是主体，客观的自然世界是客体，前者是积极主动的，后者是消极被动的。但在社会认知过程中，认知者和被认知者处于对等地位，被认知者会影响认知者，认知者也会影响被认知者，也就是说，社会认知过程不是单向的，而是双向的，认知者和被认知者都是积极能动的，二者互为主体。

2. 选择性

认知者在不同的场合总会遇到不同的人或相关的事件，但并不是所有的人或相关联的事件都能进入认知者的认知范围之中。哪些人或相关的社会事件能够为认知者所注意并纳入认知进行处理通常取决于两个因素：其一是认知者的动机、需要、价值取向和过去的经验，它们左右了认知者对信息的筛选和过滤；其二是作为外在信息的人的行为及其相关事件的刺激强度，一般来说，刺激（包括生理的、心理的和社会的）的强度越大，就越有可能引起认知者的关注和进一步的加工。

3. 防御性

个体为了能有更好的适应性，通过认知机制来抑制某些社会刺激的负面影响，从而保持自我与外在环境之间的平衡和自我的完整性，这就是社会认知的防御性。当代社会心理学家普遍认为，社会认知和防御机能息息相关。个体在情绪困扰状态下和在情绪正常状态下对社会客体的反应是不同的，也就是说，处于不同情绪状态的人对于同一刺激会有不同的反应，个体会根据已有的认知结构来辨明社会刺激的意义和重要性，从而决定是回避还是接受这一刺激。

4. 完形性

完形性是指个体倾向于把有关认知客体的信息加以整理，形成一个完整的印象或看法。人们在社会认知过程中会自觉或不自觉地体现出完形性的特点，这也是格式塔心理学所强调的。人们总是无法容忍矛盾的判断。费斯汀格把这种矛盾的判断的出现称为“认知失调”。为了消除认知失调，个体会提高寻找新信息的欲望和动力，搜索新的、更多的认知元素以消除矛盾，形成具有一致性的判断。同时，个体也会想当然地给认知对象增加和填补细节，使自己对其的看法和评判变得统一和完整。

二、图式与社会认知

前面提到，人们并非被动地接受各种社会信息，而是积极地对其进行加工和处理，下面所讨论的图式（schema）便是一种帮助人们认识世界和解释世界的内在机制，是认知者组织信息的方式，这个概念在社会认知领域中被广泛使用。

（一）图式的含义和分类

图式是一组有组织、有结构的认知。它包括对某一概念或刺激的认知、相关的各种认知的关系及具体的实例，其内容可以是对特定的人、社会角色、自我、特定客体的态度，对群体的刻板印象或对共同事件的知觉。根据图式的内容，可将其分为个人图式、自我图式、角色图式和社会事件图式等。

个人图式是个体对他人加以分类和描述的方式，通常适用于较为特别或具有典型性的个体，如“笨蛋”和“聪明人”。人们心目中对特定的认识对象形成了典型的形象（即特定的图式），人们对认识对象的判断通常是套用典型图式的结果。

自我图式是个体对自己加以分类和描述的方式，如“优柔寡断的人”“男子汉”等。一个人把自己归入某一个类别之后，他就成了一个“图式化”的个人，如果一个人认为自己是“男子汉”，那么他通常会按照“男子汉”图式表现出更多的男子气概。

角色图式是个体对不同社会群体和角色加以分类和描述的方式。每个人都有关于性别、社会阶层、专业群体的图式。例如：有人认为女性是“感情丰富的”“心软的”；亚洲人是“工作勤劳的”“有技术的”；等等。

社会事件图式是人们对事件或事件的系列顺序加以分类和描述的方式，特别适用于在一定时间内有标准过程的行为。有人把社会事件图式称为“剧本”（script），它包括社会事件发生的过程以及因果关系方面的普遍特征，例如，“参加考试”这一社会事件图式就包括考前复习、进入考场、回答问题或填答考卷、考试结束、离开考场等。

（二）图式的结构

图式具有一定的结构，它同时包含抽象、一般的成分和具体、特殊的成分。例如，关于“课堂”，我们首先会想到在教室里，有一位教师给一群学生讲课，这是“课堂”这一图式的抽象层次；在具体层次上，这一图式包含不同种类的“课堂”，如在一个温暖的教室里，头发花白的老师站在讲台上，同学端坐在下面认真听讲或是老师和同学围坐一圈进行“头脑风暴”式的讨论；在更具体的层次上，图式可能包括我们亲身经历过的课堂，如头发花白的老师带病上课，声音沙哑但仍坚持把课讲完等。

值得注意的是，一个图式包含的各种联系具有网状特征。例如，在某一图式中，政客、外交官、喜剧演员都是“外向的人”，都具有较高的社交能力，但是自信与政客或外交官有联系，却可能与喜剧演员没有联系。在这一例子中，图式中包含的更具体的特征（社交能力、自信）与上一层次的概念（政客、外交官、喜剧演员）之间就有交叉的联系。

（三）图式在社会认知过程中的作用

当个体进入新环境和陌生人接触时，他并不是凭空地去认识环境和陌生人的，而是会利用过去的知识经验对其进行解释和评判。图式就是通过这种方式来发挥作用的。

1. 图式能帮助记忆

当我们对人或事物形成图式时，记忆效果最佳。在科恩的一项研究中，实验者要求被试观看一名女士和她的丈夫坐在家中的录像，一半被试被告知这名女士是个图书管理员；另一半被试被告知她是个女招待。这名女士既有符合图书管理员图式的特征，如戴眼镜、弹钢琴，也有符合女招待图式的特征，如她的房间里没有书架，她爱吃巧克力蛋糕。看过录像之后，被试被要求回忆录像的细节。结果发现，不论是马上回忆还是一周后回忆，被试对与已知图式一致的细节记忆最好。同时，研究还发现，被试对与图式不一致的信息也会有较好的记忆，而那些与图式完全不相关的信息则容易被遗忘。

2. 图式能导致自动化推论

认知者在认识一个对象时，几乎无须做任何努力就可以自动产生一些与图式相关的推论。如果遇到一个非常友好的人，人们可能会把与“友好”相关的其他特征赋予他，如热情、善良。当环境中的信息强烈暗示一个特定的图式时，或当图式涉及人们极其关心的个人或生活领域时，自动化推论最容易发生。

3. 图式能增加信息

图式能帮助我们填补空缺的信息。如在谈论一个教授时，我们可能不了解他的知识背景和所受的训练，但根据大脑中已经形成的关于教授的图式，我们会认为他读过很多相关领域的图书。

4. 图式中包含情感

图式中包含着和图式内容有关的情感。人在使用某个图式时，会体验到某种情感，这种情感被称为图式驱动的情感。当认知对象与图式相吻合时，相应的情感就会被激发出来。泰瑟尔等人的一系列研究表明：仅在头脑中想象与图式相符的对象就能强化个体对客体的情感。例如，在了解到处于战乱中的儿童悲惨的生活状况后，人们想到他们时，怜悯之心就会油然而生，而且想他们的时间越长，人们的心情就越沉重。

（四）图式的启动效应

所谓图式的启动效应是指先前的图式在新情境中被再次激活并用于解释相关的信息或事件。例如，在刚刚结束的讲座上，一位教授严厉地批评了当今的学生缺乏执着求知的精神，不能专注于本专业的学习和思考，一名学生离开会场后恰好碰上自己的同学，同学说她刚刚参加了学校舞蹈队的训练。这时这名学生很可能会把同学的行为看作不务正业。相反，如果刚才那位教授强调大学生需要全面发展、提高综合素质，那么这名学生可能会将同学的行为视作很有必要的。

启动效应发生的先决条件是先前的图式应用在后来的信息与事件上是有意义的，若二者无关，则启动效应不会出现。希金斯等人在一个实验中将被试分为两组，给第一组被试看一些人格特征词，这些词能够激发人们对冒险这个特征产生好印象；给第二组被试看另外一些人格特征词，这些词能够激发人们对鲁莽这个特征产生不好的印象。后面的任务与前面的任务看似无关：让被试阅读一段材料，材料中所描写的主人公是一个喜爱刺激、不遵循规则并准备学习滑冰的人。结果发现，第一组被试比第二组被试对主人公的评价更高，显然，这里的印象就是一种图式。如果没有先前的启动，这种效应就不会出现。

启动效应显示了社会认知的一个重要特点——内隐性。在很多情况下，个体对认知对象产生怎样的情感、思想和行为，会受过去经验的影响，而这种影响是无意识的，这个过程就是内隐社会认知，即个体在无意识的、自动激活的图式的指导下进行判断、决策并表现出相应行为的过程。

（五）图式的个体差异

每个人的认知图式都是不同的，个体之间具有差异性，因而不同的人对相同的认知对象会有不同的理解，这就可以解释为什么人们围绕着一个问题或事件会产生争论，甚至产生截然对立的意见。此外，个体的自我图式不但影响个体对自己的看法，同时也会影响个体对他人的看法，人们往往更加关注与自我图式相关的他人的信息：一个觉得自己有“温良恭俭让”之君子风度的人，会用是否有君子风度这一标准来评价他人；一个认为自己是饱学之士的人，也通常会把别人是不是有知识看得很重要。

第二节 印象的形成与印象整饰

上一节提到，社会认知的特点之一是互动性，在考察人们的印象及印象的形成时，这种互动性具体体现在两个方面：一是认知者印象产生与形成的过程；二是被认知者有意地对认知者的印象形成过程施以一定的控制和影响的过程，这一过程被称为印象整饰。

一、印象形成及其特点

个体在与他人的交往和接触中，把所知觉到的关于他人的有意义的人格特征加以整合，形成一个带有评价性的判断和看法，就是印象的形成。

（一）印象形成的一致性

当我们对一个人作出评价时，很难把一个人看成既是诚实的，又是虚伪的；既是热情的，又是冷酷的；既通情达理，又野蛮粗暴。甚至在关于某人的信息出现矛盾时，我们也会努力去除这些不一致，或重新整理这些信息，或有意地进行一定程度的歪曲。

当然，我们对他人的认知并不总是形成一致的印象，也有这样的情况：关于某人的信息彼此矛盾，以至于大多数人无法按照一致性的原则加以理解。即使在这样的情况下，我们也不会彻底放弃一致性的原则，仍然持有把各种信息协调组织起来的强烈愿望。

（二）印象形成由浅入深

对于事物，我们一般仅就其外观、样式作出评价，而对于人，我们则不仅观察他的行为，而且试图发现他的内在特征。初次见面，我们会注意一个人的外表、神色、姿势，然后我们会从谈话中逐渐了解他的背景、兴趣、能力和人格特征。人对人的判断就像剥洋葱一样，一层比一层深，一层比一层更接近人格特征的核心部分。

二、印象形成的基本模式

20 世纪 60 年代以来，诺曼·安德森等人对印象形成的过程进行了系统的研究，并提出了几种信息加工模式。

（一）平均模式

按照平均模式，人们依照特征的平均价值来形成对别人的印象。如果我们觉得一个人是“诚信”和“友善”的，那么我们就会对他有较好的印象，因为这两个特征的社会合意度高，有较高的价值；“随便”和“健忘”是较为缺少吸引力的特征，它们的价值较低，当他人具有这样的特征时，特征的平均价值就会减少，使我们对那个人的印象不再那么好。假设“诚信”和“友善”的价值分各为+3，“随便”和“健忘”的价值分各为+1，上述的计算结果是：

第一种情况：（+3+3）÷2＝+3。

第二种情况：（+3+3+1+1）÷4＝+2。

显然，在第二种情况下，我们对他形成的印象差一些。

（二）增加模式

按照增加模式，印象的形成并不取决于特征的平均价值，而是取决于特征价值的总和。仍以前面的例子来说明，计算的结果是：

第一种情况：+3+3＝+6。

第二种情况：+3+3+1+1=+8。

就是说，如果我们了解到那个人的上述四个特征，而不是仅仅了解到其中的两个，我们对他的印象会更好。显然增加模式和平均模式对印象形成的认识有所不同。

（三）加权平均模式

安德森分析了前两种模式，发现就人们的印象形成而言，一些特征往往比其他特征更为重要，他基于此提出了印象形成的加权平均模式。按照这种模式，人们形成印象的方式是将所有特征的价值加以平均，其中重要的特征被赋予较大的权重。一方面，人们按照增加模式对他人身上的极化特征作出评价；另一方面，人们又按照平均模式对所有特征综合认识。这种模式在一定程度上可以看作前两种模式的结合，它的解释力更强，能更好地说明印象形成过程中的复杂情况。

人们通常给两类信息赋予更大的权重。

1. 消极否定信息

认知者不会同等地看待认知对象具有的好的和不好的特征。为了形成一致的印象，认知者会将看到的相互冲突的特征加以平均，与好的特征相比，他会更注重不好的特征。就是说，在其他方面相同的情况下，消极否定的特征比积极肯定的特征更能影响印象的形成。安德森说，不管一个人具有其他什么特征，一个极端否定的特征会使人产生极端否定的印象。

有社会心理学家提出了负性效应：在印象形成的过程中，负性信息的权重大于正性信息的权重，即负性特征比正性特征对印象形成的影响大。反过来，正性印象比负性印象容易改变。人们在评价他人时，往往很关注他做错了什么，而容易忽略他积极的方面，例如，一个腐败的官员，即使他很干练、友善，人们对他的评价也不会高。

2. 先行信息

人们在形成印象时并非同等地看待对方的全部特征。那些首先被发现的特征会左右人们对后来发现的其他特征的处理方式。

此外，在印象形成的过程中，某一特征的权重还受其他陪衬特征的影响。一个冷酷无情的人，他的智慧含有威胁、敌视与毁灭的意义；一个和蔼可亲的人，他的智慧就含有理解、帮助的意义；以正性特征陪衬的“骄傲”含有“信心”的意义；以负性特征陪衬的“骄傲”则含有“自负”的意义。陪衬特征的效果与人们要建立协调一致的印象的倾向有密切关系。有人曾用格式塔心理学的观点来解释这种现象：部分信息改变之后，我们对人格的整体印象也不同了，就是说，一个特征的意义会随着它的陪衬特征的改变而改变。

三、印象整饰与自我监控

在社会认知过程中，认知主体与认知对象都会有意或无意地通过自身的各种行为活动和表现，如语言、表情、体态动作等，来影响对方对自己的认知以及所形成的印象，以期最终能够形成为自己所期望的、对自己有利的或者是符合他人期望的认知印象。这样的一些行为活动和表现被称作印象整饰与印象管理。印象整饰是从认知对象的角度而言，指认知对象通过自身的言语与各种非言语行为进行自我表达与呈现，从而影响认知主体对自己的认知了解与印象形成；印象管理则是立足于认知主体的视角，指直接影响他人对自己的认知与印象。这两种印象形成的行为过程在人们日常的生活与工作活动中普遍存在，往往被看作人际关系的润滑剂、社会适应的融合剂，具有一定的积极作用。

社会认知活动中的这些印象形成的过程涉及个体的不同行为活动，主要包括自我表现和自我监控。自我表现指的是个体真实自然地表达与流露自我，呈现出的是个体所具有的内在的真实的属性与特征，这种表现不是表演与装扮，因而最终所形成的印象也多是自我真实的影像。自我监控则有所不同，指的是个体根据人际交往与社会环境的条件和需要有意识地调整、管控和改变自己的表达方式与呈现效果，以形成符合他人期望与环境要求的印象，它展现出来的往往是一种实用主义取向的自我。

社会心理学的众多研究表明，自我监控行为存在着明显的个体差异，并且表现出不同的特征与方式。具有较高自我监控特质的人，往往对环境与他人的要求更为敏感，关注他人的期望与反应，愿意并且善于调整自我与行为以顺应他人的期待，在不同的环境中及面对不同的人时，常常表现出完全不同的自我，犹如一个多面向的人或变色龙一样。对于自我监控性高的人来说，有意识的自我表现往往是一种生活方式与行为惯习；而对于自我监控性低的人来说，有意识的自我表现则是自我的协调一致与个性化的展现，受自我内在的指引，按自我内在的感受行事。

四、启发式认知、内隐社会认知与印象形成研究新进展

启发式认知是指由于认知环境的不确定性或局限性，以及认知信息的复杂

多样、数量庞大等，人们往往难以依循深思熟虑、审慎细致的观察来分析思考与判断，而是会倾向于选取某种便利简捷的方式来作出判断、确定印象。这样的启发式认知快速简便，能够有效地促进认知印象的判断与形成，但也存在着明显的主观性与经验性的局限，因而往往会产生认知上的偏差或导致片面印象的形成。

内隐社会认知则是指人们已有的内在经验与认知产物会对人们当下的认知活动产生影响，而这一过程往往是自发的、无意识的、难以觉察的，因而是内隐的。内隐社会认知的研究揭示了人在社会认知过程中的无意识过程，丰富了有关社会认知的信息加工过程的研究，增进了有关认知偏差的认识与分析解释。

启发式认知与内隐社会认知的研究作为认知心理学信息加工理论的突破性更新与发展，显著地促进了社会认知研究在自我认知、印象形成以及行为归因等方面的发展，为社会认知研究在传统研究基础上开拓出了新的领域与方向。

第三节 影响社会认知的因素

诸多因素会对人们的社会认知产生影响，下面从认知者、认知对象、认知情境和认知偏差等几个方面对此进行讨论。

一、认知者

认知者的如下特点会对社会认知产生影响。

（一）既往经验

在既往经验的基础上，个体会抽取认知对象的某些特征形成自己的概念模型，从而使认知判断更为快捷。比如，正是依靠过去在生活中建立起来的关于“仗义”的概念模型，我们才能迅速地把一个认知对象说成主持公道的人。更明显的是，个体原有的经验能够制约我们的认知角度。如在谈到“敬业”时，医生会理解为努力消除患者的病痛，教师会理解为应当把书教好。

相关的研究认为，人们之所以能够形成并运用概念模型，是因为既往经验变成了头脑中现有的观念，而这些观念参与了当下的认知和推断过程，巴克称这一过程为“概念应用”。如一个人“目光短浅、缺乏决断”，我们就会判定他

"难成大事"。

（二）价值观

个体如何判断认知对象在自己心目中的意义或重要性直接受他的价值观的影响：认知对象的价值越大，个体对它就越敏感。高登·奥尔波特等人做过一个实验，研究不同背景的被试对理论、经济、艺术、宗教、社会和政治的兴趣。实验者将与这些领域有关的词汇呈现给被试让他们识别。结果发现，不同的被试对这些词汇作出反应的敏感程度是不同的；不同背景的被试对词汇价值的看法不同，识别能力也有显著差异。

（三）情感状态

从 20 世纪 80 年代中期开始，社会认知研究从"冷"取向转向了"暖"取向，即从研究"单纯"的认知转向了研究带有情绪、动机的认知，这些研究主要集中在社会判断和认知策略两方面。

施瓦兹和克罗尔的研究表明，情感作为一种信息来源可以影响社会判断。有时人们会通过询问自己"我对它的感受如何"来简化判断任务，一些判断实际上就是人们对认知对象的情感反应。当前的情感可能确实是当前的认知对象引起的，不过更为常见的是，人们很难把对当前认知对象的情感反应与先前就存在的情感状态区分开，容易混淆先前就存在的情感状态和对当前认知对象的情感反应，以至于心情愉快时比心情不好时对认知对象的评价更为积极。研究显示，雨天参加电话调查的被试比晴天参加调查的被试对生活的满意度更低。如果调查者在询问关于生活满意度的问题之前先询问一下当天的天气情况，上述结果就不再出现，因为这使被试注意到目前情感的外在来源，从而消除或减少了它对社会判断的影响。

此外，情感还可以影响信息加工策略。一般而言，心情不愉快的人更有可能采用系统的、数据驱动的信息加工策略，注意问题的细节。相反，心情愉快的人更有可能依赖先前存在的知识结构，运用自上而下的策略进行加工，较少注意问题的细节。

二、认知对象

认知对象的如下特点会对社会认知产生影响。

（一）魅力

构成个体魅力的因素既可以是外表特征和行为方式，也可以是内在的性格特征。说一个人有魅力意味着他具有一系列积极属性，如美丽、能干、正直、聪明、友善等。但是在实际的认知过程中，个人往往只需具备其中的某一两个特征就可能被认为有魅力。

相貌通常最快被人认知，且直接决定人的魅力。戴恩等人在实验中让被试通过外表魅力大不相同的人物的照片来判断每个人其他方面的特征。结果发现，在几乎所有的特征上（如人格的宜人性、职业状况、幸福程度等），有外表魅力的人都得到了最高评价，而缺乏外表魅力的人得到的评价最低。

除了相貌之外，态度也和魅力有关。对于认知者来说，认知对象的态度是否同自己的态度接近会左右其魅力的大小。人们不仅要判断别人是否与自己相似，同时还常常会观察别人对自己的态度。爱人者人恒爱之，如果认知对象的态度对自己有利，认知者往往会把他看成有魅力的人并对他持积极肯定的态度。

（二）身份角色

认知对象的身份角色也是影响社会认知的一个因素。在一个社会中，我们对某种社会角色往往会抱有共同的角色期望，因此，如果知道某人的社会角色、社会地位，我们就会根据对该角色行为的预期，判断他可能具有怎样的人格特征。如对方是大学教授，我们会把社会赋予教授的角色期望加在这个人身上，推想他应该是学为人师、行为世范的人，与他交谈时会不由自主地变得拘谨严肃。

三、认知情境

除了认知者和认知对象外，认知情境也是影响社会认知的重要因素。影响认知情境的效应有两类：一类为对比效应；另一类为同化效应。前者是指人们对认知对象的评价趋向于与情境中的其他对象相异时，会夸大他们之间的差异性，如一个长相普通的人在相貌出众的一群人中会显得长相更逊色。后者是指人们对认知对象的评价趋向于与情境中的其他对象相同时，会缩小他们之间的差异性。比如，一项实验同时展示两张照片，一张照片上的人相貌出众，另一张照片上的人相貌平平，这时人们对相貌平平的人的评价要比只展示他的照片而没有展示相貌出众的人的照片时高一些。

对比和同化是两种不同的效应。研究发现，当人们在较低层次加工有关他人的信息时往往会受到同化效应的影响；而当人们追求准确性并对目标人物的行为信息进行系统、深度的加工时，同化效应不大可能发生。

在认知过程中，认知对象所处的背景也经常成为人们对其进行判断的参照系。环境常常会引起人们对认知对象行为的联想，从而影响我们的认知。人们往往认为，出现于特定环境下的人必然与从事某种活动相关，他的个性特征也可以依据这一环境加以判定。

许多实验研究表明，为认知者提供认知对象所处的背景的信息会左右认知者的判断。科尔曼等人认为，单单由人的脸和身体所传达的信息是有限的，背景可以提供强有力的线索，比如，如果我们看到一个人在笑，只有背景线索才能让我们知道这个动作是表示高兴、难堪还是其他情绪。

四、认知偏差

人们在认知过程中会产生各种各样的认知偏差，意识到它们的存在可以在一定程度上校正我们的认知，但通常来说，完全消除这些偏差是很困难的。下面我们简要介绍六种认知偏差。

（一）光环效应

光环效应也称晕轮效应，指的是如果一个人被赋予了一个肯定、积极的特征，那么他就可能被赋予更多其他积极的特征。例如，看到一个女人长得漂亮，人们可能进一步推断她同时还聪明、干练。

和光环效应相对的是“负光环效应”，指的是如果一个人被赋予了一个否定、消极的特征，那么他就可能被赋予更多其他消极的特征。如自私的人通常还会被认为不诚实、懒惰、刻薄。

（二）正性偏差

正性偏差又称宽大效应，指的是认知者在谈论认知对象时，所表达的肯定、积极的评价往往多于否定、消极的评价。比如，大学生们在评价教师的教学水平时，往往倾向于给出高一些的分数。人们在谈论某人时，褒奖总是多于批评。

对正性偏差有很多解释。其中一种解释来自“快乐原则”，当遇到美好的事物，如愉快的经历、漂亮的人、好天气的时候，人们倾向于对大部分事物作出高于实际水平的评价。还有一种解释是，肯定评价就像奖金一样，人们在给别人发奖金的同时，内心其实是在期待别人的回报。

（三）相似性假设

在认知他人的过程中，认知者有一种强烈的倾向，认为认知对象具有与自己相似的特点，这也就是我们常说的以己度人或推己及人。当人们初次接触一个陌生人，并了解到他的年龄、种族、性别和职业等与自己相同时，最容易作出这种判定。同理，一个生性贪婪的人，常常会认为周围的人也爱财如命。

（四）内隐人格理论

每个人在成长过程中都发展出了一套内隐的人格理论，并按照这套人格理论对他人作出推断。这套人格理论不会被明确地表达出来，人们甚至意识不到它的存在，但它会影响人们的社会认知。伯曼等人把这种理论称为相关偏见，它把所认识到的他人的各种特征综合在一起，构成一个整体的印象。罗森伯格等人发现，大学生在形容他们认识的人时，常用的词有“自我中心”“聪明”“友好”“雄心勃勃”“懒惰”等。那些被形容为聪明的人，很可能被形容为友好，但不大会被形容为自我中心。这里，隐含人格理论起了作用，聪明和友好容易形成一个整体形象，而聪明和自我中心不大容易形成一个整体形象。

（五）首因效应和近因效应

首因效应是指在认知他人的过程中，人们对他人形成的最初印象不易改变，并且还会影响到人们对后来相关信息的解释。

社会心理学家卢钦斯的经典实验证明了首因效应的存在。他把两段杜撰的材料先后呈现给被试，其中一段（E）把男孩吉姆描写为外向的人，另一段（I）则把他描写为内向的人。被试是两组各方面条件相当的中学生，其中一组按照 E—I 的顺序阅读这两段材料，另一组按照 I—E 的顺序阅读这两段材料，接下来研究者要求被试对吉姆的性格作出评价。结果表明，按照 E—I 顺序阅读的被试更多地认为吉姆性格外向，按照 I—E 顺序阅读的被试更多地认为吉姆性格内向。可见，先阅读的那段材料对被试的判断产生了关键性影响。

后来，卢钦斯对上述实验稍加修改后再次进行：在两段材料之间插入了一段时间间隔，在这段时间间隔里，被试被要求做数学题或听历史故事。实验结果与前面正好相反，按照 E—I 顺序阅读的被试更多地认为吉姆性格内向，按照 I—E 顺序阅读的被试更多地认为吉姆性格外向，这表明，对被试的评价产生关键性影响的不再是先阅读的那段材料，而是后阅读的那段材料。我们称这种效应为近因效应。

显然，首因效应和近因效应的产生条件是不同的，从上述两个实验来看，连续呈现两段材料时首因效应会表现出来，间断呈现两段材料时近因效应会表现出来。

（六）刻板印象

刻板印象是指人们对某个群体或某一类人形成的一种概括而固定的看法，比如“上海人都是精明的”“书生都是迂腐的”等。刻板印象一旦形成，就非常稳定，很难改变，即使碰到相反的事实出现，人们也倾向于坚持它，而去否定或“修改”事实。

应当说，刻板印象中包含一定的真实成分，它或多或少在一定程度上反映了认知对象的若干特点。人们形成刻板印象的过程就是对认知对象进行分类的过程。刻板印象可以简化人们对周围环境的认知，让人们较快地把握交往对象的特征，提高人们的适应性。但刻板印象会造成人们在认知过程中的过度概括化，在套用刻板印象去说明个体时，人们常会忽略个体的一些独特之处。此外，刻板印象还可能造成认知僵化，阻碍人们接受新事物。

第四节　社会行为的归因

按照辩证唯物主义的观点，无论是在自然界还是人类社会中，各种现象都是相互联系的，因果是其联系的方式之一，下面介绍的对社会行为的归因是社会认知研究中最具特色的探索之一。

一、归因理论

从各种可能中认定行为的真正原因并判断其性质的过程称为归因。以下几种社会心理学理论都涉及归因。

（一）素朴心理学

素朴心理学对人们为何归因和如何归因进行了研究。海德认为，现实生活中人们有两种需要：对周围的环境作出一致性解释的需要和控制环境的需要。为了满足这两种需要，人们必须能够预测他人的行为。不单是心理学家，每个人都试图解释行为并发现其因果联系。

海德区分了导致行为发生的两种因素：一是行为者的内在因素，包括能力、动机、努力程度等；二是来自外界的因素，如环境、他人和任务的难易程度等。他认为，行为观察者在对因果关系进行素朴分析时试图评估这些因素的作用。如果把某个行为归因于行为者的内在状态，那么观察者将由此推测出行为者的许多特点，这种推测并不总是准确的，但它有助于观察者预测行为者在类似情况下采取何种行为。如果某个行为被归因于外在力量，就是说观察者推测该行为是由外在力量引起的，那么这个行为以后能否再度发生就难以确定。因此，海德认为对行为的预测与对行为的归因是相互联系的。

海德还指出，人们在归因时通常遵循两个原则：一个是共变原则，即某个特定的原因在许多不同的情境下和某个特定的结果相联系，该原因不存在时，结果也不出现，此时我们就可以把结果归于该原因；另一个是排除原则，即如果单单是内部或外部某一方面的原因就足以解释某一事件，我们就可以排除其他方面的原因。

（二）对应推论理论

在现实生活中，并不是每一种个人行为都能反映个人品质。如一个学生微笑着向老师打招呼，这一行为并不能说明这个学生有尊重师长的品质，他可能只是按行为规范行事而已。那么，在什么情况下，我们能够推测某人的行为反映了他的性格、态度或其他内部状况？在什么情况下，我们能推测他仅仅是在对外部环境作出反应呢？这指向了两种不同的归因方式——倾向性归因和情境性归因。琼斯和戴维斯的对应推论理论正说明了倾向性归因的过程。

比如，一个人上班经常迟到、早退，如果我们推测这是由他的懒惰、缺乏工作责任心所致，这种归因就是对应推论。对应推论是人们对行为进行归因的一种方式，是人们将一个人的行为与他特有的内在属性（动机、品质、态度、能力等）建立对应关系的过程。

琼斯和戴维斯揭示了对应推论的程序。他们认为，当他人表现出某个行为时，行为的观察者会判断这个行为是不是他有意的，以及这种行为所产生的后果中哪些是行为者所希求的。如果某种行为后果只是行为者无意造成的，就不能根据它来推测行为者的个人品质。即在进行对应推论时，人们会先判断行为者的动机，然后由此推测行为者的个人品质。

琼斯和戴维斯还提出了几个可能影响对应推论的因素。其中一个因素是行为的自由选择性。如果观察到某个行为是行为者自由选择的结果，人们就会假定该行为能够反映行为者的意图，据此推测他的个人品质。如果观察者认为是外在力量迫使行为者这样做，就会以外力的作用来解释他的行为。因此，当行为者的选择自由没有受到限制时，观察者就更有可能进行对应推论。

另一个因素是行为的社会合意程度。如果行为者表现出一个社会赞许的行为，人们是无法从中推测他的个人品质的。社会合意程度很高的行为符合社会规范，是大多数人都会表现出来的行为。相反，一个人做了一般人不愿意做的事，人们就会很有信心地推测该行为反映了这个人的独特个性。

还有一个因素即行为者社会角色的要求。由社会角色限制的行为可能并不会使我们了解个体的内在特征。比如，如果一个消防队员帮助扑灭了一场火，我们并不能因此推测他很喜欢帮助别人，因为他可能只是在完成工作；但如果街上的一个行人帮助扑灭了一场火，我们就可以推测他是一个乐于助人的人。

（三）三度归因理论

三度归因理论又称多线索分析理论。哈罗德·凯利认为，人们多是在不确定的条件下进行归因的，人们从多个事件中积累信息，并利用“共变原则”来解决不确定性问题。

他指出，人们在试图解释某人的行为时可能有三种归因方式：归因于行为者；归因于客观刺激物；归因于行为者所处的情境或关系。如某人先后几次看了某一部影片，我们对他的行为可能有三种归因方式：一是他喜欢这部影片；二是电影很有趣；三是这几天他闲着没事。三种归因方式中的每一种都有可能是正确的，但问题是人们需要从中作出选择。凯利指出，为了做到这一点，人们使用了三种基本信息，即区别性信息、一致性信息和一贯性信息。

区别性信息是指行为者只对当前的对象产生反应还是对许多不同的对象产生相同的反应。区别性高即行为者只对当前的对象产生反应；区别性低即行为者对许多不同的对象产生相同的反应。如果他只看这一部影片而不看其他影片，我们就认为他对不同刺激物的反应有高区别性。

一致性信息是指行为者的行为与大多数人的行为是否相同。相同即一致性高；反之则一致性低。如果周围不少人也看了这部影片，我们就认为他与其他人的行为之间有高一致性。

一贯性信息是指行为者对当前对象是否总是产生相同的反应。如果总是产生相同的反应，则一贯性高；反之则一贯性低。若兴趣始终如一，我们就认为他在不同场合对同一个刺激物的反应有高一贯性。

通过这些信息的组合，我们可以推测引发某个具体行为的原因究竟是来自行为者，还是来自客观刺激物或情境。

社会心理学家麦克阿瑟用实验对凯利的理论进行了较为系统的研究，揭示了三种信息的状况和内外因归属的关系。实验者告诉被试一个假设的事件：玛丽昨晚观看表演，当一位喜剧演员扮演小丑登场时，玛丽笑得前仰后合。实验者变化区别性、一致性、一贯性信息的状况，测量被试所进行的归因，结果如表 5-1 所示。

表 5-1 不同信息呈现与归因类别

序号	提供的信息资料			归因
	一致性	区别性	一贯性	
1	高——每个人都发笑	高——她对别的小丑没笑过	高——她总是对这个小丑发笑	刺激物（外因）小丑 61%
2	低——别人很少发笑	低——她对所有的小丑都发笑	高——她总是对这个小丑发笑	行为者（内因）玛丽 86%
3	低——别人很少发笑	高——她对别的小丑没笑过	低——她以前几乎没对这个小丑发笑过	环境（外因）72%

由表 5-1 可见，在第一种情况下，在场的每个人都笑了，玛丽也总是对这个小丑发笑，但未对其他小丑发笑。因此，那个小丑一定很滑稽。被试中有 61%的人把玛丽的笑归因于该小丑，即作了外在原因的归属。在第二种情况下，玛丽对这个小丑发笑，同时也对其他小丑发笑，而在场的其他观众并没有发笑，由此可把玛丽看作一个爱笑的人。被试中有 86%的人把玛丽的笑归因于她自己，即作了内在原因的归属。在第三种情况下，玛丽以前几乎没有对这个小丑发笑过，也没有对其他小丑发笑过，在场的其他观众也都没有发笑。因此，可能是该情境中的什么特别的情况引发了玛丽的笑。被试中有 72%的人把玛丽的笑归因于情境因素。

为了保证归因准确，人们在进行归因时，应像上面的实验一样，将三方面的信息，即区别性信息、一致性信息、一贯性信息综合起来进行考察。然而在日常生活中，我们经常无法充分掌握这三方面的信息。可能我们以前没有在某些场合观察过这个人或者不知道在同样的情境下其他人会怎样做。凯利认为，在这种情况下，我们有关因果关系的已有观念（即因果图式）就会起作用。也就是说，在以往的观察中，我们对因果关系形成了一定的图式，这些图式现在被用来解释他人的行为。

因果图式的种类很多，常用的有两种。一种是“多种充分原因模式”，它可以帮助人们从多种可能的原因中分辨出哪一种是行为的真正原因。看到某人去参观绘画展览，我们可能作出这样的解释：或者这个人爱好绘画；或者他是被朋友邀请去的。两种解释之中很可能有一个是正确的，选择哪一个是由我们所掌握的信息来决定的。如果我们了解这个人平时从来不关心绘画方面的事，就会判断他更可能是被邀请去的；如果我们了解到他学过绘画并正在努力提高创作水平，就会判断他更可能是爱好绘画才去的。另一种是“多种必要原因模式”，人们经常用这种模式去解释那些极端事件。按照这种模式，某个事件的原因至少有两个。如甲突然和乙打起架来，是甲故意向乙挑衅，还是乙本来就好打架？在这种情况下，大多数人会认为这两种说法都是正确的，或者说人们会从两个人身上找原因去解释这个事件。

（四）维纳的归因理论

在海德的“内—外”维度的基础上，维纳提出了一个新维度，即“暂时—稳定”。按照这两个维度，维纳对成功行为的决定因素作了分类（见表 5-2）。

表 5-2　维纳对成功行为的归因模型

类别	内在的	外在的
稳定的	能力	任务难度
暂时的	努力	机遇

维纳的归因理论中最引人注目的是归因结果对个体以后的成就行为的影响，对成功与失败的不同归因会引发个体不同的情感和认知反应（自豪或羞耻）。有人发现，把成功归因于足够努力的学生比把成功归因于能力强的学生在以后的工作中坚持的时间更长；把失败归因于能力弱的人比把失败归因于努力不足的人在未来的工作中花的时间更少。

维纳在 20 世纪 80 年代发展了他的理论，提出了归因的第三个维度：可控性，即事件的原因在个人能力控制范围之内还是在个人能力控制范围之外。维纳认为，这三个维度是并存的，如图 5-1 所示。

上述几种归因研究的经典理论持续推动了归因研究的深入与持久，也激发和促进了归因研究在多方面新的探索和进展。

经典归因理论均强调和注重归因心理活动的逻辑性与因果关联，是一种理性的分析和推断，然而社会认知研究中内隐、无意识活动研究的兴起，则激发了研究的转向与探新，如对无意识的、内生自发的归因过程的关注，对归因中各种内在心理因素与过程的操作的探讨。这些新研究既与已有归因理论的不足与不断地修正完善相联系，也与社会心理学有关社会认知研究的整体发展密切相关。

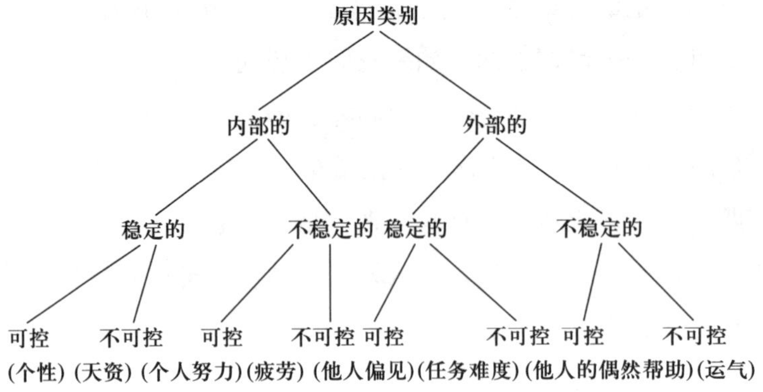

图 5-1 改进后的归因模型

二、归因偏差

上述理论都假设归因是一种理性的、有逻辑的过程，然而人们在许多情况下对行为原因的解释是有偏差的、不合实际的。

（一）过高估计行为者内在因素的作用

这种情况又被称为基本的归因错误，是指人们在对他人行为进行归因时，倾向于过高估计内在因素的作用，即使是在情境因素的影响很明显时也仍然如此。如一些父母得知自己孩子的考试成绩不理想时，经常会喋喋不休地抱怨孩子学习不够努力，复习不够认真，而很少去想是不是有其他外在因素的影响。

这种情况的发生主要有两个原因：第一，社会规范要求人们对自己行为的后果负责，所以人们往往轻视外在因素而重视内在因素；第二，在特定场合中，一个行为者往往比环境因素更为突出，更容易引起人们的关注和评价。

（二）行为者和观察者的归因差异

人们在对他人行为进行归因时，会夸大内在因素的作用，但人们在解释自己的行为，即对自己的行为进行归因时，却会过分强调情境因素的作用。这种现象又被称为行为者和观察者的归因效应。

为什么行为者和观察者之间在归因上会出现这种差异呢？一个原因是个人对自己和对他人行为所拥有的信息在数量上是有差别的。相比对他人过去行为的了解，一个人对自己过去行为的了解更多，他经常会体验到自己的行为是随环境条件的变化而变化的，于是倾向于把自己的行为进行外在的环境归因。尽管他人也同样会受环境的制约，但人们对其过去的行为了解不多，所以在对他人的行为做解释时，就不太容易进行环境归因。应当说，随着了解和熟悉程度的增加，一个人会越来越倾向于对他人的行为进行外在归因。

另一个原因是行为者和观察者的知觉焦点不同。行为者通常倾向于将自己的态度和人格特征看成稳定的、不变的，归因时知觉的焦点放在变化的环境方面；而观察者则倾向于将环境条件看成稳定的、不变的，归因时知觉的焦点放在被归因者及其变化的行为上。因此，行为者把环境因素看得更为突出，观察者则把行为者的人格特征或态度看得更为突出。

（三）自我防卫性归因

自我防卫性归因是指人们倾向于把自己积极的行为结果（成功）归因于个人因素，而把自己消极的行为结果（失败）归因于环境因素。人们有一种加强自信和维持自尊的愿望，而在归因时把成功归于自己的内在因素，如能力、品性等，把失败归于外在因素，如不可抗的外力等，就能在他人面前保持住自己的脸面和尊严。这种偏差在行为者确信自己的行为原因无人察觉时最容易发生。

自我防卫性归因在群体中也常发生。人们很容易把一个集体合作项目的成功归因于自己，而把项目的失败归因于其他成员。研究发现，友谊在一定程度上会调节这一偏差。有人做过一个实验：被试和朋友或陌生人一起承担一项任务，他们随机地得到“失败”和“成功”两种结果的反馈，这两种结果和他们的实际表现无关，然后被试被要求对反馈结果进行归因。研究发现，与陌生人一起工作的被试更多地将成功归因于自己，将失败归因于他人；与朋友一起工作的被试在成功和失败两种情况下的归因则比较一致。

（四）忽视一致性信息

凯利的三度归因理论指出，人们在归因时需要三种信息，即区别性信息、一致性信息和一贯性信息，但是在现实生活中，一致性信息经常被忽视。人们往往只注意行为者本人的表现，而不大注意行为者周围的人如何表现。这一现象有以下三方面的原因：首先，人们习惯于注意具体的、生动的、独一无二的事情，往往忽视抽象的、空洞的和统计性的信息；其次，人们可能觉得直接信息比非直接信息更可靠，而一致性信息涉及行为者周围的人，这些信息相对分散，无法靠观察者自己一一获取；最后，行为者周围的人与行为者本人相比处于较不突出的位置，往往只构成观察的背景，因而容易被忽视。

三、归因与社会文化的制约

历史唯物主义一个基本的看法是，人们任何主观的认识和观念及其相关过程都是具体的和历史的，都必须被置于特定的文化背景中去理解。随着文化心理学研究的推进，社会认知研究也受其影响，开始关注研究对象的文化背景，考察文化对于社会认知的影响，这在归因研究领域尤为明显。

归因理论中，“基本的归因错误”被认为是一个普遍的归因偏差。它在西方个体主义文化环境中根深蒂固，在强调集体主义的亚洲文化环境中就要少得多。琼·米勒在一个研究中发现，美国人主要把一个人好的或坏的行为归因于他好的或坏的个性特征，信仰印度教的印度人则主要把一个人的行为归因于社会角色、义务和其他的情境因素。印度人的情境归因比例比美国人高两倍，而美国人的个性归因比例比印度人高两倍。米勒认为归因中的这种文化差异是通过社会化过程渐渐发展起来的。

梅农等人的研究发现，日本人和美国人在基本归因错误方面也存在差异。他们以美国和日本新闻报纸（《纽约时报》和《朝日新闻》）中的一些对英国巴林银行 1995 年倒闭事件的报道为实验材料，让一些不知研究目的的助手从报纸中摘录出说明原因的部分，让另外一些不知道研究目的的助手对已经摘录出来的原因进行分类，判断是倾向情境归因（归因为组织因素），还是倾向内部归因（归因为个人因素）。研究发现，美国作者倾向于内部归因，日本作者的情境归因倾向更明显。韦斯等人把这种归因差异与这两个国家在儿童教养、宗教信仰、工作和心理治疗等方面体现出的文化差异联系在一起，认为美国人寻求的是他们称为超越环境的“初级控制”，在初级控制中，人们试图直接影响其生存环境。与此相反，日本人则倾向于把“次级控制”作为影响生存环境的手段，即通过自我对他人的适应而获得控制。正是这种关于控制感的文化差异造成了美国人和日本人之间的误解：美国人被日本人视为“冲动的”和“自私的”，日本人则被美国人视为“不可理喻的”和“不正直的”。卡曾斯的研究也指出：印度人比美国人更少进行内部归因；日本大学生很少像美国大学生那样用个性特征来描述自我，反而倾向于把关注点集中在他们的社会身份上。

莫里斯和彭凯平分析了英文报纸和中文报纸对美国发生的两个相似案件的

报道。一个案件是一位在中西部大学的中国博士留学生认为受到导师的不公正对待，遂心生不满，开枪杀死了导师和在场的另外几个人。几乎与此同时，在底特律发生了另一个案件：一位邮递员自认为受到上司的不公正对待，开枪杀死了上司和在场的另外几个人。他们发现，英文报纸对这两件惨案的报道几乎完全集中于对两位谋杀者心理不稳定和其他消极的个性因素的推测，而中文报纸的分析则集中在情境、背景等社会因素。他们对中国和美国大学生如何解释这一事件的调查也得到了相似的结论：中国大学生倾向于情境归因，美国大学生则倾向于个性归因，这种归因倾向性无论对中国谋杀者还是美国谋杀者都是一样的。

此外，社会文化的制约在自我防卫性归因中也有体现。研究发现，美国人往往表现出典型的自我防卫性归因，即把成功归于内在原因而把失败归于外在原因；亚洲人特别是日本人却表现出相反的归因，他们往往把成功归于外在原因而把失败归于内在原因，这种归因方式被称为“自我消损”。对上述现象的一种解释是：美国社会鼓励独立的自我，自我满足是有价值的，个体的唯一性被最大化，行为的意义是根据个人的想法和感情来决定的。与此相反，群体取向的社会，如日本，鼓励和认可的是相依型的自我解释，强调的是与他人相互适应，在人际关系中奖励和谐和服从的行为，行为的意义是在他人的想法和感情中被发现的。另一种解释是：个体主义文化中的个人，如美国人，通过自我促进保持了独立的自我观念——个体是独一无二的、强大的，有能力管控自己。相反，对于集体主义文化中的个体，如日本人，自我防卫性归因会产生自我优于他人的意识，从而把自我与他人分离开来，这与他所持的相互依赖的社会观念是相矛盾的，会引起很大的心理冲突，所以个体会避免这种情况的发生。

思考题

1. 社会认知有哪些特征？
2. 什么是图式？根据内容可将图式分为哪几种？
3. 印象的形成有哪几种信息加工模式？
4. 影响社会认知的因素中，认知者方面的因素有哪些？认知对象方面的因素有哪些？

5. 常见的认知偏差有哪几种？常见的归因偏差有哪几种？

▶ 答题要点

第六章 社会态度

社会心理学对社会态度的研究历史悠久且具有重要意义。自从社会心理学发展为一门实证学科后，态度就成为一个不可忽略的重要研究内容。早期从事社会心理学研究的学者对关于态度的社会心理学研究大多给予了肯定和强调，时至今日，对态度的研究仍然是社会心理学研究中的重要领域，也是社会心理学的各方面研究中理论化程度和应用程度都比较高，对相关学科如社会学、传播学、政治学等影响较大的研究领域。从马克思主义的观点来看，态度是人们反映社会存在的主观意识，它影响甚至支配着人们的行为和实践活动，但是意识在任何时候都只能是被意识到了的存在，“观念的东西不外是移入人的头脑并在人的头脑中改造过的物质的东西而已”①，因此，“不是意识决定生活，而是生活决定意识”②，“而人们的存在就是他们的现实生活过程”③，也就是人们的物质实践活动与过程。立足于马克思主义的观点和立场对态度进行研究，不仅有助于揭示人的内在心理活动与过程，也有助于认识和了解社会存在与客观现实。对人的外在行为的分析、判断和解释不能忽略对人的内在态度的认识与了解，对人的内在态度的研究也必须从对人的外在行为的分析、判断着手，两个方面密切联系，相互影响，不可将其割裂或有所偏颇。如此，方能使态度研究这个社会心理学研究中的传统领域，仍可不断地涌现出崭新的研究成果与知识内容。

第一节 社会态度的基本内涵

社会心理学有关态度的研究源自对现实问题与现象的关注和思考，聚焦于对行为现象的心理分析和探讨，进而产生了对态度的概念、态度与行为关系的探讨。学者们寄希望于用态度这一内在的心理因素来分析和解释人们外在的行为表现，将态度归于社会心理，以区别于人的需要、情绪、个性等生理的和个

① 《马克思恩格斯文集》第五卷，人民出版社 2009 年版，第 22 页。
② 《马克思恩格斯文集》第一卷，人民出版社 2009 年版，第 525 页。
③ 《马克思恩格斯文集》第一卷，人民出版社 2009 年版，第 525 页。

体性的心理活动，并将态度作为一种分析工具和学科视角来运用。之后的研究逐渐开始关注态度概念的内在建构，探讨态度的基本结构与实质意义，将对态度的研究看作一个有关行为的理论分析和知识建构的问题，自此，有关态度概念基本内涵的分析与界定的多方面探讨逐渐开始。

一、态度的概念界定

对社会态度进行研究所遇到的一个基本和起始性的问题就是对态度内在含义的界定问题，即什么是态度的问题。对这一问题的认识与理解的不同，会显著地影响对态度的分析、了解、判断与应对。例如，人们通常会认为态度就是人们所持有的观点、看法等，是人们认知活动的产物，因而就会根据他人的言语来对态度进行辨识和判断；但也有人认为从他人的眼神、表情的流露和情感心绪的疏泄中才能够观察了解到他人内心中真实的感受、意愿和想法，因此态度的核心内涵应是情感性的。这种从态度的具体直观的表现形式和客观载体入手对态度进行辨识和界定的做法，直截了当、简洁明了，使人们对态度的辨识与理解更为明确和便易，同时也可扩展对态度内涵的进一步认识，因此一些社会心理学家对态度概念所作出的界定也沿用这一思路，或者将态度定义为一种认知的倾向或偏好，或者将其定义为一种情感和行为意向的状态，而为多数社会心理学家所接受和认可的则是将认知倾向或偏好、情感和行为意向综合在一起，将态度定义为一种由认知、情感与行为意向组成的，内在稳定的主观倾向或状态。由此，一个人对一件事、另一个人等的看法观点、情感好恶和相应的行为选择意愿等就可以看作这个人对这件事和这个人的态度。这样的一种立足于态度的具体构成所作出的概念界定，使得对态度的阐述、理解和研究较为清晰明了、简洁便利，但它也存在着明显的不足，即对态度的实质内涵与本质属性揭示不够：作为一种心理现象，态度在个体的精神意识中处于怎样的位置？具有什么作用？态度与同属心理现象的感知、记忆、思维、动机、情感等又有什么相同和不同之处？

从马克思主义关于社会存在决定社会意识的理论来看，社会态度是联结社会存在与社会意识的重要纽带和桥梁，映射着人们所面对的社会现实，为人们的观念与价值的形成提供不可或缺的素材与要件，同时它也在人们内在观念与价值的指引和影响下，形塑和规范着人们对外在现实的反应和应对，是人的精神意识的一个重要组成部分，具有联结主观与客观并使二者相互影响的引导、规范和形塑作用。因此，社会态度与人们的普通心理有着显著的不同，不是一般心理层面上的一种状态或一个过程，也不是人们对社会存在自然简单的反应与回应，而是与人们内在的社会意识相联系并受其影响而表现出的、对客观社会存在有意识的反映与映像，是人们有意识的认知活动和心理状态的综合表现。在这样的观点和立场的指引下，我们可以对态度的概念和含义作出如下界定和分析：人们的社会态度是一种由个体的认知、情感和行为意向等心理成分所组成、与人的观念意识相联系并受其影响和指引的内在心理组织与系统，态度与人们一般的心理有所不同，既区别于感知、记忆、思维等认知过程，也不同于情绪、心境、需求等内驱活动，与气质、品性、人格等结构化的心理组织也存在差异，本质上是人们对客观社会存在的有意识的反映与映像，是人们有意识的认知活动和心理状态的综合表现和反应。

由此可见，态度具有如下一些基本和重要的特征：

1. 态度具有由多种心理要素所构成的内在组织与结构，这使得态度具有一定的稳定性和持久性，能够在较长的时间内保持相对稳定。当态度的构成结构保持较高的一致性和协调性时，如认知上的看法、观点与情感上的感受较为一致时，态度就能够保持稳定不变。当态度的构成结构存在矛盾冲突时，态度就易发生动摇和改变。

2. 态度具有内在性的特征。态度是个体内在的一种心理构成，难以从外部直接观察与了解，甚至也不能仅凭有意识的觉察就予以全面深入的探察和了解，关于“内隐态度”的研究就表明了这一点。但是我们可以通过对外显行为的系统观察或有逻辑的推断而形成对态度的认识和了解。因此，态度与人们外在的言语表达如意见、舆论等虽有联系，但毕竟不同。

3. 态度具有对象性的特征。态度总是指向和针对某一具体的人、事、物等对象，是围绕着具体实际的对象而形成的。缺少了明确具体的态度对象，态度就无从谈起。态度的这一特点使得其与人们所持有的价值观、理想、信仰等认知观念和人们因外界刺激所表现出的普遍性的心理反应区别开来，使态度在人的心理系统中具有了重要和独特的意义与作用。

4. 态度对人的外在行为反应具有明显的指向和驱动的影响。态度本身的产生和形成会受到各方面因素的影响和制约，一旦态度形成，就势必会影响行为的发生、行为的表现方式和行为的方向与目标等，正因为如此，在社会心理学关于态度的研究中，有关态度与行为关系的研究不仅还在延续，而且在内容上也占有较大的比例。

近年来，研究者对态度内涵的分析和界定开始出现了一些新的转向，主张根据态度所具有的功能与效用去分析和界定态度概念的定义和内涵，而不再仅仅依据态度的构成与结构或态度的动态特征去判断态度的含义与价值。在这样的分析思路与视角指引下，关于态度概念内涵的分析和界定就出现了明显的改变，态度成为个体自我表达和自我实现的重要行为表现和行为方式，是个体对环境影响的应对和适应，因而态度也被界定为个体对自身所处环境中的客体对象的主观评价与自我的反应。由此可见，关于态度概念基本含义的认识与研究还在不断深入和发展。

二、态度的构成要素与结构

对于态度的构成要素与结构的问题，无论是在理论上还是在实践中都存在着不同的观点与看法，这既与在概念上如何界定态度有关联，也与在研究实践中所面对的实际问题相联系。事实上，当人们表达出对某一事物或现象的态度时，其中一定会包含对事物或现象的各种观点和看法，同时还会包含相应的喜好、厌恶等情感内容，肯定、赞赏的看法往往会和喜欢、高兴的情绪一起出现。因此，认知的因素和情感的因素是构成态度的两个基本的和普遍的重要元素，它们分别被称为理性的和感性的因素。这是一种“二元说”的观点。在常用的态度调查问卷中，对态度问题的调查基本上都是从这两个方面着手进行问题设计的。

同时，态度也涉及行为的倾向和偏好。由于在认知和情感上对态度对象形成和确立了明确的判断与评价，人们会在内心自发地产生相应的关于态度对象的反应偏好与行为预设，这不仅会影响人们的外在行为，也与内在的认知和情感密切联系在一起，并且随着认知和情感的变化而变化。这种将内在的行为倾向和准备状态包含在态度构成要素中的分析与主张，被称作态度构成的“三元说”。在当今社会心理学关于态度的研究中，态度构成的“三元说”被较为普遍地接受和运用。

态度是由个体的认知、情感和行为倾向等心理活动所组成的，其构成包含了理性的、感性的和意向的三个方面的要素或成分。其中认知和情感要素是主要的，据此可以对态度进行分析与判断；但行为倾向的成分也是不可缺少的，是联结外在行为的关键因素。

从一般意义上来说，态度的三种构成要素之间是协调一致和相辅相成的，持有什么样的看法和观点，相应地就会有什么样的情绪与感受，并且产生相对应的行为倾向与偏好。但在现实中和具体问题上，态度的三种构成要素之间也会存在不同程度的矛盾与不一致。

态度的三种构成要素之间相互联系、相互影响，表现出紧密的关联。从经验层面的分析来看，情感与行为倾向的关联度较高，相互之间存在着较强的影响和联系，认知有助于分析态度，而情感则可用于对态度作出评价。相比之下，认知对情感和行为倾向的影响较小，它主要起确定基本立场和方向的作用；而情感对认知的影响更大，它不仅可以调整认知的范围和幅度，甚至可能改变认知的方向与构成。

从态度的实证测量和作用分析来看，情感的作用是十分明显和重要的。一些研究者指出，在态度评价中，情感的作用是主要的，因为情感具有鲜明的表现形式和特征。在态度的实证测量和调查中，情感指标显然较认知或行为倾向指标更加便于使用，也更有效，因此，不少的态度测量与调查会针对喜好与厌恶、高兴与气愤、快乐与悲伤等情感进行。

归纳上述分析，我们可以梳理出态度的一些主要构成维度，分别是关联度、一致度、中心度。

关联度指的是态度各构成要素之间的相互联系和相互影响程度。例如，情感与行为倾向之间有着较高的关联度，情感对行为倾向有明显的影响。

一致度指的是态度各构成要素之间的相互一致与协调程度。例如，肯定、赞赏的认知与喜欢、高兴的情绪就是协调一致的，而否定的认知与可接受的行为则显然存在着矛盾与不一致。

中心度指的是态度各构成要素在态度中所具有的作用大小的差异程度。当某一要素具有比其他要素更大的作用时，态度就具有了较高的中心度。而当各要素在态度中所具有的作用相差不大时，态度的中心度就不高了。例如，情感在对朋友的态度中具有较大的影响，因而朋友之间在认知上就会保持一定的包容和体谅，这样的态度就具有较高的中心度。

态度的三个构成维度是分析态度特征和属性的重要途径和依据。态度要素的关联度有助于了解态度的构成特征，如判断某一态度是认知主导的态度还是情感主导的态度；一致度高的态度显然是稳定可持续的态度；中心度高的态度则会具有鲜明的特征和个性。

三、态度的功能

社会心理学较早地开始研究态度，其研究成果被许多相关学科所关注和运用。这些研究具有重要的学术价值，同时也具有显著的应用效果。了解人们的态度，将有助于进一步认识与了解人们的思想、情感和动机，更有助于分析、判断与推测人们可能的行为和活动。所有这些都有赖于对态度功能的分析和探讨。社会心理学有关态度功能的分析与研究较多地侧重于态度本身对个体所具有的功能、作用和影响，尤其关注态度所具有的心理功能，这些研究认为由于态度具有满足个体的心理需要的功能，因此人们才会持有态度，通过态度满足自己的需要，实现自己的愿望。一般认为，态度具有以下三种功能：一是工具性的功能，态度可以帮助个体实现功利需要的满足；二是自我表达的功能，态度具有自我表达和自我展示的作用；三是自我防御的功能，态度能够帮助个体回避不利于自我的个人经历与外部影响，保护个体的内在人格与心理健康。这样的一些分析在一定程度上揭示了态度各方面的功能，但也不免偏于主观和片面，将态度看作某种工具和手段，将态度与个人内在的主观意识和思想理念分割开来，忽视了态度可以反映客观现实和指导行为活动的重要作用。

从马克思主义的观点来看，态度反映和映射着客观的社会存在，不是人们的社会意识决定社会存在，而是社会存在决定人们的社会意识，即人们的物质实践活动与过程决定了人们的主观意识。因而，态度包含着客观社会存在的内容，具有认知、反映社会存在的重要作用，同时也是人们面对现实、应对现实的重要指向和动因，有助于人们确立自身的思想立场和行为方向。马克思主义关于社会存在决定社会意识的理论观点为社会心理学关于社会态度的研究确立了正确的立场，开拓更加广阔的研究空间，并明确了研究方向。

综上所述，我们一般将个体的心理和行为看作一个相互联系的整体，将态度看作人们反映客观社会存在的主观意识的重要内容。态度具有以下四种主要功能。

1. 反映现实的功能：指态度是人们认识和了解客观社会存在的重要活动和过程，反映了人们对客观现实所持有的主观意识，同时也映射了人们自身的客观存在。一个人所持有的态度与其个人的社会地位及身份紧密相关，也与其所持有的思想立场和观念倾向紧密相连。态度就如同一面镜子，能够映射出一个人的身心表里。

2. 认知图式的功能：指态度所具有的影响人们认知活动开展的功能。通过确定认知观察的范围、认知分析的思路和认知思考的参照等，态度可以引导和影响人们认知活动的开展，使其表现出显著的倾向性。例如，肯定的态度将引导人们关注和强调积极的表现、选择正面的评价和排斥负面的信息等。态度发挥着确定认知取向和重心的图式与框架的作用。

3. 行为指引的功能：指态度具有产生行为的意向、指引行为的选择、最终为行为的发生做好准备与计划的功能。态度的这一功能突出地表现在选举投票、消费购物、恋爱择偶等行为活动中。态度的这一功能往往由态度中认知与情感的相互作用而产生，当认知与情感相一致时，就会产生进一步行动的内在倾向，确定行动的指向和偏好；当情感占主导地位时，它也会激发和驱使行为的发生。态度如同一个指示和说明，为行动的选择提供着方向与目标。

4. 社会评价与影响的功能：指态度包含个体对客体的倾向性反应与偏好，如赞成与反对、接受与拒绝等，反映出个体与客体之间可能的互动方式和关系，并表现出对客体的判断与评价；同时，态度的表达也能够影响态度所涉及的客体，并使之发生改变。态度如同裁判一样，能够对客体进行评判与裁量。

第二节 态度的形成与改变

态度的形成与改变是态度研究中的一个重要问题，涉及态度的理论研究和改变态度的实践运用。一个人所持有的各种态度在根本上都是个体在后天的社会生活中接受社会环境的影响与自身主动的学习调适而逐渐产生和形成的，是内外因素共同作用的结果。因此，在对态度形成与改变的理论分析和解释方面，不仅存在各种不同的分析视角和思路，也存在分别着眼于内在过程与外在影响的不同解释与说法。而在改变态度的实践应用方面，尽管其方法、途径和技术过程存在多种可能，但长期以来，大量研究仍执着地专注于劝说与传播所实现的态度改变，着重于社会环境的影响对态度改变的作用，探讨和揭示其中的信息影响过程和认知活动规律。

一、对态度产生和形成的理论分析与解释

关于态度的产生和形成，西方社会心理学发展出了不同的理论分析和解释方式，它们从不同的视角和层面分析、探讨了态度产生、形成、改变的过程、动因与形式，其中虽不乏专业严谨的分析论证，但也都存在片面性，缺乏整合统一，使得这一问题难以形成定论。导致这种局面的重要原因在于对态度产生和形成问题的根本属性的认识与理解不足。

已有理论分析论述态度的产生和形成问题的出发点大多是个体自身，它们将态度的产生和形成看作个体的活动过程，包括个体对外部环境影响的应对、与他人的互动和对主观心理的自主调适，它们认为态度的形成最终取决于个体自身的运作和能动。很显然，这种看问题的视角与思路是片面的，也是不准确的，它割裂了态度与社会存在的相互联系，忽视了态度所映射的社会现实，剥离了态度所具有的社会属性，因而难以形成关于态度产生和形成问题的整体性的理论分析和现实性的说明解释。

从马克思主义的分析立场与理论观点来看，一个人所持有的各种态度在根本上都是个体在后天的社会生活与实践中接受社会环境的影响，通过自身的主观能动性，包括学习与调适，而逐渐产生和形成的，是内外因素共同作用的结果。因此，态度的产生和形成不可能是一蹴而就的，而是在外在客观环境因素的影响下，通过个体的社会实践活动而逐渐形成的。

一个人所持有的态度，本质上是其所身处其中的社会存在，包括其生活环境和生活实践在其头脑中的映射，是客观现实的主观表现，因此，态度是人的客观存在和主观意识相互作用的产物，而不是人自身内在心理活动的主观结果，主观心理的作用不能脱离现实存在的制约，更不能随意地表现和产生影响。个人内在的心理与意识本身就是客观现实存在影响的产物。

在态度的产生和形成过程中，个人内在心理和观念意识的调整必不可少，它是态度产生和形成的内在过程和重要表现，但它并不是态度产生和形成的主要的和根本的动因。态度的产生和形成不是由个人内在心理与意识的调整所引起的，从根本上来说，它是由客观现实存在的影响所引起的。态度产生和形成过程中内在心理的调整和转变只是一个部分和过程，而不是其根本动因。

由上所述，对态度产生和形成的问题进行分析和解释应该着重于客观存在

的社会环境和社会实践与个人内在的心理活动过程两个方面，并且将这两个方面的分析与探索紧密地联系在一起。

二、态度改变的过程与形式

态度改变指的是个体已经形成或原先持有的态度发生了变化，包括方向上的改变和程度上的改变。例如，一个人原来赞成吸烟，认为吸烟有助于与人交际，后来则反对吸烟，认为吸烟有害健康，这就是一种方向上的改变；而如果仍认为工作时可以吸烟，平时生活中应少吸烟，这就是一种程度上的改变。

（一）态度改变的阶段

从马克思主义关于社会存在决定社会意识的理论论述来看，态度的改变不是一蹴而就的，而是在客观环境因素的影响下，通过个体的社会实践活动而逐渐产生的，其间必然会经历不同的阶段和过程。分析影响、制约态度形成、改变的客观环境因素的作用，以及个体应对客观环境因素影响的活动与表现，有助于对态度改变的阶段和过程进行有效的分析和探讨。这一态度的改变过程可分为如下几个阶段：

一是形塑与调适的阶段。在此阶段，人们的态度受到了外在客观环境因素的影响，这些影响与人们的态度产生碰撞，带来鼓励、强化或者冲突、矛盾等变动，并对人们的态度形成压力、进行规训和形塑。面对外在影响，个体将会进行自我调适而予以应对，或者坚持自己原有的态度不改变，或者调整自己态度的具体观点及表现形式，或者是改变自己态度的立场与取向。可见，在这个阶段中，态度的改变表现为一种应对式的变化，即针对环境的影响而作出改变，更多的可能只是程度上的改变或者是局部的改变，而不是方向性的或整体性的改变，这些改变是出于满足人们自己的需求或避免遭受伤害而发生的，并非出于人们内心真实的意愿，因而此时态度的改变可能是暂时的和不稳定的。例如，关于禁止酒后驾车的宣传、教育和管治措施，最初对人们的态度产生影响，使人们的态度发生改变的情况就是如此。

二是调适与认同的阶段。在此阶段，个体开始自觉自愿地赞同、认可环境的影响，并调整自己的态度与之保持一致。此时态度的改变不仅表现为个人改变自己的态度与外在的影响保持一致，更表现为这种改变是自觉自愿的而不是被迫的，是由衷的而不是表面的。因此，这样的态度改变较前一阶段更为稳定和持久，它包含参照、借鉴和模仿的因素，将环境的影响和要求当作自己态度的标准和根据，而不只是一种应对式的工具化的反应。例如，人们对于禁止酒后驾车的规章和管治的态度，在此阶段会表现出主动自觉地学习和遵守的态度，人们有意识地要求和检省自己，通过可能的方式去影响周围的其他人。态度改变的这一阶段标志着一个由外向内的转化过程，环境的影响开始触及人们内心的意愿与观念。

三是内化与扎根的阶段。在此阶段，人们态度的改变不仅发自内心，由衷而起，而且会深入个人的价值体系与人格系统，使个人将所接受和改变的态度内化为内心价值和深层人格的一部分，态度在这个阶段的转变将是彻底的、根本的和持久的，这意味着个人整个思想意识观念系统的更新和转变。例如，人们对于禁止酒后驾车的规章和管治的态度，在此阶段就不仅是一种自觉的意愿与行为，一种由衷的赞同和认可，而且还表现为一个人所选取和偏好的生活方式、价值取向和个性特征。至此，态度在人的头脑中生根，开始融入人们已有的观念意识系统。

从根本上说，态度的改变是一个由外到内和由强制规训到自觉自愿的渐进过程，态度的真正改变不仅在于表面的观点、看法的改变，更在于态度与个体内心价值和深层人格的融合。

（二）信息内容与态度改变

在人们接收劝说其改变态度的信息时，信息内容本身对态度的改变有着较大的影响，同时信息来源的特征也会对态度的改变产生明显的影响。例如，“大量医学研究证明，吸烟危害健康”，这一信息的前半句说明了信息的来源，后半句是信息的内容。有关研究表明，当信息来源的可信度提高时，态度的改变会相应地加大，并且这一影响要明显大于信息内容本身对态度改变的影响，这也被称为“信息源效应”。但是过一段时间后，这种情况就不再存在，信息源和信息内容对态度的影响程度将趋近，这又被称为“睡眠者效应”，即信息源的影响因时间的流逝而消减，信息内容的影响则被保留和延续下来。

这一研究揭示了态度改变过程中的一些重要的特点。一是态度的改变因所受影响的大小、多少的不同而不同，影响大、影响多时，态度的改变就大；而影响小、影响少时，态度的改变也就小。二是当态度发生改变后，因信息内容本身的影响而发生的改变能够持续较长的时间，并保持不变；而因信息外在特征的影响而发生的改变则会逐渐衰减，直至消失。三是不同的影响对于态度的改变具有不同的作用，所引起的态度改变的方向和程度也各不相同。

态度本身与态度的改变也有着密切关联，并形塑着态度改变的实际过程与形式。通常，依据人们亲身经历而形成的态度不易发生改变，融入个人情感的态度不易发生改变，产生于自身需求满足的态度也不易发生改变。态度改变的过程不是一个简单的信息影响与认知重组的过程，而是涉及个体的个性与人格的复杂过程。

（三）劝说、信息传播与态度改变

态度的改变不仅与态度本身的特征、态度的认知过程和态度所涉及的内容信息有关，而且还与态度所受到的劝说和信息传播的影响相关。劝说与信息传播的方式不同，态度的改变也相应地有所不同。从劝说与信息传播的角度看，态度的改变就是各种形式的信息传播影响的结果，因此劝说与信息传播的方式和环节是影响和决定态度改变的主导因素，包括劝说与信息传播的主体、方式与途径、对象等。许多研究已经总结出一些重要的影响因素和一些基本的改变模式。

权威和专业的传播是一种理性的传播，主要以说理论证的方式，通过媒体的传播，对态度改变产生影响；而具有人际吸引力和可信度的传播是一种感性的传播，以讲故事和情绪感染为主要方式，通过面对面的传播，对态度改变产生影响。两种模式各不相同，前者推动态度改变需要一定的过程，但效果比较稳定；后者则见效较快，但易于发生变化。

（四）认知判断与态度改变

态度的改变与人们对信息影响的应对方式也存在着明显关联。当人们面对不同信息的影响时，会将新信息内容与自己原有的态度进行比较和判断，如果两者之间具有较强的一致性，人们就会将新的信息纳入自己原先的态度，发展出新的态度主张，但并不改变自己原有的态度，只是丰富和加强了原有的态度观点，这被称作“同化过程”。如果两者的一致性较弱，甚至完全相悖，人们就会拒绝新的态度主张，将新信息排斥在自己原有的态度之外，这被称作“异化过程”。在这两个过程中，新信息对态度改变所产生的影响都不显著。而当新的信息与原有态度的一致性不强也不弱时，新信息对态度改变所产生的影响才会比较大，才有可能使原有态度发生明显的改变。这一态度改变的过程是发生在个体认知与环境信息影响的互动联系之中的。

（五）信息加工与态度改变

态度的改变是一个信息加工的过程，个体接收各种信息后对信息进行的分析处理影响着态度发生改变。研究表明，有两种不同的信息加工过程对态度的形成与改变有着重要的影响：一种是中心途径的信息加工，即审慎深思、理性分析，对信息进行系统的和有逻辑的加工；另一种是周边途径的信息加工，即依据外显的线索和特征，对信息进行直觉的和感性的加工。若信息涉及重要问题，并且内容充分，引起了个体的认真关注与投入，信息的加工就容易进入中心途径；若信息不涉及重要问题，并且内容不够充分，个体则易受表面特征和直觉感受的影响，对其进行周边途径的信息加工。这两种途径所推动的态度改变各不相同，只有当信息本身的性质特征与所启用的信息加工途径相吻合时，才能使态度改变取得较好的效果。信息的内容与对信息的接收和加工共同制约和影响着态度的改变。

三、态度研究的新进展

社会心理学的态度研究不断发展和积累，一直延续至今，产生出理论与应用方面的新成果。

第一，对内隐态度的研究日益受到关注与重视，成为态度研究的新进展与新方向。以往关于态度的研究主要侧重于对外显态度的分析探讨，存在着明显的局限与不足。伴随着内隐社会认知研究的兴起与快速进展，态度研究也显现出从外显态度向内隐态度转向的趋势，注重探讨内隐态度的构成、特点以及它与外显态度和行为之间的相互关联。例如，研究内隐态度是否由外显态度转化而来或者内隐态度如何支配着外显态度的表现。

第二，对态度构成要素与结构的复杂矛盾性的探讨成为研究的新热点。以往关于态度构成要素与结构的研究持有一种非此即彼的单向度的观点，认为态度要么就是积极肯定、赞成同意的，要么就是消极否定、批评反对的。然而在现实中，人们常常对一些现象与事物持有既积极肯定又有一些消极否定的评价，表现出态度的矛盾性。态度的这种矛盾性，既可能表现为结构内的矛盾，即态度各构成要素之间的矛盾，也可能表现为结构外的矛盾，即两种矛盾冲突的态度并存。对态度矛盾性的新研究，不仅是对以往有关态度构成与结构的复杂性的研究的进一步深化，也与对态度与行为复杂关系的研究相关联，更受到信息加工与内隐认知研究不断进展的影响，研究的关注重点从态度的复杂性转向了矛盾性，新研究还将有关态度的刻板印象、态度偏见以及族群关系的研究融入其中。

第三，在关于态度形成与改变的理论解释与实证分析的研究中，也出现了一些新的模型，或者是在已有研究的基础上的进一步深化与细化，或者是融入了相关研究的新思路与新内容，如内隐认知与态度，从而丰富和更新了态度研究的理论解释框架与实证分析模型。

第三节　社会态度与社会行为

态度与行为之间的相互关系，是态度研究的一个重要方面，与态度的产生与形成、态度的改变两方面的研究一起，共同构成态度研究的核心内容。人们通常都会设想态度能够影响并决定人们的行为，因此也能够根据他人的态度去推断和预测他人的行为，这一认识是人们对态度持有持续不断的研究兴趣的重要原因。然而长期以来的研究表明：态度与行为之间并不是永远相符一致、紧密关联的，这也不是常态化的现象和客观规律；态度能够影响行为，反过来行为也会对态度产生影响。对于态度与行为之间的关系，还需要谨慎看待与深入研究。

一、态度与行为的关系及其模型

态度与行为的关系问题是态度研究中最具争议的一个问题，这一问题的实质涉及人的主观意识与人的实践活动的相互关系问题，即人的主观意识是否能够影响和决定人的实践活动，或者相反；两者之间又是否密切关联和相符一致。从马克思主义的基本观点来看，人的主观意识与实践活动之间密切关联并且统一为一体，“观念的东西不外是移入人的头脑并在人的头脑中改造过的物质的东西而已”①；实践是主观意识的来源和根基，同时主观意识又能动地影响和塑造人的实践行动。因此，在态度与行为的关系中，行为影响态度，态度也影响行为，而两者之间的密切关联和一致关系是必然存在的。迄今为止，研究者仍然没有寻找到对此问题的圆满解答。在过往的研究中，态度有时与行为相符一致、密切关联，有时又显得错乱不一，甚至毫无关联。无论是肯定态度与行为之间的关联，还是否定两者之间的关联，研究者都有可能找到支持自己的

---

① 《马克思恩格斯文集》第五卷，人民出版社2009年版，第22页。

理由和证据，究其原因就在于研究者对态度与行为关系的实质属性认识不清，研究只能在不断的尝试中摸索。只有将研究聚集到分析影响和决定态度与行为关系的各种条件与因素上，分析在哪些条件与因素的影响下态度与行为的一致关系得以形成或无法形成，才有可能归纳出态度与行为之间的真实关系和必然联系。

（一）态度、行为与环境

态度与行为的关系显然会受到态度和行为自身各方面特征与状况的影响，不同的态度与行为之间的关联不会相同，不同的行为也关联着不同的态度，因此在探究态度与行为的关系问题时，研究者需要进行具体明确和有针对性的分析。之前的一些研究所存在的问题就在于缺乏对态度和行为的具体分析，例如，将对中国人的一般性态度与某一中国游客的具体行为联系在一起，自然就难以发现两者之间稳定的一致关联。

态度与行为的关系还会受到外在环境的条件与因素的影响，这方面的影响往往表现为对态度与行为的压力、约束和强制，使得态度和行为不能正常地表现，因而态度与行为之间原有的联系被改变。例如，如果有法律规定酒店的服务人员不得擅自无理由地拒绝要求住店的游客的话，那么不管酒店服务人员内心对游客持有什么态度，他都必须按规定向游客提供住宿服务。

态度与行为的关系还会因为环境因素的影响而形成多样的模式，在不同的环境当中人们会依据自己的态度而表现出不同的行为。例如：同事之间即便关系很好，但在正式的工作场合中，相互间的言行仍会表现得比较正式和克制；而到了私下相处时，双方的言行就会更加自然和真实。环境的影响会限制与态度一致的行为表现，削弱态度与行为的一致关系，最终态度与行为之间会形成多种形式的相互联系。

态度与行为的关系还会受到所涉及的事情和对象本身的一些情况的影响，因人因事而有所不同。当态度或行为所涉及的某事或某人很重要或影响很大时，人们通常会审慎思考和认真对待，并根据内心真实的意愿与想法表现出相应的行为，此时其内心的态度与外在的行为之间存在较高的相关性和一致性；但是当某事和某人不会造成重要的影响或严重的后果时，人们往往就会根据周围环境的影响和个人自身的感受而采取行动，而未必按照内心的想法和意愿去做，其表现的行为就可能会偏离内心的态度。

总之，在态度与行为的相互关联中，既存在相互一致的密切关联，也存在错综复杂的不一致关联，更多的则是相互间的多种形式的对应一致关联，即一种态度可能对应着几种可能的行为，或者一个行为对应着几种态度，这也使态度与行为之间的关系变得更加复杂多样。

（二）理性行为模型

态度与行为之间的一致关系是态度与行为关系问题的核心，因为尽管态度与行为之间存在着不相关和不一致的情况，但是如果能够控制和消除各种因素的影响，态度与行为的根本关系应该是相符一致的。因此，如何能够使态度与行为之间保持一致，都有哪些因素在影响和决定着态度与行为的一致关系，如何依此来预测态度与行为的一致表现，就成为态度与行为关系研究需要解答的重要问题。在已有的研究中，由阿耶兹和菲什拜因提出的“理性行为模型”，对态度与行为的关系进行了有益的理论性探讨。①

理性行为模型（reasoned action model）对影响和决定态度与行为一致关系的各种因素进行了细致和独特的分析，在此基础上发展出了解释态度与行为之间一致关系形成的理论模型。该模型认为，人们的行为直接受制于头脑中的行为意向，人们是根据这些关于行为的意图和愿望而行动的，因此人们的行为是由行为意向所决定的。但是，人们关于行为的意向又是由其对行为的具体态度和所遵循的关于行为的主观社会规范所决定的，其中对行为的具体态度包含对行为结果的可行性和重要性的评估，而主观社会规范则包含其他重要的社会成员对行为的态度和自己对他人态度的接受意愿，即对重要他人态度的态度。例如，关于锻炼身体促进身体健康的态度和开展跑步运动的行为，根据理性行为模型，人们对于跑步的态度（是否适合自己，是否有利于自己的身体健康）和他人的态度（家人和同事都赞成，自己也认可这种赞成），两者一起决定了跑步的行为意向（打算每天都抽时间到操场跑几圈），并最终采取跑步锻炼的实际行动。

理性行为模型对态度与行为的一致关系提出了独到的分析，它认为态度与行为的一致关系是通过行为意向而形成的，态度只是影响和促成了行为意向，并不能直接决定行为，而行为意向则直接决定了行为；只有关于行为的具体态度，而不是笼统和宽泛的态度，才有可能在影响和促成态度与行为形成一致关

---

① I. Ajzen & M. Fishbein, *Understanding Attitudes and Predicting Social Behavior*, Englewood Cliffs, NJ: Prentice Hall, 1980.

系中发挥作用，并有助于对可能的行为进行推测与预设。由于这一模型新颖独特、简洁明了，因而它得到了较为广泛的应用，一些后续的研究也都表明运用这个模型可以较好地预测与某一种态度相联系的行为表现。

但是，一些后续的研究也发现，尽管行为意向对实际的行为表现具有显著的影响，但行为意向并非都会转变为实际行为。有时即便持有了明确的行为意向，人们也会因为缺乏足够的能力或充分的条件而难以付诸实际。例如，由于缺少跑步的场所，即便持有跑步的意向，个人也无法进行跑步锻炼。因此，研究者还有必要不断地将研究予以深入、细化和完善，将外在环境因素置入分析的理论框架中，全面和综合地展开探讨。

二、态度对行为的影响

态度对行为的影响是态度与行为关系研究中的焦点问题，它指的是态度对外在行为的表现所具有的影响或决定作用，包括什么样的态度对行为有较大影响并可决定行为的表现，在哪些方面或在什么程度上态度可以影响和决定行为。对这一问题的探讨直接关系到根据态度预测行为的可能性。尽管态度与行为的关系错综复杂，影响两者关系的条件因素也多种多样，但态度对行为的影响仍可以通过对态度深入细致的分析而被揭示出来。以下简要介绍四种对行为产生影响的态度。

（一）稳定和重要的态度

稳定不变和对个体具有重要意义的态度对人们的行为具有较大的影响。稳定的态度是在很长时期内改变较少的态度，也是人们时常持有的态度，它能够形成一种认知上的惯习和牢固的记忆，并发展为个体人格的一部分，为行为表现提供持久、一致的指引，因而能够使行为与态度保持一致。与不稳定的态度相比，稳定的态度具有更大的影响行为的可能。例如，始终认为吸烟有害身体健康的人一般都会努力拒绝吸烟和反对吸烟。稳定的态度意味着观念与信念的形成。

对个体具有重要意义的态度或者是那些在个体的经历中留下深刻印记并产生很大影响的态度，如因为没有认真准备而丧失了就职的机会，就此有了新的认识和态度；或者是那些对眼下和将来会产生重要影响的态度，如对待自己的上级的态度等具有重要意义的态度和行为的结果有着直接的和重要的联系。这样的态度对行为具有清晰明了的指引作用，影响行为朝向态度指引的方向进行。例如，由于过去的生育经历，或者是面临着生育带来的身体健康问题或生活与抚养问题，有关生育的事情成为事关紧要的问题，此时个人对生育的态度就会对生育行为产生极大影响，而在一般情况下，个人所持有的生育态度则未必会直接影响到生育行为的选择。

（二）强烈持有的态度

人们对自己所持有的态度会表现出不同的强烈程度，或者坚信自己的态度不动摇，或者对自己的态度半信半疑，由此不仅态度自身的改变各不相同，而且不同态度对行为的影响也各不相同。人们坚信不疑并强烈持有的态度将会对其行为产生显著的影响，如对体育运动有助于身体健康的看法坚信不疑的人会更多地参加各种体育运动；而强烈反对同性恋的人也会选择与异性交往和生活。某种态度能够成为强烈的态度通常需要具备以下条件和特征：形成于直接经验和亲身经历的态度；对态度涉及的事情和对象拥有较多的认识与了解，最好是拥有全方位的信息；事关个人切身利害得失的态度；与个人所持有的各种价值、信仰和理念相联系或嵌套的态度；个人对其投入和附加了较多情感的态度。这些态度往往会为人们所坚信不疑，并坚定不移地持有。

强烈的态度是富有力量的态度，这样的态度之所以能对行为产生显著的影响，使行为与态度保持一致，主要是因为其与个体的内在心理存在着多方面的紧密联系，嵌入了内在心理的多样构成，这些态度源自充满动能的心理需求、情感体验和深层的价值理念，在强烈态度的影响下，外部环境因素就难以发挥有效的作用。依据这些强烈而有力量的态度，人们将有可能对相关的行为表现作出较为准确的推断和预测。

（三）有意识的态度

有意识的态度指的是进入人们意识的态度，即一种自知和自主的态度，由于这种态度是个体自己感知到的，也是个体自主选择的，因而对行为具有较大的影响。有意识的态度通常表现为被个体清晰感知和确定的态度，被个体反复默记和不断强化的态度，在各种态度中占据核心或主导位置的态度及进入自我意识中的态度。这些态度之所以对行为具有较大的影响，是因为它们易于从人们的认知中被提取和激活，在对外界刺激的反应中处于显著突出的位置，直接进入了思维反应的过程中。例如，当人们在购物时，面对商品不知如何选择，此时人们所能回想起的以往类似的购物经历与经验就能够帮助个体作出相应的购物选择。过去的经历与经验沉淀累积后转化为一种态度，在被意识激活后就能够影响行为选择。

有意识的态度还能够起到抵御其他因素影响的作用，由于这种态度进入了个体的意识中，因而成为个体应对外界刺激的认知活动的一部分，在判断、评价和选择等认知反应过程中会产生导向性的影响，从而消解和防止其他因素的影响。例如，在面对吸烟与戒烟的选择时，一个有吸烟习惯的人常常会想到许多理由，为两种不同的选择作出可行的解释，但此时那些进入意识活动中的态度要比其他处于无意识或潜意识中的态度具有更大的影响，如在面对医生或者与家人相处时，吸烟有害健康的态度就会成为有意识的态度，并直接导向停止吸烟的行为选择。有意识的态度具有认知筛选与屏蔽不重要因素的作用。

（四）直通行为的态度

态度对行为的影响不仅取决于态度本身的特性，还取决于态度与行为的相互关系，有时态度与行为是分离的，而有时态度与行为紧密地联系在一起。当一种态度与行为之间形成紧密联系时，这种态度就是直通行为的态度，这种态度主要包括：关于具体行为的态度，如对使用避孕药的态度，而不只是对避孕的态度；关于即时行为的态度，如对马上就买下这件衣服的态度，而不只是对是否买这件衣服的态度；与行为无冲突的态度，如对晚餐时可以少喝点酒的态度。

与行为密切联系的态度所关注的对象通常就是对应的行为本身，因而其对行为具有切实可行的指引和预测作用。例如，关于戒烟的态度中，一般性的态度往往与身体健康、环境污染等相联系，并不涉及戒烟行为的具体内容，很显然，这样的态度对戒烟行为的实际影响和预测作用都不会很大，因为它与实际的戒烟行为相脱离。只有针对具体实际的戒烟行为的态度，例如每天只在固定的时间里吸烟、控制烟草摄入量、在一些场合或环境里坚决不吸烟等，才会对戒烟行为产生影响，并具有较好的预测效果。

三、行为对态度的影响

行为对态度的影响是态度与行为关系研究中的重要问题，在过去的研究中，人们更多关注态度对行为的影响，并且理所当然地认为只有态度影响行为的可能，这表现出一种对自主人性的坚信与偏好。但是许多来自现实生活的事例都表明，人们的态度经常会由于自己的言行而发生变化，例如，在购物消费中，人们时常会因为自己已经作出购买或放弃购买的选择而改变自己对商品的评价。又如，人们的许多态度也是在行为过程之中或之后才开始产生和形成的，这些态度也容易发生改变，例如，对某一群体的看法往往就是在个体与这个群体有了直接的交往之后才开始形成的，个体在与群体的交往中增进对其的了解，加深对其的认识，从而形成观点和看法。此外，当个体的行为被赋予了重要的意义或角色身份时，个体对行为所涉及事情的态度也会发生转变，例如捐赠和志愿服务。因此，行为影响态度事实上是态度与行为关系的另一个方面。

行为影响态度的现象反映和展现了马克思主义实践论的观点和主张，人们的观念、意识和看法、主张与人们的社会实践紧密相连，人们在不断的社会实践过程中逐步产生和形成对客观事物的认识和态度，并且随着实践的不断发展而改变和更新原有的观念和态度，“不是从观念出发来解释实践，而是从物质实践出发来解释各种观念形态”①。因此，行为对态度的影响说明不但内在的认识和态度会影响外在的行为，外在的行为也会影响内在的认识与态度。而什么样的行为会对态度产生影响，行为对态度的影响是如何发生和进行的，这些问题是进一步的研究所要回答的。以下简要介绍三种对态度产生影响的行为。

（一）在实践中得到检验和证明的行为

最为直接和明显的对态度具有较大影响的行为就是在实践中得到检验和证明的行为，无论是被证实抑或是被证伪，这一行为本身就揭示和显现了毋庸置疑的事实和道理，因而对态度的形成和改变具有极大的影响，事实胜于雄辩，实践检验真理。例如，一个国家究竟选择什么样的经济制度和生产方式来促进本国的经济发展，这不仅要看人们对此问题的态度与看法，更要通过实践和变革进行探索与尝试，在变革的实践中摸索正确的道路与方向，积累成功经验，发展思想理论，由此改变原有的陈旧偏误的观念和态度，形成新的观念和态度。

行为要对态度产生较大的影响，就要能够付诸实践，接受实践的磨砺和检验，在实践中被证实或证伪。脱离实践或不能付诸实践的行为、没有经过实践检验的行为，对态度的形成与改变可能具有一定的启发性的影响，但其更有可能产生无助于正确认知形成的负面影响。已有的研究证实，产生于直接经验的态度是稳定的、不易改变的，原因在于这种态度是依据个体自身的亲身经历和

① 《马克思恩格斯文集》第一卷，人民出版社 2009 年版，第 544 页。

实践形成，经验和教训胜过任何劝说和宣传，这也表明实践的检验是影响人们态度观念和思想认识形成的关键因素。

（二）消解态度矛盾的行为

行为对态度的影响还表现在它能消解态度的模糊不清和自相矛盾，使态度得以重新确定和更新。这种改变基于个体的自我认知过程，依靠个体自我认知的调整与重构，在个体的自我认知存在矛盾和问题时，通过寻求行为的验证和支持来进行认知的重构，也即通过个体的实践去澄清和化解态度中的迷茫和矛盾。例如，对于吸烟，人们可能持有各种不同的态度，因而时常会面临态度含混不清和相互矛盾的情况，一个自认为重视身体健康的个体，知道吸烟有害身体健康，可自己又有吸烟的嗜好，此时他对于自己是否重视身体健康的问题的认知就更多地取决于个体对自己吸烟行为的判断和选择。如果自己的吸烟行为是有限度的，那么个体就可以认为自己是重视身体健康的；如果自己的吸烟行为是没有限度的，那么个体就得承认自己对身体健康问题缺乏重视。行为的实践成为确定态度的客观可见的可靠依据。

行为影响态度的这种形式，也可看作对个体自我的一种客观验证，个体通过对自身行为表现的观察和审视，进一步形成有关自我的印象与认知，进而调整和重构自身内在的观念和态度。行为实践就如同一面镜子，能够映照和折射出个体的内在观念和态度，人们可以通过对照自己行为的“镜子”而认清自己的思想观念与主观意识，并有所改变。

（三）有效用的行为

行为对态度的影响有时也可以不依赖于与态度的关联而产生作用，而是仅仅因为其能够实现个体的目标或给个体带来满意的结果从而表现为一种有效用的行为。当与态度并不相关的行为能够有效应对和解决态度所关注的问题时，原有的态度也会相应地受到影响并发生一定的改变。这时，行为借助一种需求满足的路径对态度产生影响。例如，不管是吸烟也好，还是戒烟也好，要想保持身体健康，参加各种体育锻炼才是最有效的。在此，参加体育锻炼的行为不仅能够有效应对身体健康的问题，也消解了吸烟或者戒烟与身体健康的关联，淡化了个体对吸烟与否的关注与重视，改变了吸烟态度的内涵与指向。类似的事例在人们对环保问题的态度、对汽车消费和交通拥堵问题的态度、对同性恋人群的态度等方面都时有表现。有效用的行为通过将行为与态度所具有的功能联系在一起，为行为赋予了能够体现态度功能的效用，从而引导和促进了态度的改变与更新。

第四节　现实生活中的态度偏差

态度作为人们对客观现实的主观判断和评价，既反映和体现了客观现实，也表达和映射了人们主观的诉求与偏好，因而人们所持有的态度既会表现出实事求是的一面，也会表现出固执所见、偏执一端的主观偏差。社会心理学关于态度的研究也一直都涉及对这些态度偏差的研究，如对刻板印象、认知定式、偏见与歧视的研究等，并将这些研究与现实紧密联系在一起，使得态度研究能够较好地被运用于改变现实世界的行动实践之中。

一、偏见与歧视

偏见指的是针对他人或某一群体所持有的一种负面否定的认知判断与评价，特别是针对与自己有较大或明显差别的他人或自身没有归属感的群体，如其他族群或地域人群。

偏见是一种态度，具有态度的基本构成要素，即认知、情感和行为倾向，但是偏见又有其不同于一般态度的特点。偏见所包含的认知内容通常缺乏准确全面的客观依据，并且集中在他人的缺点与不足等消极、负面的方面，同时带有鲜明浓烈的情绪色彩与主观偏好成分，对人际互动有着直接的消极影响，当偏见被融入行为时，污名和歧视行为就会滋生，对社会产生极大的破坏作用。

（一）偏见、刻板印象与歧视

偏见在认知方面与刻板印象相联系，但它们又有所不同。偏见主要是关于对象的否定、负面的内容，而刻板印象包含多方面的内容；偏见带有更多的主观偏好与情感成分，而刻板印象基本只是认知的产物；偏见往往会存在于刻板印象之中，是刻板印象的一个部分，但会表现出与刻板印象完全不同的认知反应和行为倾向。

偏见与歧视密切联系，但也有所不同。歧视是一种包含敌意、轻视、排斥等态度倾向的行为表现，通常与偏见表现出一致性。由于偏见主要表现为对异类群体片面的否定、敌视的情绪与行为上的拒绝、隔离和排斥的倾向，因而当偏见被进一步强化、夸大和激化时，就会导致对偏见对象的恶意丑化和污名化，滋生歧视。偏见是一种否定的态度，歧视则是一种否定的行为，歧视的根源往往在于偏见，但是偏见并不必然地滋生歧视，社会的意识形态、文化习俗、制度规范和共同的社会生活都会影响偏见和歧视的发生，从而使得偏见与歧视成为现代社会中的普遍和持续的问题。

偏见与歧视有着共同的产生根源，但偏见的存在往往是歧视产生的最直接动力，偏见会使得歧视的行为合理化甚至被制度化，并使其对社会的负面影响也更为广泛和持久。偏见比歧视更加难以约束和改变，它一旦形成，往往就会演化成为社会文化与意识形态的组成部分，进一步巩固和传播下去。

（二）偏见的产生与形成

对于偏见的产生与形成，已有的研究从不同角度进行了分析与解释，一定程度上揭示了影响偏见产生与形成的各方面因素。

外在客观环境是偏见产生、形成的重要影响因素。偏见常常是人们在家庭、学校、大众传播与社会制度的社会教化和影响之下逐渐产生和形成的，是人们在后天社会生活中学习、实践的结果。在对经验知识、社会规范、规章制度的学习、适应和实践的过程中，人们接触、感受和习得了各种各样的刻板印象、态度偏好、行为倾向，由此形成了对不同人群的态度。而在社会教化与环境影响之下产生的偏见甚至歧视，根源在于现实社会中存在的社会不平等与社会分化。不平等的制度分化了疏离的人群与大众，最终滋生出偏见。

类别化加工的认知心理过程是诱发偏见产生、形成的一个内在原因。人们对纷繁复杂的事物的认知大多是根据事物的一些外在的、显著的特征进行的，通过区分差异，归纳共同之处，并予以概括，人们将事物划分为不同类别，赋予其一定的意义和标签，从而简洁、便利地形成对事物的认识和了解。在这一过程中，突出事物的外在特征和对事物分类、赋予意义会使人们的认知产生一定的以偏概全的偏差和由表及里的倾向性，最终诱发和促使了偏见的产生、形成。

群体归属和身份认同的心理是诱发偏见产生、形成的另一个内在原因。人们在认知社会时不仅会进行类别化的认知加工，同时还会根据自身是否属于或认可某一类别的群体而对不同群体予以不同的评价和反应，并从中获得自尊和满足。通常人们对于自己所归属的群体会产生身份认同并给予正面的认知评价，这被称为“内团体偏私”，而对于与自己身份归属不同的群体则会产生排斥和拒绝的态度，同时予以其负面的认知评价。偏见的产生即源自人们对群体的归属和认同。

此外，群体之间的相互冲突和竞争也是诱发偏见产生、形成的重要影响因素。社会由各种不同的群体组成，它们在拥有的权力、享有的地位和获取的资源等方面不尽相同，有些群体成为优势群体，另外一些则成为弱势群体。前者希望能保持自己的优势地位，后者则希望能改变自己的弱势地位，由此就会产生群体之间的冲突与竞争，而影响和改变群体之间的交往活动，最终导致认知偏见的产生和形成，使不同群体相互否定、相互排斥。偏见主要与社会群体之间的冲突竞争相联系，产生于矛盾冲突与利益竞争的群体互动过程中。

二、性别、社群与阶层的分析

偏见和歧视存在于社会的各个方面，对人们的正常生活和社会的良好运作产生了极大的负面影响，造成了很多不良后果，因而引起社会的普遍关注。社会心理学对此的研究探讨也相应集中围绕着其中的几个方面，主要包括性别的偏见与歧视、社群的偏见与歧视、社会阶层的偏见与歧视。

（一）性别的偏见与歧视

围绕着人类自身生理性别的不同和相互之间的差异而产生的偏见与歧视，是人类社会中最为普遍、持续时间最长的偏见与歧视，它被发展为一种性别主义的文化与价值观，广泛而深刻地影响和形塑着人们的观念和认知，也造就了相应的社会制度。性别的偏见与歧视在各种形态与发展阶段的社会中都可以观察到，例如，威廉姆斯等分析了二十多个国家的调查数据后发现，每个国家的人都持有关于性别的固定看法与刻板印象，并且各国之间具有明显的一致性。性别的偏见与歧视在人们的社会生活的各个方面都存在，成为现代社会一个无处不在、形影相随的组成部分。

性别的偏见与歧视最为普遍和广泛的表现形式是对女性的偏见与歧视，表现为对女性的智力、能力、人格、社会角色和地位身份等各个方面进行贬低、作出否定和排斥的评价。这种偏差性的态度与行为不仅存在于男性中，而且也广泛存在于女性中。尽管近年来的一些研究表明，人们的性别态度正在发生改变，对女性的态度正在朝向有利于女性的方向转变。例如，过去人们认为女性缺乏理性，容易感情冲动，现在则认为这会使女性更为细心和善解人意。人们对男性的态度也在朝向与女性平等的方向调整。然而，这种改变往往只是偏见表现形式的变换。同时，性别态度的改变也并未促使性别歧视减少，针对女性的各种歧视（如在教育、就业、生育等方面的歧视）仍然广泛存在。在一些国家，对女性的偏见与歧视突出地表现在就业和生育活动方面，对男性的偏好和对女性的不平等对待成为惯习和文化，反映了这些国家中的性别不平等。

性别偏见与歧视的存在，主观上与人们的性别观念和社会的文化传统密切相关，针对男性和女性的刻板印象既是人们认知上的偏差和错觉，同时也成为社会的共识与文化，其深层根源实际上在于社会不平等，是男女各自在社会上所拥有的地位、权力和角色身份的不平等造成了对女性的偏见与歧视。男女之间生理和心理的性别差异是客观和必然的，由此形成的对待男女的不同看法与认识，以及进一步概括出的存在一定偏差的刻板印象，都并不足以滋生只针对女性的偏见与歧视。男女因其生理和心理的差别而各有所长，社会分工也就各不相同，同时也互为补充，相辅相成，因此男女之间本不存在水火不容的冲突和竞争。在现代社会，针对女性的性别偏见与歧视很大程度上受到社会中因为人们的性别不同而予以不平等对待的习俗传统、观念意识和制度规范的影响，男女之间的不平等更多的是一种社会建构的产物。在中国传统社会中，部分人在子女生育和养育中所表现出的男孩偏好，就是一种社会建构的性别偏见与歧视，反映和体现了社会中存在的性别不平等。

（二）社群的偏见与歧视

物以类聚，人以群分。群体是人类组成社会的基本形式。种族群体、民族群体、地域群体、职业群体等是最为常见的社群形式。这些社群成为人们依靠团结或竞争攻击的主要动力，由此也滋生出各种偏见与歧视。在很多西方国家，种族偏见与歧视普遍存在；而在现代社会中，地域和职业群体的偏见与歧视则更为普遍和广泛，如原住居民对外来移民的偏见，管理和技术类职业对体力劳作类职业的偏见以及强势主流群体对各种弱势边缘群体的偏见。

基于个体社群身份而产生的各种社群偏见，具有一些共同特征，这些共同特征归纳起来主要表现在三个方面：一是对自己所属群体持有明显的优越感，对他群体则倾向于贬低和污名化；二是对他群体表现出排斥与疏离，不愿接受和容纳“非我族类”的人群，拒绝和否定他群体的共同存在；三是对他群体充满敌意，歧视和攻击他人。因此，社群偏见与歧视的表现形式更为激烈和富有攻击性，所导致的后果也更为严重与恶劣。性别偏见则有所不同，对于女性的偏见与歧视主要表现在维护男性的优越与强权，压制和剥夺女性的权利，但并不意味着拒绝和排斥女性的存在。

各种社群偏见由来已久，并且对社会产生了显著的破坏性影响，撕裂并分化了社会，制造了社会的对立和冲突。社群偏见的产生往往始于不同社群之间的竞争，尤其是对抗性的竞争，这种竞争实质上表现为社群之间对权力与利益的争夺，而不仅仅是因两者的差异而造成的误解与争执。不同社群之间的差别是客观存在的、难以改变的，有时这种差别是对立的、难以相容的，如在宗教信仰与生活习惯上的差别，当这样的差别与社群之间的竞争联结在一起时，就会激发出不和甚至对立冲突，这不仅会滋生出严重的偏见，还会进一步激化社群之间的敌视与排斥，由此社群之间的和谐共处被打破。

在当下的中国社会，伴随着改革开放和社会的流动，乡村人口日趋涌入城市，城乡之间的偏见和排斥开始变得日常化和表面化，成为滋生社会矛盾冲突的重要因素，转型时期利益冲突和权利不平等的社会问题凸显。对此问题进行的社会心理学研究也关注和探讨了进城务工的农民工所经受的偏见、污名和歧视的问题①，并将户籍制度、劳动力市场分割、城乡之间差异和相互的碰撞摩擦与冲突等视为主要的影响因素。从根本上来说，城市居民对外来农民工的排斥和歧视是现阶段我国经济社会发展不平衡、不充分所造成的。

（三）社会阶层的偏见与歧视

社会阶层是现代社会的重要结构，为社会的稳定发展提供了坚实的支撑。阶层本身虽然是连续的，但同时也是有所区分甚至是分化疏离的，不同阶层之间对彼此产生认识上的误解、成见或刻板印象也在所难免，这些误解、成见或刻板印象可能在外在环境的影响下转变为对不同阶层的偏见与歧视。社会阶层之间的偏见与歧视由来已久，当今社会中，人们对某个阶层所持有的种种偏见部分是传统社会时期的观念与印象的延续，如所谓的“无商不奸”“无官不贪”“人穷志短”等。传统社会时期人们所持有的阶层偏见大多源自个人的生活经验和阅历见识，缺少抽象的概括与提炼；而当今社会中的阶层偏见充满了阶层

---

① 参见管健：《身份污名与认同融合——城市代际移民的社会表征研究》，社会科学文献出版社 2012 年版。

的权益诉求与道德评判。因此，现代社会中的阶层偏见具有鲜明的价值取向和极大的行为驱动力，能够对社会的阶层结构以及阶层的互动关系产生显著的影响。

阶层间的偏见与阶层间的差异以及相应的刻板印象密切相关，但归根结底还是与阶层之间是否和谐共处、是否开放流动直接相关，也与阶层关系的建构与整合直接相关。这些因素决定了阶层偏见或是一种认知上的偏差与刻板印象，或是一种充满敌意和怨愤情绪的消极不满与对抗心态。如若阶层之间的关系具有平等性、开放性和流动性，各阶层也遵规守矩、友善待人、奉献社会，那么阶层之间的偏见也就只是一种认知上的固执和偏好，不会产生广泛的社会影响；但如果阶层关系分化疏离、紧张对立，相互之间充满隔阂、流动不畅，那么阶层之间的偏见就有可能演变成为充满敌意与怨愤情绪的不满和对抗。阶层偏见通常不会激化阶层之间的歧视行为，最多导致阶层自身的自我保护行为，例如，富有的阶层可以通过市场去获取更好的教育，而贫困阶层则只能依赖政府提供平等的普及教育；但是阶层的偏见可能激化阶层间的敌视和对抗，原因在于，当经济社会发展不平衡、不充分时，阶层关系的建构与整合就会存在分化、隔离和对立，进而动摇社会阶层结构的稳定与和谐，消解社会阶层间的合作，恶化社会阶层间的关系，影响社会发展的进程与方向。因此，社会阶层的偏见不容小觑，它不仅是一个认知心理学的问题，还是社会中权力和资源分配的制度建构的产物，只有通过变革与完善社会阶层的制度建构，尤其是“在发展中补齐民生短板、促进社会公平正义……保证全体人民在共建共享发展中有更多获得感，不断促进人的全面发展、全体人民共同富裕”①，才有可能消解阶层之间的对立，使阶层的偏见和歧视得以疏解和淡化，使社会各阶层和而不同，求同存异，和睦相处，共同进步。

总而言之，对于现实生活中所存在的各种各样的态度偏差，最终只有通过构建跨越地域国别、种族社群以及阶层身份的人类命运共同体，使人们“并育而不相害”“和睦相处、合作共赢”“建设一个持久和平的世界”“建设一个普遍安全的世界”“建设一个共同繁荣的世界”“建设一个开放包容的世界”②，

① 习近平：《决胜全面建成小康社会　夺取新时代中国特色社会主义伟大胜利——在中国共产党第十九次全国代表大会上的报告》，人民出版社 2017 年版，第 23 页。

② 习近平：《高举中国特色社会主义伟大旗帜　为全面建设社会主义现代化国家而团结奋斗——在中国共产党第二十次全国代表大会上的报告》，人民出版社 2022 年版，第 62—63 页。

才能从根本上消除人们相互之间的各种偏见与歧视。

思考题

1. 马克思主义有关社会存在决定社会意识的基本观点和论述是什么？
2. 从马克思主义观点来看，态度的本质是什么？
3. 态度的形成与改变是一个怎样的过程？
4. 如何理解和分析当代中国社会所存在的社群偏见与歧视？

▶ 答题要点

第七章 人际沟通与社会互动

人与社会的关系是辩证统一的，人不能脱离社会而存在，社会也不能脱离人而存在。马克思强调："人的本质不是单个人所固有的抽象物，在其现实性上，它是一切社会关系的总和。"[①] 这说明：一方面，人是社会的人，人只有在一定的社会关系中才是真正的人、历史的人、实践的人；另一方面，社会也是人的社会，是相互联系的、有组织的个人集合体，脱离了人，社会就是毫无内容和意义的抽象概念。本章的主题——人际沟通与社会互动正是人与社会之间关系的重要纽带。

第一节 社会互动的理论分析

社会互动是个人与个人、个人与群体、群体与群体之间为了满足某种需要而进行的交互作用和相互影响的活动。社会互动也可以被认为是社会交往，而社会交往在马克思主义体系中，尤其是在历史唯物主义的创建过程中具有十分重要的地位。社会交往是人类重要的生存方式和活动方式，是不同实践主体之间以客体为中介的相互作用关系，本质上也是在不同主体之间实现的实践关系。人之所以成为主体，不仅是因为人的本能或人的自然属性，而且是因为人的社会实践。马克思主义强调，交往活动是人类和人类社会的普遍存在方式，意识、语言的产生均是人类交往的结果。这些论断显示出极强的穿透力和生命力。作为研究社会的基本分析单位之一，社会互动是研究从个体层次迈向社会层次的桥梁。就理论而言，符号互动论、拟剧论和常人方法论都是社会互动论中的典型理论。

一、符号互动论

符号互动论是一种侧重从社会学视角研究社会行为的理论流派，又称象征互动论。这一理论强调，社会是由互动着的个体构成的，社会中诸多现象如何

① 《马克思恩格斯文集》第一卷，人民出版社 2009 年版，第 505 页。

产生也要从互动中寻找答案。作为关注个体行为的社会学理论，符号互动论产生于20世纪30年代。

德国社会学家齐美尔早在1908年在其所著的《社会学》一书中就使用了“社会互动”一词。之后，社会学家韦伯强调研究互动的意义，认为研究社会的主要目的是解释社会互动。同一时代的乔治·米德对人类互动中的意义进行了系统的研究，他采用的理论视角即符号互动论。符号互动论是美国社会学领域中芝加哥学派的主要理论成就，其思想源于美国20世纪初的实用主义哲学和行为主义心理学。其中，詹姆斯对自我的区分、库利关于“镜中我”的讨论、托马斯对“情境”的定义、米德对“心灵、自我与社会”关系的阐释，都对符号互动论的系统化产生了重要意义。《心灵、自我与社会》是米德讲授社会心理学30年的记录，体现了他的社会心理学体系的基本轮廓。他从进化的观点出发，提出了人的心灵和自我从社会中产生和发展的观点，强调有机体与环境、个体与社会相互作用。① 米德提出了关于心灵、自我与社会关系的假说，即人对外部世界的适应是通过符号化的沟通过程来实现的，是拥有语言、符号和沟通能力的个体实现与其他个体的互动，并在互动中生成自我、意义与社会的过程。米德的理论始终强调日常生活中意义的创造和交换。这个传统被之后的符号互动论者布鲁默、休斯、贝克尔、戈夫曼等人继承下来，也在当今符号互动论的研究中得到鲜明体现。此外，库利在《人类本性与社会秩序》中首次提出“镜中我”的概念。他认为，人的行为在很大程度上取决于对自我的认识，这种认识来自与他人进行社会互动的过程。也就是说，他人的评价、社会态度都是反映自我的一面“镜子”，个人通过这面“镜子”可以认识和把握自我。“镜中我”的概念强调了人类行为与社会环境的交互作用。

总之，符号互动论扎根于经验世界，在互动过程中探究自我、情境、社会与意义等范畴的真实内涵，它强调行动者对符号意义的理解力与创造力，以及人际互动产生的复杂交错和具有多重意义的沟通网络。

二、拟剧论

拟剧论（dramaturgical theory）是用比喻为表演的方式说明日常生活中人的社会互动的理论，其代表人物是美国社会学家戈夫曼。戈夫曼研究了人们在他

---

① 参见［美］乔治·H. 米德：《心灵、自我与社会》，赵月瑟译，上海译文出版社2018年版。

人眼里制造形象的过程，并将社会互动研究作为拟剧论的主要关注点。[①] 按照拟剧论的观点，当人们扮演角色时，他们的表演由观众来评判，人类互动最重要的特征就是印象整饰、印象管理或自我呈现，即为了使他人按照我们的愿望来看待自己而在他人面前努力展示自我的过程。戈夫曼在《日常生活中的自我呈现》一书中提出，印象整饰就像戏剧，互动中一方的兴趣在于控制别人的行为，使对方通过对自己行为的理解，作出符合自己计划的行为反应。他将社会互动和戏剧表演结合起来，认为每个人都在扮演一个“行当”，一个“行当”就是一套细致的对言语和非言语行为的选择。

拟剧论重在引出人的社会性活动中的印象管理机制，将人际互动中人的行为比作社会表演，经常性和持续性的互动则按照一定的脚本或常规程序的剧本来完成，个人在其中扮演相应的社会角色，进而控制自己在他人心目中的印象。戈夫曼关注人们日常生活中使用的种种符号，基于符号互动来透视人际互动。舞台是虚假的、戏剧化的呈现，生活中的呈现则是真实的，甚至是无须排练或排练不充分的。社会和人生都是舞台，所有成员都关心自己的演出效果，即自己被受众接受的可能性和程度。拟剧使人们按照内化的社会规范和行为准则进行交互作用，同时该规范和行为准则又在相应的社会中成为社会常识，能被共同理解和共同遵循。拟剧论可用来解释与分析人们在各类场合中维持自我形象的具体心理活动，展现其中暗含的复杂的心理机制。

三、常人方法论

加芬克尔在 1954 年提出的常人方法论（ethnomethodology），也叫本土方法论，旨在关注人们在社会情境下为了制造印象而使用的技巧和规则，这些技巧和规则涉及人们如何形成关于现实的共同意识，以及人们之间又是如何相互理解的。

加芬克尔认为，人们在日常生活中会使用一些技巧和规则以使自己的日常生活看起来更具理性，并出于各种实践目的使行为成为可讲述的和可说明的。他强调人类的行为具有权宜性、情景组织性、索引性、反身性和可说明性。权宜性是指行为并非按照事先规定的规则进行，而是行动者根据局部情况、场景条件和自身努力来完成的；情景组织性是指任何社会行为都处于一个场景之

① 参见［美］欧文·戈夫曼：《日常生活中的自我呈现》，冯钢译，北京大学出版社 2016 年版。

中，而场景本身也是行为的一部分，和行为一样是社会成员通过努力获得的成果；索引性是指社会成员之间的沟通和所有社会行为的特点都是运用共同完成且未经申明的假设与共享知识进行的，索引性引起的直接结果就是权宜性的行为；反身性是指对行为过程的描述、说明与理解反过来又作用于行为本身；可说明性是指行为是可观察的和可报道的，因而也可以被理解。

总体上看，虽然社会互动论没有一个统一的理论，但相关的几个理论均强调人类互动是建立在有意义的符号之上的一种行动过程。在社会互动的范畴中，马克思侧重使用交往理论。在《1844 年哲学经济学手稿》中，他最早提出了有关交往、交往异化的问题，这是马克思交往理论萌生的起点。他认为，生产本身是以个人交往为前提的，交往反映了人们在物质生产和精神生产等实践活动中形成的非对称性活动，表征了主体和主体之间的关系。互动性也即互为主体性，交往双方在互动中以互相承认各自的主体资格为前提，由此交往关系成为人们存在的基本方式。在人类的社会关系中，交往关系是最基本的关系，是人们社会生活的主要内容。交往关系复杂多变，交织成人们多变的生活。

第二节　社会互动的主要类型

社会互动可以分为对称性社会互动和非对称性社会互动。互动双方都表现出类似的行为，并且其行为相互依赖、相互制约的互动即对称性社会互动；如果互动双方的关系是不对等的，即为非对称性社会互动。

一、对称性社会互动

对称性社会互动包括交换、合作、竞争与冲突等。交换是个体或群体采取某种方式彼此交往，并旨在获得报酬或回报的互动方式。合作是团体成员和谐地一起工作来达成个别或集体目标，并分享报酬的互动方式。竞争是两个及以上的个体为了争取有限资源所采取的互动方式，如为了争取利益、权力、资源等的竞争。冲突则与合作相反，它是两个或两个以上的个体形成对立的互动方式，它的产生是因为双方认定只有阻抗、压制、挫伤、消除对方才能达到自身的目标。因为社会资源有限，个人在追求稀缺资源时，常会与他人发生利益上的冲突。

（一）交换

研究交换的社会交换论关注人们在互动过程中付出的代价和获得的酬赏。在社会交换论的视野中，无论社会互动或交往过程是有形的还是无形的，也无论其酬赏或代价的大小如何，都可将它视为一种至少是在两个人之间进行的交换活动。社会交换论者霍曼斯和布劳认为，人们的社会互动体现为一种交换关系，而个人利益是隐匿于人们的社会互动背后的普遍动机，因此，可以用交换的观点去考察一切社会互动和社会行为。

霍曼斯将交换解释为如下命题：（1）成功命题。如果在某人所从事的行为中，某一特定行为经常得到酬赏，那么他就更愿意重复这一行为。（2）刺激命题。如果某人在过去对某一种或一组刺激采取的某一行为获得了报酬，那么当类似刺激再次发生时，个体就可能采取与之相同或类似的行为。（3）价值命题。某种行为带来的结果对一个人越有价值，则他越有可能重复该行为。（4）剥夺—满足命题。某人在近期越是经常得到某一特定酬赏，则随后而来的同样的酬赏对其价值也就越低。（5）侵犯—赞同命题。如果某个人的行为没有得到预期酬赏甚至受到未预期到的惩罚时，个体就会被激怒并采取侵犯行为；若个体的行为获得符合甚至超出预期的酬赏或没有得到预期惩罚时，个体则会产生喜悦的心情并做出令他人赞同的行为。（6）理性命题。当面对各种行为方案时，个体总是选择他认为的价值最大和获得成功概率最高的方案。

从某种意义上说，马克思的社会交往观点为现代社会交换理论提供了借鉴。人只有通过交往，才能获得现实的实践性本质，进而成为真正的主体。因此，交换联结生产和再生产，表现出生产实践活动的中介性和接力性特征，交换反映了人与人之间的关系，可以说，分工与交换是人类交往的基本形式。其后，布劳受霍曼斯和马克思的影响，吸收了社会交换论的基本命题，又汲取了马克思辩证法思想的精髓，运用集体主义方法论与整体结构论对社会交换的宏观结构进行研究。他认为，在微观的社会结构中，人际的社会交换开始于社会吸引，如果一个人期望通过与别人的交往获得报酬，那么无论这些报酬是内在的还是外在的，他都会受到能提供这些报酬的人的吸引。社会吸引的过程引起社会交换的过程，互相提供报酬将维持人与人之间的相互吸引和持续交往。

（二）合作

合作是个体或群体之间为了共同的目标而协同活动，促使某种既有利于自己又有利于他人的结果得以实现的行为或意向。例如，党的二十大报告指出的“我们实行更加积极主动的开放战略，构建面向全球的高标准自由贸易区网络，加快推进自由贸易试验区、海南自由贸易港建设，共建‘一带一路’成为深受欢迎的国际公共产品和国际合作平台。我国成为一百四十多个国家和地区的主要贸易伙伴，货物贸易总额居世界第一，吸引外资和对外投资居世界前列”①，就是在打造形成更大范围、更宽领域、更深层次对外开放的合作格局。事实上，人类从出生开始就展示出社会性的一面，出生 6 周的婴儿能对他人报以社会性微笑，并通过与父母进行共同活动来学习合作。儿童的合作行为始于出生后 18～24 个月，并开始迅速发展和分化，2 岁的儿童能有效地进行合作性游戏。动物世界中的合作捕食、人类社会共同抵御病毒侵犯或自然灾害，都属于合作行为。合作对于人类社会的发展，尤其是对于儿童的社会性发展至关重要，参与合作活动有助于儿童习得本群体的文化准则和恰当的行为模式。合作作为一种最大化集体利益的行为，通常需要抑制个体短期的自我利益而达成集体长远的共同利益。马克思在《资本论》中将合作描述为协作，认为许多人在同一生产过程中或在不同的但互相联系的生产过程中有计划地协同劳动，这种形式就是协作，即合作。他认为，合作并非来源于人的主观意识，合作的形式只能来源于物质生产，并在物质生产中不断得到发展，这是唯物主义在马克思关于合作的思想中的具体体现。

根据不同的标准，可以将合作分为不同的类别：（1）根据合作的互动模式可以将其分为非正式合作、正式合作与共生合作。非正式合作通常表现在初级团体中，经常是自发性的、非契约性的行为，比如家庭成员之间的互帮互助。正式合作是有目的的、有意图的契约行为，是权利与义务较为明确的行为，比如部门之间或同事之间相互合作。共生合作是两个有机体相互依赖地生活在一起，彼此从对方处获取利益的合作方式，比如贸易中的相互合作关系。（2）根据合作的形成过程可以将其分为传统式合作、契约式合作与自然式合作。传统式合作指在习俗、权威影响下采取的联合行为；契约式合作指依赖契约关系，在一定时间内合力完成目标的交易性行为；自然式合作指基于共同需求、情感联结等采取的互助或联合行为。

---

① 习近平：《高举中国特色社会主义伟大旗帜　为全面建设社会主义现代化国家而团结奋斗——在中国共产党第二十次全国代表大会上的报告》，人民出版社 2022 年版，第 9 页。

合作解决问题的群体要比竞争解决问题的群体更加协调，合作群体成员比竞争群体成员更能采纳别人的意见，更能友好相处。例如，我国全面发展协商民主，推进协商民主广泛多层制度化发展，坚持和完善中国共产党领导的多党合作和政治协商制度，“完善协商民主体系，统筹推进政党协商、人大协商、政府协商、政协协商、人民团体协商、基层协商以及社会组织协商，健全各种制度化协商平台”①。通过健全各种制度化协商平台，能够使发扬民主和增进团结相互贯通、建言资政和凝聚共识双向发力，提高深度协商互动、意见充分表达、广泛凝聚共识水平。相较而言，竞争群体成员彼此很少沟通，容易产生误解，成员间易互相侵犯，心情压抑。因此，合作更能促进人际关系的协调，提高群体的凝聚力。合作的历史就是人类共同劳动的历史，合作与人类社会的历史始终相伴，随着人类社会的不断发展，合作水平将不断提高。党的二十大报告指出，“团结就是力量，团结才能胜利”，“始终同人民同呼吸、共命运、心连心，不断巩固全国各族人民大团结，加强海内外中华儿女大团结，形成同心共圆中国梦的强大合力”。② 这说明，团结合作有利于中华民族的伟大复兴。

（三）竞争

与合作行为相对的是竞争行为，竞争的目的是超过他人而获得承认。竞争作为人们在社会情境中相互作用的主要形式之一，是社会中存在的普遍现象。广义的竞争包括生物间的生存竞争，这是生物进化的普遍规律；狭义的竞争是指个体或团体的各方力求胜过对方的对抗性行为。个体的竞争态度受两种不同的价值取向影响，即极端的个人主义和整体的个人主义。极端的个人主义竞争观是为了个体目标的实现而不考虑他人的生活，对他人采取完全排斥和敌视的态度；整体的个人主义竞争观则是在与他人的共同生活中找到自己的目标，同时通过共同的探索活动以实现这些目标。从宏观的群体角度来看，可以说，正是因为个人意识到与他人共生、共存的必要性，集体主义的出现才有了可能。例如，我国长期坚持在和平共处五项原则基础上同各国发展友好合作，推动构建新型国际关系，深化拓展平等、开放、合作的全球伙伴关系，致力于扩大同各国利益的汇合点，就是在竞争与合作中寻求整体利益的最大化。

---

① 习近平：《高举中国特色社会主义伟大旗帜 为全面建设社会主义现代化国家而团结奋斗——在中国共产党第二十次全国代表大会上的报告》，人民出版社 2022 年版，第 38 页。

② 习近平：《高举中国特色社会主义伟大旗帜 为全面建设社会主义现代化国家而团结奋斗——在中国共产党第二十次全国代表大会上的报告》，人民出版社 2022 年版，第 70 页。

社会心理学更加关注竞争中的两难困境问题。社会两难（social dilemma），也被称为“社会困境”，它是个人利益和群体利益存在冲突的情境，其中混杂了合作和竞争的动机。社会两难包括囚徒困境、资源两难、公共物品两难、最后通牒博弈、独裁者博弈、信任博弈、礼品交换博弈、第三者制裁博弈等，其中囚徒困境是合作与竞争动机的最典型案例。

在第二章，我们介绍了囚徒困境的提出过程，如果将这一博弈扩展到除“囚徒”外的其他情境中，可以总结出其一般形式。囚徒困境假设有两个参与者和一个庄家。参与者每人有一式两张卡片，各印有“合作”和“背叛”。参与者各把一张卡片文字面朝下，放在庄家面前。文字面朝下排除了参与者知道对方选择的可能性。然后，庄家翻开两个参与者的卡片，根据以下规则支付利益（见表 7-1）：一人背叛、一人合作，背叛者得 5 分（背叛诱惑），合作者 0 分（受骗支付）；二人都合作，各得 3 分（合作报酬）；二人都背叛，各得 1 分（背叛惩罚）。

表 7-1 囚徒困境支付矩阵

	甲（合作）	甲（背叛）
乙（合作）	3（乙，R），3（甲，R）	0（乙，S），5（甲，T）
乙（背叛）	5（乙，T），0（甲，S）	1（乙，P），1（甲，P）

注：T（temptation）= 背叛诱惑，分值为 5；R（reward）= 合作报酬，分值为 3；P（punishment）= 背叛惩罚，分值为 1；S（suckers）= 受骗支付，分值为 0。

如表 7-1 所示，以个人选择得分而言，可得出以下不等式：$T>R>P>S$（即 $5>3>1>0$）。若以整体获分而言，可得出以下不等式：$2R>T+S$ 或 $2R>2P$（即 $2\times3>5+0$ 或 $2\times3>2\times1$）；选择相互合作的 2 人共得 6 分，比起选择互相背叛的共得 2 分和单独背叛的共得 5 分，显然合作获分比背叛高。合作对团体而言是支配性策略，而重复博弈或重复的囚徒困境将会使参与者从注重 $T>R>P>S$ 转变成注重 $2R>T+S$，就是说将使参与者脱离原先的困境。

除囚徒困境外，另一项经典研究是拉绳实验。在实验中，研究者把几个纸做的圆锥体放在一个窄口玻璃瓶内，每个圆锥体上系有一根引线，每个被试拉住一根引线，然后从瓶底向瓶内注水。实验要求被试在纸做的圆锥体沾水之前将其从瓶口拉出，瓶口很窄，一次只能通过一个圆锥体；被试有充分的时间按顺序拉出圆锥体。但是由于所有被试都急于把自己的圆锥体拉出来，结果都挤在瓶口，一个也拉不出来。只有在主试指示这组被试与其他组被试竞争时，他们才能有效地合作，将所有的圆锥体按照顺序拉出。

“运输竞赛”也是一项说明竞争与合作关系的经典研究（见图 7-1）。研究者要求两个被试（阿克米和波尔德）想象他们各自正在经营一家运输公司，并要求每人驾驶一辆货车尽快由一个地点到达另一个地点。无疑，两个被试都十分清楚，最佳方案是相互合作，轮流使用单行道，双方都走捷径，但其中一人需稍候片刻，等另一人通过。但事实上，两个被试均不肯合作，都想抢先通过单行道。在单行道中间碰头后，彼此拒绝让步，最终一辆车退回，关闭控制门，走另一条路，因而双方都得不到高分。经过多次实验，两个被试只是偶尔出现合作行为，大部分情况下仍选择竞争。

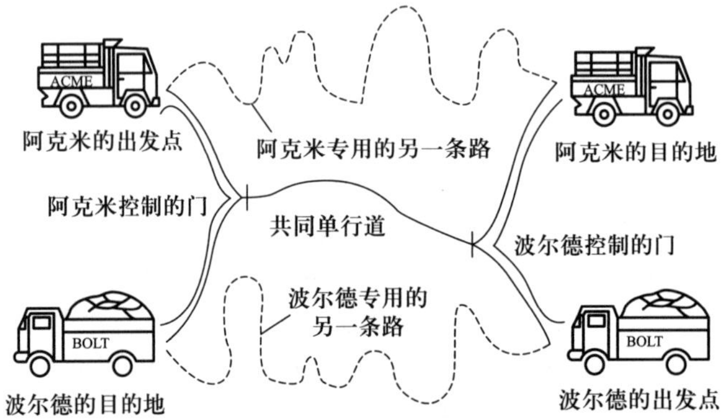

图 7-1　运输竞赛路线

那么，影响合作与竞争的因素有哪些？根据诸多研究，可以把相关因素总结为以下几种：第一，群体的特征。比如，成员之间的沟通程度是最重要的因素之一，沟通的机会越多，合作的可能性就越大。第二，群体的奖励结构。当一个人的获得意味着另一个人的损失时，一个竞争性的奖励结构就形成了，这种情境被称作“竞争性共存”。在这样的情境中，如果个体希望得到奖励就必须竞争。在合作奖励结构的情境中，群体成员获得的结果之间的相互关系是正性的，这种情境被称作“合作性共存”。第三，群体规模和成员的互动。随着群体人数的增加，成员对群体的责任心降低，自利行为更具隐蔽性，合作也因此而减少。第四，外部情境和文化特征。共同外部威胁的出现会促使群体合作。同时，生活在集体主义文化中的个体较倾向于合作，生活在个人主义文化中的个体较倾向于竞争。第五，价值观因素。比如，合作者倾向于最大化个体和他人的共同收益；竞争者倾向于使自己的收益相对于他人的收益达到最大化；个人主义者倾向于最大化自己的收益，而不考虑他人的收益或损失等。第六，人格因素。心理学认为存在两种稳定的人格类型，可以被描述为合作者人格和竞争者人格。这两种类型的个体有着不同的世界观，对于他人的合作竞争倾向也有着不同的看法。第七，归因。在一定情境下，人们对环境线索进行不同的归因，就会得出不同的推论，这会帮助他们有效地认识自己和他人行为之间的关系及可能获得的利益，认识他人行为的原因和自己行为的后果，可以有效地促进合作行为的发生。第八，人际问题解决能力。解决人际问题的策略的数量、质量与合作行为高度相关。因此，更好地解决问题，提高解决人际冲突的能力，可以促进合作行为。第九，移情能力。移情是个体想象他人的情绪、情感，进而产生和他人相似的情绪、情感体验的能力，它可以分为情绪移情和认知移情。如果对他人产生移情，那么在和他人合作时，就能体验与他人相似的情绪、情感，从而根据他人的立场调整自己的行为。

（四）冲突

合作和竞争是人类相互作用的两种基本形式，冲突则是竞争的升级，冲突也是日常生活中普遍存在的互动形式之一。在组织中，个人与个人、群体与群体在相互交往和互动的过程中，由于这样或那样的原因而产生意见分歧、争论、对抗，使得彼此之间的关系出现不同程度的紧张状态，并为双方所意识到，这种现象就是冲突。事实上，冲突的含义很广，它还包括人们内心的动机斗争，即内心的冲突，也包括人们之间的争论、争吵等。

当前，世界之变、时代之变、历史之变正以前所未有的方式展开，人类社会面临前所未有的挑战。因此，我们有必要增强对冲突的认识。冲突理论是马克思关于社会批判的重要理论，他关于冲突问题的论述是建立在对资本主义制度和资本主义社会的分析基础之上的。马克思认为，冲突根源于生产力和交往形式之间的矛盾，冲突可能是不同阶级之间的冲突，也可能是意识的矛盾。因此，我国一直坚定奉行独立自主的和平外交政策，坚决反对一切形式的霸权主义和强权政治，反对冷战思维，反对干涉别国内政，反对搞双重标准。冲突的形式多种多样，这体现出冲突的复杂性。但是马克思坚持辩证的思维方式，承认冲突是可以调和的。从心理学的角度看，冲突被理解为两个目标的互不相容和互相排斥。人们面临两个互不相容的目标时会体验到心理上的冲突。当然，人们的心理冲突可能在不同的水平上发生。一个人面临两个互不相容的目标时会感到左右为难，这是个体内在发生的冲突。

对于冲突的分类，可以从以下几个方面加以考虑：首先，从结果上看，冲突可以分为建设性和破坏性两种。建设性冲突是水平适当的冲突，对组织或群体有益，冲突的解决会给组织带来积极的变化，有利于达到组织的目标。历史唯物主义的观点认为冲突可能会在社会发展中起到推动作用，具体来说，进步生产力代表的新阶级组织强大的力量，通过革命推翻旧政权，建立新政权，实现社会的更替，推动社会的发展就是典型的建设性冲突。破坏性冲突是功能失调的冲突，是过于激烈或频繁的冲突，会带来破坏性的后果。因此，中国提出了全球发展倡议、全球安全倡议、全球文明倡议，呼吁世界各国弘扬和平、发展、公平、正义、民主、自由的全人类共同价值，促进各国人民相知相亲，共同应对各种全球性挑战。其次，从功能上看，冲突可以分为功能性冲突和功能失调性冲突。前者是两个人或多个人之间的一种有益的、建设性的对抗，它有利于产生新观点，有利于个体的学习和成长；后者是两个人或多个人之间的一种无益的、破坏性的对抗。

但是，对于冲突的认识并不是一蹴而就的，在认识冲突的过程中，人们经历了传统冲突观、人际关系观和相互作用观等几个阶段。第一，传统冲突观认为，所有的冲突都是不良的、消极的，因此必须避免冲突，要尽量减少冲突。其原因是冲突意味着意见分歧和对抗，势必造成组织、团体、个人之间的不和，破坏良好的关系，影响组织目标实现。20 世纪 30 年代到 40 年代，这种观点占据主导地位。第二，人际关系观认为，对于所有的组织和群体来说，冲突都是无法避免的，因此应接纳冲突，使冲突的存在合理化。冲突不仅不可能被彻底消除，有时还会对群体的工作绩效产生益处。20 世纪 40 年代末到 70 年代中期，人际关系观在冲突理论中占据统治地位。第三，相互作用观鼓励冲突，认为融洽、和平、安宁、合作的组织容易对变革的需要表现出静止、冷漠和迟钝。过分的平静或一团和气并不一定总能使组织取得最佳效果，反而会使组织缺乏生机和活力，而适当的尤其是可控的冲突有时反倒有利于刺激群体健康地发展。因此，组织既要限制破坏性的冲突，也要促进建设性的冲突。

从形成过程上看，冲突可以分为五个阶段。一是潜在的对立或不一致阶段。产生冲突的第一步是存在可能产生冲突的条件，如沟通、结构和个人因素等：个体之间和个体与组织之间沟通信息不通畅可能引发冲突，组织中结构过于复杂可能引发冲突，个人的人格等因素也可能引发冲突等。二是认知和情感投入阶段。在这一阶段中，各因素造成的对立或不一致被双方意识到，并对个人的情绪和情感产生影响。此时，双方都有了情感上的投入，都体验到焦虑、紧张、挫折或者敌对，从这时开始，双方产生真正意义上的冲突。三是行为意向阶段。冲突被双方认知后，人们就会产生应对冲突的行为意向，采取很多不同的方案。比如，竞争是人们在冲突中寻求自我利益的满足，而不考虑对他人的影响的行为；协作是冲突的双方都希望满足对方的利益，并寻求共同受益的行为，在协作中，双方的意图是坦率澄清差异并解决问题；回避是人们可能意识到冲突的存在，但是希望逃避它或者抑制它的行为；迁就是一方为了抚慰对方，可能愿意把对方的利益放在自己的利益之上的行为，也就是说，为了维持相互关系，一方愿意作出自我牺牲；折中是冲突双方都放弃一些东西，而共同得到另一些方面的利益的行为，此时没有最终的输家或赢家，双方愿意共同面对冲突中的问题，并接受一种双方都得不到完全满足的解决办法。四是行为阶段。双方对于冲突会表现出某些行为，按照其程度从轻向重可以分为轻度的意见分歧或误解、公开的质问或怀疑、武断的言语攻击、威胁与最后通牒、挑衅性的身体攻击和摧毁对方的公开努力。五是结果阶段。冲突双方的行为会导致最后结果，这些结果可能是功能性的，如提高了群体的工作绩效；也可能是功能失调性的，比如冲突降低了群体的工作绩效。

二、非对称性社会互动

社会互动的双方并非都维持着平等的关系，时常也会出现非对等的情况，我们将这样的社会互动称为非对称性社会互动，非对称性社会互动包括暗示、模仿和感染等。

（一）暗示

暗示是非对称性社会互动的一种特殊形式，即一个人对他人或群体形成的有目的但没有根据的影响。暗示是指在无对抗的条件下，通过语言、行动、表情或某种符号，对他人或自我的心理和行为施加影响，使受到暗示的他人或自身接受发出者的观点、意见，或按照暗示的方式活动。暗示以无批判地接受为基础，一般不加诸压力成分，不要求他人非接受不可。由于施加暗示和接受暗示的双方存在不对等的关系，因而它属于非对称性社会互动。美国心理学家谢里夫对暗示的作用做过一个实验。他要求大学生对两段作品作出评价，并告诉学生，第一段作品是英国大文豪狄更斯所写，第二段作品是普通作家所写，其实这两段作品都是狄更斯所写。受到暗示的大学生对两段作品作出了迥异的评价，第一段作品获得了被试宽容且崇敬的赞扬，第二段作品却得到了苛刻且严厉的挑剔。

按照来源，可以将暗示划分为自我暗示和他人暗示。自我暗示指个人依靠思想、语言向自己发出刺激，进而影响自己的情绪、情感和意志，有时也可以加深自己对某一观念的认知或要求自己按照某一方式行动。自我暗示包括消极自我暗示和积极自我暗示，前者对个体具有消极作用，后者则是积极向上的暗示力量。

按照发出方式，可以将暗示划分为直接暗示、间接暗示和反暗示。凡是将事物的意义直接提供给对方，使对方迅速且无怀疑地接受的，称为直接暗示，这种暗示不仅迅速，而且不容易产生对信息的误解。凡是将事物的意义间接地提供给他人，使其迅速且无怀疑地予以接受的，称为间接暗示。间接暗示往往不把事物的意义讲清楚，或者不显露其动机，使人们在言语之外、从事物本身了解其意义。反暗示是指暗示者发出刺激后，引起了受暗示者与期望性质相反的反应。

暗示效果的大小既受主观因素影响，又受客观因素影响。一般而言，影响暗示效果的因素主要包括：第一，受暗示者的年龄和性别。一般而言，年龄小的个体独立自主的能力比较差，依赖性较强，较少进行分析和批判，对于他人的暗示，往往无条件地接受。另外，女性比男性更易接受暗示。第二，受暗示者的状态。在一般情况下，人们在疲倦时易受暗示，而精神振作时则不然；人们对于毫无经验的事物易受暗示，而对于具有充分知识的事物则不然；人们对于嗜好的事物或习惯的行为易受暗示，反之则不然；意志坚强者或感情冷漠者均不易受暗示。第三，受暗示者人格的倾向性。缺乏主见、随波逐流的个体容易接受暗示者的影响；独立性强的个体反对顺从，特别是当意识到或猜测到他人企图施加暗示的时候，更不会接受暗示。第四，情境。人在情况不明时，在困难和焦虑时，最容易接受暗示。第五，暗示者影响力。暗示者的地位越高，暗示的效果往往越好。一般来说，职务较高，知识丰富，甚至年龄较大等都是能构成高地位的因素。第六，暗示刺激的特点。一种刺激经过多次反复，更易产生效果。任何暗示刺激，其表现的范围越广、区域越大、分量越多、重复次数越多，其暗示效果越强。

（二）模仿

模仿是个体自觉或不自觉地重复他人的行为的过程，指观察者与示范者在行为上的匹配，即观察者在观察的基础上学习示范者做出某种行为。在模仿中，观察者的行为与示范者的行为存在可以辨认的匹配性。模仿在生命早期阶段是一种重要的社会互动和社会学习的方式。有关新生儿和婴儿的研究已经证明了人类个体可以通过模仿来学习新的行为，包括肢体动作和发声等。对于毫无知识经验的婴儿来讲，人类的语言、文化、风俗、习惯都需要通过模仿获得。模仿是一种极其重要的学习机制，有助于个体更好地适应社会环境，与他人建立良好的人际关系。

早期的学者认为模仿是人类的一种本能。古希腊哲学家亚里士多德认为，模仿是人的一种自然倾向，是人的本能之一。达尔文对这一观点也持肯定态度，唯一不同的是，他认为模仿不仅是人的本能，也是大多数高等动物的本能。20 世纪初，塔尔德和麦独孤等把模仿看成一种先天的倾向，尤其是塔尔德的“模仿论”更是名噪一时。在他看来，模仿是社会发展和社会存在的基本原则，模仿推动了群体的规范和价值的产生。与其相对立的是社会学习理论的观点，这一观点最初以尼尔·米勒和多拉德为代表，他们以强化理论来说明人类模仿行为的产生。尼尔·米勒通过动物实验证明模仿是后天习得的，班杜拉则结合人类的认知过程来研究人类的模仿行为，认为和人类的许多其他行为一样，模仿不是先天的、本能性的，而是在后天的社会化过程中逐渐习得的。

模仿的特点在于，它不是仅表现为接受别人的行为，或仅表现出群氓心理状态的外部特点，而是个体也要对范例表现出的行为特点进行复制。模仿达到内在的更深的层次时，被称为认同。此时，模仿者已经能够认识到被模仿的行为的意义和价值，产生了一种喜爱的情绪体验，在此基础上，表现出与他人相同或相似的行为。在模仿过程中，模仿者是主动的，在许多场合下是有意识的、自觉的，并且不受外界其他人的控制，即没有其他人强迫模仿者非要模仿某种行为不可。和模仿者比较，被模仿者一般是被动的、无意识的，但在某些场合也可能是主动的、有意识的。从子女模仿父母的行为来看，被模仿的父母的大多数行为是无意识的，只有小部分行为是有意识的。

从意识层面上看，模仿可以分为有意识模仿和无意识模仿。有意识模仿是人们自觉地按照他人的样子行动，有期望、有动机、有一定的理性，其中有意识模仿又可以分为适应性模仿和选择性模仿。适应性模仿是人们为适应新生活而模仿他人的行为；选择性模仿是模仿者了解行为的意义，经过一定的思索，有目的、有选择地模仿他人的性格、气质、工作方法、生活方式等的行为。无意识模仿是模仿者不考虑行为的原因和意义，在不知不觉之中仿照他人的样子行动。凡是自己没有意识到的模仿行为，都被称为无意识模仿。

影响模仿的主要因素包括：第一，社会情境因素。作为社会学习的重要手段，人们更偏好模仿由同类示范的行为，所以模仿最容易在社会交往的情境下产生。第二，示范者因素。人类在选择模仿对象时还会受到“榜样偏差”的影响，即人们会有选择地决定模仿特定对象的言行，在具体情境中选择最为适宜的榜样进行模仿。除了能力以外，研究还发现示范者的性别和年龄也会影响他人模仿。研究者选取3～5岁的幼儿为被试，选用不同的榜样进行示范，发现无论是男孩还是女孩，都偏好模仿同性的行为，尤其是同性承认的行为。当榜样的性别保持恒定时，儿童则会偏好模仿同龄人的行为。第三，示范信息的内容和传递方式因素。示范内容不同，模仿的水平就会不同。一般来说，人们对抽象认知规则的模仿优于对具体空间动作的模仿，对熟悉内容的模仿优于对陌生内容的模仿。除了示范内容本身之外，示范内容的传递方式也会影响模仿，电视媒体引发的儿童模仿行为明显高于书籍引发的儿童模仿行为。第四，模仿者的认知水平和经验因素。一般来说，社会地位较低、认知水平较低、经验不足的模仿者容易模仿，这有助于他们获得更多报偿和奖励，使其模仿行为得到强化。

（三）感染

感染一词的英文 contagion 源于拉丁语 cotagio，意思是“来自接触”。在日常生活中，常常发生这样的现象：当和一个兴高采烈的人交谈时，我们自己也会变得愉悦；当观看一场生离死别的电影后，我们也会随之变得悲伤。这种情绪或行为传递的过程，就是感染。

感染这一过程对于个体而言出现得非常早。早在1928年，研究者就在出生后18小时、34小时、43小时和14天的婴儿身上分别发现，当周围其他婴儿哭泣的时候，被观察的婴儿也会在较短时间内开始哭泣。由此可以发现，感染的发生过程极为迅速，并且模仿他人似乎是人类的一种先天的适应性行为。

感染按照内容的不同可以分为情绪感染和行为感染。情绪感染是指由他人情绪引起的，并与他人情绪相匹配的情绪体验，是一种情绪传递的过程，它容易在所有参与者都有相同的态度、信念和价值观的情况下发生，它会促进个体之间的模仿过程；行为感染是指以行为方式从一个人向另一个人乃至许多人传播的过程。感染按照发生区域的不同又可以分为个体间感染和群体间感染。前者是发生在两个人或能直接接触的小群体成员之间的感染，它可以使他人产生相同的情绪或行为；后者一般发生在大群体中，相较于个体间的直接感染，群体间感染还包含由群体成员的交互作用与情绪循环引起的群体欢腾现象。例如，集体仪式中的同步动作、共享注意、共享意义都可以使群体间感染得到增强。

感染从本质上来说是情绪进行传递交流，然后人们在相同的情绪控制和维持下表现出大致相同的行为。从特征上看，感染在无压力的条件下产生，是无意识的和不由自主的屈从，具有同一性，同时取决于受众的个体特征。由于感染是情绪的传递交流，因此相似性就成为感染的基本条件，这也是感染者的心理基础。情境相近，态度、价值观相近和社会地位相近的人更容易发生感染。

第三节 人际沟通的本质

人际沟通是一种在特定社交场景中进行的活动，社会学家伯恩认为，人在人际沟通中所获的益处围绕躯体和心理平衡两个方面展开，包括缓解个人紧张、避免有害情境、获得安抚，以及维持业已建立的平衡系统。[①] 行为科学家正是通过观察沟通的过程来了解沟通者的人际关系和社群关系的。

一、人际沟通与社会互动的异同

古典经济学家认为，人与人之间的关系是在劳动过程中通过分工、交换而形成的。19 世纪 40 年代，欧洲许多国家进入资本主义高度发展的阶段，生产力和科学技术前所未有地迅速发展，阶级冲突和矛盾也日趋严重。生产关系、社会关系、人与人的关系问题都更加突出，这一时代背景孕育了马克思对人与人之间关系的思考。在他的视域中，人与人的关系应该是和谐的，正如人与自然环境的关系以及人与人自身的关系一样。人的关系出现异化，无法和谐地互动与沟通，正是劳动出现异化的结果，孤立的人与人之间的经济关系和纯粹的

---

① 参见［美］伯恩：《人间游戏：人际关系心理学》，刘玎译，中国轻工业出版社 2014 年版，第 11 页。

利己主义竞争关系造就了人与人之间的互动与沟通的物化和两极分化，使人们越来越对立、越来越冲突、越来越异化。在这种背景下，人与人之间关系的异化说明人的本质已经变成了非人的东西。事实上，人与人之间关系的发展是必然趋势，人与人之间的和谐关系必然建立在平等、自由、和睦相处的基础上，也就是建立在有效的沟通和顺畅的互动基础上，这是人类存在的本质，也是历史发展的必然。人不是孤立的荒岛，每天都在通过语言或其他符号系统与社会互动，进行人际沟通。凭借社会互动与人际沟通，人与人建立关联、相互影响、传递信息、交流思想、表达态度。社会互动和人际沟通为人们提供了维持人类社会行为所必要的信息，成为信息交换、互通有无、建立并维持相互联系的工具。

社会互动是人们以相互的或交换的方式对别人采取行动，或者对别人的行动作出回应的过程。社会互动是人类存在的重要方式。在互动中，人们不断地意识到自己的行动对于他人的效果；反过来，他人的期望也影响着自己的大多数行为。与其他动物之间的互动不同，人类的互动极具意义。人们只有保持彼此关系和谐，互动顺畅，确立共同理想，有高度一致的行动和高效的配合，才能获得共同的利益、达成最终的目标，也才能在利益和目标一致的前提下团结起来，统一行动，并实现共同的理想。

人际沟通是指社会中人与人之间的联系过程，即人与人之间传递信息、沟通思想和交流情感的过程。美国心理学家莱维特指出，沟通是影响行为的工具，也是改变行为的有效途径。及时、有效的沟通与互动，有利于人与人之间传达思想、交换信息，取得信任、理解、支持和帮助。

一般而言，社会互动更强调群体活动和社会过程是以互为条件和结果的社会行动为基础的，当互动双方采取社会行动时就形成了社会互动，它也被认为是相互作用或社会交往，其着眼点在于个体对他人采取社会行动和对方作出反应的社会性过程。社会互动一般应具备的要素包括：（1）互动主体可以是多个个体，也可以是多个群体，或者是个体和群体；（2）主体之间应该有某种形式的接触，语言、非语言、媒介都包含于其中；（3）主体都能认知到符号的意义，并能作出相应的回应。由此可以发现，人际沟通与社会互动之间的区别在于：人际沟通更倾向于心理学视角，而社会互动更倾向于社会学视角；人际沟通仅限于人类的活动，而社会互动有时被认为并非人类的专属，许多非人类的生物体也会通过一些固定的行为彼此交流，这种交流方式与人际沟通有着本质的不同，因为人类的互动更多地显现出意义传递的过程；从心理学的社会心理学视角和社会学的社会心理学视角出发，前者多以对人际沟通的探讨为重，而后者多重视对于社会互动的研究。

二、人际沟通的方式

人际沟通的交互主体一般是不同个体，它是人类存在的重要形式，因而极其重要，但也异常复杂。以下将从人际沟通的要素和基本分类对人际沟通的方式予以简要讨论。

（一）人际沟通的要素

人际沟通可以归结为信息的交流，思想、情感也可以看作信息的一种类型。人际沟通的过程就是信息交流的过程，它服从信息传递的一般规律。如果从结构上划分，沟通过程由 7 个要素组成。(1) 发送者。没有发送者，就无法进行人际沟通。(2) 接收者。没有接收者，沟通同样也不能实现。发送者和接收者在沟通过程中互为主体和客体。(3) 信息。信息是沟通的内容。要是没有内容，人们进行沟通的必要性就不存在了。所有的沟通信息都由语言符号和非语言符号组成。语言中的每一个词都是表示特定事物或思想的符号，语言符号又包括具体符号和抽象符号。非语言符号包括声调、表情、肢体动作、空间距离、外表等。(4) 信息渠道。信息渠道是信息的载体，即信息通过何种方式、用什么工具从信息源传递给接收者。信息必须通过一种或几种信息渠道，才能到达目的地，即接收者。在沟通中，选择合适的信息渠道十分重要，不同的沟通目的、信息内容和沟通背景，要求信息发送者选择不同的渠道。(5) 反馈。反馈是信息发送者和接收者相互间的反应。信息发送者发送一个信息，接收者回应这个信息，使沟通内容得到进一步调整，由此沟通成为一个连续的、相互的过程。沟通中及时反馈是很重要的，反馈可以减少沟通中的误会，让沟通双方知道思想和情感是否按他们各自的方式得到分享。(6) 噪声。噪声是沟通中阻止对信息的准确理解和解释的因素。比如，环境中的噪声、沟通双方的情绪、信念和偏见以及跨文化沟通中对符号的不同解释等，都是沟通的噪声。(7) 环境。环境是沟通的外在条件，沟通总是发生在一定的环境中的，沟通的环境影响沟通的效果，这里的环境不仅包括物理环境，也包括心理环境和社会环境。

（二）人际沟通的分类

根据不同的分类标准，可以将人际沟通分为以下六组相互对应的类型。

1. 单向沟通与双向沟通

从发送信息者与接收信息者的地位是否变换的角度来看，沟通可以分为单向沟通和双向沟通。单向沟通是指发送者与接收者的地位不变的沟通方式，发送者只发出信息，接收者只接收信息而不作出反馈；双向沟通是指发送者与接收者的地位不断变换的沟通方式，双方互为信息发送者和接收者。

心理学家莱维特在 1964 年做过关于单向沟通与双向沟通效率的比较研究，发现单向沟通的速度快，易失真，信息接收者对自己的判断无信心，信息发送者的心理压力较小；而双向沟通与此正好相反，其速度慢，准确度高，信息接收者对自己的判断有信心，信息发送者要承受较大的心理压力。由于双向沟通比单向沟通增加了反馈的过程，因此，单向沟通的速度比双向沟通快，而双向沟通容易受到干扰，并缺乏条理性。另外，双向沟通比单向沟通准确，这是因为双向沟通的双方可以不断地就不一致信息进行讨论。同时，双向沟通可以增强信息接收者对自己判断的信心，通过双向沟通，信息接收者了解到信息的失真之处，然后不断对其进行修正。在双向沟通中，信息发送者感受到心理压力较大，这是因为他随时可能会受到信息接收者的批评和质疑。

2. 上行沟通、下行沟通与平行沟通

在组织中，地位高低的差异使得群体中的人际沟通呈现上行、下行和平行的情况。其中，上行沟通又称向上沟通，是指组织中地位较低者主动向地位较高者所做的沟通，其沟通的信息常是报告工作情况、汇报某个成员的问题、提出要求或抱怨等。下行沟通又称向下沟通，是指组织中地位较高者主动向地位较低者所做的沟通。一般是前者将工作指示、工作信息、工作程序、工作方法、工作评价和工作目标等传递给后者。平行沟通是指组织中身份和地位相仿者之间的沟通。平行沟通可以协调人际关系、加深成员间的友谊、增强团体的凝聚力。研究者发现，地位较低的成员主动对地位较高的成员进行的沟通较多，即在群体中上行沟通多于下行沟通。

3. 假相倚沟通、非对称相倚沟通、反应相倚沟通和彼此相倚沟通

互动的核心是相互依赖，社会学中将这种相互依赖称为“相倚”。美国社会心理学者费斯克等根据互动行为主体的相倚状况，把人际沟通划分为四种类型：假相倚沟通、非对称相倚沟通、反应相倚沟通和彼此相倚沟通。

（1）假相倚沟通。即每个人只对自己作出反应，很少在乎他人的反应。

“假”显示的是在这些情境中双方显然有一种对别人作出反应的状态，只不过该反应是虚假的，是伪装的，坚持自己的立场才是互动者的目的。如在公司会议中，某主管讲话：“市场部的发言，给了我们一些很好的建议，很受启发，下面我谈谈自己对这件事的看法……”事实上，双方谈的都是自己的想法，互相没有受到影响。这就是假相倚沟通。

（2）非对称相倚沟通。即一方以对方的反应作为自己行为的根据，另一方则主要对自己的计划作出反应，这是一种不平等的相倚。用通俗的话来讲，一方依自己的计划办事，另一方则看对方的眼色行事。在非对称相倚中，对自己计划作出反应的一方主导着互动的方向与速度，而另一方则处于被动、从属的地位。如面试中面试者和应聘者之间的沟通就属于非对称相倚沟通。

（3）反应相倚沟通。这是一种纯粹的相倚。在这种相倚中，人们原本带入情境的计划被打乱，只对眼前发生的事或说的话作出反应。这种互动有比较强的随意性和偶然性。例如，顾客感受到销售人员的冷漠态度而发脾气，销售人员则以更生硬的态度对待顾客。

（4）彼此相倚沟通。即参与互动的主体双方既能够根据自己的计划表现出施动行为和反馈行为，又能兼顾对方的行为意义，酌情调整自己的计划与行为方式，以确保互动顺畅。在这类互动中，互动双方均能做到主动控制、主动反应、互为影响，彼此都是主动的互动者。例如，朋友间的谈心就是彼此相倚沟通。彼此相倚沟通在生活中十分常见，即沟通双方根据对方的信息反馈不断进行思路、情感的调整，并作出信息上的回应。

4. 工具式沟通和感情式沟通

从沟通功能的角度来看，我们可以将沟通分为工具式沟通和感情式沟通。在工具式沟通中，发送者将信息、知识、想法与要求传送给接收者，目的在于影响和改变接收者的行为；在感情式沟通中，沟通双方表达感情，获得同情、谅解与理解，满足精神上的需求，最终改善人与人之间的关系。一般的人际沟通往往涵盖这两种类型，很少有单纯的工具式沟通或感情式沟通，但不同的沟通中，对工具式沟通或感情式沟通的倚重程度不同。

5. 正式沟通与非正式沟通

从组织里的沟通渠道的角度来看，我们可以将沟通分为正式沟通和非正式沟通。正式沟通是指在一定的组织系统中通过明文规定的渠道，进行信息的传递与交流，即信息按组织中规章制度的安排以正式的渠道传递。例如，上级向下级下达指令、发送通知，下级向上级呈送材料、汇报工作，以及定期召开会议等。非正式沟通指在正式组织系统以外进行的信息传递与交流，它以个人为信息的主要传递渠道，非正式沟通传递的信息又被人们称为“小道消息”。非正式沟通的方式包括组织员工间的非正式接触、交往，非正式的郊游、聚餐、闲谈，甚至谣言和耳语的传播。非正式沟通是在非正式组织的社会关系中，由团体成员交互产生的正常而自然的行为活动。两种沟通各有其特点：正式沟通受组织监督，信息源传播谨慎，接收者严肃认真，所以沟通的信息较为真实、准确，但这种沟通必须逐级进行，沟通速度较慢，有可能延误信息传递；非正式沟通灵活方便、速度快，因为它不受组织系统的监督和限制，可自行选择沟通渠道，所以可以提供正式沟通难以获得的某些消息，人们的真实思想和意见也往往能在非正式沟通中表露出来，但其信息的可靠性无法保证。

6. 口头沟通与书面沟通

从符号系统的角度来看，我们可以将沟通分为语言沟通和非语言沟通两大类，其中语言是最常用的信息渠道。按语言的不同形式，人际沟通又可分为口头沟通和书面沟通。口头沟通以语言为媒介，借助口头言语进行，如演讲、讨论、会谈、电话联系等。其优点是简便易行，灵活迅速，尤其可伴有手势、体态和表情，增强传递信息的效果；缺点是信息保留的时间较短，使用也受条件限制。书面沟通以文字为媒介，借助书面语言进行，如布告、通知、书信等。其优点是信息可以长期保存，对一时辨别不清的信息可以反复研究；缺点是信息对语言文字的依赖性强，沟通效果受文化修养的影响很大，对情况变化的适应性较差。

三、人际沟通的网络

沟通网络是根据人际沟通中信息传递的方向而形成的路线形态。美国心理学家莱维特研究了小群体内的沟通网络，提出了几种固定形态。

（一）正式的沟通网络

20 世纪 50 年代，莱维特以 5 人小群体为研究对象，发现沟通网络有 4 种形态：Y 型沟通、链型沟通、圆型沟通和轮型沟通。

在轮型沟通与 Y 型沟通中，沟通者之间的信息传递受居于中心位置者的控制，这两种类型的沟通网络被称为中心化的沟通网络。在链型和圆型的沟通中，沟通者不必受居于中心位置者的控制，可与其他人进行直接沟通，故这两种类型的沟通网络被称为非中心化的沟通网络。

从信息传递速度来看，轮型沟通最快，圆型沟通其次，Y 型沟通再次，链型沟通最慢。在轮型沟通中，居中心位置者是该群体的核心人物或领导者；在 Y 型沟通中，中心位置固定，外界的信息必须经它才能到达，高层沟通者的信息也须经它才能传递，因而这一特殊位置的人在某一组织中可能具有秘书身份。后又有学者研究了组织中常见的沟通网络，在莱维特确定的类型的基础上加入全通道型沟通，并将 5 种沟通网络相比较得出其各自的特点。全通道型沟通网络是一种中心化的沟通网络，除处于中心位置的沟通者控制信息沟通外，其他沟通者也能通过其他通道彼此间传递信息，因此它是一种全方位的沟通。就成员满意度而言，人们在非中心化的沟通网络中的满意度比在中心化的沟通网络中更高些。但非中心化的沟通网络难以产生领导者，因此在领导控制力上不如中心化的沟通网络。

（二）非正式的沟通网络

非正式的沟通网络是群体组织里各成员进行非正式沟通而形成的信息传递渠道。根据莱维特的研究，非正式的沟通网络包括以下四种：集束型沟通，即将小道信息有选择地告诉相关的人，这也是传播小道消息最普遍的形式；流言型沟通，即人们之间相互传播不确切消息、散布没有根据的信息的现象；单线型沟通，即通过一连串的人将小道消息传播给最终的接收者；偶然型沟通，即随机地将小道消息传播给其他的人。此外，小道消息的一个重要特征是它的传播速度极快。由于它的灵活性和个人化，它传播信息的速度往往比绝大多数正式的沟通网络快得多。上述四种小道消息的传播方式中速度最快的是集束型，因为它是有目的的、选择性的传播。小道消息还具有可穿越严密的组织保密屏障的不同寻常的能力，它通常能够跨越组织防线而直接到达知情人，所以小道消息也成为秘密信息的来源。

第四节　语言沟通与非语言沟通

作为信息传递的过程，人际沟通必须借助于一定的符号系统才能实现，所以，符号系统是人际沟通的工具。按照符号系统，我们可以将沟通划分为两类，即语言沟通和非语言沟通。

一、语言沟通

语言沟通，即凭借语言符号系统，以语词符号为载体实现的沟通，主要包括口头沟通、书面沟通等。语言沟通是有目的的社会活动，沟通者通过有策略地使用语言达到预期的交流目标。语言既包括语音、词汇、语法，也包括言语的具体内容。语言是人类最重要的沟通工具，也是信息传递最有力的手段。人的意识以及作为意识符号的语言是人在实践基础上思维的结果，是在交往中产生的。人们的物质生产及其交往活动决定意识活动，决定语言的产生和演变。马克思强调，语言是交往的工具，语言是一种实践，语言和意识一样，是由于和他人交往的需要而产生的。人的思维作为抽象思维，是对现实的间接的概括性反映，其根本特点是语言的思维，而语言是从劳动当中，并和劳动一起产生出来的。近年来，随着人工智能技术的迅猛发展，能模拟人类进行语言沟通的机器人也从沟通中的视觉线索、言语线索、准言语线索、非言语线索等出发，致力于尝试更广泛的应用。

语言在人际沟通中扮演重要角色，交流中人们通过语言传递态度、表达情感、交流观点。语言沟通和非语言沟通既相互联系，又存在明显的区别。前者以语词为介质，利用声音为传递信息的渠道，可以对语词进行控制，是相对结构化的沟通方式；后者通过多重渠道传递信息，很大程度上是连续的、习惯性的、无意识的和无结构的沟通形式。但语言沟通和非语言沟通常常是密不可分的，交流者的情绪影响语言使用，交流对象的情绪同样会造成语言使用的差异。交流者面对情绪积极的个体更愿意使用抽象词语来传递信息，面对情绪低落的个体则倾向于使用具体的词语来传递信息。在积极情绪线索（如微笑、亲密接触等）下，交流者体验到友好、愉快的氛围，感受到相互之间的理解和支持，倾向于作出抽象的积极描述进而拉近彼此的心理距离。相反，在消极情绪线索（如愤怒、拒绝身体接触等）下，交流者感受到了对方的敌意与误解以及心理距离的疏远，更愿意使用谨慎、详细而更少争议的具体描述，这表明情绪体验影响语言的使用。

二、非语言沟通

从沟通的方式来看，人们不仅可以用语言符号进行沟通，也可以用非语言符号进行沟通，从而将完整的意义传递给他人。非语言沟通与语言沟通各有其作用，在人际沟通中往往是相互依存和互为补充的。非语言沟通依赖非语言符号系统，是指在人际沟通过程中，凭借动作、表情、实物、环境等进行信息传递。人们常常认为非语言符号系统是不重要的、数量较少的，但是事实并非如此。美国传播学家梅拉比安通过实验把人的感情表达效果量化成了一个公式，即100%的信息传递=7%的语言+38%的语音+55%的非语言符号系统。从这一公式可以看出，非语言符号系统在沟通中具有重要的功能，它能补充、调整、代替或强调语言信息。

非语言符号系统一般指在文字和语言之外，人们有意识地表达思想感情或无意识地传递心理活动的一切行为和反应，包括动作、姿势、表情等。非语言沟通是人们在不使用语言的情况下有意或无意的沟通，其中面部表情、肢体位置和动作、身体接触以及目光的注视都是非常有效的具有启发性的非言语沟通方式。常用的非语言沟通包括有声的非语言沟通和无声的非语言沟通。

（一）有声的非语言沟通

有声的非语言沟通依赖辅助语言系统和类语言系统。其中，辅助语言是语言非言语方面的特点，包括说话过程中的音量、声调节奏与强度、速度等。音质、音幅、声调、停顿、语速快慢等因素都能强化信息的语意分量。例如，较高的音调可以传达兴奋、生气、惊讶；而悲哀和沮丧时音调较低；一个人在说谎时，音调会升高。同样一个主题，不同的演讲者表达就有不同的效果，在这种差异中，辅助语言是一个很重要的影响因素。鉴别他人说谎最可靠的因素是声调，尽管善于隐匿的说谎者可以控制自己的言语和表情，但其说谎时声调的提高是不自觉的。同时，一句话的含义常常不取决于字面意思，而取决于它的弦外之音。语言表达方式的变化，尤其是语调的变化，可以使相同的词语表达不同的含义。例如，“谢谢”一词，可以动情地说出，表示真诚的谢意；也可以冷冷地吐出，表达轻蔑的含义。类语言是特指无固定语义的发音，如哭笑、呵欠、呻吟、喷嚏等，这些类语言同样体现出个人差异，也有沟通思想和交流情感的重要作用。

（二）无声的非语言沟通

无声的非语言沟通可分为静态无声的非语言沟通和动态无声的非语言沟通，前者依赖静态姿势、空间距离等，后者依赖面部表情、肢体语言等。

1. 静态无声的非语言沟通

（1）静态姿势

静态姿势是非常重要的非言语沟通手段，特定的姿势通常透露出特定的态度，传达出特定信息。以身体姿势为例，当信息传递者身体向信息接收者倾斜时，常被视为对后者怀有正面的态度，这一姿势也有助于在沟通双方之间产生亲密感。

（2）空间距离

个体间的一般空间距离会因文化有差异，也会因地位与性别有区别，在社交环境里，人们都要遵守支配空间运用的社交准则。有关人们在人际互动中如何使用空间和距离的研究，被称作空间关系学，这是由霍尔提出的概念。他将人际空间距离分为四种：亲密距离、个人距离、社会距离和公众距离。其中，亲密距离（0～0.46 米），属于配偶、家庭成员、最好的朋友，在此区域中，人们可以有身体接触，如拥抱、爱抚、亲吻等，话语富有情感，并排斥第三者加入；个人距离（0.46～1.2 米），同学、同事、朋友、邻居等在此区域内交往，由于距离有限，在此区域内说话一般避免高声；社会距离（1.2～3.6 米），在此区域内人们相识但不熟悉，人们交往自然，进退也比较容易，既可发展友谊，又可彼此寒暄或纯粹应付；公共距离（3.6 米至目光所及），一般是与陌生人的距离，表明不想有发展，在此区域人们难以单独交往，主要进行公共活动等。

2. 动态无声的非语言沟通

（1）面部表情

人的面部表情中包含丰富的个人信息和社会交往信息，对面部表情的加工是处理社会信息中重要的组成部分。表情是人类表达自身情感信息的重要非语言性行为，可以被看作人类心理活动的晴雨表。达尔文根据进化论提出，基本的面部表情在几乎所有文化下都传达相同的情绪状态，普遍的表情因为有较高的生存价值而在进化中被保留下来，它们辅助人们交流情绪，从而控制他人的行为。达尔文于 1872 年出版的著名的《人类和动物的表情》认为，人类的情绪表达是从其他动物的类似表达进化而来的，人们表达情绪的许多方式仍显现出原始性，显示出其生存价值的遗传表征。达尔文仔细观察了婴孩，又比较了世界上各种相互隔离的文化中人们的表情来论证自己的观点。由此，达尔文拉开了人类对面部表情的系统研究的序幕。

的确，当语言和身体所表达的信息不一致时，面部表情就具有重要的意义。人的面部可以有许多种不同的表情，喜、怒、哀、乐、悲、恐、惊，人的情绪大多是通过面部表情流露出来的。美国心理学家艾克曼等要求来自不同文化的人们对标准化照片中的表情所表达的情绪进行界定，结果发现，人们通常可以识别高兴、惊奇、生气、厌恶、害怕、悲伤和轻蔑这 7 种情绪所对应的表情。与此同时，他们主张，这种普遍性在面部情感程序中表现出来，这些程序是有生物基础的线索集合，帮助人们感知彼此的情绪。当前，一些持续时间极短、不易被察觉的微表情也被广泛应用到各个领域，如谎言识别与侦查等司法实践工作中。此外，面部表情在不同文化中具有普遍性，研究者发现处于文明欠发展地区的人类，尽管没有接触过任何异域文明，却依然能和来自西方文明或东方文明的人们一样，从相同的面部表情中识别出相同的基本情绪。研究者们比较了匈牙利、日本、波兰、印度尼西亚、美国和越南的个体对于面部表情的判定，结果在这些人群中发现了非常高的一致性。因而，无论文化、种族、性别或教育程度，人们都会以基本相同的方式表达基本情绪，并根据他人的面部表情来推断其情绪。

（2）肢体语言

不同的身体倾向或姿势表达了不同的情感状态。研究者首先从传统的芭蕾舞中区分出了两组角色：一组是危险的或具有威胁性的角色，另一组是热心的或具有同情心的角色。然后，他们考察实际的芭蕾舞中这些角色跳舞的情况。研究结果表明，危险的或具有威胁性的角色更多地采用对角线状或直角状的姿势，而热心的或具有同情心的角色则更多展示圆润的姿势。这些相关研究表明，很多身体动作能提供关于他人情绪甚至个人特质的重要信息。心理学家通过对生活的细致观察，对一些经常被使用的姿势作出总结，以证明身体姿态对于沟通的重要作用。

非语言符号系统在人际沟通中起着十分重要的辅助作用，可以加强或减弱口头语言的力量。但它的使用具有较大的不确定性，每个人使用起来都有差异，在不同的情境里也可能有不同的意义，需要沟通者具备较高的理解能力。当然，有时非语言符号系统需要和语言符号系统配合使用，才能取得更好的沟通效果。

思考题

1. 影响沟通的障碍有哪些？思考如何克服这些障碍从而实现更有效的

沟通。

2. 社会互动和人际沟通的区别与联系何在？
3. 阐述马克思的社会交往论对社会互动和人际沟通的启示。
4. 非语言沟通在实际沟通过程中有什么意义？

▶ 答题要点

第八章 人际关系

人与人之间的相互依赖使人际关系成为人类生存的核心，关系是人的基本需求，它影响人的认知、情绪和行为。它使人们彼此参与，相互依赖，共同活动。既然我们一再申明，人不是抽象的人，不是自然界中纯粹生物学意义上的人，而是社会关系的总和，那么他就必然处在一定的社会关系和人际关系中，是实践着的、活生生的、现实的人。

第一节 人际关系的本质与类型

生活在一定社会文化环境中的个体，总是要与周围的人发生各种各样的交流和联系，形成各式各样的人际关系。从出生到死亡，关系一直是人生经验的核心部分。人一生的成功与失败、幸福与痛苦、快乐与悲伤、爱与恨，都与人际关系密切相关。没有同别人建立的各种关系，也就没有人生的悲欢离合。那么，人际关系是如何开始又是如何发展的呢？本节将介绍人际关系研究的基本情况。

一、人际关系的本质

人际关系是人们在共同活动中为寻求各种需要的满足而建立起来的相互间的心理关系。可以说，人际关系是与人类的起源同步出现的一种极其古老的社会现象。马克思非常关注人的生存与发展，致力于人际关系的改善和人的解放问题，他通过亲身参加社会实践，对人际关系和物质生产之间的联系进行了深入的考察，认为人际关系的真正和谐是历史发展的必然要求。

在《政治经济学批判（1857—1858 年手稿）》里，马克思提出："人的依赖关系（起初完全是自然发生的），是最初的社会形式，在这种形式下，人的生产能力只是在狭小的范围内和孤立的地点上发展着。以物的依赖性为基础的人的独立性，是第二大形式，在这种形式下，才形成普遍的社会物质变换、全面的关系、多方面的需要以及全面的能力的体系。建立在个人全面发展和他们共同的、社会的生产能力成为从属于他们的社会财富这一基础上的自由个性，是第三个阶段。第二个阶段为第三个阶段创造条件。”① 在马克思的界定中，人际关系是人们在物质交往与精神交往中所形成的人与人之间的关系。按照马克思的唯物史观，人际关系是建立在物质生产实践活动基础之上的、表现为物质交往的关系，是在一定历史条件下的个人之间在物质上的相互约束、相互作用、彼此联系、共同发展的活动及由此形成的相互关系的统一。人并不是孤立存在的单独的个人，而是现实的社会关系中的人，社会不单是由个人构成的，也是这些个人彼此发生的关系的总和，是人们相互活动的产物。

人是社会性的动物，具有合群与群居的倾向，人们的大部分时间都是与他人一起度过的。曾有研究者使用实验方法对人们的时间利用进行了研究，实验要求成人群体和青少年群体中的每一名被试在一周内随身携带一台导呼机，每天从清晨到深夜，研究者随机呼叫被试若干次，被呼叫的被试需要填写一份简短的问卷，说明他正在做什么，是独自一人还是与其他人在一起。结果表明，人们在将近 3/4 的非睡眠时间中都与他人在一起，只有在做家务、洗澡、听音乐或学习时才独自一人。与此同时，当人们在学校或是工作场所的时候，更倾向于和其他人在一起，且和其他人在一起时，个体表现得更快乐、警觉和兴奋。

阿特金森认为，影响人们社会交往的动机有两种：亲和需要和亲密需要。亲和需要是个人寻求和保持许多积极人际关系的愿望，即人们具有的和他人相伴的倾向。亲密需要是人们追求温暖和亲密关系的愿望。沙赫特设计了一个没有窗户但有空调的房间，里面除一张桌子、一把椅子、一张床、一个马桶、一盏灯外再无其他东西，一日三餐通过房门底的小洞口送入，在这样的房间每待上一天，被试就能得到一笔可观的报酬。实验的目的是测量人在这样与世隔绝的情境下能待上几天。5 名大学生充当了被试，结果其中一人只待了 20 分钟就放弃了实验，有 2 人待了两天，最长的一个被试也只待了 8 天。这一探索性的研究表明，人对孤独的忍耐力是有差异的，但很难有谁能无止境地生活在孤独的、缺乏人际关系的环境里。

在人们的日常生活中，人际关系的状态又是怎样的呢？相互依赖模型说明，随着互赖关系的增加，人际关系出现典型性变化，这一模型以图解方式对人际关系的各种状态及不同状态中人们的相互作用水平的递增关系做了直观描

① 《马克思恩格斯文集》第八卷，人民出版社 2009 年版，第 52 页。

述，把共同心理领域和情感融合范围作为描述人际关系的指标。研究认为，良好的人际关系需要经过从表面接触到亲密融合的发展过程。在两人彼此并没有意识到对方的存在时，双方关系处于零接触状态，此时双方是完全无关的，谈不上任何个人意义上的情感联系。只有一方开始注意到对方或双方相互注意时，人们之间的相互交往才开始，这时双方都对对方有了初步印象，不过这种状态还没有情感的卷入，因为双方还没有进行直接的语言沟通，只能算是对方的旁观者，双方关系处于知晓状态。表面接触是人际关系的真正开始，从双方开始直接交谈的那一刻起，直接接触就产生了。当然，这种接触是表面的，此时双方还没有共同的心理领域。随着双方交往的深入和扩展，双方共同的心理领域也逐渐被发现。共同的心理领域越多，双方之间认同、接受和信任的程度就越高，情感融合的程度也越强。

心理学家按照情感融合的程度将人际关系分为轻度卷入、中度卷入和深度卷入。当交往双方已发现的共同心理领域较小，即双方的心理世界只有小部分重合，也仅仅在这一范围内，双方的情感是融合的时候，双方之间的关系属于轻度卷入；当交往双方已发现较大的共同心理领域，双方的心理世界重合程度较高，彼此的情感融合范围也相应较大时，双方之间的关系属于中度卷入；当双方已发现的共同心理领域大于相异的心理领域，双方的心理世界高度重合，彼此的情感融合范围覆盖了大多数的生活内容时，双方之间的关系属于深度卷入。需要注意的是，在人际关系中，双方的心理世界并不存在完全重合的情况。无论人们的关系多么密切，情感多么融洽，也无论人们主观上怎样感受到彼此之间的完全拥有，两个人的心理世界都不能达到完全的重合，每个人都保留有自己最隐私的部分。

总之，人际关系是社会关系的主要形式。人们最初通过语言、动作等媒介实现信息的流通，建立关系，而随着社会发展，不断涌现的新技术和新媒体在一定程度上会成为新的平台，这必将淡化人际交往所面临的时间和空间界限，从而引领人际关系的研究进入一个全新的领域。

二、人际关系的类型

人际关系的三维理论是由美国心理学家威廉·舒茨于1958年提出的，他称之为基本人际取向理论。舒茨认为，人际关系的维度大致可以通过三种人际需要来划分，即包容需要、支配需要和情感需要。对每个人来说，这都是最基本的人际需要。其中，包容需要是指个体与别人接触、交往、相容的需要，也即个体与他人建立并维持一种令其满意的相互关系的需要；支配需要是指个体控制他人或被他人控制的需要，也即个体在权力问题上与他人建立并维持令其满意的相互关系的需要；情感需要指个体爱他人或被他人爱的需要，也即个体在与他人的关系中建立并维持亲密的情绪联系的需要。对于这三种基本的人际需要，人们采取了主动表现和被动表现两种表现形式，二者互补，从而形成不同的人际关系取向。

人际关系有多种其他分类方式：根据个体在关系中扮演的角色不同，分为夫妻关系、亲子关系、师生关系、同学关系、朋友关系等；根据关系的情感表现性质不同，分为亲密关系、疏远关系、敌对关系等；根据关系中所包含的需求性质的不同，分为工具性关系和情感性关系；根据关系持续时间长短不同，分为长期关系与临时关系。

在人际关系类型的划分中，莱维特的划分方法较有代表性。他利用“人际关系测量游戏”的实验方法，通过对 1 000 对夫妇进行研究，把人际关系归纳为以下八种类型：(1) 主从型。主从型人际关系的特点是一方处于主导的支配地位，而另一方处于被支配或服从的地位。主从型人际关系是最基本的人际关系类型，几乎在所有的人际关系中都有主从型的因素。同时，主从型人际关系也是最牢固的一种关系。(2) 合作型。在合作型人际关系中，双方有共同的目标，为了达到既定的目标，彼此默契配合和互相忍让。双方在发生分歧时往往能够互相谦让。(3) 竞争型。竞争型人际关系是一种既令人兴奋，又使人精疲力竭的不安宁的关系。竞争的双方为了达到各自的目标，常常竭尽全力争取胜利。这种人际关系的主要优点是有生气、有活力，缺点是竞争时间过久，难免令人感到精疲力竭。(4) 主从—竞争型。这是一种双方难以稳定地、和谐地相处的人际关系。双方在相互作用时，有时呈现为主从型人际关系，有时则呈现为竞争型人际关系。这种不断变化使双方不得安宁、无所适从。(5) 主从—合作型。这是一种互补和对称的混合型人际关系。此种人际关系较为理想，在这种关系中双方能够和谐共处，即使有些摩擦也没有多大危害性。如果在这种关系中合作因素超过主从因素，那么双方会感到更加融洽。(6) 竞争—合作型。这是一种自相矛盾的混合型人际关系。此种人际关系的双方时而呈现为竞争关系，时而呈现为合作关系，如此反复循环。(7) 主从—合作—竞争型。这也是一种混合型的人际关系，属于这种关系的双方往往陷入困境，因为在他们的相互关系中，同时具有主从、合作、竞争三类人际关系的特点，所以他们生活中的矛盾冲突比其他类型的关系要多。（8）无规则型。这种类型的人际关系较为少见，特点是双方毫无规则，不清楚他们在干什么，只要外界对他们施加一种外力，双方之间就会转变成其他类型的人际关系。莱维特的八种人际关系类型尽管来自对夫妇关系的测试，但是对于大部分具有经常性互动的行动者之间的关系来说，是具有一定的普遍意义的。这一分类对于人们选择怎样的人际关系和如何处理与他人的关系也具有一定的指导作用。

第二节　人际吸引

人类始终拥有一种强烈的需要，即与他人建立持续而亲密的关系的需要。对于人类的祖先而言，只有相互依存才能使族群得以生存，当狩猎或者生活时，人与人协作总比单独行动要好得多。对于男性和女性而言，因爱结合而有了后代，父母相互支持，共同抚养孩子，人类才得以繁衍生息。是什么因素使一个人喜欢或爱上另一个人呢？是什么让人们产生友谊或爱情呢？在有关人的问题中，人际吸引是一项重要的研究议题。

一、人际吸引的概念

人际关系问题不是人类的一种孤立行为，而是与人的存在密切联系在一起的。人际关系既是人的社会属性的表现方式，也是人的社会属性的实现途径。人际吸引作为人际关系的具体因素，是社会心理学探索的一个重要领域。人们生活在这个世界中，不可避免地要与人打交道。马克思和恩格斯指出：“在任何情况下，个人总是‘从自己出发的’，但由于从他们彼此不需要发生任何联系这个意义上来说他们不是唯一的，由于他们的需要即他们的本性，以及他们求得满足的方式，把他们联系起来（两性关系、交换、分工），所以他们必然要发生相互关系。”① 人的本质是一切社会关系的总和，人在积极实现自己的本质的过程中创造、生产社会关系。进一步讲，人是社会关系中的人，正是不同的社会关系、不同的社会实践造就了人的不同本质。人际吸引则是人际关系中

---

① 《马克思恩格斯全集》第三卷，人民出版社 1960 年版，第 514 页。

个体与他人之间情感上的相互喜欢、心理上的相互依赖、活动中的相互需要，它是人际关系的一种积极的表现形式。

人际吸引是社会心理学的重要课题。早在20世纪50年代，沙赫特就通过一系列研究试图解释人们与他人在一起的愿望，阿伦森也在1969年对人际吸引进行了比较研究。费斯汀格也发现，物理距离越近，人们越容易对彼此产生好感。另外，扎荣茨发现，经常看到某人也能增加对他的好感。由此可以发现，人际吸引是人与人之间的积极态度或情感，是在合群需要的基础上发展起来的。也就是说，合群是吸引的基础。但是，合群仅表示人愿意与他人相伴随的倾向，并不涉及是否喜欢他人。在合群过程中，人们不仅相互感觉、相互认识，而且建立一定的情感联系，这种情感联系集中表现在人际吸引上。可以说，人们彼此之间相互喜欢的积极情感是人际吸引的核心，它也是人际吸引和合群的本质区别。那么，究竟是什么吸引着人们，究竟是哪些因素使人更有魅力，使其能与别人保持长久的友谊，或使其能与别人维持浪漫的爱情，这些问题都像磁石一样吸引着社会心理学家，促使他们孜孜不倦地研究。

二、人际吸引的规则

相互吸引无疑是使人们相聚的重要因素，人际吸引是社会关系的基础，在日常生活中，很多因素会影响人际吸引。要吸引别人成为朋友，必须了解人际吸引的基本规则。

（一）接近性

接近性，又称邻近性，是指在人际交往的早期阶段，人们由于地理距离的接近而彼此吸引。换句话说，人们在生活中经常相互接近、相互熟悉，能增进彼此间的了解，较易产生相互吸引。接近性包含两层含义：易得性和相互交往性。所谓易得性，就是指人们更可能接触自己周围的人，进而产生人际吸引。所谓相互交往性，就是指邻近的人常常见面，有较高的交往频率，容易产生人际吸引。那么，为什么地理距离的接近会促使人们对彼此产生人际吸引呢？其中一点是因为“曝光”能促进人际吸引。曝光效应（也称单纯接触效应）是指仅仅熟悉就可以诱发吸引，换句话说，仅仅经常看到某个人就能够增强对他的好感。在扎荣茨的研究中，他向被试呈现不同面孔的照片，每张面孔呈现的次数不同。研究发现，面孔被看到的次数越多，被试对这张面孔的喜好程度越高。在另一项研究中，研究者征募了4名女性作为现场实验的研究助理。前测的结果表明，所有4位女性被认为具有同等的吸引力。在实验中，她们以学生身份参加了一个社会心理学的课程，每个人的出勤不同，在整个学期中分别参加了1次、5次、10次、15次讲座。在期末，研究者通过幻灯机呈现随意拍摄的女性照片，并要求学生们给这4名女性打分。结果发现，这4名女性在课堂出现的频率越高，其他学生对她们的好感就越强。这个实验再次证明了曝光效应的存在。

那么，为什么接近性能促进人际吸引呢？第一，多次接触能够提高人们的再认能力，这是人们开始喜欢上某人的关键一步。第二，当人们变得越来越熟悉彼此时，他们同时也更能预测对方的行为。第三，人们会假设自己所熟悉的人与自己很相似。这三点使得人们之间产生人际吸引的机会大大增加。

（二）外表吸引力

人们见到陌生人时最先注意到什么？很可能是长相。虽然人们都知道不应该以貌取人，但是很难避免在外貌基础上形成对他人的印象。例如，婴儿凝视更漂亮面孔的时间更长，即使在计算机模拟实验中，无论男女，吸引力都与外貌特征高度相关。当其他条件相同时，人们更喜欢外表有吸引力的人。人们一般喜欢美貌的人，外貌对于第一印象的形成尤其重要。无论对于男性还是女性，外表具有吸引力永远是一种优点，比起缺乏吸引力的人来说，那些漂亮的人一般更受欢迎，有更好的社交技能和更多的社交经验，较少感到孤独和焦虑。在浪漫爱情中，容貌的魅力对于女性的影响要大于男性，女性容貌的魅力程度与约会的频率有着较强的关系。

在人际最初交往时，相貌是双方相互喜爱的重要因素。那么，什么样的相貌具有吸引力呢？一般来说，无论对于男性还是女性，匀称的脸部特征都被认为是有吸引力的。研究者发现，采用电脑合成的脸部特征匀称的头像，比所有其他的脸孔都要迷人。为什么外貌美丽能促进人际吸引呢？一个重要的原因是，人们有一种“美的就是好的”的刻板印象，即人们倾向于认为，相对于相貌平平的个体，外貌迷人的个体具备更好的社交能力，从事更好的职业，拥有更美满的婚姻，更受大众的欢迎，更有可能获得成功。在一项经典研究中，研究者安排明尼苏达大学刚入学的新生参加一个大型舞会，研究人员收集了每位学生的智力、人格等方面的信息。在舞会以及随后的跟踪研究中，研究者要求那些大学生评价他们的舞会搭档，结果表明，在人际吸引中，美貌比高智商、良好的社会技能、好的人品都更重要。与此同时，相貌较好的人还往往被认为具有一些和美丽无关的特点，譬如心理健康和聪明等。人们相信有魅力的人相比那些缺乏魅力的人更友善、更外向。无论男性还是女性都倾向于认为，外貌具有吸引力的人比外貌不具吸引力的人更可能具有以下特点：性感、善良、坚强、外向、有教养、敏感、受人欢迎、尊贵、有趣、镇静、好相处。在学业成绩相同的情况下，教师往往会评价漂亮的孩子比不漂亮的孩子更聪明、更受欢迎。

（三）相似与互补

影响人际吸引的另一个基本因素是相似和互补。所谓相似，是指人们倾向于喜欢在态度、兴趣、价值观、背景和人格等方面与自己相似的人，用通俗的话讲就是物以类聚，人以群分。有研究者通过实验证明了相似性与人际吸引之间的关系。首先，研究者让被试填写形容他们本人态度的问卷，然后让他们阅读据称是由“陌生人”填写的问卷。实际上，这些所谓“陌生人”填写的问卷是研究者有意伪造的。研究者伪造了一些和被试的答案十分相似，或者中等相似，或者十分不同的答案，然后要求被试说出他们认为自己可能会在多大程度上喜欢他们所读到问卷的填写者。研究表明，态度的相似程度极大影响了人们对他人的喜爱程度。双方的态度越相近，被试的喜爱程度越高；而对那些与自己态度迥异的“陌生人”，被试则表示非常不喜欢。相似的重要性不仅仅体现在态度相似方面，种族背景、宗教、政治、社会阶层、教育和年龄上的相似性也会影响吸引。在恋爱或者婚姻中，选择与自己相似的伴侣的倾向被称为匹配原则。为什么相似性原则会影响人际吸引呢？这是因为与某人具有相似性的人肯定了他自己的信念、价值观和个性品质，对他具有正向的作用，而与他不相似的人则相反。因此，人们倾向于喜欢与自己相似的人，不喜欢不相似的人。

另外，相似并不排斥互补。互补是指人们之间因为可以在角色或需求上相互扬长补短和相互满足而形成人际吸引。互补带来的人际吸引往往体现在不同的人扮演的角色之间能相互满足需求，帮助解决彼此的困难和问题。例如，有支配性格的人容易与被动型的人相处，这是因为他们彼此之间可以取长补短，满足对方的需求。互补性原则看来似乎与相似性原则矛盾，但从角色作用的观点看，它们是一致的。

（四）互惠性

人际吸引的原则是人们喜欢那些喜欢自己的人和关系中的回报。其核心是互惠性。人与人之间产生吸引力的最基本假设是他们的出现对于我们有奖赏意义。影响吸引力的奖赏有两种类型：与他人交往产生的直接奖赏和与他人交往产生的间接奖赏。直接奖赏是他人在交往中表现出的所有显而易见的愉悦：如果他人对我们表现出大量的关注、接纳、兴趣和赞许，我们就会感到非常高兴；如果他人聪明又美丽，我们就会享受这些赏心悦目的个人特征；而如果他人能给我们带来物质利益，如金钱，我们更会乐于接受这些好处。多数情况下，人们提供的直接奖赏越多，那么他们对我们的吸引力就越强。因此互惠性就是指互动双方因能够满足彼此的需要而产生吸引。互惠性表现在两个方面：第一，喜欢我们的人不仅让我们当时体验到了愉快的情绪，还让人类最强烈的渴望——“受人尊敬”得到了满足，他们对我们的喜欢、欣赏、赞扬，让我们拥有快乐，他们在我们的眼中表现出友好、热忱的形象，我们也回报他们以同样的友好与热忱，并愿意与之接近。因此，一个人喜欢对方的程度，在一定程度上也可以用来预测对方喜欢自己的程度。第二，人际吸引也遵循社会交换原则。当人们认为与某些人的交往有利可图时，也即收益高于成本时，人们就倾向于喜欢这些人。一项研究让大学生列出他们在恋爱关系中获得的收益和付出的成本，学生们列出的收益包括志趣相投、被爱的感觉、幸福感、亲密、自我理解和性的满足，列出的成本包括对关系感到有压力和忧虑、缺乏和其他人进行社会交往或约会的自由、维持关系需要时间和努力、吵架和感到对对方有依赖感。当收益高于成本时，人们就会觉得对方是有吸引力的。

第三节 情感与亲密关系

关于亲密关系的研究是社会心理学对于人际吸引研究的拓展与深化。尽管人们都生活在各种各样的人际关系中，但是对于如何维护人生中最有意义的情感与亲密关系，并不是每一个人都有清晰的答案。在生活中，人们常常努力地维系和经营亲密关系，但是也常常经历沟通不畅、相互怨恨、情感对立和关系的破裂。想要维护情感和亲密关系，无论是友谊、爱情还是亲情，都需要人们在体验的基础上寻找规律。

一、人际关系中的友谊

友谊是个体之间相互依赖的关系，它表现为个体之间自愿从事共同的活动，愿意为对方提供支持和帮助。友谊是人们在人际吸引的基础上，在交往活动中产生的一种特殊情感，它与人们在交往活动中所产生的一般好感是有本质区别的。友谊是一种体现双向关系的情感，即双方共同凝结的情感。马克思和恩格斯说过，在任何情况下，个人总是从自己出发，由于他们的需要即他们的本性和他们求得满足的方式使他们联系起来，所以他们必然要发生相互关系。一般认为，友谊表现为以下方面：在朋友需要的时候自愿提供帮助，尊重朋友的隐私，保持彼此间的信任，信赖彼此并相互倾诉，当一方缺席时另一方能作为其代表，不在公开场合批评彼此，提供感情性的支持，相伴的时候努力使对方快乐，对于彼此的其他亲密关系不嫉妒或不批评，对彼此的朋友宽容，与对方分享成功的消息，寻求个人化的建议，不责备或唠叨，能偿还欠账、报答恩惠或赞扬帮助，对朋友表露自己的真实情感。

虽然友谊一般是在亲密的、面对面的互动中发展而来的，但随着网络通信技术的发展与普及，一种新的友谊形式已经出现，即线上友谊。与一般的友谊不同，线上友谊的产生和发展并没有经历面对面的互动，而是通过以计算机为媒介的网络交流建立的。香港中文大学心理系对 162 名香港青年人的线上友谊与线下友谊进行了比较，研究发现，由于信息来源的不确定性，对信息准确性的怀疑，个人外貌、非语言线索和其他社会背景线索的缺失以及网络的匿名性，总体上来说，线上友谊的关系质量普遍低于线下友谊。在现实生活中，异性友谊比同性友谊更难建立，并且其关系质量显著低于同性友谊。由于互联网解除了人们在现实生活中发展异性友谊的许多限制性因素，线上友谊中异性友谊的关系质量显著高于同性友谊。

自我表露对于友谊的形成和发展来说至关重要，它是一种特殊交谈的形式，是我们与朋友分享隐秘信息与感受的过程。如果人们不向朋友透露这些信息与感受，对方就无从得知。自我表露分为描述性表露和评价性表露：前者是与朋友分享有关自己的信息，如自己的收入、住处或者在最近的选举中投了谁的票；后者是与朋友分享自己的观点、情感或感受，如自己对收入的满意程度、自己对恋人或家人的感受、自己对某人的评价或者自己对自己的评价。自我表露与友谊之间的关系是相辅相成、互相促进的。为什么在朋友之间会有自我表露呢？第一，友谊的发展。分享个人信息是彼此信任的一种表现，因而它是发展友谊关系的一条重要途径。第二，自我澄清。在与他人分享自己的感受或经历的过程中，人们通过观察对方的反应，能知道自己的观点或态度是否正确和恰当，能知道自己所考虑的问题是否合乎情理，因而可以进一步了解自己。第三，社会认可。自我表露如果得到朋友的认可、赞赏和鼓励，人们可以增强自信心，改善自我形象。第四，社会控制。人们可以把表露或隐藏自我信息作为一种社会控制的手段。例如，人们可以突出那些自己认为可能给倾听者留下良好印象的话题、信仰或观点，也可以谨慎地避免谈论自身以保护隐私。

虽然自我表露可以增进友谊，但是它同时也带来了人际交往中的风险。这种风险表现在以下几个方面：第一，冷淡。人们与朋友分享隐秘信息与感受是为了发展友谊，但有时可能会发现对方对自己的自我表露无动于衷。第二，拒绝。人们表露的自我信息可能会导致他人对自己的社会拒绝。例如，许多同性恋者都想向他们的朋友坦承自己的性取向，但又担心因此招致敌意、排斥或轻蔑。第三，失去控制。有时朋友会利用人们所表露的信息伤害或控制他们。第四，背叛。当人们把自己的隐私袒露给所信任的朋友时，往往希望甚至明确要求对方保密，但是这种信任有时会被出卖。因此，虽然友谊要求人们坦诚相待，但由于自我表露要冒一定的风险，人们有时会隐藏自己的部分隐私，保护内心世界不受窥视。只有在自我表露和保持隐私之间保持适度的平衡，友谊才能正常发展。

在不同的文化背景中，友谊的模式有所不同。一般而言，西方文化更强调个人主义，东方文化更强调集体主义，因此友谊在西方社会更多依赖个人选择，而在东方社会在一定程度上依赖血缘关系和家族关系。相对于传统社会，在现代社会中，人们更可能从一个社会阶层流动到另一个社会阶层，从一种社会地位流动到另一种社会地位，从一个地方流动到另一个地方。因此，现代社会中，友谊往往是相对短暂的，而在传统社会，友谊保持的时间相对会更长。

二、人际关系中的爱情

爱情是人类古老而又新鲜的话题，又是深深吸引着人类的谜题。爱是一个较广泛的概念，包括对国家、对父母、对师长等的爱，甚至可以是对宠物的爱，而爱情则一般专指两人之间的一种深度亲密关系。

当然，爱情不但是艺术家所关注的主题，也是社会心理学研究的恒久课题。有研究者使用希腊语和拉丁语词汇描述了六种不同类型的爱情，他认为这些爱情类型是理想化的类型，每个个体都可能综合一种以上的类型来定义自己的爱情。这六种不同类型的爱情分别为：（1）激情之爱。激情之爱包含很强的肉体欲望成分。处于激情之爱的人寻找对自己有外表吸引力的异性，渴望与对方有深入的身体关系。（2）游戏之爱。游戏之爱视性爱为游戏。处于游戏之爱的人希望能跟更多的异性发生性关系。（3）同伴之爱。同伴之爱是深思熟虑的、温暖的、富于同情心的。（4）实用之爱。实用之爱要求挑选一位合适的伴侣，它希望两个人之间的关系平稳并且满足双方的需要，它追求满足而不是激情，处于这种爱情的人选择伴侣以理性条件的考虑为主，诸如教育背景、经济能力、社会地位、共同兴趣、宗教信仰等。（5）癫狂之爱。癫狂之爱是一种个人完全燃烧自己的体验，一见钟情是这种爱的典型代表，外表吸引则是其关键。（6）无私之爱。无私之爱把爱视为给予、利他而毫不利己，将爱作为一种责任。

爱的体验是什么？斯腾伯格运用定量分析与定性分析相结合的研究方法，在大量文献综述和实证研究的基础上提出了爱情三角理论，认为人类的爱情包括三种成分：激情、亲密和承诺。他将这三种成分形象地比喻为爱情三角形的顶点。其中，激情是爱情中的性欲成分，是一种情绪上的着迷，是一种强烈地渴望与对方结合的状态。在激情中，人们见到对方会有一种怦然心动的感觉，和对方相处会有一种兴奋的体验。性的需要是引起激情的主导因素。亲密是指爱情关系中的温暖体验，它在爱情关系中使双方感到亲近、相互关联。亲密成分包括对爱人的赞赏、照顾爱人的愿望，自我表露和内心的沟通也很重要。斯腾伯格认为无论是对爱人的爱，还是对孩子或者是对最好朋友的爱，其中包含的亲密成分在本质上都是相同的，在所有这些爱的关系中，亲密都是最常见的核心成分。承诺指维持关系的决定、期许或担保。承诺由两方面组成：短期方面和长期方面。短期方面就是要作出爱或不爱对方的决定；长期方面则是作出维护这一爱情关系的承诺，包括对爱情的忠诚、责任心，甚至是一种患难与共、至死不渝的承诺。总之，我们可以将激情看作对爱情的动机性卷入，将亲密看作对爱情的情感性投入，将承诺看作对爱情的认知性决定与坚守。因此，激情是“热烈”的，亲密是“温暖”的，而承诺是“冷静”的。

根据爱情三角理论的三个成分，我们可将爱情分成以下六种类型。（1）完美的爱：同时具备三要素，即同时包含激情、亲密和承诺，是爱情的最高体验，但这是一种理想化的爱情，在现实生活中很少见到。（2）喜爱：只有亲密，没有激情和承诺。双方在一起感觉很舒服，但是觉得缺少激情，这种爱也见诸亲密朋友之间。（3）浪漫的爱：有亲密和激情，却没有承诺。例如，有些人有亲密关系和激情体验，但由于对未来的取向不确定，双方并不对对方负责。（4）伴侣的爱：有亲密和承诺，但没有激情，这种爱情在结婚多年的夫妻之间很常见。（5）空洞的爱：只有承诺，既没有激情也没有亲密，这种爱情既存在于旧时代的包办婚姻中，也存在于那种乏味却持久的婚姻中。（6）痴迷的爱：有激情和承诺，但没有亲密，双方彼此都认为对方有强烈吸引力，除此之外，对对方了解不多，也对未来缺少计划。

在寻找伴侣的过程中，人们通常不会随意选择，而是尝试根据某些特征进行积极匹配。择偶匹配除了人际吸引的普遍特征之外，还包含了文化、社会背景、个性、能力、社会地位、情感、兴趣等多个方面。

首先，文化与伴侣选择。不同的文化背景下，人们心目中理想的伴侣是否有差异呢？就这一问题，戴维·巴斯及其同事进行了一项大型的跨文化比较研究。他们发现，在不同的文化背景下，人们的理想伴侣存在巨大差异；在同一文化中，男性与女性心目中的理想伴侣也存在差异。例如，在中国，多数男性理想中的女性伴侣的标准是健康、对家庭和孩子的热爱以及双方之间的爱情；而多数女性理想中的男性伴侣的标准是情绪稳定、成熟、对家庭和孩子的热爱、健康、教育程度和智力水平较高。而在美国，男女双方的理想伴侣的标准是基本一致的，即双方之间的吸引和爱情、情绪稳定、成熟、可靠以及脾气好，他们最不看重对方过去的性经验以及政治背景。在南非，男性理想中的女性伴侣的标准是情绪稳定、成熟、厨艺好、家务能力强、可靠和脾气好；而女性理想中的男性伴侣的标准是可靠、情绪稳定、成熟、脾气好以及健康。在南非，男性最不看重的是女性的经济前景，而女性最不在乎对方是否有过婚前性行为。

其次，理想人格与伴侣选择。沙利文提出，人格永远无法与个人生活于其中的人际关系和社会背景相分离。伴侣选择在现代社会中虽然是私人事务，但它受到社会变迁过程的影响，随着现代化水平的不断提高，资源论对配偶选择的束缚逐渐松动，越来越多的择偶模式反映出配偶选择越来越强调个体行为。理想人格本身就是一种具有强大吸引力的人格模式，它比智力、收入和能力更能在亲密关系中产生吸引力。研究发现，可信赖性是亲密关系依存的重要因素，在亲密关系的发展和维持过程中，拥有值得信赖的人格特质具有强烈的吸引性，同时本身属于安全型依恋的伴侣其吸引力也最强。此外，幽默作为一种愉悦他人的社会沟通方式，在亲密关系的选择中位置越来越重要。可见，在现代化过程中，诚然亲密关系关注经济资源的社会交换，但社会资源和情感资源越来越受到重视，成为亲密关系长久稳定和愉悦的重要保健因子。

再次，社会经济地位与伴侣选择。实验研究发现，在选择伴侣时，男性倾向于选择社会经济地位比自己低的女性，而不太愿意选择社会经济地位比自己高的女性；而女性刚好相反。男性不偏好社会经济地位比自己高的女性，不是因为其收入高，而是因为她们的受教育程度一般更高，从而或表现出较高的独立性，或让男性感到自卑。因此，长久以来，“男高女低”一直是中国城乡婚姻匹配的主要形式。

最后，爱情与伴侣选择。人们在选择婚姻伴侣时，是不是以爱情为基础的？研究发现，在巴基斯坦和印度等一些传统的集体主义国家，有超过50%的人表示他们可以与不爱的人结婚；而在美国、澳大利亚等一些崇尚个人主义的国家中，绝大多数人表示不可能与自己不爱的人结婚。这说明在个人主义的文化中，人们在爱情上高度重视个人的选择，把爱情看作伴侣选择至高无上的准则。在某些集体主义社会中，人们结婚往往遵循父母之命和媒妁之言，是为了整个家族乃至社会的利益，他们更可能牺牲自己的个人利益而与不爱的人结婚。

三、人际关系中的亲情

马克思强调：“只有在社会中，自然界对人来说才是人与人联系的纽带，才是他为别人的存在和别人为他的存在，只有在社会中，自然界才是人自己的合乎人性的存在的基础，才是人的现实的生活要素。只有在社会中，人的自然的存在对他来说才是人的合乎人性的存在，并且自然界对他来说才成为人。”① 在中国，人的关系网络一般以血缘与地缘关系为基础，其中又以血缘关系最为重要。因此，中国社会中的人际关系类型研究就是以亲情为基础的。

中国人的“人伦”是以自己为中心的，最亲的人即人际关系的第一层是自己的血亲姻亲，如父母、兄弟、夫妻、儿女；第二层是父母的血亲姻亲，如叔、姑、舅、姨、表兄弟、表姐妹；第三层是妻子的血亲，如岳父母、妻兄弟、妻姐妹；第四层是兄弟姐妹的姻亲；第五层是祖父母、岳祖父母的血亲；第六层是堂兄弟；第七层是太爷血亲；第八层是超越血亲姻亲的同村异姓；第九层是同学、同事、朋友。按照亲情关系依次类推，一切社会关系便成为家庭

① 《马克思恩格斯文集》第一卷，人民出版社2009年版，第187页。

关系的放大与延伸。因此，费孝通认为，西方社会像田里的捆柴，几根稻草束成一把，几把束成一扎，几扎束成一捆，几捆束成一挑。每一根柴在整个挑里都属于一定的把、扎、捆。每一根柴也可以找到同把、同扎、同捆的柴，分扎得清楚不会乱的。在西方社会，这些单位就是团体，费孝通将其社会结构称为团体格局。而中国的社会结构本身和西方不同，中国的社会结构不是一捆一捆扎清楚的柴，而是好像把一块石头丢在水面上所产生的一圈圈推出去的波纹，每个人都是其社会影响所推出去的圈子的中心。水波纹式的结构便是费孝通在1947年提出的“差序格局”概念。费孝通在《乡土中国》一书中提出的这一概念正说明了中国传统社会关系中亲情所占的重要位置，中国人的人际关系正是按照这种亲疏远近的差序原则来建构的。

费孝通的差序格局强调，中国社会中最重要的亲属关系就是这种掷石子形成同心圆波纹的性质。亲属关系是根据生育和婚姻事实所确定的社会关系。从生育和婚姻所结成的网络，可以一直往外推，将过去的、现在的和未来的无穷的人物包括其中。以“己”为中心，像石子投入水中形成的水的波纹一般，一圈圈推出去，愈推愈远，也愈推愈薄，这便是中国社会人际关系的特性。梁漱溟提出的“伦理本位”也认为中国人际关系表现为自家庭而社会，进而至于整个“天下”的层层伦理序列，最终将中国构成一个文化共同体。他说：“中国的家族制度在其全部文化中所处地位之重要，及其根深蒂固，亦是世界闻名的。中国老话有‘国之本在家’及‘积家而成国’之说；在法制上，明认家为组织单位。”①

在社会心理学领域，自20世纪80年代迄今，有不少学者对华人文化中的独特亲情因素进行思考，并据此对华人人际关系进行概念化。黄光国认为，中国社会中的人际关系被区分为情感性关系、混合性关系和工具性关系。当他人请求资源支配者将他掌握的资源作有利于自己的分配时，资源支配者首先进行的是“关系判断”。若他将与此人的关系界定为情感性关系，他将按照需求法则对待此人；若他将与此人的关系界定为混合性关系，他将按照人情法则对待此人；若他将与此人的关系界定为工具性关系，他将按照公平原则对待此人。但无论哪一种交往法则，都是“报”的规范性衍生物。在情感性关系中，不管是回报的资源还是期限都没有明确的范围，如父母抚养子女时竭尽所能，不会

① 梁漱溟：《中国文化要义》，上海人民出版社2018年版，第21页。

以算计的心态付出；在混合性关系中，“礼尚往来”“投之以桃，报之以李”的回报方式则成为维系彼此关系的法则；而在工具性关系中，回报通常是等价并且即时的。在此基础上，黄光国指出，促使中国人对别人“做人情”的主要动机之一，是他对别人回报的预期。杨中芳提出，中国人际关系可以被分解为既定成分和交往成分。既定成分指两人在某时点通过交往所建立的社会既定联系，这种联系可以是先天存在的（如父子关系）或后天建立的（如师生关系），而每个既定成分都有相应的行为义务。交往成分指关系双方在互动过程中所得到的经验，它可以进一步被划分为情感成分和工具成分。前者为交往过程中双方在情感交流层面的亲密程度，后者指双方在工具层面，即以利益交换和履行义务作为衡量标准的满意程度。

四、亲密关系的形成与结束

人际关系中的亲密关系一直是社会学家和心理学家共同关心的话题。亲密关系是建立在两个独立个体之间的信任的基础上的社会合作关系，或是具有不同目标的个体为实现他们的共同目标而妥协进而建立起来的关系。亲密关系一般具有默契性、高依赖性、高承诺性、高亲密性和不可替代性，亲密关系中的双方相互影响、相互依赖。

相互依赖理论认为，人们倾向于寻求以最小代价获取能提供最大奖赏价值的人际交往，人们只会与那些能够提供足够利益的伴侣维持亲密关系。根据这一观点，与他人相互交换并获得奖赏是社会生活所必需的。人际交往的奖赏是我们与他人接触时所获得的令人愉悦的经验和物品，而人际交往的代价则是具有惩罚性的、令人不悦的经验和物品。某一特定的人际交往所带来的奖赏和代价之和就是其结果，即交往中的一方综合得到的净收益或净损失。如果奖赏小于代价，那么亲密关系就面临结束的可能。

依恋理论进一步讨论了成人的亲密关系问题。依恋理论最早由鲍尔比提出，他认为人们早期对父母的依恋塑造了其后来生活中的关系形态。受鲍尔比的启发，安斯沃斯在 1969 年采用陌生情境实验区分了儿童的依恋类型。他们首先安排母婴处于一个完全陌生的环境中，然后让婴儿分别经历母亲离开、陌生人进入等情境，观察婴儿在与母亲分离和相聚的过程中以及面对陌生人的过程中的表现，从而对婴儿的依恋类型进行判断。通过长期观察母子间的相互作用，并根据婴儿在陌生情境中的不同反应，她将婴儿依恋划分为以下三种类型：

（1）安全型依恋，主要表现为与母亲在一起时，将其作为“安全基地”。这类依恋中，婴儿以母亲为中心主动去探索环境，并不总是依偎在母亲身旁，只通过偶尔的靠近或眼神注视与母亲交流，母亲在场时，婴儿感到足够的安全；当母亲离开时，婴儿明显表现出焦虑、不安；当母亲回来时，婴儿会立即寻求与母亲接触，将其作为“避风港湾”。安全型依恋婴儿易被安抚；他的母亲一般对孩子的信号和情绪表达（呼求、肢体动作等）很敏感，能及时了解孩子的想法，鼓励孩子进行探索，而且喜欢与孩子有亲密的接触。

（2）回避型依恋，主要表现为与母亲刚分离时并不难过，但独自在陌生环境中待一段时间后会感到焦虑。这类依恋中，婴儿容易与陌生人相处，容易适应陌生的环境，很容易从陌生人那里获得安慰。当分离后再见到母亲时，他对母亲采取回避态度。回避型依恋婴儿与其母亲并没有形成特别密切的感情联结。

（3）焦虑—矛盾型依恋，主要表现为每当母亲将要离开时就显得很警惕，当母亲离开时表现得非常苦恼、极度反抗，任何一次短暂的分离都会引起大喊大叫。但当母亲回来时，他对母亲的态度又是矛盾的，既寻求与母亲接触，但同时又反抗与母亲接触，当母亲与他亲近时，他会生气地拒绝、推开。焦虑—矛盾型依恋婴儿的母亲常误解孩子的信号，孩子的信号和母亲的情绪表达常表现出不一致。

（4）混乱型/紊乱型依恋，主要表现为儿童在陌生人情境中表现出混乱和无目标，没有清晰模型，他们与父母分离或重聚时的情绪和行为表现较为混乱和不合时宜，在行为上无规律，难以监控和预测，这实际上反映出儿童对依赖对象情感上的不确定性和犹豫性。

在鲍尔比、安斯沃斯之后，随着研究对象的不断扩展，研究者们开始讨论依恋原理与成人的亲密关系之间的相关性。在《婚恋关系是一种依恋关系》一书中，研究者第一次提出，成人婚恋关系中的情感联结也可以被理解为一种依恋关系，它依赖和早期依恋相似的生物系统，都是自然选择的产物。由此，从成人依恋的角度研究亲密关系成为依恋研究的热点领域。对于成人依恋的研究发现，具有安全型依恋风格的个体在和他人的关系中感到安全，因此在遇到威胁和不确定时更愿意表现出亲密行为，更希望和他人靠近。具有回避型依恋风格的个体在和他人的关系中感到不安，他们往往表现出强迫性，和他人保持距离，遇到威胁和不确定时表现出不屑一顾和超脱的行为。具有焦虑—矛盾型依恋风格的个体在和他人的关系中同样缺乏安全感，但他们和回避型个体的表现不一样。焦虑型个体强迫性地寻求接近，对关系频繁地表达出担忧，遇到威胁和不确定时过多地表现出想与他人接近的渴望。

日常生活中，亲密关系是可能结束的，关系的解体并非一件单一的事件，而是一个有着许多步骤的过程，它可以分为四个层面。(1) 个体层面，包括关注伴侣的行为、测算伴侣的行为是否适当、描述并评估这段关系的消极方面、思考退出关系的成本、测算替代选择的积极方面、面对爆发还是沉默的两难抉择。(2) 两个个体间的层面，包括面对爆发或沉默的两难抉择、与伴侣对关系进行协商与讨论、尝试修复关系和妥协、测算退出关系的成本、降低双方的亲密感。(3) 社会层面，包括与伴侣就分手后的问题进行协商、与朋友和家人就分手问题进行讨论、思量并面对亲友和其他人的反应、寻求调解者。(4) 回到个体层面，包括追忆爱的往事、反思与分析亲密关系解体的原因、公开传播并接受亲密关系解体的事实。

亲密关系结束具有典型脚本，这些脚本一般包括 16 个步骤，虽然实际的分手过程往往具有特异性，但是从这个共同脚本显然可以看出，人们期望中的亲密关系结束过程在最终结束前往往具有矛盾反复、迂回曲折的特征。这些步骤是：伴侣一方开始失去对亲密关系的兴趣；失去兴趣的伴侣开始注意其他人；失去兴趣的伴侣开始退避，行为更加疏远对方；伴侣双方试图努力解决问题；伴侣共处的时间更少；兴趣的缺乏再次浮现；伴侣考虑分手；沟通彼此的情感并达成共识；伴侣双方再次试图解决问题；伴侣一方或双方再次关注他人；共处的时间再次变少；与其他潜在的替代伴侣外出；试图一起回到过去；伴侣一方或双方考虑分手；感情破裂，准备采取行动；最终分手，亲密关系解体。

面对亲密关系结束的可能性时，人们可能表现出破坏性行为和建设性行为。破坏性行为包括主动损害关系行为（如虐待伴侣、威胁分手以及结束关系）和被动旁观关系的恶化行为（如拒绝解决关系中存在的问题、忽视伴侣或者很少花时间相互陪伴以及对关系不进行投入）。建设性行为包括主动尝试改进关系（如问题讨论、尝试改变、向心理咨询师求助）和被动地保持对关系的忠诚（如等待并希望事情会变好、表现出支持和乐观的态度）。婚姻质量和其稳定性之间存在正相关关系，即婚姻质量越高，婚姻的稳定性越好。婚姻持续的时间越长，当事人在婚姻关系上投入的个人资源越多，婚姻解体的损失也就越大。替代选择假说认为亲密关系的稳定性取决于亲密关系本身的吸引力、亲密关系之外其他选择（替代性选择）的诱惑和解除亲密关系的结果。当阻碍亲密关系结束的因素和亲密关系本身的吸引力保持不变时，其他选择的吸引力越大，亲密关系受挫的危险性越大。亲密关系中的消极行为互动模式和过程是导致关系解体的主要原因，如过多的指责、防卫和轻蔑等。亲密关系主体的时间分享、争吵的频率、互动质量都影响亲密关系的维持与解体。

第四节　人际信任与社会信任

信任是人际交往的桥梁和纽带，它对于人际关系就像空气对于人类一样不可或缺。人无信不立，社会缺乏信任将会变成一盘散沙。在一个缺乏信任的环境中，人际关系将充满不确定性和各种风险。马克思在《1844 年经济学哲学手稿》中将信任看作人的本质的体现，把信任异化看作人本身的异化，以信任换信任就是信任本质的复归，也就是人的本质的复归。人对世界的关系和人对人的关系一样，只能用爱来交换爱，只能用信任来交换信任。信任从内涵上应该包含平等、自由与公正，这是人的本质的体现。自由、平等与公正的制度有益于信任的培育与塑造。

一、人际信任

人类为什么在友谊、亲情和爱情之外，还需要信任来维持人际关系呢？事实证明，在资源匮乏的社会中，人类个体之间存在着利益冲突，获利的趋向使人们表现出竞争、敌意、争斗、破坏等行为。但是如果只存在竞争，人类社会就无法生存和发展，这就要求人类本身必须追求合作共赢，在合作的道路中，必须要信任。重视信任的传统古已有之。中国古代就有“民无信不立”“人而无信，不知其可也”等很多关于信任的说法。中西方的古代典籍都非常强调信任对于社会的重要意义。信任不仅关系到国家经济和社会发展的各个层面，还在日常生活世界中具有举足轻重的地位，信任是经济活动和社会生活的润滑剂，是人际和谐的基础。信任一般是指人际信任。所谓人际信任是指基于对对方意图和行为的积极预期，愿意向对方暴露自己的弱点并且不担心被利用的一种心理状态。人际信任与否，更多地视人际关系而定。人际信任包含两个要素，即信任意向和信任信念，前者是愿意依靠对方，后者是相信对方是仁慈的、诚实的、有能力的和可预测的。

人际关系是人与人之间的一种心理契约，是合作关系的起点、前提和基础，也是人际资源的重要组成部分。人际关系越亲厚，信任程度越强。在关系本位的传统社会中，关系的亲疏远近影响了信任的程度。人际信任是个体对他人可信与否的一种期望，这一期望受到人们在特定情形中的特殊经验和人们根据相似经验概括出来的一般经验的影响，前者构成了个体的特殊信任，后者构成了个体的普遍信任。在生活中，人们会对特殊经验和一般经验的重要性进行权衡，如果在特定情形中个体拥有越多的相关经验，那么他就越倾向于依赖特殊经验作出判断。个体面临的情境越独特，则他更加依赖一般经验进行判断。韦伯概括了两种不同的信任，即普遍信任和特殊信任，前者发生在具有相同利益的所有人之间，后者发生在具有血缘、地缘或裙带关系的人之间。吉登斯认为，人类社会的现代性意味着风险的增加，传统社会中人对人的信任不断被破坏，这就要求现代社会发展出新的信任类型，人们不仅要信任熟人，也要了解如何去信任陌生人，也就是建立普遍的社会信任。研究发现，美国人在与不同的目标人物交往时表现出特殊信任倾向，即“亲人信任”高于“熟人信任”，更高于“陌生人信任”；而中国人不仅表现出特殊信任，也表现出对血缘和裙带关系之外的普遍信任。杨中芳和彭泗清提出，中国社会正在经历传统社会向现代社会的转型期，这种变化可能对原有的人际信任产生强烈的冲击。杨中芳对中国人的人际关系重新加以概念化，希望能把它与许多其他人际交往相关的概念，如人情、信任等，联系起来并建构一套可以用来理解中国人人际交往的意义系统。她认为人际信任在人际关系的基础上分为三个阶段：初期阶段是根据既定角色形成的信任，工具阶段是以内隐于工具交换的互惠互报法则为基础的信任，感情阶段是以相互之间的感情付出为基础的信任。人际信任的进展是随着人际关系的进展而形成的，是在交往双方相互表达了诚意和诚心之后逐渐深入的，人际关系与人际信任是一种辩证性的关系。

总体而言，人际信任是人际关系中的重要因素，在人际互动中，只有双方建构并维持相应的信任模式，互动才能持续健康进行。随着人类社会的不断进步，社会结构日益复杂，提高人际信任，可以促进人们之间的沟通，有利于人们的协作，增强群体凝聚力，提高工作效率，合理配置资源，从而降低组织运行和管理成本。

二、社会信任

长期以来，社会信任一直是众多学科关注的热门课题。社会信任即普遍信任，是指对陌生人或社会上大多数人以及社会组织、机构的信任，它反映了个体对人性善的信赖，因而社会信任是社会资本的重要组成部分，关系到一个国家的经济增长和文明进步，是一个社会良性运行的保障。当前关于社会信任的研究主要包括两个方面：一是从国家或社会层面探讨社会信任的宏观差异，将社会文化、价值规范与制度安排视为影响社会信任形成的主要因素；二是在个体层面探讨社会信任的微观差异的形成原因，重点考察个体客观因素与生活经历对社会信任的影响。

社会信任在维系人与社会的关系方面发挥着重大作用。齐美尔在其著作《货币哲学》中提出信任是社会最主要的凝聚力之一。卢曼认为，信任是一种以对他人能表现出符合社会规范的行为或举止的期待或期望为取向的社会行为。以上关于信任的阐述都强调信任的社会性特质，认为信任是社会存在和发展的基本要素，是社会关系的基础，有利于维护社会稳定。

信任作为一种个人在后天的社会交往活动中所习得的对周围其他人行为表现的预期，其本身自然摆脱不了特定社会的文化传统和社会构成的制约和影响，从而表现出因时因地的多变性和复杂性。① 在《信任：一种社会学理论》一书中，社会学家什托姆普卡在分析波兰社会剧变前后社会信任的急剧下降和逐步恢复时指出，一个社会建立在历史和文化基础之上的信任会由于社会的急剧变革而受到侵蚀和损害，但是当稳定、透明和可预测的制度和结构不断建立之后，一种新的关于制度的信任就能产生，并且最终使原有的人与人之间的信任重新恢复和不断增强。

有研究者将对信任的定义归纳为五个方向，即对他人善良所抱有的信念或一种健康的心理特质，对他人特点的反应，对他人行为的期待，一种有待证实的冒险行为，对社会系统正常运作的某种期待。② 一些研究强调，信任的含义

① 李伟民、梁玉成：《特殊信任与普遍信任：中国人信任的结构与特征》，《社会学研究》2002年第3期。

② 翟学伟、薛天山主编：《社会信任：理论及其应用》，中国人民大学出版社2014年版，第4—10页。

在社会事实方面得到了进一步的确认，同时在文化上具有一定的差异性。社会信任作为社会资本的重要组成部分，一直受到学者们的高度关注，大量研究以中国为观照，以时代为观照，立足中国实际，解决中国问题，不断建构关于信任的自主性知识体系。一般认为，西方的社会结构是以自我为中心的团体格局，每个人都隶属于组织或者团体，其社会信任也建立在这一基础上，因而更强调平等和契约。中国传统社会关系以关系为本位，因而强调以血缘、地缘为主的社会信任。在传统中国社会，人们生活在一个相对固定的地域，形成了以血缘、地缘为主要特征的熟人社会，人们之间的交往以当面的、在场的熟悉和了解为依据，以熟人社会所共有的行为规范、风俗习惯为制约，以血缘、地缘为纽带和保证，从而形成了一种亲而信的信任模式。① 但是随着社会转型，熟人社会结构逐渐出现松弛和瓦解，人们迅速地从静态化的社会结构和封闭性的地域中抽离出来，传统社会中稳定的、长久的、可预见的人际关系结构逐渐被易变的、短暂的、匿名的交往模式所取代。于是，以关系规范为约束力量的社会信任模式受到了巨大的冲击，这展现出社会信任的不确定性。正如吉登斯所言，现代社会本身就是一个风险社会，是一个信任机制随时可以发生重要转变的社会。信任危机是所有迈向现代社会的国家都要遭遇的社会危机，是快速变化的风险社会的基本特征。随着中国经济社会的飞速发展与转型，社会信任的缺失可能会成为社会危机。当人类文明发展到从真实社会走到虚拟社会时，交往方式变了，信任也随之发生改变，这成为现代信息社会和互联网时代需要关注的重要话题，这种新型的社会连接或团结，抑或新型的网络谣言或欺诈都在其中孕育和引发再生产。②

总而言之，社会信任是降低社会交易成本，优化人群关系，增进社会合作，促进社会稳定的一种重要机制。人际信任与社会信任具有紧密的联系，二者并非对立互斥，而是相互加强促进的，制度是嵌入人与人的关系网络之中的，因此人们对制度的信任源自人们在交往中对所建立的关系的信任。传统中国社会是以农耕经济为主体的乡土社会，血缘关系、地缘关系、业缘关系高度交叉重叠，人与人之间相互依赖、相互依靠，信任成为一种典型的社会资源。随着市场化、城市化和全球化的不断深入，社会流动加剧，中国社会由原有的

① 朱虹：《“亲而信”到“利相关”：人际信任的转向——一项关于人际信任状况的实证研究》，《学海》2011 年第 4 期。

② 翟学伟：《中国人的社会信任：关系向度上的考察》，商务印书馆 2022 年版，第 3 页。

熟人社会逐渐迈向了陌生人社会，这就需要在人际信任的基础上不断完善社会信任。从现实的增进路径来看，其一，国家和社会的制度完善能够增强人们的社会信任；其二，随着社会主义市场经济的发展与完善，人际信任的半径扩大，整体的社会信任也会提高。

思考题

1. 中国人人际关系的建构方式与运作特点是什么？
2. 在新媒体平台上，社会关系是如何变迁与流转的？
3. 社会信任与人际信任的区别与联系是什么？
4. 简述马克思关于人的关系的研究对社会心理学人际关系研究的引领作用。
5. 试分析亲密关系在建立、维持和终结过程中的规律性。

▶ 答题要点

第九章　群体的社会心理

人总是生活在一定的社会环境中，参加一定的社会活动，与别人形成一定的社会关系，如以血缘关系结合形成家庭和家族，以地缘关系结合形成邻里、同乡，以业缘关系结合形成职业群体。

社会心理学研究群体问题由来已久。早期社会心理学偏重于研究民族、群氓等。1859 年，理查德·拉扎勒斯和斯坦达尔创办了《民族心理学和语言学》杂志，发表了《民族心理学序言》，认为社会心理学的任务是从心理方面认识民族精神的本质，揭示民族精神活动的规律，自此，民族心理学正式创建。冯特发展了民族心理学思想，提出应当通过分析文化产品——语言、神话、风俗习惯、艺术等来研究民族心理问题。第一次世界大战后，实验研究方法被引入社会心理学，促使社会心理学学者从大群体研究转向小群体研究，开始关注服从和顺从、社会促进和抑制、群体凝聚力、群体领导、群体决策等问题。

第一节　群 体 生 活

动物群居是为了适应复杂环境，以增强生存竞争力，群居动物在一起生活必须遵守一定的规则。群体关系是复杂的，它既包括群体与个体的关系，又包括群体之间的关系。在一定的社会条件下，不同民族和社会群体的生活模式存在差异，他们有竞争与合作，有群体的选择和利他行为，如何理解这些丰富多彩的群体生活呢？进化心理学为我们提供了崭新的视角。

一、个体与群体的关系

个体和群体是唯物史观中的一对重要范畴，如何看待和处理这对范畴之间的关系是一项重要议题。个体是现实的个人，群体是个体通过实践活动和特定关系结合而成的集合体。群体是由个体组成的，存在持续的互动，有规范和目标，不是个体的简单聚集。

（一）个体和群体的含义和特征

个体是指具有人的普遍自然属性与社会属性，并以独特方式行动的个人。

群体是指两个或者两个以上的个体通过一定的社会关系结合在一起的集合体，他们遵循共同的行为规范，有共同的奋斗目标，在情感上互相依赖，在思想上相互影响。不同个体在社会地位、能力等方面存在差异。而一群人能否被看作群体的一个显著判断标准是他们在心理上是否有一定的联系，是否有共同的需要和共同的目标。最早对群体作出明确的社会学定义的是斯莫尔，他认为群体是一大群人或一小群人，在其间所存在的关系使我们必须把他们作为整体来考虑。

群体的特征包括四个方面：一是有持续的互动。群体成员之间需要具备持续的、稳定的交往互动，从而固化成员之间的关系，增强成员之间的凝聚力。二是有一定的行为规范。行为规范可以是明文规定的，也可以是约定俗成的，它保证成员之间有秩序地、协调地开展活动。三是有一致的目标。只有具有统一的目标，成员之间才能采取一致的行动。四是有比较明确的成员关系。一方面，群体中的成员扮演着不同的社会角色，承担不同的任务；另一方面，成员之间相互依赖，形成群体的认同感。

群体并不是个体的简单堆积或机械相加，群体和人群是不同的。人群通常是偶然地在同一时间、同一地方临时聚集起来的一群人，如聚餐的食客、公交车的乘客、商场的顾客等。这些人群的成员之间没有发生具有社会意义的互动，也没有共同的归属感，聚合的时间也十分短暂。

（二）个体和群体的关系

个体与群体的关系是相互依存、对立统一的。个体与群体处于不可分割的相互依存、相互联系之中。每个人都以个体形式而存在，同时又以群体中的成员形式而存在。群体是由不同年龄、不同性别、不同身份的个体组成的，没有个体，就没有群体；而个体也不能脱离群体而存在，个体要受到群体的制约，形成一定的群体结构，需要遵守群体的规范。同一群体中的成员之间，又具有若干共同点，如进行某种共同的活动，或有某种共同的利益和要求，或受到某种共同的组织形式的约束。任何个体都存在于社会之中，存在于人与人的相互关系之中，因此个体之间必然以各种社会关系为纽带，组成不同的群体。

个体离开群体，就失去了与社会联系的联结点，心理活动与行为就失去了直接的参照，个体就不能获得连续不断的社会支持与社会比较反馈，因而自我意识就失去了基点。个体一旦组成群体，就具有了有别于单个个体的新特征。群体影响、群体心理、群体极化与群体思维等在群体形成以后出现的现象，都是个体所没有的。

群体是由不同个体组成的，个体的特征与状态也会直接影响群体的状况与特点。群体中具有重要影响力的个人的特征还可能影响整个群体的走向。

总之，对于个体来说，群体是其联系宏观社会的中介，社会对于个体的作用往往需要通过群体来发挥。而个体对社会的影响，也需要借助群体来实现。

二、群体与群际关系

群际关系比群体和个体的关系更加复杂。相关学者对群际关系的含义以及群体的类型进行了研究，泰弗尔提出的社会认同理论即其中的一个重要理论。

（一）群际关系的类型

群际关系是指群体与群体之间，特别是本群体和其他群体之间的社会心理关系。在实际研究中，根据不同的标准可以将社会群体划分为不同的类型。一般而言，社会学界通常采用以下五组分类：正式群体与非正式群体，初级群体与次级群体，内群体与外群体，隶属群体与参照群体，血缘群体、地缘群体、业缘群体与趣缘群体。社会心理学研究更加关注前四组分类。

第一，按照群体构成的原则和方式，可以把群体划分为正式群体和非正式群体。正式群体和非正式群体的概念是由梅奥在著名的霍桑实验中提出来的。正式群体是具有明确的共同目标，组织结构确定，分工明确，具有有意识的协调体系，由相互作用和相互依赖的人员组成的群体。非正式群体是为满足社会交往的需要而自然形成的群体，群体的成员存在共同的利益，社会背景相似，所持观点接近，非正式群体以约定俗成的规定影响着群体成员的行为。

非正式群体既可能产生积极的作用，也可能产生消极的作用。从积极方面看，非正式群体可以作为正式群体的补充，满足人们交往、归属等心理需要，满足群体成员及时了解组织内外情况、沟通信息的需要，增强正式群体的凝聚力。从消极方面看，非正式群体可能由于其与组织的目标不一致而影响组织目标的实现，影响工作效率，不利于组织的团结和组织机体的健康发展。

第二，按照群体成员的互动关系特征，可以把群体划分为初级群体和次级群体。初级群体是社会群体最基本的形式，群体成员之间以情感联系在一起，直接进行亲密互动，具有强烈的群体认同感。初级群体以成员间大量的自由交往为特征，其中充满了情感交流，包含多样化的角色扮演和个人利益表达。初级群体首先由库利在《社会组织》中提出，他将家庭和儿童嬉戏群体看作初级群体，认为这些群体对个体进行了最初的社会化，它接纳的是个体完整的人格。在初级群体中，个体不仅能够获得稳定的情感支持，学习社会技能，而且能够获得人格发展的机会，这有助于个体发展出一种复杂的、多层面的自我。

次级群体是为达到一定的社会目标而形成的群体。与初级群体不同，次级群体成员之间的互动不是情感性的，而是基于共同的利益和目标。社会组织，如政府部门、学校等，都是次级群体的典型形式。在次级群体中，成员之间直接互动的机会是有限的，个体在其中扮演着既定的角色，表达有限的利益需求，参与者只投入了与情境具体相关的那些方面的人格。

第三，按照群体成员的立场和态度，可以把群体划分为内群体与外群体。1906 年，萨姆纳在《民俗论》一书中首先采用我群、他群和民族中心主义等术语研究群际关系问题。他认为我群关系和谐有序，成员富有同情、忠诚、牺牲精神，而对他群成员则轻视和抱有敌意。民族中心主义是指以我群为中心考虑问题，以我群为标准去衡量群体。内群体是成员所属的群体，成员对内群体抱有强烈的归属感和认同感；外群体是群体成员之外的他人所组成的社会群体。

群体成员一般对他们的内群体都有认同感，而对别的群体则持有怀疑的态度，认为外群体不如内群体重要。定义群体成员依赖于明显的群体界线的存在，没有群体界线，我们就无法区分群体成员与非群体成员。群体界线经常通过某种特殊的语言表现出来，它有助于群体成员形成团结感，并且将其与其他群体成员区分开来。

第四，按照群体成员的身份归属，可以把群体划分为隶属群体和参照群体。隶属群体和参照群体的划分着眼于群体对成员的思想和行为的影响，特别有助于对失范行为的分析研究。隶属群体是指成员以本群体的规范作为自己的行为准则；参照群体是指个人认同的，为其树立和维持各种标准，用以参照和比较的群体。参照群体作为一个参照点，比别的群体更多地影响了我们的自我认同、我们与世界互动的方式。如果某个群体已经达到的目标是人们所要追求的，那么人们便可能会参照这个群体的行为模式行动。

（二）社会认同理论

社会认同理论（social identity theory）由泰弗尔提出。该理论认为社会群体的成员身份和群体类别是一个人自我概念的重要组成部分。因此，当一个人与他人进行交往时，他不是作为一个单独的个体，而是作为一组或一类人的代表与他人交往的。在社会交往中，人们总是努力获得或维持积极的社会认同，从而提升他们的自尊，这种积极的社会认同很大程度上来自个体对内群体和相关外群体的有利比较。当不满意当前的社会认同时，人们可以选择离开当前的内群体或寻求获得积极认同的途径。个体如果过分热衷于自己的群体，认为自己的群体比其他的群体好，并在寻求积极的社会认同和自尊过程中体会群体间的差异，则容易引起群体间偏见和群体间冲突。

泰弗尔和约翰·特纳对个体认同和社会认同进行了区分。个体认同是个体对自己的独特性的意识，它使个体在时空上与其他人区分开来；而社会认同则是个体对自己处于一定社会群体、社会范畴的意识，个体意识到进而强化自己在一定社会范畴上与其他一部分人同一或类似，而与另一部分人存在差异。泰弗尔将社会认同定义为：个体认识到自己所在群体成员所具备的资格与这种资格在价值上和情感上的重要性。

社会认同理论认为，社会认同由三个过程组成，即社会类化、社会比较、积极区分。社会类化是指个体试图把内群体和外群体的区别最大化，夸大群体内成员之间的相似性和与群体外成员的差异性。社会比较是指在权力、声望、社会地位等方面对自己所在的群体与其他群体进行比较，其结果使得群体成员和那些与自己信仰及观点不一致的群体保持距离，社会分类的意义更明显。积极区分是个体把自己所在群体的权力、地位等与其他团体进行比较后，如果觉得所在群体不够优越，就会远离该群体或者寻求获得积极认同的途径，如和社会地位较低的群体比较等，进而提升自尊水平。这个过程容易催生内群体偏好和外群体偏见。

三、群体生活的表现形式

群体生活的表现形式具有多样性的特点，其中典型的表现形式包括生活方式与生活风格等。

（一）群体的生活方式

生活方式是一个内容相当广泛的概念，它包括人们的衣食住行、劳动工作、休息娱乐、社会交往等物质生活和精神生活中体现出的价值观、道德观、审美观等，可以理解为在一定社会条件下，各个社会群体的生活模式。生活方式包括活动条件、活动主体和活动形式。从马克思主义来看，生活方式受到生活观念的调节与指导，是一定生活价值影响下的群体生活活动特征和表现形式。党的二十大报告强调，我国社会主要矛盾是人民日益增长的美好生活需要和不平衡不充分的发展之间的矛盾，要紧紧围绕这个社会主要矛盾推进各项工作，增进民生福祉，提高人民生活品质，坚持在发展中保障和改善民生，鼓励共同奋斗创造美好生活，不断实现人民对美好生活的向往。当前，我国幼有所育、学有所教、劳有所得、病有所医、老有所养、住有所居、弱有所扶，人民生活全方位改善。人均预期寿命增长到七十八点二岁，居民人均可支配收入从一万六千五百元增加到三万五千一百元。城镇新增就业年均一千三百万人以上。建成世界上规模最大的教育体系、社会保障体系、医疗卫生体系。① 特有的生活模式必然通过典型的、稳定的生活方式表现出来，因此生活方式往往成为划分社会群体的重要标志。

（二）群体的生活风格

生活风格是生活方式的一般特征在个人和群体行为中的独特表现形式。构成生活风格的独特行为表现形式主要由个人的性格、爱好、价值取向等决定，具体体现为人们特殊的生活习惯、风度、气质等。在我国，中华优秀传统文化源远流长、博大精深，其中蕴含的天下为公、民为邦本、为政以德、革故鼎新、任人唯贤、天人合一、自强不息、厚德载物、讲信修睦、亲仁善邻等精神都体现出中国人在长期生产生活中积累的天下观、社会观、道德观。这些都渗透到群体生活的方方面面，对个人和群体产生稳定而深远的影响。

生活方式和生活风格两个概念的区别在于：生活方式的外延更大，它虽然包含了人们行为的独特表现形式，但更主要指活动的社会形式。它由社会价值所引导，并受到社会基本条件和社会规范的制约。生活风格是生活方式的从属概念，反映了人们生活中的浅层次特征及生活方式一般特征的特殊性、具体性和多样性表现形式。生活风格的特点体现为：

第一，人们形成怎样的生活风格，不都是有意识的自觉选择的结果，也包括无意识的行为表现。

---

① 习近平：《高举中国特色社会主义伟大旗帜　为全面建设社会主义现代化国家而团结奋斗——在中国共产党第二十次全国代表大会上的报告》，人民出版社 2022 年版，第 7、46、10 页。

第二，生活风格反映的不是人们生活中个别的、偶然的因素，它渗透到人们生活的各个方面，对具体的个人和群体来说表现为稳定的、重复性的行为。

第三，生活风格具有个性的多样性，即同一种社会类型的生活方式，在不同的个人和群体那里可以表现为各不相同的生活风格。随着人类社会现代文明的发展和人的主体性的增强，人们生活方式的表现形式越来越丰富多彩，生活风格也就越来越多样化。

四、群体生活的必要性与群体规范

群体生活对维持个体与种族的生存具有重要意义，而群体要适应复杂的环境，增强生存竞争力，就需要遵循一定的规则，这些规则就是群体规范。

（一）群体生活的必要性

社会行为对动物生存的意义在于，依靠群体的力量往往更容易有效地猎食和防御捕食者的攻击，有利于动物保护弱小，更好地生存和繁衍，使得群体更好地适应环境，可见群体生活对维持个体与种族的生存有重要的意义。

进化心理学认为，所有的社会行为都可以找到进化的渊源，人的社会行为也是由其进化目的而得到传递的。人类的心理就是一整套信息处理的装置，这些装置是由自然选择而形成的，其目的是处理我们祖先在狩猎等生存过程中所遇到的适应问题。自然选择的作用在于通过重复遇到进化中反复出现的情境，从而对可供选择的心理设计进行检验，以决定哪些设计被选择并遗传给后代。在人类的进化历史中，相对于其他可供选择的设计而言，那些增强了其自身生存和繁殖能力的设计被选择出来了。通过这一过程，有利于生存、繁殖的行为就保留下来了，随时间演变、沉淀、发展到现在。

黑猩猩群体表现出社会行为。黑猩猩和人类在许多方面非常相似，而且普遍认为，人类与黑猩猩拥有共同的祖先。物竞天择，适者生存。黑猩猩和人类一样过着群居生活。早期的生活中缺乏资源，群居生活使个体可以在找到食物后与其他个体分享，在面对危险时，群体存活的概率更高，而独自生活的猩猩或人，因为所需资源的匮乏则被淘汰，基因也就随之消失，这一过程不断反复，使群居的基因得以保存。作为一种群居动物，黑猩猩表现出类似人类的群体生活习性，其群体中有分工合作、攻击与竞争、等级制度、保护弱小、内群偏好、争夺资源、模仿和试误学习、尊重服从长者、遵守群体规则等现象。

（二）群体规范

群体规范指的是群体确立的共同行为规则，每个群体成员都必须遵守。违反这个共同规则的个人得不到大家的认同，会受到群体成员的排斥，甚至会被清除出该群体。但群体规范并不规定成员的一举一动，它规范的是行为可以被接受和容忍的范围。

1. 群体规范的功能

群体规范具有三个方面的功能，即维系群体、认知标准化和对行为的定向。首先是维系群体。群体规范是一致性的标准，它调节群体成员的意见和看法以及他们的行为，使群体表现出整体性。要维护群体的这种整体性，需要一定的准则来约束群体成员，也需要群体成员认同这些准则。其次是认知标准化。不同个体的意见和想法往往存在差异，当他们结合成为群体，群体规范就会在认知和评价上逐渐趋于一致，这种统一成员意见、看法的功能，就是群体规范的认知标准化功能。最后是对行为的定向。群体规范对行为的定向功能，主要体现为为成员划定活动的范围，规定日常的行为方式，告诉成员应该做什么、不应该做什么、怎样做等。

2. 影响群体规范确立和遵循的主要因素

影响群体规范确立和遵循的主要因素包括：（1）个体特征。成员智力水平越高，越不愿确立和遵循规范。（2）群体的构成。同质群体比异质群体更易确立规范。（3）群体的任务。任务较常规、清楚，则易形成规范。（4）地理环境。成员工作地点接近，则易形成规范。（5）组织规范的被接受程度。如果成员不赞成组织规范，则可能产生与组织相对抗的规范。（6）群体的绩效。成功的群体更易维持现有规范并发展与其一致的新规范。

3. 两项重要的群体规范研究

群体往往利用规范来促使个体表现出从众行为。从众行为是指个体在群体中因受到群体的影响和压力，在知觉、判断和行为上倾向于与群体中多数人一致的现象。谢里夫和阿希在群体压力和趋同心理研究方面作出了重要的贡献。

谢里夫进行了自动移动光效果研究。研究人员让被试分别在个体和群体两种情境下尽可能准确地对光点运动的距离作出判断。结果发现，每个个体一旦形成知觉模式，会建立自己的标准，在没有接收到其他信息的情况下，会始终认为光点按那个距离来回运动。当一个被试形成了自己的标准，并面对他人不一致的标准时，个体会通过相互影响而确立一个群体标准，然后调整自己的标准去适应群体标准，而不恢复到群体测试之前各人所建立的标准。这项研究让我们看到了群体压力和群体规范对人们的认知行为产生的巨大影响。少数人在大多数意见的压力下，为了避免自己被孤立，就会顺从、模仿他人，再现他人的行为和意见，从而形成统一的看法。

阿希进行了“线段实验”。实验的材料是两张一组共十八组的卡片，每组卡片中的第一张卡片上只有一条垂直线段，称为标准线段，第二张卡片上有三条垂直线段，称为比较线段（见图 9-1）。这项实验真正的被试只有一个，其他的六名被试都是为配合实验而故意安排的助手（假被试），研究者给被试两张卡片，第一张上有一条垂直线段，第二张卡片上是三条长度不同的线段，然后让被试说出第二张卡片上哪一条线段与第一张卡片上的线段长度相同。阿希表面上是调查被试对线段长度的判断，其实是想探究在群体压力介入时将会出现什么情况。阿希让假被试在几次正确地判断线段长度之后，故意作出错误判断，然后观察真正被试的回答。实验结果惊人地呈现出，有 33%的被试屈服于小组的压力而作出错误的判断，而单个人做实验时，几乎没有一个人作出错误的判断。阿希的实验向我们表明，有些人情愿追随群体的意见，即使这种意见与他们从自身感觉得来的信息相互抵触。

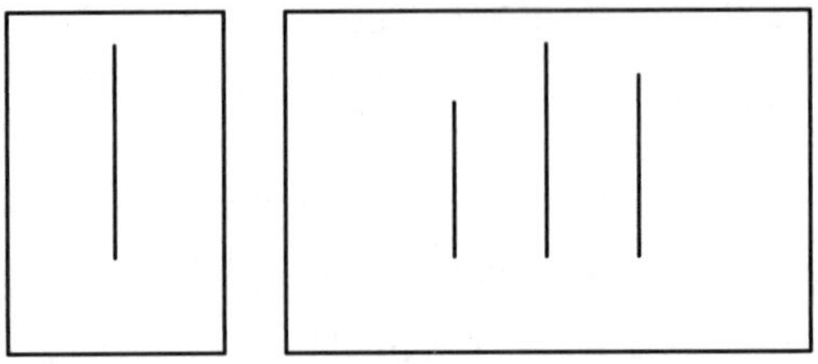

图 9-1 线段实验图例

谢里夫发现，他人的判断会影响人们对光点移动距离的错觉估计，阿希发现其他人一致地给出错误答案后，仍有相当比例的被试从众，由此可以看出社会情境的力量。群体规范使个体与群体保持一致以免遭拒绝并获得群体的接纳或赞赏，而偏离群体规范往往会付出一定的情感等代价。

第二节 社会影响的形式与路径

社会深刻地影响着每个人的信念、态度、情绪与行为，这种影响正改变着我们的态度和行为，促进或抑制特定的社会行为出现的频率和强度。

一、社会影响的主要类型

社会影响是指在他人的影响下，个人的信念、态度、情绪与行为产生变化，态度变化是其典型表现。社会影响反映了社会中个体之间的相互作用，它不仅影响行为的数量，还影响行为的质量。社会影响可以分为社会助长、社会抑制和社会惰化等。

社会助长是指由于他人在场或与他人一起活动个体行为效率有所提高。弗洛德·奥尔波特的研究发现，社会助长作用广泛存在，它不仅可以引起人们行为数量的增加，还可以提高有些工作中的行为质量。但是随着任务难度的增加，社会助长作用会逐渐下降，甚至最终变为社会抑制。

1897 年，特里普利特进行了一项社会助长实验：个体在独自骑单车的情况下速度约为 38. 4 km/h；在旁边有人跑步伴随的情况下速度约为 49. 6 km/h；而在与他人骑单车竞赛的情况下速度约为 52 km/h。

扎荣茨和卡特莱尔等人的研究证明，群体背景究竟起社会助长作用还是社会抑制作用取决于工作任务的性质和个体对任务的熟悉程度。在完成简单任务时，群体背景有明显的社会助长作用；而在完成难度较大的任务时，群体背景带来了社会抑制。个体对工作任务越熟悉，群体背景越倾向于产生社会助长作用。

社会助长产生的原因在于群体背景增加了人们的内驱力。群体背景之所以能够唤起行为内驱力，是因为它唤起了人们的竞争意识和被评价意识。他人在行为背景中存在，会直接激发人们的被评价意识，使行为情境转化为具有外加激励作用的评价情境。按照自我价值定向理论，高度的自我意识被激发后，人们的行为会遵循自我价值支持和保护原则，去寻求新的自我价值支持或在自我价值遭遇威胁时进行自我保护。在被评价情境下，人们期望得到积极评价的动机被有意识或无意识地激发，从而使行为效率明显提高。

社会抑制是指个人的活动效率因为群体中其他成员的影响而降低。有两种学说对社会抑制产生的原因作出了解释：第一种是优势反应强化说。优势反应是指那些个人已经学习和练习娴熟，不假思索就可以表现出来的习惯性动作。如果行为所需的反应是已经长久练习、非常娴熟的，即“优势反应”，此时动机的增强将是有益的。如图 9-2 所示，该理论认为，他人在场为行为者带来了一种普遍而非特定化的驱力，由这种驱力激发的动机将对个体的行为产生两种相反的影响，即对简单的或个体已经熟练的行为产生助长作用，而对过于复杂、未学习完全的行为产生妨碍作用。

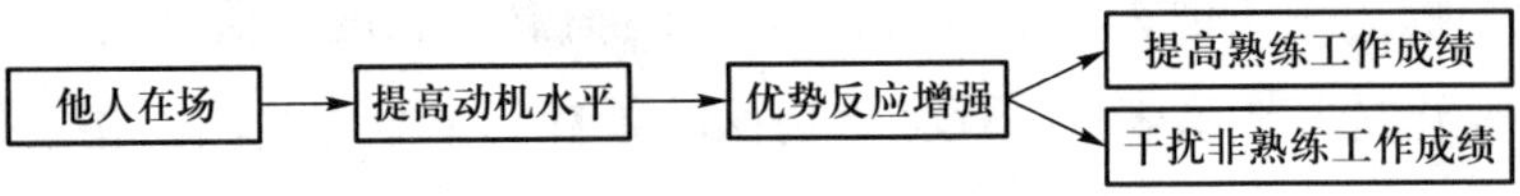

图 9-2　优势反应强化说

第二种是分心冲突说。当一个人在从事一项工作时，他人或新奇刺激的出现会使他分心，这种分心使得个体产生了注意任务还是注意新奇刺激的冲突。完成简单任务不需要全部的注意，为了补偿干扰，人们会更加专心、更加努力，从而使任务完成的实际效果更好。但是，在完成复杂任务时，人们就会注意力分散，绩效降低。

社会惰化是指群体一起完成一件事情时，个人所付出的努力比单独完成时减少的现象，即一个人在群体中工作时不如一个人工作时努力。

瑞琼曼做了一个拔河比赛的实验，他要求被试分别在单独的与群体的情境下拔河，同时用仪器来测量他们的拉力。结果发现，随着被试人数的增加，每个被试平均出力减少了：一个人拉时平均出力 63 kg；三个人一起拉时，平均出力 53.5 kg；八个人一起拉时平均出力 31 kg。这种共同完成一项任务时，群体人数越多，个人出力越少的现象，后来在其他人的实验中也得到证实。

社会心理学家提出了许多不同的理论来解释社会惰化的原因。其中得到普遍认可的是卡罗和威廉姆斯提出的"集体努力模型"。这一模型用期望价值理论解释社会惰化。期望价值理论认为，个体努力工作的动因首先在于相信努力就能获得好的业绩；其次是相信好的业绩可以得到组织和其他群体成员的肯定和组织的奖励；最后是这种认可和奖励是个体希望得到的。但是，在群体共同完成任务时，个体的工作表现会受到个体以外其他因素的影响。另外，良好业绩获得的奖励会被群体其他成员分享，而且还不一定能公平分配。因此，在群体中与他人一起工作时，个人的努力、表现和奖励间的关系，会变得比个人独自工作时更加不确定，从而导致社会惰化。

二、社会影响的产生路径

社会影响产生的路径主要有社会舆论、流行、暗示、流言等。(1) 社会舆论。社会舆论是公众的意见和看法，是社会全体成员或大多数人的共同信念。社会舆论主要起评论作用、指导作用和鼓动作用。(2) 流行。流行指社会上许多人在短时间里去追求某种生活方式的现象。流行受到社会因素和心理因素的影响。社会因素主要包括社会文化等。心理因素主要包括从众和模仿，风俗是对过去事物的模仿，时尚是对现在事物的模仿；另外还包括求新的欲望以及自我防御和自我显示等。(3) 暗示。暗示是在无对抗条件下，通过语言和非语言的方式对人们的心理和行为施加影响，从而使人们接受暗示者的思想或者按照所暗示的方式去行动。暗示对个人或群体的影响隐而不显，常常会成为社会影响的重要路径。(4) 流言。流言是没有任何可以信得过的依据，而在人们之间传播的一种特定信息。流言不同于谣言，前者是无意讹传的，而后者是有意捏造的。在与人们日常生活有重要关系的问题上，常常存在各种流言蜚语。在缺乏可靠信息的情况下，流言最容易产生和传播；不安和忧虑的情绪会促使流言产生和传播；在社会危机下，如战争年代、地震时，人们容易产生紧张感，流言也容易产生和传播。

三、社会影响对群体结构的作用

群体结构是指群体的组成部分及其组成方式，群体的组成部分包括群体角色、群体规范、群体地位、群体规模等，群体结构规定了成员的行为，可以用它来解释和预测个体的行为和工作绩效。

（一）津巴多的斯坦福监狱实验

菲利普·津巴多和他的同事在斯坦福大学的心理学系办公大楼地下室里建立了一个“监狱”，他们以每天 15 美元的价格雇用了 24 名学生来参加为期 2 周的实验。在普通人格测验中，这些学生得分属于正常水平。实验者对这些学生随意地进行了角色分配，一半学生做“狱警”，一半学生做“囚犯”。做“囚犯”的学生被告知，他们可能会被剥夺公民权利，并且只能得到最低限度的饮食和医学护理。做“狱警”的学生被告知，他们的工作是维持监狱法律和秩序，不用在乎囚犯的胡言乱语。

为了更真实地模拟监狱生活，“囚犯”可以像真正的监狱中的罪犯一样，接受亲戚和朋友的探视。模拟狱警 8 小时换一次班，而模拟囚犯除了吃饭、锻炼、去厕所这些必要的事情之外，要日日夜夜地待在他们的牢房里。

没过多久，原本心理健康的美国学生全都进入了情境。被选为“狱警”的真的扮演起了典型的狱警角色：暴力、专制，像对待牲口一样对待“囚犯”，以非人的手段取乐。同时，“囚犯”们也很快适应了角色，不管“狱警”吩咐什么，“囚犯”都唯命是从，只考虑如何逃生和避免惩罚。

在实验中，“狱警”并没有上级，他们也没有被要求迫害“囚犯”，但是监狱系统所对应的社会结构赋予他们释放内心恶魔的机会。研究表明，结构性要求可以克服个人偏好，与狱警和囚犯的人格相比，监狱的社会结构更可能是诱发病态行为反应的原因。2004 年，津巴多担任了阿布格莱布监狱的美军虐囚事件的辩护专家证人，他意识到阿布格莱布监狱就是现实版的“斯坦福监狱”。后来，他出版著作《路西法效应》。路西法是西方宗教传说中的人物，他曾经是天使，后来堕落为魔鬼撒旦。津巴多用路西法效应来说明坏人并非天生就是魔鬼，是情境的力量让好人逐渐堕落。

津巴多的监狱实验成功地证明了个体学习一种新的角色是多么迅速。多数人通过大众传媒和亲身经历，就可以不费力地、迅速融入与他们原来人格存在巨大差异的假设角色中。

（二）社会规范的接受水平和心理效应

社会规范是群体成员必须遵守的思想和言行标准。社会规范的接受水平有从众、依从和服从三个层次，这也是个人接受社会影响的几种主要的方式。

从众是指个人的观念与行为由于群体直接或间接、昭显或隐含的引导或施压向与多数人相一致的方向变化的现象。从众的动机主要有三个方面：首先是行为参照，个体由于缺乏知识和经验，在情境不确定的情况下，多数人的行为就可能成为可靠的参考系统。其次是偏离恐惧，群体成员更加喜欢与群体保持一致的成员，对偏离群体的成员往往会厌恶、拒绝，甚至制裁。最后是个人适应，有时为了建立和维持良好的社会关系，个体必须改变自己的行为和态度，保持与大多数人的一致。

依从是指接受他人的请求采取行动，使得他人的请求得到满足的行为。服从是指个体在权威命令、社会舆论或群体气氛的压力下，放弃自己的意见，而采取与大多数人一致的行为。服从与依从不同，它是在权威性命令下完成的，服从者本人并不愿意甚至自认为不应该采取这些行为。

依从过程中存在两种心理效应：“登门槛效应”和“留面子效应”。

“登门槛效应”是指一个人一旦接受了他人的一个微不足道的要求，为了避免认知上的不协调或想给他人以前后一致的印象，就有可能接受更高的要求。这个效应是弗里德曼与弗雷瑟在于 1966 年进行的“无压力的屈从”实验中提出的。研究者假扮成安全驾驶的志愿者进入两个居民区，劝说居民在房前竖立一块写有“小心驾驶”的大标语牌。在第一个居民区，助手直接向居民提出这个要求，结果遭到很多居民的拒绝，接受要求的只有被要求者的 17%。在第二个居民区，研究者先请居民在一份赞成安全行驶的请愿书上签字，几乎所有被要求的居民都照办了。几周之后，研究者再向这些居民提出竖标语牌的请求，结果高达 55%的居民接受了请求。这种现象犹如登门槛时要一级一级台阶地登，才能更容易、更顺利地登上高处，因此被称作“登门槛效应”。

根据这一实验结果，研究者认为，人们拒绝一个违背自己意愿的请求是很正常的，但是在他接受了某种小请求之后，他同意更大的、可能违背自己意愿的请求的倾向就会增强。这时如果他拒绝后来的更高要求，就会出现认知上的不协调，于是恢复协调的内部压力就会使得他继续同意，并使态度的改变更加持久。

与“登门槛效应”相反，如果先向个人提出一个很高的、会被拒绝的要求，接着向他提出一个小一点的要求，那么他接受这个小的要求的可能性，比直接向他提出这个小要求而被接受的可能性大得多，这种现象被称作“留面子效应”。

1975 年，查尔迪尼等对“留面子效应”进行了研究。他们要求大学生花两年时间担任一个少年管教所的义务辅导员，这是一件费神的工作，几乎所有的大学生都拒绝了。他们接着又提出了一个小的要求，让大学生带领少年们去动物园玩一次，结果有 50%的人接受了这一要求。而当实验者直接向大学生提出让他们带领少年们去动物园玩时，只有 16.7%的人接受这个请求。那些拒绝了第一个高要求的学生认为这样做损害了自己富有同情心、乐于助人的形象，为恢复他们的利他形象，便欣然接受第二个小要求，即使带领少年们去动物园也是一件很费神的工作。

（三）米尔格拉姆的权力服从研究

米尔格拉姆进行了著名的服从研究。在实验中，他告知被试这是一项关于“体罚对于学习行为的效用”的实验，并告知他们将扮演老师的角色，用一张答案卷教导隔壁房间的另一位参与者——由实验人员所扮演的学生。“老师”和“学生”分处不同房间，他们不能看到对方，但能隔着墙壁以声音互相沟通，如图 9-3 所示。

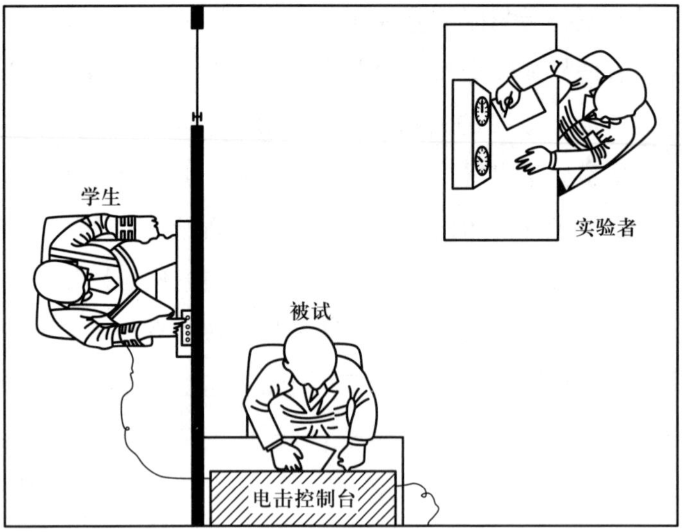

图 9-3 服从研究实验场景

实验人员给“老师”一个电击控制器，并告诉“老师”电压从 45 伏特起始。“老师”拿到的“答案卷”上列出了一些搭配好的单字，而“老师”的任务便是教导隔壁的学生。“老师”会逐一朗读这些单字配对给“学生”听，朗读完毕后“老师”会开始考试，每个单字配对会念出四个单字选项让“学生”作答，“学生”会按下按钮以指出正确答案。如果“学生”答对了，“老师”会继续测验其他单字。如果“学生”答错了，“老师”会对“学生”施以电击，并且随着作答错误增加，电击的电压也会不断提升。

实验设计使“老师”相信，“学生”每次作答错误会真的遭到电击，但事实上并没有电击产生。在隔壁房间里，由实验人员所扮演的“学生”打开录音机，播放预先录制的尖叫声，随着电击的电压提升也会有更为骇人的尖叫声。接下来，当电压继续提升到一定程度后，“学生”将会突然拒绝回答问题，并停止尖叫和其他反应（见图 9-4）。

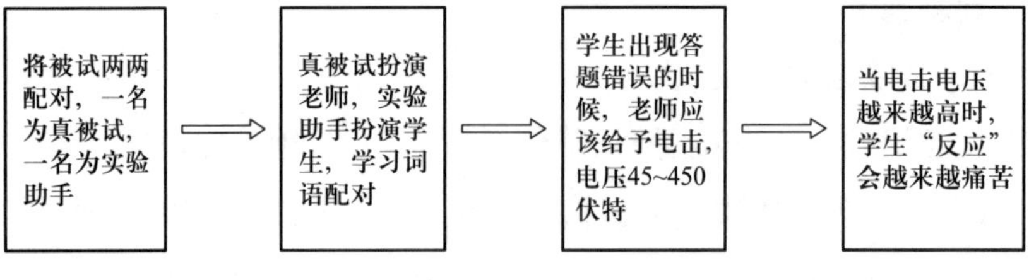

图 9-4 服从研究实验步骤

到这时，许多被试都表示希望暂停实验以检查“学生”的状况。许多被试在电压到达 135 伏特时暂停，并质疑这次实验的目的。一些人在获得了他们无须承担任何责任的保证后继续测验；一些人则在听到“学生”尖叫声时有点紧张地笑了出来。

若是被试表示想要停止实验，实验人员会不断地用言语鼓励他们将实验继续进行下去，有时甚至使用命令性言语，比如“你没有选择，你必须继续”。

实验结果让人震惊，有 2/3 的被试按下了 450 伏特的按钮，而这只是第一组实验的结果。米尔格拉姆一共进行了 16 组相同的实验，在最后一组实验中，有 90%的人完成了整个惩罚的过程，把所有的电压按钮都按遍了，一直到 450 伏特即最高电压。

米尔格拉姆实验的绝妙之处在于，实验中设置了对被试道德和良心的唤起情境：在 375 伏特的电压上贴了“危险，严重电击”的提示，以及扮演“学生”的“惨叫”和“哀号”。对于实验被试来说，最大的考验就是反映人性美好的道德意识与良知和对权威角色的服从之间的冲突。

在服从实验之前，美国思想家汉娜·阿伦特在经历了对“纳粹屠夫”阿道夫·艾希曼的审判之后，提出了“平庸之恶”的概念，即他人之所以作恶，并非出自天性，也并非为了出人头地，他只是普普通通的人，服从上级命令，履行职责；他甚至认为自己“什么都不是”，只是不出声的驯服的工具。

第三节　群体决策

群体决策广泛应用于社会生活的各个方面，保证了决策的科学性和民主性。同时，群体决策也带来了诸如群体思维、群体极化和风险转移等问题。

一、群体发展和群体功能

群体从形成到中止经历了五个阶段，每个阶段都具有不同的特点。归属感、认同感和社会支持是群体的三项主要功能。

（一）群体发展

群体发展可以分为五个阶段：

第一阶段是形成阶段，以群体在目标、结构和领导方面存在大量不确定性为特点。当个体将自己看作群体成员，并以此为出发点思考问题时，这个阶段就结束了。

第二阶段是震荡阶段，此时群体成员虽然接受了群体的存在，但在该由谁控制群体的问题上发生冲突。当群体内部出现了比较明确的领导层级，群体成员在发展方向上也达成共识时，这个阶段就结束了。

第三阶段是规范阶段，此时群体结构比较稳定，群体成员对什么是正确的成员行为达成共识，对群体有强烈的认同感。

第四阶段是执行任务阶段，此时群体的结构发挥着最大作用，并得到广泛认同，群体的主要精力从互相了解、认识转移到完成当前的工作任务上。

第五阶段是中止阶段，此时群体成员不再关心工作业绩而是关注善后事宜。

上述五个阶段并不总是依次进行，有些阶段可能同时进行；群体也并非总是从一个阶段发展到后一个阶段，而是有可能退回到前一个阶段。

（二）群体功能

群体具有三项功能。(1) 归属感：指成员所具有的一种自己属于群体的感觉，如落叶归根就是个人归属感的体现。(2) 认同感：指群体成员对一些重大事件与原则问题的认识与群体的要求相一致，个体往往把群体作为自己社会认同的对象。(3) 社会支持：当个体的思想、行为符合群体的要求时，群体往往会加以赞许与鼓励，从而强化这种思想与行为，得到群体的社会支持是个体心理得以健康发展的重要条件。

二、群体决策的含义、发展和基本要素

群体决策是一个群策群力的过程，它由决策者、决策目标、决策方案等要素构成。党的二十大报告把发展全过程人民民主确定为中国式现代化的本质要求之一。全过程人民民主就是全链条、全方位、全覆盖的民主，发展社会主义民主政治就是要体现人民意志，保障人民权益，激发人民创造活力，用制度体系保证人民当家作主。这就是一个群体决策的模式。

（一）群体决策的含义和发展

群体决策是为充分发挥集体的智慧，由多人共同参与决策分析并制定决策的整体过程，其中参与决策的人组成了决策群体。

对群体决策的研究始于 18 世纪。法国数学家波达在 1781 年提出了群体对方案排序的波达计数法；1785 年法国数学家孔多塞提出了孔多塞规则，发

现了投票悖论。此后，许多学者按波达计数法对群体决策进行了研究。1944年冯·诺伊曼和摩根斯坦用函数对多人决策问题进行了研究。1951年美国经济学家阿罗在《社会选择与个人价值》中提出著名的不可能定理：在看起来非常可信的公理和条件下，并不存在集结社会中各成员利益偏好的社会福利函数。这一结果为群体决策奠定了重要的理论基础，并对政治经济学产生了深远的影响。

早期群体决策理论的基本原则是：决策群体的最优选择应该是使得社会福利或者群体效用达到极大。20世纪70年代以后，群体决策的研究主要由两类学者沿着两条不同的途径进行：一条研究途径是社会心理学家通过实验的方法，观察并分析群体成员相互作用对决策的影响；另一条研究途径是经济学家对个体偏好数量集结模型的研究。

妥协、谈判和群体决策理论在20世纪70年代和80年代获得了相当程度的发展。群体决策在信息收集、信息处理、方案结果的评价和产生新的方案等方面与个体决策相比有许多的优势，同时也有其缺点。它的主要缺点在于决策时群体成员的意见必须取得一致。

20世纪80年代，群体决策理论研究和方法应用发展到了一个新的阶段，群体决策理论拓展为一些有所不同而又互相联系的研究领域：偏好分析、群体效用理论、社会选择理论、委员会决策理论、投票理论、一般决策论、专家评估分析、量化因子集结、模糊群体决策理论、经济均衡理论和群体决策支持系统等。

（二）群体决策的基本要素

群体决策包括6种基本要素。(1) 决策者：可以是个体也可以是群体。决策者受政治、经济、社会、文化、心理等因素的影响。能够促进创造性思考过程的决策者为领导。(2) 决策目标：可以是单个目标，也可以是多个目标。(3) 决策方案：可以是明确方案，也可以是不明确方案。前者是有限的明确的方案；后者一般只对产生方案的可能约束条件加以描述，而方案本身可能是无限个，要找出合理或最优的方案可借助运筹学的方法。(4) 自然状态：指决策者无法控制，但可以预见的决策环境客观存在的各种状态，可能是确定的，也可能是不确定的，其中不确定的又可以分为离散和连续两种情况。(5) 决策结果：指各种决策方案在不同的自然状态下所导向的结果。(6) 决策规则：指评价方案是否达到决策目标的价值标准，即选择方案的依据，它与决策者的价值取向或偏好有关。

三、群体决策的规则和技术

群体决策需要遵循系统原则、科学原则、可行原则等，具体而言，需要遵循简单多数规则、过半数规则、孔多塞规则等。在整个决策过程中，头脑风暴法、名义小组技术、德尔菲法和电子会议分析法等技术将发挥重要的作用。

（一）决策分析的基本原则

对决策者来说，要想使决策达到最优，必须具备下列条件：获得与决策有关的全部信息；真实了解全部信息的价值所在，并据此制订所有可能的方案；准确预测每个方案在未来的执行结果。在实际决策过程中，以上条件几乎不可能完全满足，因此决策一般遵循满意原则，而非最优原则。决策分析的基本原则如下。

信息准确安全原则：及时掌握可靠的信息。

效益原则：综合考虑决策所取得的效益和决策过程本身的效益。

系统原则：综合考虑局部与整体、当前与长远的利益。

科学原则：运用科学的理论和方法，如模拟、最优化、决策论、博弈论等。

可行原则：综合考虑人力、财务、资源、设备、原材料、技术等方面的限制。

选优原则：选择最满意的方案，而不是最优。

行动原则：制订策略、确定职能、配备人员、组织作业、安排日程等。

反馈原则：追求动态平衡。

民主原则：建立信息系统、智囊系统、决策系统、执行反馈系统。

（二）群体决策的规则

群体决策的规则有简单多数规则、过半数规则和孔多塞规则等。

1. 简单多数规则

简单多数规则是群体决策时常用的规则。当有两个或两个以上候选方案可供选择时，约定决策群体的每个成员各只有一票，以无记名投票的方式投给自己中意的候选方案，获得票数最多的方案获胜，这种决策规则叫作简单多数规则。

2. 过半数规则

过半数规则是现代社会使用最广泛的决策规则之一，它是指一项表决方案，需要有二分之一以上的投票人赞成才能通过的决策规则。

3. 孔多塞规则

孔多塞规则是在多选项的表决中的多数决定规则，又称“两两对比法”或“成对表决法”，它是通过对所有备选方案进行两两比较，依次表决至得到最终结果为止的决策规则。

（三）群体决策技术

群体决策技术主要有头脑风暴法、名义小组技术、德尔菲法和电子会议分析法。

头脑风暴法是指6～12人环桌而坐，主持人阐明问题，每个人各抒己见。

名义小组技术是指成员在讨论前写下自己对于问题的想法，然后表达出自己的看法，这时并不允许人们讨论。进入讨论环节后，小组成员各自对所有想法进行排序。最后选择赞同人数最多的办法。

德尔菲法采用匿名发表意见的方式，即成员之间不得互相讨论，不发生横向联系，只能与调查人员发生联系，通过多轮调查成员对所提问题的看法，经过反复征询、归纳、修改，最后汇总出一个基本一致的看法。

电子会议分析法是指组织者通过大屏幕把问题呈现给各成员，要求他们把自己的意见输入电脑，每个人的意见和投票情况在电脑屏幕上显示。

四、群体决策的优势和问题

群体决策与个人决策相比较，其优点是显而易见的，但是我们也不能忽视群体决策带来的一些问题，如群体思维、群体极化和风险转移等，需要采用一些有效的措施加以克服。

（一）群体决策的优势

尽管不是所有人都认为群体决策是最佳的决策方式，但群体决策能够广泛流行，正在于群体决策具有以下五个明显的优势：

第一，群体决策能够利用更多的知识优势，借助更多的信息，形成更多的可行性方案。群体决策的成员可能来自不同的部门，从事不同的工作，熟悉不同的知识，掌握不同的信息，容易形成互补性，从而推动形成更多的可行方案。

第二，群体决策还有利于充分利用其成员不同的教育程度、经验和背景。具有不同教育程度、经验和背景的成员在收集信息、解决问题的思路和方法方面往往都有很大差异，他们的广泛参与有利于提高决策时考虑问题的全面性，从而提高决策的科学性。

第三，群体决策有利于集中不同领域成员的智慧，广泛参与，解决复杂的决策问题。成员们对决策问题提出建设性意见，在方案实施之前发现问题，避免决策失误。

第四，群体决策容易得到普遍的认同，有助于决策的顺利实施。由于决策群体的成员具有广泛的代表性，所形成的决策综合了各方意见，有利于得到实施决策的相关部门或人员的理解和接受，在实施中也容易得到各部门的相互支持与配合，从而在很大程度上有利于提高决策实施的质量。

第五，群体决策有利于人们勇于承担风险。研究表明，在群体决策的情况下，许多人都比个人决策时敢于承担更大的风险。

因此，我国坚持走中国特色社会主义政治发展道路，全面发展全过程人民民主，健全人民当家作主制度体系，扩大人民有序政治参与，保证人民依法实行民主选举、民主协商、民主决策、民主管理、民主监督，发挥人民群众积极性、主动性、创造性。

（二）群体决策可能带来的问题

1. 群体思维

群体思维是群体决策中的一种普遍现象。群体思维（group thinking），是指高内聚力的群体认为他们的决策一定没有错误，为了维持群体表面上的一致，所有成员都倾向于坚定地支持群体的决定，与此不一致的其他可行方案因此被忽视。

最初的群体思维理论是由詹尼斯于1972年首先通过观察一些执行问题解决任务的小群体行为而提出来的。随后，詹尼斯运用群体思维概念解释了美国历史上一些失败的高层政治和军事决策事件，如珍珠港事件、越南战争等。根据詹尼斯的理论，群体思维的产生有两个可能的原因：群体成员间极高的凝聚力和群体规则。极高的凝聚力、群体隔绝、缺乏搜索和评估的方法与程序、高支配性领导风格、寻找其他方法压力过大等社会条件容易促成群体思维，使群体表现出无懈可击的错觉、毋庸置疑的群体遵守、集体合理化、对异议者的压力、一致同意的错觉等，因而容易引发群体对目标的不完全调查、对所认同的选择方案的冒险性估测有误、信息搜索不全面，以及信息加工选择性偏差等错误特征。

对于如何预防群体思维，詹尼斯提出了十种具体的操作方法：

（1）使群体成员懂得群体思维现象及其原因和后果；

（2）领导者应当保持公正，不偏向任何立场；

（3）领导者应引导每一位成员对所有意见进行批判性评价，鼓励质疑和提出反对意见；

（4）设置“专门代言人”，专门提出反对意见；

（5）将群体分成小组，并让他们分组讨论，然后再重组在一起讨论分歧；

（6）如果问题涉及与对手群体的关系，则应花时间充分研究一切警告性信息，并考虑对方可能采取的各种行动；

（7）形成预备决议后，应召开“第二次机会”会议，并要求每个成员提出自己的疑问；

（8）在最终决议达成前，请群体之外的专家与会并请他们对群体意见提出疑问；

（9）每个群体成员都应向可信赖的有关人士就群体意向交换意见，并将他们的意见反馈回群体；

（10）请几个相互独立的小组，分别同时就有关问题进行决议，最后决议在此基础上形成，以避免群体思维的不良影响。

2. 群体极化

在群体中，是否冒险者会更加冒险，顽固者会更加顽固，乐于助人者会更加乐善好施呢？这些正是群体极化理论所预言的。

群体极化，指群体成员中原已存在的倾向性在群体讨论之后得到加强：原先群体支持的意见，讨论后会受到更多的支持；而原先群体反对的意见，讨论后会受到更强烈的反对，原来不同意见之间的距离在群体讨论之后加大。

有关群体极化机制的研究对群体极化现象的解释主要有两种。一种是社会比较促进极化。根据社会比较理论，人们希望对自己的观点和能力作出评价，这可以通过将他人的观点与自己的观点进行比较来实现。个体在选择自己的观点前，就会先考虑其他人的看法和群体的取向。为了保持与群体的一致性，多数人不仅会选择与其他人保持相同的观点，而且还会把观点表达得更加强烈。通过这样做，个人既能表现出一种支持群体的价值观，又显现出一种积极思考的形象。另一种是争论与说服互动推动极化。在讨论过程中，当某些成员坚持不同意见时，群体中就会出现争论，对这些成员的说服也会随之而来。随着争论和说服的加剧，越来越多的成员会支持大多数成员的意见，即加强了对原本还可能被怀疑的意见的支持。最后，成员会认为只有坚持这个意见才是正确的，群体极化现象由此产生。

3. 风险转移

人们在独自进行决策时，愿意冒的风险较小，倾向于较为保守地选择成功可能性较大的行为。而如果改由群体共同决策，则最后的决定会比个人决策时有更大的冒险性。这种群体决策比个人决策更具有冒险性的现象称为“风险转移”。也就是说，在讨论中，不同的看法汇集靠拢，趋于一致，而趋于一致所得出的观点往往比各自原来的观点所得出的平均值更倾向于冒险。

造成风险转移现象的原因包括以下几个方面：首先，个人假设群体鼓励富有冒险性的见解。群体决策情境是一种评价情境，个人需要作出一个为群体其他成员所赞赏的选择。其次，责任分散。群体的背景会直接导致个人行为责任意识的下降，从而使人们的冒险性得到鼓励。最后，特定的文化传统倾向于对高冒险性有较高评价。在这种文化背景下，人们将高冒险性与英雄气概联系在一起，从而使人们倾向于鼓励冒险。

第四节 群体凝聚力与群体领导

积土成山，集腋成裘，群体凝聚力在群体形成和发展过程中发挥了重要的作用。要达成群体的目标，增强群体凝聚力，群体的领导起着重要的作用。党的二十大报告强调，要坚持和加强党中央集中统一领导。健全总揽全局、协调各方的党的领导制度体系，完善党中央重大决策部署落实机制，确保党的团结统一。要广泛践行社会主义核心价值观。社会主义核心价值观是凝聚人心、汇聚民力的强大力量。正是因为我们坚持加强党的全面领导和党中央集中统一领导，才能全力推进全面建成小康社会进程，才能着力推动高质量发展，主动构建新发展格局，蹄疾步稳推进改革，也才能扎实推进全过程人民民主，全面推进依法治国，积极发展社会主义先进文化，突出保障和改善民生，集中力量实施脱贫攻坚战，大力推进生态文明建设，坚决维护国家安全，保持社会大局稳定。走过百年奋斗历程的中国共产党在革命性锻造中更加坚强有力，在坚持和发展中国特色社会主义的历史进程中始终成为坚强领导核心。

一、群体凝聚力及其特征

群体力量来自其内在的凝聚力，高凝聚力群体的成员之间具有较强的吸引力和对群体的向心力。

（一）群体凝聚力的含义

群体凝聚力是指群体对成员的吸引力、成员对群体的向心力以及成员之间人际关系的紧密度所形成的内聚力量。

高凝聚力群体的成员对自己所属群体有强烈的认同感。群体凝聚力越高，从众倾向的压力就越大。这种为显示对群体的忠诚和确立自身价值而引起的从众，是一种更深层次的真从众。根据自我价值定向理论，个人对群体的隶属关系是其自我同一性的重要构成部分，也是其自我价值感的重要来源。个人在许多时候会通过维护群体的形象来维持自我的价值。

（二）高凝聚力群体的特征

研究表明，凝聚力高的群体有以下特征：首先，成员间意见沟通迅速，信息交流频繁，对彼此的了解较为深刻，关系和谐。其次，群体对每一个成员有较强的吸引力、向心力，成员愿意参加团体活动，无论是生产活动还是其他活动出席率都较高。再次，群体成员愿意承担更多的推动群体发展的责任，时时关心群体，并注意维护群体的利益和荣誉。最后，群体中每个成员都有较强的归属感、尊严感、自豪感。

二、领导的类型与行为风格

《吴子·论将》将文武兼备的将帅看作国家的至宝："夫总文武者，军之将也，兼刚柔者，兵之事也。"无论古今中外都十分重视领导的类型与行为风格对组织发展的重要作用。领导行为连续体理论、领导生命周期理论是两种重要的领导理论。

（一）领导者及其地位

领导是领导者影响属下的群体为实现目标而努力的过程。领导者是在群体中处于法定或实际的领导地位，力图影响群体行为的人。一般来说，根据不同的标准，领导可以分为不同的类型。

根据权力的来源，领导者可以分为三种类型：魅力型、交易型和转变型。魅力型领导者往往有思想，有远见，对目标信念坚定，有自信，喜欢冒险，受到下属的肯定、认可和追随；交易型领导者的权力来源于其所掌握的正式权力，他用奖赏和惩罚来换取下属的服从和跟随；转变型领导者通过提出并传播重要的价值观念和目的、使命，使群体成员形成与之相同的价值体系，从而按照领导者的要求统一行动。

勒温将领导分为三种类型：专制型、民主型和放任型。专制型领导者一人掌握权力，进行决策，制定政策，下达任务，指定合作者，监督下属工作，根据自己的好恶进行表扬和批评，与下属保持一定的距离，没有感情交流；民主型领导者把权力交给群体，组织成员讨论决策，让他们决定活动方针、工作方法和达成目标的步骤，鼓励他们表达意见，公正地表扬和批评，关心、尊重成员；放任型领导者放弃权力，只负责布置任务，对群体成员的活动不参与、不干预、不协调、不监督、不检查、不评价，只有当他们提问时才回答，但也不做积极指示。

菲德勒提出了有效领导的权变理论（Fiedler's contingency theory）。他将领导行为分为两类：关系导向型、工作导向型。采用关系导向型还是工作导向型的领导行为，由群体气氛、工作结构和职位权力等因素决定。群体气氛包括下属对领导者是否忠诚，是否积极完成他所交付的任务，遵守他的指示与决定等。工作结构包括工作是否具有常规性、例行性，工作的指示、目标、程序是否明确、具体、可操作等。职位权力包括领导者被正式授予的权力的大小，施加奖赏、强制的可能性，下属接受领导者影响的程度，上级对领导者的支持程度等。

（二）两种重要的领导理论

1. 坦南鲍姆和施米特的领导行为连续体理论

领导行为连续体理论将领导行为的工作导向、关系导向与领导方式的专制型、民主型结合起来，认为工作导向型与专制型领导都强调工作，关系导向型与民主型领导都注重人员，据此可以将领导分为两种极端的类型，即“以上级为中心的领导”和“以下级为中心的领导”。在这两种类型之间，存在着许多不同程度地体现这两个因素的领导方式，构成领导行为的连续体（见图 9-5）。在这个连续体中，从左到右，领导职权的运用、专制的程度、工作导向的程度逐渐减小，领导的民主程度、下级的自由度和关系导向的程度逐渐增大。具体采用哪一种领导行为，要视领导情境，即问题性质、群体习惯、工作的时间性等而定。

选择领导行为的原则是：当下属有才干，能独立处理问题时，宜采用以下级为中心的领导行为；当下属能力有限时，宜采用以上级为中心的领导行为。当下属有独立自主的要求、做好了承担任务的准备，并且理解了群体的目标和

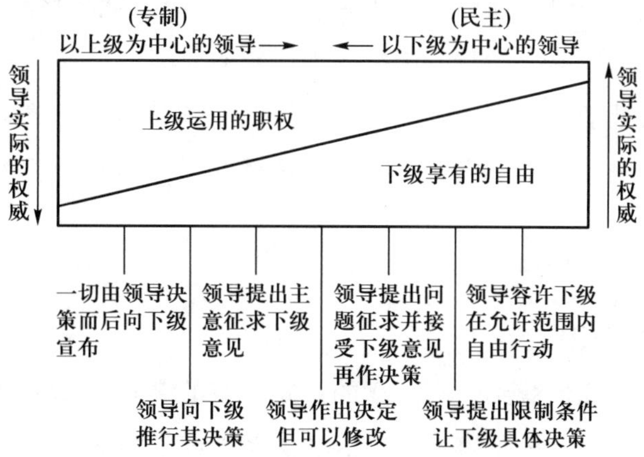

图 9-5 领导行为的连续体

任务时，应更多地以下级为中心；反之，则应以上级为中心。

2. 卡曼的领导生命周期理论

领导的生命周期理论由卡曼首先提出，随后由赫西和布兰查德予以发展。该理论涉及三方面的领导因素（见图 9-6）：领导行为的两个导向，即关系导向和工作导向；领导方式的四种类型，即命令式、说服式、参与式、授权式；下属的成熟程度，包括动机成熟和行为能力成熟，分为不成熟、初步成熟、比较成熟、成熟四个等级。

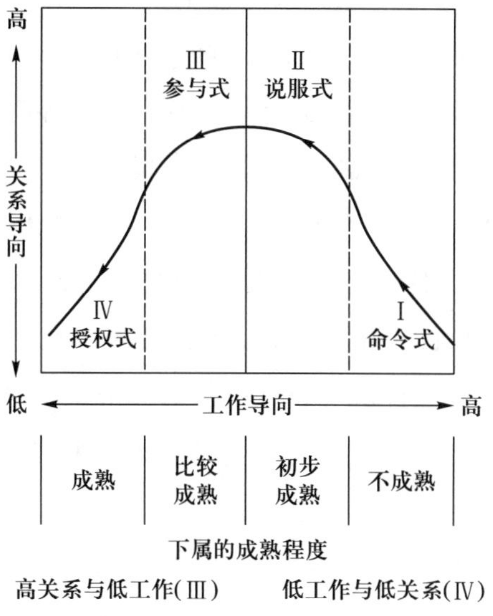

图 9-6 领导生命周期模型

该理论倡导根据下属的成熟程度选择不同的领导方式，具体说来：当下属多数处于不成熟阶段时，选择高工作导向、低关系导向的命令式领导方式；当下属多数处于初步成熟阶段时，选择高工作导向、高关系导向的说服式领导方式；当下属多数处于比较成熟阶段时，选择低工作导向、高关系导向的参与式领导方式；当下属多数处于成熟阶段时，选择低工作导向、低关系导向的授权式领导方式。

三、群体凝聚力

群体凝聚力的高低受到诸多因素的影响，有的来自群体内部，有的来自群体外部。实验研究对群体凝聚力与绩效的关系进行了探索。

（一）影响群体凝聚力的因素

影响群体凝聚力的因素如下：

第一，群体的领导方式。领导者是群体的核心，领导小组自身是否团结一致、齐心协力，是否坚强有力，会直接影响群体凝聚力的强弱。如果领导小组自身不团结，互相推诿、拆台，群体便失去核心，凝聚力将受到很大影响；如果领导小组是团结的、协调一致的，主要领导者具有较高的权力性和非权力性影响力，众望所归，那么群体成员就会紧密地团结在他们的周围，使群体产生较强的凝聚力。不同的领导方式对群体凝聚力的影响也不同。勒温和怀特等人经过实验发现，民主型领导方式能使全体群体成员有充分表达自己意见的机会，群体成员有较强的参与意识，成员之间团结协作、互助友爱，因而有较强的凝聚力；而专制型和放任型领导方式则往往弱化群体凝聚力。

第二，群体规模。群体的规模应维持在既能保证群体的工作机能，又能维持群体的凝聚力的水平。若群体规模过大，成员之间相互接触的机会相对减少，彼此之间的关系也会比较淡薄，易造成意见分歧，从而弱化群体的凝聚力。若群体规模过小，群体力量不足，又会影响群体任务的完成。

第三，群体成员的一致性。一致性是指群体成员的共同性或相似性。如果群体成员有共同的目标、共同的需要、共同的兴趣爱好，则成员之间的行为表现容易达成一致，群体的凝聚力就更强。

第四，对群体成员需求的满足。任何一个人加入一个群体，总希望群体能满足其一定的需求，既包括物质上的需求也包括精神上的需求。群体满足个人需求的程度越高，对成员的吸引力就越强。

第五，外部的影响因素。当群体受到外部压力时，群体成员就会紧密地团结起来抵抗外来威胁，群体成员的团结精神和群体的凝聚力得以加强。

（二）凝聚力与生产效率的关系

社会心理学家斯坦利·沙赫特在严格控制变量的条件下检验群体凝聚力和对群体成员的诱导对生产效率的影响。实验者将被试分成 5 个组，在严格控制变量的条件下检验群体凝聚力（自变量 1）和对群体成员诱导（自变量 2）对生产效率（因变量）的影响。两个凝聚力强的实验组 A 和 B，两个凝聚力弱的实验组 C 和 D 与一个对照组 E 同时制作棋盘。工作的前 16 分钟，五个组的工作效率基本相同，然后对 A 和 C 两组提出“提高生产量”的要求作为积极诱导，对 B 和 D 两组提出“不要工作太快”的要求作为消极诱导，对 E 组不做任何要求。实验结果如表 9-1 和图 9-7 所示。

表 9-1　群体凝聚力、对群体成员的诱导和生产效率的关系

组别	群体凝聚力（自变量 1）	对群体成员的诱导（自变量 2）	生产效率（因变量）
A 组	强	积极	明显提高
B 组	强	消极	明显抑制
C 组	弱	积极	有所提高，但是没有 A 组明显
D 组	弱	消极	有所抑制，但是没有 B 组明显
E 组（对照组）	不做任何要求		生产效率没有什么改变

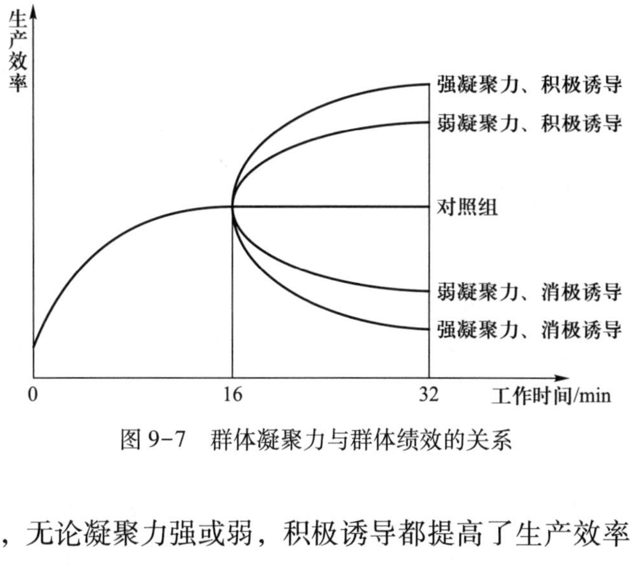

图 9-7　群体凝聚力与群体绩效的关系

实验表明，无论凝聚力强或弱，积极诱导都提高了生产效率，而且强凝聚力组生产效率更高，消极诱导则降低了生产效率。诱导因素对强凝聚力群体比弱凝聚力群体影响更大，这说明群体凝聚力越强，其成员就越能遵循群体的规范和目标。然而，并不是任何强凝聚力都有利于提高生产效率，只有在群体目标与组织目标一致时，强凝聚力才有利于提高生产效率；在群体目标与组织目标背道而驰时，强凝聚力反而会使生产效率下降。

思考题

1. 什么是群体？群体有哪些特征和功能？内群体和外群体有何区别？
2. 简述社会认同理论的基本观点。
3. 群体规范是什么？群体规范有哪些作用？
4. 社会影响是什么？如何理解社会助长、社会抑制和社会惰化？
5. 如何理解群体决策和群体思维？
6. 群体凝聚力是什么？群体凝聚力与生产效率有何关系？

▶ 答题要点

第十章 群际关系

任何社会关系都可被理解为规则化的社会行为模式。人际关系是规则化的人际行为模式，相应地，群际关系也就是规则化的群际行为模式。群际关系和群际行为是社会心理学的重要研究主题之一。

在现实生活中，群际关系经常表现出种种消极冲突。在社会认知意义上，人们普遍存在这样一种刻板印象：把某个群体觉知为高度同质性的心理实体，而忽视其成员在人格特征和行为模式上的高度异质性。在社会情感意义上，社会上普遍存在偏见（prejudice），即对某些群体存在消极情感体验。而在社会行为意义上，社会上也存在对某些群体的消极处置即歧视行为（discrimination）。甚至更严重的是，某些被贬低的群体被“非人化”或“低人化”。这些普遍存在的现象和问题，吸引了群际关系研究者的兴趣。他们致力于理解、解释和预测人类群际冲突的社会心理机制，并期望制订对应的策略来减轻甚至根除群际冲突，以实现群际和谐。

本章将先介绍群际关系的谱系，再介绍群际冲突的经典理论模型，如相对直觉化的理论模型、相对剥夺模型和现实群体利益冲突模型，然后重点介绍社会认同论及其替代模型，如偏差地图模型和恐惧管理理论，最后介绍实现群际和谐的相关策略。

第一节 群际关系的谱系

作为宏观的社会心理过程，群际关系和人际关系之间存在本质差别。群际互动不能还原为人际互动，因为有许多新的特质会从群际互动中凸显出来，如刻板观念、偏见和歧视，甚至是污名。

一、群际关系研究的知识基础

20 世纪 60 年代末期，泰弗尔提出的社会认同论为当代的群际关系研究奠定了知识基础。

（一）新群体观

群体是由两个或更多的个体所组成的集合。群体成员也许共享某种工具的和客观的特征，如共同目标、共同命运、正式或内隐的由地位和角色关系所构成的社会结构，又如面对面的互动，但它们都不是群体的核心特质。群体之所以存在，是因为群体成员把自身理解为群体中的一分子，获得认同感和归属感，并且这种身份归属有基本的社会共识。民族作为想象的共同体，是真正意义上的群体，尽管其大多数成员之间远没有面对面的互动机会。

群体因此可以被界定为一些个体的集合体，这些个体把自身觉知为同一社会范畴的成员，并在对自身的这种共同界定中共享情感，以及在有关其群体和群体成员身份的评价上获得一定程度的社会共识。在这个意义上，群体的界定以及群体成员资格的获得是内群的自我界定和外群的社会界定交互作用的结果。由外群社会界定而引发的共识性的社会评价，使群体自我界定的主观意味具有客观内涵。

不同群体或社会范畴的实体性程度，亦即群体或社会范畴可觉知的群体性的程度，相互有别。社会认知学者从不同视角来度量社会群体或社会范畴的实体性。群体成员的接近性、相似性、共同命运（这些属于充分条件）和对共同的隶属身份（这一点属于必要条件）的感知差异是群体实体性的一种度量指标。群体实体性对于群体的社会信息加工、群体边界的维系和群体成员的社会认同具有重要意义。高实体性的群体会被感知为真实的社会实在，而不是社会建构；它所勾画的群体边界会更为牢固；群体成员的认同感和隶属感会更为强烈；而其所负荷的认知/情感/价值意蕴也会更为显著。

（二）人际—群际行为连续体

在日常互动中，下列的言语行为或人际互动序列，是惯例性的和典范性的。

甲：您是安徽人吗?

乙：我不是安徽人，我是浙江人。

甲：哦……

这段对话表面上看来是最简单的面对面的人际互动序列，但它实质上反映的是隶属于两个不同社会范畴的个体之间的群际互动。泰弗尔和约翰·特纳细致地对社会行为的两极进行了原初的区分。他们认为，人际行为和群际行为是社会行为的两极。人际行为指两个或多个个体之间的互动，这种互动完全由他们之间的人际关系和个体特征所决定，不受他们各自所属的种种社会群体或社会范畴的影响，如家庭成员之间的互动行为是一种典型的人际行为。而群际行为则指两个或多个个体或者由个体组成的群体之间的互动，这种互动完全由他们所属的种种社会群体或社会范畴的成员身份或成员资格所决定，而不受卷入其中的个体之间的个人关系的影响，如战场上敌对双方的互动行为是一种典型的群际行为。

人际行为与群际行为之间的基本区别可用下述两个例证来进行说明：其一，现代社会中的爱情观。在现代社会中，理想的爱情被认为是基于双方的个人品性和人格特征的契合，而不是基于双方家庭的门第、声望或社会地位这些群体性特征的匹配。其二，小说《天龙八部》中的乔峰的境遇。当乔峰是“乔峰”的时候，他和丐帮成员之间的关系是典型的人际关系；而当他变成“萧峰”的时候，他和丐帮成员之间的关系则转变为典型的敌对群际关系。

对人际—群际行为差异的辨析具有重大的理论价值，但仍存在理论难点，即人际行为和群际行为的相互转化问题。特纳卓有成效地解决了这一难题。在自我归类论中，特纳构造了一个构念——元对比原则，它是行为连续体中范畴激活的基本原则。① 所谓元对比原则，是指在群体中，如果群体成员之间在特定维度上的相似性弱于差异性时，群体沿着这个维度就分化为两个群体，群际关系因此从群体过程中凸显。举例来说，假设在一个社会心理学班上有中国学生和美国学生。通常情况下，他们首先是某大学某院系的本科学生，他们之间的国别差异性弱于他们作为同一所大学学生之间的相似性，他们之间的关系就是群体内部的人际关系。但一旦讨论到中美关系的时候，同为一所大学的学生的相似性很可能马上弱于国别上的差异性，中国同学和美国同学之间的人际关系很可能迅速转化为群际关系。

二、最简群体范式

泰弗尔在建构社会认同论的过程中，构造了堪称典范的研究程序，即“最简群体范式”。泰弗尔的“最简群体”可阐释为对群体不同原初状态的实验模拟。最简群体有三个基本特征：第一，群体的划分或普遍意义上的社会范畴化是基于任意的、武断的和随机的尺度和标准。第二，内群体成员之间以及内群体和外群体之间没有任何直接接触，每个人只知道自身的群体所属。第三，群

---

① 参见［澳］约翰·特纳等：《自我归类论》，杨宜音、王兵、林含章译，中国人民大学出版社 2011 年版，第 49 页。

体的形成和群际行为的表现剥离了任何实际的社会负荷，也无法以任何具体线索来进行联想。总之，最简群体成员处于原初状态下的互动情境中，处于“无知之幕”中，对自身和他人的社会属性、心理属性和生理属性一无所知，仅仅在认知意义上把自己所属和他人所属区别开来。泰弗尔发现，仅仅是这种认知上的分类或范畴化就足以充分地导致内群偏好和外群敌意，而不需要引入利益、资源或机会的竞争。

除此之外，群际关系的研究者也采用其他的研究方法，如马克思主义的阶级分析法、话语分析法和现场实验的拓展即审计研究（audit study）。

第二节 群际关系的利益范式

以群际利益竞争和冲突为核心的理论模型，如相对直觉化的理论模型、相对剥夺模型和现实群体利益冲突模型，在20世纪70年代之前是群际关系研究的主宰模型。它们可被统称为群际关系的利益范式。

一、相对直觉化的理论模型

20世纪50年代，相对直觉化的理论模型被构造出来，用以解释群际冲突。其主要模型有权威主义人格模型和替罪羊模型两种。

（一）权威主义人格模型

出于对第二次世界大战期间纳粹的种族灭绝暴行的反思，德国法兰克福学派的代表人物阿多诺等人对种族偏见和歧视问题进行了深入研究。他们继承了弗洛伊德的心理动力学思想，认为种族偏见和歧视源于一种特殊类型的人格结构，即权威主义人格。阿多诺等人指出，权威主义人格具有一系列特征：尊敬并顺从权威人物，迷恋等级和地位，不能忍受模糊性和不确定性，需要一个界定清晰和构造严密的世界，把敌意和歧视指向弱者。因为其无法辩护的还原主义逻辑，阿多诺等人的人格模型价值有限。

（二）替罪羊模型

面临同样学科史处境的是挫折—攻击论的拓展模型，即替罪羊模型。在挫折—攻击论中，多拉德及其同事尝试对人际攻击和群际攻击作出解释。所谓挫折，就是可欲目标受阻；而作为挫折后果的主要反应模式就是攻击。但攻击通常不是直接指向挫折的真正源泉，而是“转移”至某些替代对象（即“替罪羊”）身上。攻击转移的产生，是因为受挫者可能领会到攻击更强大的对象存在阻碍，或是因为挫折的真正源泉并不直接、明确。而这些替代对象，往往是少数人群体成员或者是底层民众，因为他们被看作弱者，也没有能力报复。

支持这种假设的一项经典研究是由霍夫兰和席尔斯完成的。他们发现在1882年到1930年的美国南部诸州，棉花价格高低与白人种族主义者对黑奴实施私刑的数量之间存在负相关：随着经济衰退，时世艰难，私刑数量增加。

但攻击转移解释存在的问题之一是很难确切预测哪些对象将会被挑选为替罪羊。除此之外，挫折—攻击论还有其他问题，其中最主要的也许就是挫折对攻击而言既不必要也不充分。有些人没有经历挫折也会攻击，如职业杀手；也有些人体验了挫折但并未攻击，如懦夫或逃兵。

伯克威茨由此在1962年尝试用新联结主义来彻底修正挫折—攻击论。第一，伯克威茨强调攻击的情境线索的重要性。在社会环境中，这些线索与过去的攻击联系在一起。伯克威茨推论道，可能被选择为替罪羊的是之前与内群有相关冲突或不为内群所喜爱的外群成员。第二，他重新界定挫折概念，将认知要素纳入其中。他认为，挫折不仅仅是某种客观剥夺的状态，它还是对人们期望的阻碍，主观上认为自己被剥夺也可称为挫折。第三，他还发现许多其他因素也会引发攻击，如疼痛、酷热或严寒。伯克威茨总结道，攻击的一般原因不是挫折本身，而是令人厌恶的事件，挫折仅仅是可能引发愤怒和攻击的许多不愉快体验中的一种。

后续的许多实验研究都成功证明了环境线索和认知中介在控制攻击的程度和方向上的重要性，但伯克威茨所修正的替罪羊模型也有很多问题。首先，将孤立的个体挫折状态与集体攻击行动联系起来，这存在问题。挫折—攻击论假定，无论偏见或不满何时产生，都可能有数百（或数千）人同时处于大致相似的愤怒情感状态，并同时选择同一对象发泄愤怒。其次，它意味着群际冲突似乎是一种非理性事件，这也不合情理。最后，它不能解释或预测群际行为的积极方面，如友善和合作。固然，挫折的缺失对应着攻击的缺失，但是这与正向表达对外群的态度并不是一回事，更可能的情况是，这意味着一种中立或漠然的态度。

二、相对剥夺模型

相对剥夺论有较深远的理论渊源。第二次世界大战后，斯托弗在对美国士兵的研究的基础上，首先构造了“相对剥夺”概念，用以解释不同兵种的美国士兵对其升迁处境的感受差别。后续的研究拓展了这个解释，并提出了“相对剥夺”的核心命题，即当人们感知到自己现实处境差于预期处境时，就开始变得不满和具有反抗精神。相对剥夺论涵盖自我比较基础上的自我剥夺和群际比较基础上的集体剥夺两个方面。

集体剥夺源自个体对其所属群体命运的感知。这方面最著名的是朗西曼的研究。他提出，在集体行动中，相对于对达到某一标准的渴望，对群体成员心理产生更大影响的因素是感受到内群被剥夺。朗西曼将此命名为“集体剥夺”。在朗西曼用来证明集体剥夺与自我剥夺之间的区别的大量证据中，最有说服力的就是他观察到暴动参与者往往不是最受剥夺的个体。

与自身过去的比较并不总是导致个体期望的破灭，而与他群体的比较则是群体成员相对剥夺感更显著的源泉。此类群际比较在梵纳曼和派蒂格鲁对美国偏见的研究中也很明显。他们调查了 1 000 多个白人投票者并诱导他们表达出自己的感知——是否感到他们比类似的白人（指向自我剥夺）和黑人（指向集体剥夺）在经济方面做得更好或更差。在这两个问题的基础上，梵纳曼和派蒂格鲁根据他们是“满足”（比他人做得更好）还是“被剥夺”（做得不好）、是自我的还是集体的（见表 10-1）将其样本划分为四个群体。[①] 那些被集体剥夺或双重剥夺的人表现出最多偏见。那些仅仅体验到自我剥夺的人表现出的偏见非常少或者没有；由于没有与以群体为基础的不满结合在一起，这些人对自身命运的不满没有转化为群际偏见。

表 10-1 集体剥夺和自我剥夺与偏见

剥夺类型	偏见得分
双重满意（个人和群体都做得很好）	−20. 9
自我剥夺（个人做得很差但群体做得很好）	−13. 9
集体剥夺（个人做得很好但群体做得很差）	+14. 3
双重剥夺（个人和群体都做得很差）	+29. 1

注：典型条目包括：“会反对家庭成员带黑人朋友到家里吃晚饭”“会介意具有相同收入和教育水平的黑人家庭成为邻居”“认为白人学生与黑人学生应到不同学校”。高得分说明同意该条目。

与优势群体相比，从属群体成员更有剥夺感。区分集体剥夺和自我剥夺具

① ［英］布朗：《群体过程》，胡鑫、庆小飞译，中国轻工业出版社 2007 年版，第 154 页。

有重要的理论价值。研究发现：那些强烈感受到集体剥夺的人更可能发起集体行动或参与社会运动；而那些感受到自我剥夺的人倾向于表现出更多的个体压力症状，如头疼、消化不良和失眠。

三、现实群体利益冲突模型

在现代社会心理学的历史中，谢里夫有两项经典研究。其一是有关群体规范的形成、扩散及其影响的实验研究；其二是有关现实群体利益冲突模型的研究。现实群体利益冲突模型是社会认同论之前最有影响的群际关系理论模型，其基本假设为：群际的实际利益冲突导致群际冲突。令人感到惊异的是，社会理论中的冲突视角也差不多在同一时期以阶级或阶层利益竞争为中心构造了社会冲突论。

为了证明其基本假设，谢里夫及其同事在20世纪中期进行了三个著名的现场实验，后来以“夏令营”研究而知名。

（一）群体形成和群际竞争

谢里夫的现场实验完备地展现了群体形成、群际冲突和冲突降低的整个过程。

1. 群体形成。实验的第一个阶段侧重于研究群体的形成过程。研究者将有22～24个男孩的大群体分为两个实验群体，并尽可能谨慎地让这两个群体相互匹配，继而开展了三项实验。在最初的两项实验中，研究者除了考虑两个实验群体在生理和心理特征上相匹配，还安排大多数男孩的要好朋友到外群。在第三项实验中，在群体形成之前，所有男孩们实际上从未见过面，两个实验群体的扎营地一开始就有些间距，彼此未察觉对方的在场。在这三项实验中，群体很快发展出了一种内在结构并产生了自己的小文化，有自己的群体标志和名称以及适当的行为规范。

2. 群际冲突。在第三项实验中，两个实验群体开始还未意识到彼此的存在。然而一旦被告知其他群体在场，许多男孩就自发地向野营管理者提议在一些运动比赛中挑战其他群体。于是研究进入第二个阶段，群际冲突开始出现。两组男孩开展一系列体育竞赛，如垒球或拔河。这些竞赛的获胜方会得到一个奖杯和令人羡慕的奖品；而失败方什么也没有。通过这种方式，研究者引导出了群际的客观利益冲突，它是一种零和博弈。尽管在第一个阶段，两个群体大体上和平共存，但在第二个阶段，两个群体被转化为两个敌对群体，绝不会放弃任何一个机会去嘲弄外群，甚至发动生理攻击。

3. 群际竞争的后果：内群偏好和外群敌意。在各项微实验中，以游戏作伪装，谢里夫及其同事记录了群体成员在判断、态度和社会测量偏好上系统的和始终一致的内群偏好和外群敌意。其中一项微实验为捡豆子游戏，大量豆子被撒在草地上，每组成员都要在规定时间捡到尽可能多的豆子，然后，每个男孩的收获都会被展现在放映机屏幕上，以显示每个人捡到了多少。事实上，通过事先设计，实验者往往设法将同样数目的豆子投射到屏幕上。尽管这是恒定的“刺激”，但男孩们的判断始终偏向他们自己的群体。可以看到，与外群相比，两个群体都高估了自己成员的表现，且获胜群体比失败群体表现出更大的偏差。

通过群际竞争，群体内部也发生了变化。他们变得更有凝聚力，领导结构有时也发生变化，更加积极进取的男孩占主导地位。当被要求提名他们目前的要好朋友时，两个群体中都有超过90%的孩子选择自己群体中的人。这个结果值得深思，因为至少在前两项实验中，大多数男孩分组前的要好朋友都被安置在另外群体中。这表明，最初的人际友谊会让位于敌对的群体资格。

这些实验为谢里夫的理论提供了有力支持。男孩们的行为变化如此普遍、如此迅速，以至于不能将之归因于任何稳定的人格气质。此外，获胜群体的成员应该比失败者遭受到较少挫折，但他们反而表现出更多外群贬低的迹象。挫折—攻击论和相对剥夺论无法解释这些结果。

（二）超然目标与冲突降低

冲突目标会迅速导致群际敌意、竞争性的内群偏好和内群凝聚力提升。那么硬币的另一面是怎样的？怎样才能诱发群际合作与友谊以降低群际冲突？这是谢里夫研究的第三个阶段致力于关注的问题：必须寻找一种方案，使得积极互依取代群际冲突或消极互依；或者说，要构造某一目标使冲突群体彼此需要。

为减少群际冲突，谢里夫引入一系列超然目标。它是两个群体都要追求的目标，但是仅凭一个群体的努力无法实现。其中一个超然目标的设计是安排野营卡车在营地数百米之外抛锚。由于临近午饭时间，孩子们都有一个明确的共同利益，即使卡车启动返回营地。然而卡车如此沉重，任何一个群体都无法独自完成。只有两个群体合力拉动系在车前保险杠上的拔河绳（正是几天前他们在竞赛中使用过的同一条绳子），卡车才能移动。经过许多次类似的合作，男孩们的行为有明显变化，他们对他群成员的攻击大大减少，许多定量指标也表明内群偏好幅度在明显减小。

（三）对现实群体利益冲突论的简要评价

现实群体利益冲突论对群际行为的积极方面和消极方面都提供了一种有力解释。它主要能够解释偏见在不同时期和不同社会背景下的消长，因为它展现了这些现象可以归因为相关群体之间变化着的经济政治关系；此外，它也提供了旨在改善和成功干预群际态度的主要框架，尤其是那些以接触假设为基础的方案。

然而这一理论模型还有许多经验和理论难点需要突破。第一个难点是，尽管群际竞争比群际合作导致了更大的负面偏差，但在合作情境中，这种偏差并未全部消失。第二个难点是，外显的利益冲突并不是唤醒内群偏好和群际歧视的必要条件。它所假定的作为群际敌意基础的消极互依，是否总是需要以真实利益冲突为基础？它也许源自可感知的非现实利益冲突，甚至是对如社会地位和声望等无形资源的竞争。而在最简群体实验中，可以设计和操纵这种非现实的可感知冲突，这就意味着在这种主观取向背后可能还存在其他社会心理机制。

第三节　群际关系的社会认同范式

社会认同论为内群偏好和外群歧视提供了一种独特的解释和说明，尤其是在群体间没有明显利益冲突的背景下。依照社会认同论，人的自我价值感部分源自其群体资格以及对我群体的积极评价，而对我群体的评价则基于与他群体的比较。社会认同论假定人们更喜欢积极的自我概念，这使得他们以有偏好的判断和歧视行为来寻求内群的积极特异性。

一、社会认同论的核心构念

以人际—群际行为连续体和最简群体范式为基石，泰弗尔和他的团队经过十多年的实证研究和理论论辩，终于构造了较完善的社会认同论模型。社会认同论可解析为逻辑连贯的五个核心构念：社会认同、社会范畴化、社会比较、认同建构与认同解构/重构。

（一）社会认同

社会认同是个体自我概念的一部分，源自他的特定知识，这种知识涉及一个社会群体（或多个社会群体）的成员资格以及与之相联系的价值和情感意义。或者说，社会认同就是行动者对其群体资格或范畴资格积极的认知评价、情感体验、价值承诺。

社会认同有三层内涵：（1）在既定的社会分类体制中，行动者因为生命历程的个体演化而负荷多元的群体资格，因此行动者会建构多元的社会认同。（2）多元的群体资格和相对应的多元社会认同，在不同的社会语境中具有不同的权重和价值。（3）行动者在任何具体语境下，都同时负荷多元群体资格和多元认同，但哪种群体资格会被激活和凸显以引导和调节行动者实际的社会行为，是一个基本的难题。在泰弗尔的时代，因为社会认知研究的局限，他无法处理这个问题。当前，有关范畴启动、社会知识激活和群体感知等社会认知研究则能有效而可信地处理这类难题。这也是近年来社会认知研究和社会认同研究最激动人心的融合。

把社会知识的激活机制和群体资格的凸显关联起来，需要进行辨析。行动者在其毕生的社会化过程中，无论基于启发式加工还是系统加工，都会形塑自己独特的社会知识体系，其基本单元就是社会范畴。行动者的社会知识体系关乎特定的社会和文化语境，关乎自身和他人的态度、能力、情感和行为及其后果，也关乎特定群体资格的获得、条件和行为准则。行动者的社会知识体系并不是逻辑连贯的，而是“领域—特异的”（domain-specific），分别对应于不同面向的语境。这些“领域—特异的”社会知识，在特定语境下处在潜伏状态，等待被激活和调动。如果与特定群体资格相对应的“领域—特异的”社会知识或社会范畴被激活和调动，就可以合理地推断行动者的特定群体资格被激活和调动，并相应地引导和主宰其后续的心理和行为。因此，多重群体资格的行动者在具体情境下凸显其特定群体资格的问题，就可转换为行动者的社会知识体系中“领域—特异的”社会知识或社会范畴被激活和调动的问题。

（二）社会范畴化

行动者所认同的群体资格或范畴资格，是通过社会范畴化过程或者社会分类而获得的。范畴化是行动者的基本认知潜能和认知工具，社会世界因此被划分为一定数量且易于处理的范畴，这有助于行动者简化世界的复杂性和理解世界。如4～5个月大的婴儿开始辨别家人和外人，开始有“认生”反应。泰弗尔发现，对6～7岁的儿童而言，即使他们对不同国家最多只有些许的经验知识，他们也能以自己的肤色为标准来明确地表现好恶，偏爱与其肤色相同的人的照片。

社会范畴化有一系列重要功能。一方面，运用范畴，行动者能对社会环境进行切割、分类和秩序化，并因此而采取灵活权衡的社会行动；另一方面，范畴也为自我参照提供了一个定向系统，它们创造和界定行动者在社会中的位置。

范畴化过程具有交互性。其一，行动者一出生，就生长在既定的社会范畴化语境中，被分类和标定；其二，行动者以自我为中心，对自身和在场的他人进行分类，把自身和他人纳入确定的群体之中，但同时行动者自身也被在场的他人分类；其三，行动者的分类和他人的分类具有最低限度的重叠共识。也正因为如此，对群体资格的评价是社会共识性的，并且社会范畴化体制是共享社会实在的一部分。

在特定的社会语境中，社会范畴化的结果就是依照特定的品质或维度而形塑我们—他们（我群体—他群体、内群—外群、局内人—局外人）之间的群体符号边界，同时也导致种种的内群偏好。

在行动者多元的群体资格中，有的非常特殊，它们被贬损，并被标上“污名”的印记。戈夫曼开创了污名研究。当代研究揭示出污名背后存在相互纠缠的四个过程或四种成分：首先是辨析并标定差异；其次是把差异和消极特质相关联；再次是区分“他们”和“我们”；最后是作为结果的地位缺失和歧视，亦即社会排斥。在这些与消极社会认同或污名有关的研究中，社会范畴化都作为最基本的社会心理过程被纳入分析和解释中。

（三）社会比较

人总要去评价和界定自身的能力和观点，当没有客观的和非社会的评判手段可资利用的时候，个体不得不借助与他人的能力和观点进行比较来完成这一认知过程。费斯汀格构造了社会比较论的假设—演绎体系，来解释和预测个体有关能力和观点的社会比较过程，这一体系在逻辑上涵盖了社会学传统中的参照群体论和相对剥夺论这些中层理论模型。沙赫特等把费斯汀格有关能力和观点的社会比较过程拓展至情感领域。他发现，在特定情境中，如果个体无法明晰自身的情感体验，他人的情感体验和反应就会成为自身情感体验、情感认知和情感反应的比较框架。在费斯汀格的理论框架及其拓展中，社会比较过程的运行基于个体人格特征的人际比较，其社会性的范畴身份并没有从背景中显现出来。

基于个体的群体或范畴身份的社会比较过程或群际比较过程，和人际比较过程一样，也是基本的社会过程之一。特定群体或范畴身份的显著意义，只有在和他群体的比较中才显现出来。内群和外群之间，积极的差异比较会产生高声望，而消极的差异比较则会导致低声望。通过内群/外群比较，积极评价我群体的压力促使社会群体力图把我群体和他群体区别开来。

个体并不是将内群体和所有认知上可资利用的外群体进行比较。可比较的外群体必须被看成一个相关的比较群体，类似性、接近性和情境显著性，都是决定外群体可比性的变量。

由此，通过与相关外群体的群际比较，我群体的群体资格的积极特异性得以彰显；而通过群体内部的人际比较，个体的积极特异性得以彰显。

（四）认同建构

认同建构，也就是行动者将群体成员资格内化为其自我概念的一部分，即在主观上认同相关的内群体，对其群体资格有积极的认知评价、情感体验、价值承诺。

过分主观化的认同建构过程必然体现在规则化的可预测的社会行为模式中。或者说，对特定群体资格的认同一旦建构，它就是动态的，而不是凝固的。它必然通过规则化的社会行为不断地彰显出来。规则化的社会行为有两个基本功能：其一，规则化的社会行为从外显的意义上不断地生产和再生产可觉知的群体标志，而这些群体标志是识别和评价群体资格的基本线索，同时也是明确群际符号边界的线索。这些标志主要有言语行为模式、消费模式、容貌风度和品位等。其二，规则化的社会行为是群体记忆和群体社会表征体系的载体。其结果是群体资格的显著性被不断激活，群体社会认同和群际符号边界在行动中不断地生产和再生产。

（五）认同解构/重构

认同解构以及它所蕴含的认同重构是社会认同论最具独创性的构念。基于认同解构和认同重构的构念，社会心理学家尤其是群际过程理论家就能够处理宏大的社会流动和社会变迁问题。从行动者中心的视角来看，社会结构转型就是行动者认同解构和认同重构的过程。

认同解构意味着行动者对其身上的某种群体资格不再有认同感，他寻求放弃或脱离这种群体资格，并致力于追寻新的群体资格，即认同重构。

认同解构和认同重构具有三重行动策略。其一是个体流动。个体会试图离开或脱离以前所属的群体，并寻求向上流动。个体流动最为重要的特点在于内群的低地位不会因此而改变，它是一种个体主义的途径。至少从短期来看，它是力图实现个人的而不是群体的地位改变，其信念基础是在社会体系中，不同地位群体之间的边界具有可渗透性，并且有较多的向上流动机会。

其二是社会创造性。通过重新界定或改变比较情境的因素，群体成员可为内群寻求积极的特异性。这一策略并不意味着群体实际的社会位置或对客观资源的接近性有任何改变。它关注的是群体策略，而不是个体主义策略。比如，当黑人肤色在平权运动中被重新界定时，“黑色”不再代表未进化的、肮脏的和野蛮的，而代表健康的和美丽的。

其三是社会竞争。群体成员可通过与外群的直接竞争而寻求积极的特异性。他们会在显著的维度上试图逆转内群和外群的相对位置。在一定程度上，这种比较和社会结构有关，它意味着群体客观的社会位置的改变。其信念基础是，在社会体系中，不同地位的群体之间的边界没有可渗透性，向上流动机会较少，并且既定的社会地位差别没有可感知的合法性。

二、社会认同论的实证证据

社会认同论激发了大量的实证研究，这些研究或者在高度人工性的实验情境中进行，或者在自然的群际关系场景中进行。布朗综述了这一方面丰富的实证研究，这里只选择两个主题予以介绍：群际背景下语言认同的建构和对地位不平等的反应。①

（一）群际背景下语言认同的建构

群际背景下语言的使用是社会认同过程在真实世界中发挥作用的一个例证。不同国家和族群都力图维持其语言的完整性，如比利时的弗拉芒语和瓦隆语、西班牙的加泰罗尼亚语、法国的布列塔尼语和英国的威尔士语。法语在加拿大魁北克争取独立的政治运动中发挥了重要作用，希伯来语在以色列建国中

① ［英］布朗：《群体过程》，胡鑫、庆小飞译，中国轻工业出版社2007年版，第206—216页。

也扮演了不可或缺的角色。在所有这些例子中，我们都能看到群体力图使自身在语言上有别于其他群体。语言的重要性从两个方面表现出来：第一，民族/国家公民资格与语言或方言的使用紧密联结在一起，语言是文化遗产的一部分，甚至是群体资格的一种界定性特质。换句话说，社会认同可能经由语言来直接表达。第二，语言还是与外群沟通的主要方式。通过选择不同的语言、方言或口音，我们可以与外群成员进行更加有效或不太有效的沟通。有实验研究发现，在认同受到威胁的地方，建立群体特异性的努力可能采取语言差异的形式。

（二）对地位不平等的反应

1990年联邦德国与民主德国（俗称西德与东德）的重新统一，为低地位群体资格影响的研究提供了一个难得的情境。尽管在形式上，两个地区隶属于同一国家，但从社会经济上看，东德处于相对落后地位。1999年，莫蒙戴及其同事研究了东德人对这种情境的社会心理反应。他们调查了东德人对德国当时发展的态度与对不同社会和心理策略的支持程度。与社会认同论一致，这些态度反应构成独特的和可识别的态度丛。例如，个体流动性是其中一种（如“将来我希望将自己看作西德人”）；替代比较维度（如比较“社会关系”）或改变比较对象（如与“隶属于前东部社区的乡村”相比）是另一种；而直接与西德竞争也是一种选择（如“我们将向西德人证明我们是更有效能的德国人”）。此外，还存在其他策略，如与过去进行比较或用绝对标准作为参照来评价群体。然后，莫蒙戴等人通过测量参与调查者对东德的认同水平、对合法性的感知，测量东德—西德关系的稳定性和可渗透性以及测量相对剥夺，试图预测哪种策略会得到最大支持。他们观察到的许多结果与社会认同理论一致。例如，东德—西德边界的可渗透性与认同过程负相关；个体感知到的非法性与个体流动性尝试负相关；相对剥夺与对“优势”外群的竞争取向有直接关联。

值得注意的是，这里所介绍的只是浩繁文献中的零星个案。社会认同论已经被卓有成效地拓展至有关公民认同、文化认同、族群认同、宗教认同、组织认同等的研究中。

三、国家认同

国家认同是现代国家政治建构的重要议题之一，也是社会心理学社会认同拓展研究的重要领域。在民族国家的叙事话语中，现代国家是由两个及以上的民族所共同组成的多民族国家，而国家认同主要指国家共同体内部不同民族对民族国家的认可、归属、忠诚及支持等。从个体行动者的角度看，国家认同表现为个体对于自己长期身处的国家共同体所产生的肯定性情感和认知及相应的支持性行为。现代国家认同主要涉及对国家共同体、国家政治制度、国家政治意识形态以及国家治理绩效等多个层面的认同。与其他社会群体相比，国家具有更高的自主性和更强的优先性，因而国家认同也是公民归属感最重要的源泉之一。

在近现代历史上，中国的国家认同建构道路经历了曲折复杂的历程。封建帝制被推翻之后，“五族共和”思想成了社会政治力量维护民族统一和疆域稳固的主流主张。虽然不同社会政治力量对于五族共和的理解和阐释各有区别，但把中华各民族引导到融合和同化的道路上，事实上成为新民主主义阶段各种社会政治力量的共识。为了改变当时中国人因缺少国家观念而一盘散沙的状况，孙中山提出了结合四万万人组成一个坚固的民族，以挽救亡国灭种之危亡的国族主义主张。但孙中山之后的国民党将这种国族主义道路引向了极端，片面地强调国族建构的国族同化进路，导致了对各民族存在的否认，进而滑向了大汉族主义的泥沼。这样一条极端道路不仅没有强化和巩固应有的国家认同，反而失去了众多少数民族的支持，最终削弱了其政权的合法性。中国共产党则坚持马克思主义的民族观，关注被压迫民族的民族解放，从当时推动各民族解放的历史实际出发，回应国内各民族的诉求，反对大汉族主义，反对民族压迫和民族歧视，坚持国内各民族的平等自治和民族自决。我党的民族政策和民族工作赢得了少数民族的普遍认同，增强了党对革命的领导力量，为日后成立各族人民拥护的新中国奠定了重要的民族团结基础。改革开放以后，特别是新时代以来，我党大力强调中华民族大家庭、中华民族共同体、铸牢中华民族共同体意识等理念，极大地推动了新时代党的民族工作高质量发展。①“中华民族共同体”是一个具有极强的历史的和现实的包容性以及建构性的提法，是党的民族理论的重大创新和发展。铸牢中华民族共同体意识是实现各民族的认同整合，完成从民族认同到国家认同的

---

① 庞兴雷：《以铸牢中华民族共同体意识为主线　推动新时代党的民族工作高质量发展》，《人民日报》2021年8月29日。

跃升的必由之路。

第四节 偏差地图与恐惧管理

社会认同论革新了当代群际关系的研究。泰弗尔和他的团队构造了以社会范畴化、社会比较、认同建构和认同解构/重构为核心的社会认同论，以超越此前北美盛行的还原主义和个体主义的微观—利益解释路径。在泰弗尔辞世之后，社会认同论发展出了不同版本的修正模型，如约翰·特纳等人的“自我归类论”。近年来，社会认同论又发展出了更为精致的修正模型，如豪格的不确定—认同论和莱歇尔的动态认同论。前者致力于解释当代世界中种种极端组织和恐怖活动的兴起，而后者则以“集体心理赋权”（collective psychological empowerment）为核心，来解释集体行动过程中的认同动员和重构。

但社会认同论仍存在一些基本理论困扰，如内群偏好和外群歧视难题。不同的修正版本都没有完善解决这个基本问题。当代社会认知学者费斯克从群体认知出发，在刻板印象内容模型（stereotype content model）中巧妙处理了这个难题，并在偏差地图模型中把刻板印象（群际认知）、偏见（群际情感）和歧视（群际行为）融为一体。

一、偏差地图模型

费斯克团队发现人们对内群体—外群体的刻板印象，并不总是呈现出内群偏好和外群歧视，它们有时是混合的、矛盾的甚至是外群偏好的。为了处理这个难题，费斯克团队构造了“才能”（competence）和“热情”（warmth）的双维度模型，即刻板印象内容模型。它有四个基本假设：

1. 群际认知或刻板印象可解析为“才能”和“热情”这两个维度，各类群体基于这两个维度确定其地位感知。

2. 群体刻板印象大多是混合型的或者说是矛盾型的，即在才能—热情两个维度上是互补的（一高一低），能力强的群体被刻板化地认为不够热情，或者相反；只有少数群体在两个维度上都被给予较高或较低（即双高或双低）的评价。

3. 社会结构变量（包含社会地位与竞争性）被用来预测才能和热情。地位与能力呈正相关，地位高的群体通常被认为更有能力；竞争性与热情呈负相关，那些与本群体有竞争关系的群体通常被认为缺乏热情。

4. 在刻板印象中存在着内群偏好和榜样群体偏好，它们被称为纯粹刻板印象，在两个维度上都得到较高评价，而与前面的矛盾型刻板印象形成对照。

在刻板印象内容模型的基础上，费斯克团队又发展了“偏差地图”模型（BIAS map，其中，BIAS 即 behaviors from intergroup affect and stereotypes，见图 10-1）。[①]

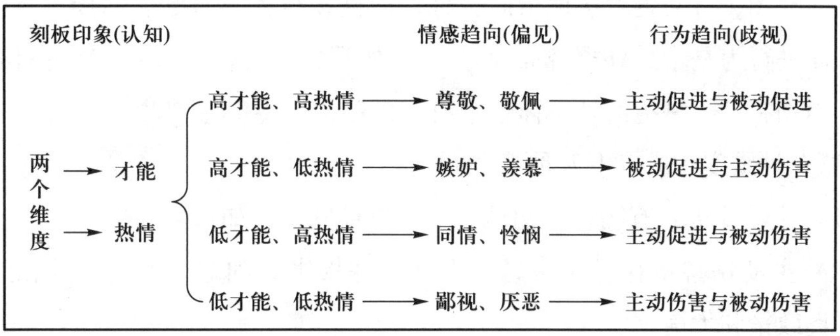

图 10-1　偏差地图

偏差地图模型辨识出四类群际情感体验：尊敬、嫉妒、同情和鄙视，它们分别对应刻板印象双维度所划分出的四类群体。

1. 尊敬。对于那些被认为是德才兼备的群体（如内群体或榜样群体），人们所体验的群际情感是尊敬与敬佩。

2. 嫉妒。对于那些被认为有能力但德行不高的群体，人们经常体验到的群际情感是“羡慕嫉妒恨”。这些群体有可能被认为“配不上”他们现在所享有的社会地位。嫉妒是一种混合型情感，是一种带有怨恨的敬佩，敬佩的通常是对方的社会地位和经济收益，怨恨是因为与他们相比，自己相形见绌。

3. 同情。对那些有良好德行但没有能力的群体，人们通常体验到同情、怜悯。这类群体虽然处于社会底层，但这是因为其缺乏能力而无法改善自身处境所致，这一点与被鄙视的群体不同。与嫉妒一样，同情也是一种矛盾型情感，既怜悯其处境，又对其不抱期望、没有尊敬。

① Amy J. C. Cuddy and Susan T. Fiske（eds.），“The BIAS Map：Behaviors from Intergroup Affect and Stereotypes，” *Journal of Personality and Social Psychology*，vol. 92，no. 4（2007），pp. 631-648.

4. 鄙视。对于那些无德无能的群体（即双低群体），人们所体验的群际情感是鄙视和厌恶。这些群体通常处于社会底层，被贬低和排斥。人们认为，就该群体的特征而言，他们“就应该得到”现在的结果，这类群体要为自身当下的遭遇负责。

偏差地图模型也建构了两个足以概括大部分群际行为的维度：主动—被动与促进—伤害。前者关涉行为的强度；后者关涉行为的性质。

所谓主动行为是指行动者在行为上倾注了更多的努力、更强烈的情感，有更明确的意图，行为更直接地指向目标；而被动行为更微妙、间接，意图相对隐讳。促进行为是指给外群体带来收益（如帮助、合作），尽管有时只是表面上的；而伤害行为是指给外群体带来有害的结果或令其遭受损失（如攻击、排斥）。这两种维度形成以下四种组合方式：

（1）主动促进：有明显意图地让另一群体获益，如帮助和保护。

（2）主动伤害：有意伤害另一群体，并损害其利益，如言语攻击、性骚扰、隔离政策和大屠杀。

（3）被动促进：为了实现某种内群目标而接受与另一群体的强制性合作或权宜性合作。

（4）被动伤害：尽量与另一群体保持距离，排斥、忽视或否认另一群体的存在。

偏差地图模型为群际关系研究中的刻板印象—偏见—歧视之间的逻辑关联搭建了清晰简洁的理论框架，并被认为具有跨文化的普适性。

二、恐惧管理论

个体生存的持续困扰尤其是死亡焦虑，也被发现能影响群际关系，这是恐惧管理论（Terror Management Theory）的重大贡献。近些年，恐惧管理论以及在其启发下的相关研究被统称为“实验存在心理学”。

恐惧管理论的出发点在于死亡无可逃避的本体困境，其核心是自尊命题和死亡显著性命题。自尊命题主张个体自尊作为焦虑缓解器主要被用于应对存在焦虑；死亡显著性命题则主张当死亡意识和死亡意象凸显时，群体就会更依附于内群文化世界观，以实施恐惧管理。

文化世界观是人类建构和传播的有关现实的某种信念，它为内群成员所共享，其功能是降低死亡意识引发的恐惧。文化世界观降低焦虑的功能基于其为内群成员提供了价值感和保护，赋予他们一种象征性不朽：虽然死亡无法回避，但生命的价值与意义永在。

如果个体满足或符合由文化世界观所定义的价值标准，那么个体就会获得自尊。自尊是指个体相信在这个意义世界中，他们是有价值的，这里所称的意义正是由个体所内化的文化世界观赋予的。如果个体获得了自尊即自我价值，也就在象征意义上获得了对死亡的超越，维持了心理上的平衡与安宁。正因为如此，自尊被称为焦虑缓解器。

日常生活中，个体总是无视或忽视不可避免的死亡。但当死亡意象凸显时，他们更加需要文化世界观和内群身份的保护。因此，存在主义恐惧将会导致更强烈的内群偏好和外群歧视。群际偏见和歧视也因此在恐惧管理论的框架下被赋予了替代解释：它们是文化世界观之间的竞争不可避免的结果，与自我维持的动机有关。

恐惧管理论构造了其典范实验程序，即死亡显著性启动程序。如果启动死亡显著性，群体的评价语境就迅速从世俗语境转化为神圣语境，对内群—外群的群际评价就会发生系统性变化。在死亡显著性启动实验中，标准程序是对实验组进行死亡显著性启动，亦即激活研究参与者的死亡意识或死亡意象，如想象自己生命垂危时候的情境并用文字简要描述，而对控制组则进行牙痛启动。与最简群体范式类似，死亡显著性启动程序是恐惧管理论者的利器，被用于对群际关系的不同面向的探究中。

第五节 降低群际冲突的基本策略

研究群体和群际关系的理论家并不是悲观主义者，只关注群际关系的消极面，如冲突、偏见和歧视。他们深沉的社会关怀体现在揭示群际冲突的内在过程和机制，并以此为基础构造群际和谐的策略。目前已构造的策略主要是在接触假设的基础上干预或重新构造社会认同。

一、接触假设及其拓展

（一）接触假设

1954 年发生了两个重要事件，持续影响着有关群际关系的公共政策和学术研究。其一是布朗诉托皮卡教育委员会案件。在这一案件中，美国最高法院裁定，隔离有色人种学生和白人学生的学校制度违背了美国宪法的重要条款。这为全面废除存续三十多年的美国教育体制中“分离但平等”的种族隔离制度铺平了道路。支撑法律判断的基本信念为：白人儿童与有色人种儿童的持续隔离，对那些少数群体的生活机会来说是致命的，而且对种族偏见的持久维持有工具性的影响。这一信念的必然结果是学校废除种族隔离制度所带来的群际接触的增加，将扭转种族隔离制度的危害。

其二，高登·奥尔波特同年出版了名作《偏见的本质》。在这本书中，奥尔波特不仅提供了对群际偏见起源的根本分析，还提供了消除偏见的一系列有影响的政策建议。总体来说，这些建议以接触假设为人所知。奥尔波特认为，如果群际无知和漠视会强化群际敌意和冲突，那么，增加群际成员之间的接触就会减轻或降低群际敌意和冲突。

奥尔波特洞察到仅仅靠接触并不能保证群际和谐，群际接触需要一系列条件的支撑。第一，群际接触应当是长时间的而不是暂时的，并涉及某些合作性活动，以建构积极的相互依存关系。超然目标的建构就与此有关。第二，应当有正式的和制度性的新政策以支持群际融合。第三，理想意义上，群际接触应当涉及具有同等社会地位的人。奥尔波特主张，如果群体间在地位和权力方面具有根本性的不同，在两个群体的成员之间展开广泛接触并不会有什么好结果，这种接触只可能强化优势群体的偏见和贬低态度。

奥尔波特认为，在此基础上，公共政策干预可能会有效地减少偏见和改善群际关系，这种政策干预包括确定融合性的住宅方案，废除歧视和隔离主义的雇佣惯例，引进合理的废除种族隔离制度的教育和休闲设施。

（二）接触假设的拓展：从直接接触到间接接触

奥尔波特的接触假设历经了旨在检验和证实其主要原则的许多实验，其中大多数取得了某种程度的成功。但接触假设所必备的最优条件限制和窄化了其效用和潜能。

超越最优条件的限制以拓展接触假设的应用范围已成为相关研究领域的新议题。一些学者把接触假设拓展为公共暴露假设，或者说把直接接触拓展至间接接触。其基本含义是只要特定群体成员公开暴露在与外群体成员有关的条件下，敌意的群际态度就会改变。他们仔细辨析了公共暴露的 4 种类别：信息、观察、互动和群体资格。信息是指第三方所披露的外群体的信息，如新闻报道和讲演等；观察是指内群体成员对外群体成员的直接观察；互动亦即面对面的接触；群体资格是指内群体成员自己或其家人、朋友曾经或现在属于外群体。他们分析了对无家可归者进行的“美国国家公共态度调查”的数据，证实了公共暴露或间接接触的有效性。

（三）想象接触

在现实语境中，不同群体成员之间也许很难有面对面接触的机会，甚至也很少有间接接触的机会，在高度隔离或者冲突严重的社会中尤甚。因此，在心理中模拟与外群体成员的积极互动是否能够促进积极的群体关系，就成为想象接触假设的基本议题。克里斯普等发现，在心理中模拟与外群体的积极接触，也能够激活类似于真实情境中与外群体成员成功互动时的相关经验。

克里斯普等还主张，想象接触、间接接触和直接接触的干预策略在心理上产生的效应可能是一个连续体，因此可以在不同的接触阶段采取不同的干预手段，使群际接触效应最大化。具体来讲，就是在高度缺乏接触机会甚至缺少间接接触机会的社会背景下，可以先采取想象接触策略，然后逐渐采取间接接触和面对面的直接接触的策略。根据不同的社会背景，在不同阶段采取不同的接触干预策略，能够达到较好的干预效果。近些年来，随着信息技术的发展，网络接触效应（E-contact effect）也开始被关注。

二、不同的范畴化策略

（一）交叉群体资格

现在有充足证据表明，群际歧视和敌意除来自知识的缺乏和不正确的感知外，还有其他影响因素。客观利益冲突是群际相互贬低的一个潜在原因，而仅仅是范畴化过程这一个影响群体成员认同的因素，就足以激发歧视和敌意。

当群体与另一群体接触时，如在一个取消种族隔离制度的学校中或在合并了两个或更多小组织的跨国公司中，下面这种情况很可能发生：预先存在的群体资格如种族或民族，可能与其他范畴化维度重叠，如性别或工作群体；在某一方面属于不同群体的两个人（如黑人和白人）可能在其他方面属于同一群体（如都是女性）。杜瓦斯主张，在与之类似的情况下，两个范畴相互交叉，基于原初范畴维度的歧视和敌意可能会减少，这是因为范畴间和范畴内两个维度同时发挥作用。

有大量证据支持这一假设。在实验环境中，当根据不止一个维度对人进行分类时，通常会观察到人们对那些至少与自己共享一种认同的人有较少偏见。但是，如果两个交叉范畴带来相对于外群的双重内群认同，那么偏见将会强化而非减弱。

（二）操纵社会范畴化

毫无疑问，取消种族隔离的学校、融合的住宅和废除歧视的雇佣的制度安排等有效政策的成功归功于部分或全部执行奥尔波特的接触标准。然而，对接触假设的研究和应用中反复出现一个问题：概括化。许多研究发现，改变人们对真正遇到的特定外群成员的态度并不太难，更难的是转变他们对整个外群的态度和刻板印象。

近年来，接触假设有三个新进展，致力于处理概括化这一问题。它们都源于社会认同论的社会范畴化效应，主张为了使接触效应最大化并推动概括化，人们必须努力改变现存群体认同的显著性。

1. 去范畴化：个体化模式

因为社会范畴化效应的存在，如果在群际接触期间剔除显著的群际边界，使情境“去范畴化”，并使所有互动都在人际水平上发生，那么在逻辑上，群际歧视可能会降低。基于这种“个体化”的接触形式，参与者可能更关注每个个体的特异性信息，而较少注意以群体为基础的刻板信息。重复这种类型的人际接触可否证先前存在的（消极）外群刻板印象。

2. 再范畴化：共同内群认同模式

内群偏好由范畴分化而引发，但如果在认知上或物理意义上重新描绘范畴边界，把之前两个分离的范畴再范畴化，从而整合为新的超然范畴，以前的外群成员就成为内群成员，那么在逻辑上，群际歧视也会减少。政客在国内群际矛盾激烈的时候，通常会选择树立国家外部的假想敌或对外开战，以重构群际边界。

3. 亚范畴化：独特社会认同模式

在接触情境中，如果内群成员和外群成员的角色是独特而互补的，那么在合作的框架下，两个群体都能保持其特异性，并能促进群际和谐，这就是亚范畴化。如在杂志出版过程中，如果擅长文字的群体负责写作，而擅长图像的另一群体负责制表、绘图和版式设计，在杂志成功发行之后，相互有消极评价的两个群体会改变对彼此的偏见。

三、“文化自觉”的培育

哪里有分类，哪里就可能存在刻板印象、偏见和歧视，当然也同时存在对分类权的争夺。这向所有的人类个体提出了重大挑战。一方面，它提醒我们，在基于现实的种种线索对自身和他人分类的时候，分类者会倾向于非公正地对待内群和外群成员。另一方面，人类中最超然的分类线索总是被忽视，这就是所有人类个体与群体都是人类命运共同体的一分子。这种对分类方式的体悟，是社会成员应该被滋养和培育出的心智品质，也是社会心理学的想象力和洞察力的主要体现。

费孝通在其晚年的多次讲演和论文中深入探究了“文化自觉”。他不仅关注民族国家内部族群成员的互动，而且还直面不同文化和不同文明共同体之间的对话。他先是确定了文化对话的规范原则：“各美其美，美人之美，美美与共，天下大同。”① 在这项规范原则基础上，不同文化共同体的成员应该培育“文化自觉”的气度。所谓文化自觉，就是生活在一定文化中的人对其文化有自知之明，既不盲目复古，也不崇洋媚外。文化自觉在正向意义上，既强调文化自主性，又强调和而不同；而在反向意义上，既拒斥文化霸权主义，也反对我族中心主义。

文化自觉的理念，昭示了一种分类智慧和认同策略。在群体层面，每个个体应该明晰觉知以自身的任何特质来分类的时候，都可能存在内群偏好和外群歧视。因此，在偏好自身群体的时候，对任何与自身有所差异的文化元素应该怀有宽容和好奇的态度，而不是否定和鄙夷它们。在民族国家内部，所有成员应该强化以共同的文化资源和共同命运为基础的公民认同和文化认同，使之能超越不同利益群体之间的利益争斗和认同冲突。而在国际层面，所有人类个体应该强化自身和所有其他人类个体同享人类命运共同体的成员资格的觉知，“构建人类命运共同体，建设持久和平、普遍安全、共同繁荣、开放包容、清洁美丽的世界”②，以实现人类社会的民主与和平。

与文化自觉密切相关的是文化自信问题。文化自信是一个民族、一个国家

---

① 《费孝通文集》第 14 卷，群言出版社 1999 年版，第 196 页。

② 习近平：《决胜全面建成小康社会　夺取新时代中国特色社会主义伟大胜利——在中国共产党第十九次全国代表大会上的报告》，人民出版社 2017 年版，第 58—59 页。

以及一个政党对自身文化价值的充分肯定和积极践行，并对其文化的生命力持有的坚定信心。文化自觉是文化自信的前提和基础，文化自信则是文化自觉的体现或表征。只有高度的文化自觉，才有坚定的文化自信。文化自信是一个国家、一个民族繁荣昌盛、经久不衰的重要基础。党的十九届六中全会通过的《中共中央关于党的百年奋斗重大成就和历史经验的决议》指出，文化自信是更基础、更广泛、更深厚的自信，是一个国家、一个民族发展中最基本、最深沉、最持久的力量，没有高度文化自信、没有文化繁荣兴盛就没有中华民族伟大复兴。习近平总书记在党的二十大报告中进一步强调，要“推进文化自信自强，铸就社会主义文化新辉煌”①。这将有利于全面建设社会主义现代化国家、全面推进中华民族伟大复兴。

思考题

1. 请列举日常生活中所广泛存在的刻板印象、偏见和歧视的例子。
2. 请思考如何用社会认同论来解释日常生活中的刻板印象、偏见和歧视。
3. 请举例说明接触假设的可信性和有效性。

▶ 答题要点

① 习近平：《高举中国特色社会主义伟大旗帜　为全面建设社会主义现代化国家而团结奋斗——在中国共产党第二十次全国代表大会上的报告》，人民出版社 2022 年版，第 42 页。

第十一章　集群行为与社会运动

按照马克思主义的观点，虽然社会由个体组成，但社会绝非简单的个体的堆集，社会的精神生活也不是个体的思想和情感的总量，而是人与人交往的结果。马克思主义这一观点揭示了人的思想、情感和行为时时处处都要受到其所处的社会条件或环境条件的影响。在不同的社会条件下，人的行为不仅有不同的表现形式和特征，还会有不同的行动逻辑与发展脉络。在常规环境中，人们可以较好地接受社会规范的制约，保持既有的社会秩序，但若受到某些特殊社会条件或环境条件的影响，人们则可能表现出有异于常规的甚至是突破既定社会规范的行为。尤其是在某些特殊的群体条件下，行动方式不同、剧烈程度不一的群体性行为时有发生。在社会心理学中，此类问题通常被归入集群行为和与之相关的社会运动的范畴来进行研究。它属于社会心理学在群体研究维度上的一个具有突出理论价值和实践意义的重要领域。

第一节　集群行为概述

相对于社会运动而言，社会心理学对集群行为的研究有着更为长久的历史，社会心理学家在这一领域也投入了更多的精力和热情。这固然与集群行为本身是社会心理学更合适的研究对象有关，但更重要的是，对集群行为的研究往往是对社会运动等集体行动进行研究的基础。本节主要讨论集群行为的概念界定、类型、特点、影响因素和理论。

一、集群行为的概念与类型

集群行为（collective behavior），是社会心理学、社会学等学科在集体行动研究领域的一个重要概念，也称“聚合行为”或“集合行为”，在一些教科书中也有将它直译为“集体行为”的。但由于“集体”一词在我国的语境中一般是指有组织、有结构的整体，与“集群”的性质截然相反，为了避免误解，另外也是基于集群行为的本质特征，我们认为还是用“集群行为”一词更为合适也更为准确。

在社会行为从最有规范性、组织性到最无规范性、组织性的连续谱上，集群行为处于最无规范性和组织性的一端。社会心理学对于集群行为的研究，始于社会经验论时期古斯塔夫・勒庞的群氓心理学。勒庞特别强调了处于集群状态的群体对于日常规范的突破和对既有秩序的破坏，他说："迄今为止，彻底摧毁一个破败的文明，一直就是群众最明确的任务……群体只有强大的破坏力。他们的规律永远是回到野蛮阶段。"① 基于对处于集群状态的群体的这种理解，后来的研究者对集群行为作出了各自不同的界定。米尔格拉姆指出，集群行为是自发产生的，相对来说是没有组织的，甚至是不可预测的，它依赖于参与者的相互刺激。罗伯特・帕克等则认为，集群行为是在公共和集体冲动的影响下发生的个人行为，换句话说，它是社会互动的结果。也有学者把集群行为看成一种保卫和重建社会秩序的力量，如阿兰・图海纳认为，集群行为是指那些可以被理解为试图保卫、重建或改造社会系统中出问题的部分——不论其是价值、规范、权威关系或社会本身——的冲突行动。

通过考察以上关于集群行为的不同定义，我们认为，从自发性、无组织性的角度界定集群行为是较为合适的。因为在现实中，集群行为的产生一般是自发的，参与者大多数是因为受到他人的影响而自愿加入集群行为的。另外，集群行为经常是一哄而起、转瞬即逝的，其无组织性、不稳定性等特征十分突出。因此我们认为，集群行为就是那些经由相互作用而产生的，相对来说是自发的、无组织的、不受正常社会规范约束的群体性行为。

按照行动者聚集程度的不同，集群行为可分为"群氓行为"和"大众行为"。群氓行为特指那些在一定的时空范围内聚集在一起的人群的行为，它又包括暴乱与骚乱等具体形式；而大众行为则是指那些虽然分散在社会之中，但在某一时间段内有着共同的行为方式和特征的人们的行为，包括时尚、恐慌、流言和谣言等。

二、集群行为的特点

由以上讨论可知，集群行为与在结构性较强的社会背景中人们的行为相比，具有十分不同的特点。作为一类非常规的社会行为，集群行为的特点可概

① ［法］古斯塔夫・勒庞：《乌合之众：大众心理研究》，冯克利译，中央编译出版社 2000 年版，第 9 页。

括为如下几个方面。

（一）自发性与无组织性

自发性与无组织性是集群行为最重要特征的两个面向，它们紧密相关、互为表里。这一特征说明绝大多数的集群行为并没有事先的计划和组织，往往是部分人群在某种特定的环境条件下，受到某种刺激或诱发因素的影响而表现出的群体性的行为。自发性是说集群行为不是有预谋、有计划地产生的，它主要是对某些情境因素的刺激所作出的反应；无组织性则强调集群行为参与者本身就是无组织、无结构的人群，因而集群行为只能是没有秩序的混乱行为。

（二）情绪性

集群行为的参与者是非理性的，情感在集群行为的发展过程中起着关键作用，这是传统集群行为理论关于集群行为参与者微观动机基础的基本假设。事实也正是如此，集群行为参与者的行为往往具有高度的情绪性或情感性，也就是说，参与集群行为的个体往往会被某种情绪或情感控制和支配。勒庞对此早有深刻的洞察，他指出，群体表现出来的情感不管是好是坏，其突出的特点就是极为简单而夸张。群体夸大了自己的情感，因此它也只会被极端情感打动。正因为如此，集群行为参与者的情绪往往极不稳定，或异常兴奋，或极度紧张，或不知所措；他们在感情上极易受他人的感染，极易相互传播某种不稳定的情绪，因而极易失去理智，无法有效控制自己的行为。

（三）盲从性

集群行为的参与者往往没有明确的目的，特别是在集群行为的开始阶段，许多人并不清楚行动的目的和性质，也不了解行动的后果，仅仅因为受到周围其他人的影响或裹挟而盲目地参与其中。其原因也与上述情绪性特点有关，因为在情绪化状态下，人们更容易接受他人或群体的暗示，更容易产生盲目的从众行为。

（四）越轨性

尽管集群行为并不都是越轨的，但不可否认的是，许多集群行为都超越或突破了日常社会秩序和行为规范。因而，在集群行为中，越轨行为也就不鲜见了。有些集群行为还具有较大的破坏性，会扰乱社会秩序，引发严重的社会冲突，造成巨大的社会损失。

（五）短暂性与过渡性

一般来说，集群行为是短暂的、在一段时间内剧烈爆发的行为。随着引发集群行为的刺激因素的消失，或者参与者情绪得到宣泄和某些需求得到某种程度的满足，或者经过相关措施的干预，集群行为一般就会宣告结束。但有些集群行为也可能是持续的社会运动的诱发因素或初级阶段，在特定的社会条件下，短暂的集群行为可能会演变成持续的社会运动。因此，集群行为又具有发展成为社会运动的过渡性质。

三、集群行为的影响因素

集群行为的产生受到各种因素的影响，这些影响因素通常被看作集群行为产生的条件。

（一）环境因素

集群行为的产生一般都需要一定的环境场所，而某些特定的环境因素也能够增加人们对某种普遍刺激作出反应的可能性，像广场、体育场馆、音乐会场等就属于这类环境场所，它们往往能为集群行为的发生提供有利的空间条件。这些环境场所使人们能够十分便利地进行面对面的互动，也有利于信息、情绪的迅速传播。社会心理学研究发现，任何能使人们迅速、便捷地进行信息传播的环境场所，都会增加集群行为发生的可能性。

除了某些空间条件更易于促发集群行为以外，某些特定的时间节点也更有利于集群行为的发生。据美国克恩纳调查委员会对 20 世纪 60 年代美国城市骚乱的研究发现，大多数骚乱事件都发生于周末或夜晚，由此可见，集群行为更容易在人们无所事事的时间段里酿成。

（二）失范

与环境因素不同，失范是影响集群行为的社会性因素。失范在这里指的是规则的暂时匮乏状态。当现存的组织不能为人们的行动指引方向和提供途径时，集群行为就极易被诱发。社会心理学的研究表明，无论是由暂时的情境刺激引起的集群行为，还是由社会变迁过程中的矛盾引发的集群行为，都与社会的失范状态密切相关。社会转型期通常也是群体性事件的高发期，发生各种群体性事件的一个重要原因就是在社会转型过程中既有的社会规范被突破，但可供社会成员遵循的新的规范还没有形成，特别是那些能够限制个体欲望的特殊规范的缺席状态对于群体性事件的发生有较大的影响。

（三）相对剥夺

在现实生活中，人们对自己所处的社会地位和生活境遇的判断往往是以周围其他群体或个人的状况为标准的。当人们将自己的状况与参照群体/个人相比并发现自己处于劣势地位时，就容易产生相对剥夺感。马克思对相对剥夺状况有过形象的描述："一座房子不管怎样小，在周围的房屋都是这样小的时候，它是能满足社会对住房的一切要求的。但是，一旦在这座小房子近旁耸立起一座宫殿，这座小房子就缩成茅舍模样了……不管小房子的规模怎样随着文明的进步而扩大起来，只要近旁的宫殿以同样的或更大的程度扩大起来，那座较小房子的居住者就会在那四壁之内越发觉得不舒适，越发不满意，越发感到受压抑。"①

20 世纪 70 年代，社会心理学家格尔通过对个人的"价值期望"与社会的"价值能力"之间关系的分析，区分了相对剥夺感的三种类型：第一，递减型相对剥夺感，指的是在人们的期望没有发生明显变化的情况下，由于社会的价值能力大幅下降而产生的相对剥夺感；第二，欲望型相对剥夺感，指的是当社会提供的价值总量没有变化，但人们的期望值变强时产生的相对剥夺感；第三，发展型相对剥夺感，指的是当一个社会的价值能力和人们的期望价值都在提高时，由于某些原因，社会的价值能力突然跌落，从而导致价值期望和价值能力之间的落差急剧扩大而产生的相对剥夺感。由于价值能力的突然跌落形成了 J 状曲线，因此，发展型相对剥夺感也被称为"J 状曲线型相对剥夺感"。相比之下，"J 状曲线型相对剥夺感"是集群行为产生的一个更为强烈的激发因素。

（四）社会控制

社会控制是制约集群行为的重要因素，有效的社会控制机制总是能够及时有效地制止集群行为的形成和爆发，对于那些损害正常社会秩序、危及正常社会生活的集群行为来说更是如此。相应地，社会控制机制不能正常发挥作用或失灵也会为集群行为的产生创造条件。所以，集群行为常形成于社会控制最薄弱的环节。社会控制机制有正式和非正式之分，无论是正式机制的失效，还是非正式机制的瓦解，都会增加集群行为发生的可能性。

上述影响集群行为的因素涉及环境、社会、经济等多个方面，大致描绘出了影响集群行为的总体的结构性因素，但依然有新旧观念冲突、好奇心理的驱使和社会心理承受力等方面的因素未被论及。事实上，要穷尽集群行为的影响

---

① 《马克思恩格斯文集》第一卷，人民出版社 2009 年版，第 729 页。

因素几乎是不可能的，因此，对于某一具体的集群行为的形成原因，还需要结合有关条件进行具体的分析。

四、集群行为理论

在现代社会心理学中，大多数有关集群行为的研究都力图说明个体行为是怎样转化成集群行为的，围绕着这一主题发展出了各具特色的集群行为理论。

（一）感染论

感染论的最早提出者是古斯塔夫·勒庞。勒庞认为，当个人置身于群体之中时，会以一种与个人独处时完全不同的方式去感知、思考和行动，有三种主要的因果过程决定了集群行为的特征：一是个人在集群中会感到有一种不可克服的力量使自己屈服于本能，而这种力量在独处时是可以控制的；二是感染，感染是指一种冲动和行为模式像瘟疫一样在群氓中迅速传播；三是暗示，暗示使卑劣的、无意识的本能上升，使人丧失文明，变成一个野蛮人。

克特·朗和格莱迪斯·朗等人创立的循环反应论，可以看作在勒庞的理论基础上发展起来的另一种形式的感染论。该理论认为，集群行为是人与人之间情绪循环反应、相互感染的结果。这是一个由别人的情绪在自己身上引起同样情绪，自己的情绪反过来又加剧别人的情绪的过程。具体来说，集群行为的产生经历了以下几个阶段：（1）一群人聚集在一起，他们之间能够直接互动，但又无法辨认彼此的社会地位和角色；（2）这群人受到一定的心理刺激，情绪上相互感染，使所有参与者的情绪达到某个共同的顶点；（3）个人感到自己被群体所淹没，成为角色和身份不明的人，从而产生了社会约束力消除的后果，这时，正常的社会行为规范和准则无法对其行为产生任何影响；（4）高涨的情绪最终爆发出来，导致集群行为的发生。

（二）紧急规范理论

与感染论不同，紧急规范理论的提出者拉尔夫·特纳等人认为，群氓中的个人采取行动，不仅仅是因为他受到了情绪的感染，也不仅仅是因为他对周围其他人的模仿。参与者之所以那样行动，是因为他在模棱两可的情况下，觉察到了指导他们行动的规范的出现。这种紧急规范最初只是个别人采取的某种行为，当个别人所采取的行为被其他人觉察后，就会成为紧急或突发情况下的临时规范，即紧急规范。按照紧急规范理论，集群行为的发生不是由于情感或情绪的传播，而是由于一种认知因素的扩散。

（三）价值累加理论

斯梅尔塞在20世纪60年代提出的价值累加理论与前几种关注集群行为的心理机制的理论不同，它的理论基础来自经济学。该理论假定，集群行为的产生有一个确定的模式，可以把集群行为发展的每一个阶段理解为“追加价值”，集群行为就是这个过程的最终产品。价值累加的过程有如下几个环节：（1）结构性助长，即有利于产生集群行为的社会环境或结构条件，这是集群行为产生的背景因素。（2）结构性压力，即某些社会因素的出现对人们的心理产生的压力，如经济危机、贫困和就业歧视等，这些压力迫使人们自发地采取集群行为去解决所面临的问题。（3）普遍信念的形成或共同情绪的产生，即人们对他们的处境和所面临的问题形成了一致的看法，具有共同的感受，普遍出现了相似的情绪。（4）诱发因素，集群行为的产生往往需要一根导火索，它通常是某个敏感的事件或者是某种戏剧化的事情。（5）行动动员，在上述条件已经具备的情况下，如果群体中的煽动者出面进行鼓动、宣传，提出某种口号或行为规范，就可能使原本无组织的群体产生集群行为。（6）社会控制机制，集群行为最终能否产生还要取决于社会控制机制的成败。如果社会控制机制强大而有效，就会有效纾解人们的紧张和不安，阻止集群行为的产生，反之，集群行为的爆发就会不可避免。

（四）理性选择理论

科尔曼关于集群行为的理性选择理论认为，集群行为是个人在集群状态下的一种理性选择的结果。该理论指出，人们的一切社会行动都是为了追求效益的最大化，这是行动者进行行为选择的一条基本准则。只不过在现实生活中，人们的理性行动不只是追求经济效益，还追求社会的、文化的、情感的、道德的目标。人们在行动中要想实现效益最大化，就必须理性地考虑各种影响社会行动的因素。科尔曼认为，个体对行动的控制权是可以转让的，而转让与否则取决于行动者对其后果的判断，或者说是对于转让与否所获取的利益的判断。当人们发现转让行动的控制权所获取的效益大于保留控制权的效益时，他们就可能将行动的控制权转让给他人。在正常情况下，每个行动者都能控制自己的行动，但是在集群行为中，行动者却将自身行动的控制权转让给他人。这种行动控制权的转让并不是行动者的一时冲动，而是行动者理性选择的结果。当然，转让行动控制权并不一定导致集群行为，关键在于最初接受控制权转让的行动者所采取的行动，如果他解决不了问题或控制不住形势，集群行为就会产生。

（五）模仿论

如果说以上几种理论主要是对互动紧密的群氓行为的解释的话，模仿论则更适用于对相对分散的大众行为进行解释。社会心理学关于模仿问题的研究可以追溯到 19 世纪末法国社会心理学家塔尔德的著作，塔尔德认为，模仿不仅是人的一种先天倾向，而且还是社会发展和社会存在的基本法则，他认为群体的规范和价值都是由模仿产生的。20 世纪 40 年代尼尔·米勒和多拉德以及后来班杜拉对模仿行为的进一步研究，更是在实验的基础上揭示了模仿的本质。在上述各种理论中，模仿或多或少地也被认为是集群行为形成的重要原因，而在时尚、流行等大众行为中，模仿则是最主要的形成机制。

第二节 群氓行为

群氓行为是集群行为中最典型也最常见的形式。群氓行为最能够体现集群行为的“集中”与“聚合”性质，所以，有的学者甚至将群氓行为看作集群行为的唯一形式。虽然本教材不持这一观点，但对群氓行为的重要性也给予了同样的重视。本节除探讨传统上社会心理学所研究的群氓行为形式以外，还将结合社会现实对我国社会中的一些群体性事件作简要的讨论。

一、群氓及其类型

在社会心理学所关注的集群行为研究领域，crowd 也被译成“群众”，但考虑到在我国的政治语境中“群众”常常是一个具有特定政治含义的概念，所以我们在这里将其译为“群氓”①。在社会心理学中，群氓指的是由于某种共同的注意中心或共同的利益而临时聚集在一起、能够面对面互动且常常无理性的人群。或者说，群氓就是受到共同情绪鼓舞的一帮人，是由那些暂时认为彼此具有共同的价值诉求，并有相似的情绪体验的个人组成的聚合群体。

群氓聚合形成的原因不同，其表现形式和社会后果也不同，所以，群氓可以被划分成不同的类型。在社会心理学中，群氓通常被区分为偶合群氓、常规群氓、表意群氓和行动群氓四种类型。

① 参见周晓虹：《群氓动力学：社会心理学的另类叙事》，《社会学研究》2018 年第 6 期。

1. 偶合群氓是结构最为松散的群氓形式。其成员之间很少有共同目标，个人很少受到群体的情感约束。如大街上围观交通事故的人群就属于偶合群氓。

2. 常规群氓是指经过有意的计划而聚合在一起的人群。“常规”是就人们通常会遵守已建立的社会规则而言的，但这类群氓中成员间的互动程度是很低的，如剧院里的观众和火车上的乘客等。

3. 表意群氓是指拥有情感表达和情感发泄机会的人群，如身处节日庆典集会和大型体育竞赛活动中的人群等。这类活动往往为参与者提供了日常秩序中无法获得的情感释放和表达的机会。

4. 行动群氓指的是正在采取行动的人群，如参与暴乱、骚乱或其他极端活动的人群。行动群氓常常是充满敌意和愤怒的，并倾向于采取暴力行动来发泄自己的不满情绪，其参与者经常会无视常规的社会约束，甚至采取暴力的方式冲击现存的社会秩序，但当他们达到一定的目标或者其愤怒与不满情绪得到发泄后，行动群氓通常就会解体。

以上四种群氓类型与集群行为的联系显然是不同的，偶合群氓与常规群氓除非有特殊的刺激因素，否则并没有演化产生集群行为的必然性，这两种群氓的行为是处在常规的社会秩序框架内的；但表意群氓和行动群氓的行为已经接近集群行为的边缘或者已经处在集群行为的状态之中了，暴乱和骚乱就是两种典型的群氓行为表现形式。

二、暴乱和骚乱

如上所述，暴乱和骚乱是群氓行为的两种基本表现形式，也是最典型的群氓行为，狭义的集群行为主要指这两种形式。

暴乱指的是一种在人群聚集状态下的公开的暴力活动，其行动参与者是从情感上倾向于暴力行动并实际从事或时刻准备着从事暴力活动的暴民。参与暴乱的暴民通常有自己的领导者，他们一心想着自己的进犯目标，并且强烈要求其成员保持一致行动。但作为群氓行为的暴乱并不同于组织严密、计划完整的暴动行为，虽然暴乱有一定的组织性，也有临时的领导者，但它是临时的和不稳定的，方向散漫、缺乏目的是其突出特征。暴乱的心理动力往往是一些社会不满情绪或结构性怨恨。例如，强烈地经受着相对剥夺感的人群往往是暴乱的积极参与者。或者说，这样的群氓行为就是把失意者融合进了一个紧密无间的集体。

骚乱也是一种具有暴力性和破坏性的集群行为。与暴乱相比，骚乱更缺乏结构性、目的性和统一性。许多骚乱除了制造混乱，并没有什么特定目的。骚乱的产生也更依赖于环境的刺激，更具有对某一情境反应的性质。

暴乱和骚乱作为群氓行为的两种主要形式，可以涵盖很多具体的群体性的行为。各种群体性的行为在表现形式和动态特征上可能存在许多共同之处，但就其产生原因和行为的社会意义或性质上来看，却存在着很大差别。有些暴乱和骚乱可能是由偶然的刺激线索引发的临时而短暂的混乱状态，有些群体性的行为则有其深刻的社会根源，是一个社会内部特定的制度性或功能性的矛盾与冲突的反映。因此，对于群氓行为，不仅要揭示它们作为群氓行为的共同特征，更应该分析产生不同群氓行为的不同原因，以期能够寻求更有效的控制途径与化解手段，从而保证社会生活的和谐与秩序。近几十年我国社会心理学、社会学等学科关于群体性事件的研究，正是集群行为本土化研究的有益尝试。

三、群体性事件：群氓行为的本土研究

从 20 世纪 70 年代末开始，中国社会进入了一个新的历史时期。随着改革的不断深入，一系列社会矛盾和社会冲突也逐渐显露出来，在社会中的具体表现就是被称为群体性事件的群氓行为的多发。社会心理学等学科及时地对此给予了高度的关注和广泛的研究。就理论脉络来说，该领域的研究虽然基本上沿袭了集群行为研究的学术传统，但多数学者并没有采用这一传统中的“集群行为”或“群氓行为”的术语，而是结合中国实际使用了来自经验观察的、更符合国人理解习惯的“群体性事件”的概念，这就排除了对人民群众的合理诉求可能有的负面判断。除了在术语上的不同以外，在群体性事件的性质特征、表现形式、产生原因等方面，研究者也发现了与传统意义上的集群行为的诸多差异，提出了一些符合中国社会实际的关于群体性事件的重要观点。

（一）群体性事件的概念

“群体性事件”这一说法最初出现在我国政府部门的一些文件中，也称作“突发群体性事件”“群体性突发事件”“群体性治安事件”等。2000 年公安部颁发的《公安机关处置群体性治安事件规定》中，就使用了“群体性治安事件”的提法，并将其定义为“聚众共同实施的违反国家法律、法规、规章，扰乱社会秩序，危害公共安全，侵犯公民人身安全和公私财产安全的行为”。2004 年发布的《关于积极预防和妥善处置群体性事件的工作意见》中，对群体

性事件的解释是“由人民内部矛盾引发、群众认为自身权益受到侵害，通过非法聚集、围堵等方式，向有关机关或单位表达意愿、提出要求等事件及其酝酿、形成过程中的串联、聚集等活动”。学术界对群体性事件的理解与以上定义有所不同，学者们更注重对群体性事件的状态、形式等进行客观描述，而较少对其作出违法与否等性质或价值上的判断。如有学者认为，群体性事件是为达成某种目的而聚集一定数量的人群所构成的社会性事件，包括针对政府或政府代理机构的，有明确诉求的集会、游行、示威、罢工、罢课、请愿、上访、占领交通路线或公共场所等。还有学者指出，群体性事件是由社会群体性矛盾引发的、不受既定社会规范约束、具有一定的规模、造成一定的社会影响、干扰社会正常秩序的事件。近年来，随着互联网的迅速发展，尤其是移动网络的普及，因大量的网民参与、关注甚至泄愤而发生的网络群体性事件（又称“网群事件”）也开始增多。因此，可以认为，群体性事件是指有一定人数参加的、通过没有法定依据的线下或线上行为对社会秩序产生一定影响的事件。

（二）群体性事件的类型和特征

群体性事件的表现形式多种多样，如何将复杂多变的群体性事件归纳到几种概括性的类型当中，是近年来学界关注的重点。有学者依据群体性事件的目的、特征和行动指向，将一段时间内中国社会中发生的群体性事件划分为五种类型，即维权行为、社会泄愤事件、社会骚乱、社会纠纷和有组织犯罪，并对维权行为、社会泄愤事件和社会骚乱三种群体性事件的特点进行了初步的概括。

1. 维权行为。维权行为是当前群体性事件的主要类型，又可以具体分为农民的“以法抗争”、工人的“以理维权”和市民的“理性维权”。主要特征为非政治性的利益之争、规则意识大于权利意识、反应性大于进取性、具有明显的被动性等。

2. 社会泄愤事件。社会泄愤事件是当前中国社会的群体性事件中一种较为特殊的类型，其主要特征有：第一，主要是由偶然因素引起的，突发性极强，从意外事件升级到一定规模的冲突，过程非常短暂；第二，没有明确的组织者，参与者中的绝大多数人与最初引发事件的导火索并没有直接的利益关系，他们以情绪的发泄为主要目的；第三，在事件发生和发展过程当中，各种失实信息通过信息网络的传播起到非常重要的作用；第四，泄愤事件中有打、砸、抢、烧等违法犯罪的行为发生，会产生较大的负面社会影响。

3. 社会骚乱。社会骚乱在形式上和上面提到的社会泄愤事件有很多共同之处，但是其性质上已经出现了变化。区分泄愤和骚乱的一个最重要指标是其攻击的目标是不是具有相关性。

（三）群体性事件产生的原因

不同类型的群体性事件的产生原因也各不相同。具体到某一特定的群体性事件，其诱发因素更是复杂多样的。但总的来说，我国社会转型期群体性事件发生的一个重要原因在于改革开放以来逐步积累起来的社会矛盾。特别是不同群体、不同阶层之间的利益冲突，在群体性事件的产生中具有根源性的作用。

改革开放以来，我国社会过去那种单一、均等化的社会利益格局被打破，以按劳分配为主、多种分配方式并存的分配制度确立，以利益为基础的社会发展动力机制形成。这本来是有利于社会进步的改革措施，但在体制转型过程中，由于某些制度安排不够完善、政策实施不甚到位，一些掌握公权力的部门和个人以权谋私的现象时有发生，部分群体和个人的不规范收入乃至非法收入有所增加，某些领导干部和国家工作人员的贪腐行为破坏了社会公正，激化了社会矛盾。这使得社会在不同程度上潜伏着引发群体性事件的可能性，在未来的社会治理尤其是区域治理过程中，各级政府应首先重视这类矛盾与问题的解决。

（四）群体性事件的控制

虽然有些群体性事件对于民众表达正当利益诉求具有一定的作用，但总的来说，作为一种缺乏法定依据的集群行为，群体性事件对正常社会秩序造成的不良影响是不容低估的。因此，必须要对各种群体性事件进行有效的控制，以下几个方面的措施在具体处置群体性事件时是十分必要的。

第一，及时回应。群体性事件的爆发一般都有一个导火索，而且在初期规模一般比较小，比较容易得到控制和解决。如果此时矛盾不能得到很好的解决，就很可能会不断发酵，以至酿成严重后果。因此，解决矛盾的最佳时机就是在群体性事件的萌芽阶段，政府相关部门应对人群关切的问题及时作出妥帖的回应，提前化解矛盾，防止事态蔓延。第二，信息公开。群体性事件往往具有很高的敏感度，很容易引起媒体和舆论的关注，信息不透明只会加重民众的猜疑甚至激化矛盾。因此，在面对群体性事件时，明智的做法就是充分的信息公开，满足民众的知情权，打消民众的疑虑，从根源上遏制谣言，得到民众的理解和支持。第三，协商沟通。在处置群体性事件时，简单粗暴的处理方式只会激化矛盾，不利于问题的圆满解决。在政府与民众之间搭建良好的沟通平台、开辟有效的对话渠道，形成二者的良性互动，是在和平、法治的轨道内解决矛盾和冲突的重要手段。

四、完善社会治理体系：群氓行为治理的根本途径

某些类型的群氓行为或群体性事件可能成为威胁社会稳定甚至国家安全的风险性因素。因此，对这些群氓行为的控制，除了要采取具体的处置措施，还需要从根本上对群氓行为进行有效治理。习近平总书记在党的二十大报告中指出："我国发展进入战略机遇和风险挑战并存、不确定难预料因素增多的时期，各种'黑天鹅'、'灰犀牛'事件随时可能发生。"①因此我国需要"完善社会治理体系。健全共建共治共享的社会治理制度，提升社会治理效能……建设人人有责、人人尽责、人人享有的社会治理共同体。"② 为了国家长治久安、人民安居乐业，我们必须围绕完成"十四五"规划和2035年远景目标、全面建成社会主义现代化强国等重大关节点，到2035年基本实现国家治理体系和治理能力现代化，到本世纪中叶全面实现国家治理体系和治理能力现代化，为实现第二个百年奋斗目标和中华民族伟大复兴的中国梦创造良好的社会环境。

完善社会治理体系首先需要明确社会治理的总体要求。（1）确保政治安全。要有力防范境内外影响政治安全的因素，及时发现，快速处置。（2）确保社会安定。社会稳定是国家强盛的前提，解决涉稳"存量"问题，重视涉众重大矛盾风险问题的有效化解，防止社会风险演变为政治风险，区域风险演变为整体风险，境外风险演变为境内风险。（3）确保人民安宁。人民安宁是最大的民生。维护和加强社会治安综合治理，事关人民群众生命财产安全和获得感、幸福感、安全感。必须着力解决社会治安难题，强化社会治安整体防控。实现刑事案件持续下降，有效遏制新型网络犯罪，铲除黑恶势力滋生土壤，保障人民安居乐业。

另外，完善社会治理体系还需要主动适应社会治理新的阶段性特征，健全共建共治共享的社会治理制度，强化全周期动态治理、全方位依法治理、全要

---

① 习近平：《高举中国特色社会主义伟大旗帜　为全面建设社会主义现代化国家而团结奋斗——在中国共产党第二十次全国代表大会上的报告》，人民出版社2022年版，第26页。

② 习近平：《高举中国特色社会主义伟大旗帜　为全面建设社会主义现代化国家而团结奋斗——在中国共产党第二十次全国代表大会上的报告》，人民出版社2022年版，第54页。

素智慧治理，提高社会治理社会化、法治化、智能化和专业化水平；向基层赋能，下移社会治理和服务重心，夯实基层社会治理根基；发扬优良传统，完善正确处理新形势下人民内部矛盾机制，畅通和规范群众诉求表达、利益协调、权益保障通道，健全矛盾纠纷排查调处和多元化解机制，落实重大决策社会稳定风险评估机制；加快推进市域社会治理现代化，提高市域社会治理能力，夯实市域社会治理责任，充分整合市域社会智力资源和力量。

总之，完善社会治理体系是全社会的责任，必须充分发挥各主体在社会治理中的积极作用，全社会共同参与，共同承担起创造安定和谐家园的社会责任，共同建设更高水平的平安中国。

第三节 大众行为

集群行为除了发生在能够面对面地直接互动的群体中，还可以发生在广泛分散的人群——大众之中。虽然大众行为在具体表达方式上与群体性行为有着重要差别，但它们都在不同程度上具备集群行为的基本特征，故社会心理学也将大众行为称为分散的集群行为，其表现形式包括时尚、恐慌和以信息传播方式表现出来的流言与谣言等。

一、时尚

时尚指的是在一定时期里，社会上相当多的人对某种特定的趣味、语言、思想和行为等各种模型或标本的随从或追求。从本质上说，时尚就是在社会大众中一种非常规的行为方式的流行现象。

（一）时尚的特点

时尚作为一种一时流行的式样，具有几个突出的特点。第一，新颖性。只要称得上是时尚的东西，无一例外都是新奇的。时尚的新颖性包含着时间和空间两个维度：从时间维度来说，新颖性表示和以往的不同，也就是“标新”；从空间维度来说，新颖性则表示与周围他人的不同，也就是“立异”。标新遵循的是“新奇原则”，越新越好；立异遵循的是“自我个别化原则”，也就是显示出与他人的不同。第二，奢侈性。如果一种式样是普罗大众不经努力、人人都可以轻易效仿的，它就成不了时尚。炫耀奢侈的原则是时尚流行的重要特点。不管是炫耀“消费”还是炫耀“闲暇”，都需要有一定财力的保障，它能显示时尚人士优越的社会地位，这样才能引起众人的羡慕和效仿。第三，从众性。时尚的新颖性和奢侈性会导致社会上一大批追逐潮流、不甘落后人士的争相效仿，这种效仿过程产生的压力会使更多的人卷入时尚的行列，直至引发普通大众的广泛追随。

（二）时尚的心理机制

时尚的特点决定了时尚的心理机制——立异于人和求同于人。正是这样两个看起来相互矛盾的心理过程，为时尚的流行提供了基本的心理动力。立异于人主要是从时尚倡导者的角度而言，倡导者为了标新于旧制、立异于他人，竭力追求新奇、追求差异、体现个性，不惜别出心裁到让人惊诧的地步，以求让自己能一直吸引大众的目光。求同于人主要是从时尚追随者的角度而言，当流行的时尚卷入越来越多的迎合者时，大众中便产生了一种求同于人的心理需求。正是这种求同心理的存在，使得时尚在鼓励个性、标新立异的同时又限制了个性。由于众人的追随，时尚实际上只是创造了一种新的标准化式样，从而最终使时尚的追随者淹没在这个式样当中。

一种时尚的流行，从理论上说总有其首创者，但在现实中很难分清楚谁是时尚的倡导者，谁又是时尚的追随者，也许参与时尚潮流的每一个个体都同时扮演着这两种角色。因此，立异于人和求同于人这两种心理过程可能会矛盾地存在于每一个时尚参与者的身上，从某种意义上说，正是这两种看似矛盾的心理的相互作用推动了时尚的广泛流行。

（三）时尚的演变与传播规律

时尚的流行过程也是时尚的演变过程，具体来说，时尚经常是一个从时髦到时狂的演变过程。社会心理学通常把时髦、时尚、时狂看作这一演变进程的三个连续性的形态。广义而言，时髦和时狂都是时尚，但狭义地说，三者又各有特点和差异。

时髦，也叫阵热或摩登，是时尚的初始形态。当它表现为一种短时间内流行起来又迅速消失的生活或行为模式时，就是俗称的阵热；当它表现为虽然持续时间较长但一直是未能普及的曲高和寡的行为模式时，就被称为摩登。无论是阵热还是摩登，其参与者的自我投入程度都相对较低，故在社会心理学上被看作一种“大众消遣方式”，因为它并不能给参与者的生活带来多么深刻的影响。

尽管“赶时髦”是一个具有温和贬义的标签，但既然有人创造时髦就会有人随从附和。当人们逐渐接受了一种新奇的行为方式，少数的模仿者也发展为一大批追随者，且这种行为方式在较大范围内流行起来时，时髦便成了时尚。与零散和短暂的时髦相比，时尚是一种较为持久且成型的生活或行为模式。与时髦的浅俗性相比，时尚具有较丰富的文化内涵，它常常是生活风格、活动系统和具体的文化项目的系列显现。所以，“时尚”的价值评价并没有“赶时髦”那样的消极含义，而是具有更多积极正面的意义。

有些时尚可能会发展成为一种极端的形式，即时狂。时狂是一种“大众激奋方式”，是时尚参与者的狂热和不理智状态。此时参与者的身心投入达到了亢奋不已的程度，呈现为一种“激动群氓的介入方式”。时狂可以发生在社会生活的任何领域，从对某种事物的崇拜到人们的价值观念，都有可能受到时狂的左右。

以上过程揭示的是时尚的不同形态演变的大致轨迹，它说明，某种标新立异的时髦元素一旦与一定的社会心理状态相契合，它便会在社会中蔓延开来，形成一定时期的新时尚，并在参与者进一步的效仿追逐和相互作用中，具有了演变成为时狂的可能。

伴随着自身形态的不断演变，时尚也在社会中逐渐传播开来。时尚在社会中的传播一般要经历以下不同阶段：第一，传播认知期，这是时尚最初被社会成员认识、感知到的阶段；第二，检验尝试期，此时接受和尝试一种新时尚的人还比较少，通过人际交往和人与人之间的相互影响，时尚得以进一步传播开来；第三，普及期，此时的时尚已经被一般社会大众广泛接受，不接受该时尚的人常常会面临一定的社会压力；第四，消退期，一种时尚流行过了高峰之后，弃之不用者日渐增多，人们的注意力又开始转向其他流行的新事物。

时尚的传播还会在一定的时间跨度上呈现为周期性的循环往复状态。今天流行的时尚或许明天就会过时，而今天视为陈旧的事物可能明天会变成时尚，这种周期性的循环也是时尚变迁的一个重要规律。

时尚传播的具体形式会受到一定的社会物质条件的影响和制约。例如，在传统社会中，时尚的传播形式是一种自上而下的“瀑布式”传播，即从社会上层“弄潮儿”开始，按层次向下，逐渐流行于社会下层的一般大众。但随着科技革命的迅猛发展，大众传播和互联网技术为人们提供了便捷的交往沟通手段，时尚的传播方式也发生了明显的变化，传统上那种瀑布式的传播更多地被一种“漫水式”的传播方式所取代。在自媒体时代，世界越来越扁平化，任何一个个体都可能成为某种时尚的策源地。那种“上小下大”的“瀑布式”传播形态在当代社会中越来越少见了。可见，时尚的传播方式一定是与社会的物质生产和文明程度等条件相联系的。

总之，时尚的演变和传播总是循着其自身的发展规律而展现在社会生活之中的。表面上纷繁复杂、多姿多彩的时尚现象，背后总是与一个社会特定的物质生活条件和社会心理状态联系在一起的。要准确把握时尚的传播和演变规律，就需要深入了解这个社会在物质技术、社会心理等方面的状况。

二、恐慌

恐慌是在分散的大众中发生的另一类型的集群行为，具体来说，它是一种在危机状态下，社会大众面对现实的或想象的威胁而作出的不合作和不合理的心理与行为反应。与时尚一样，恐慌发生的领域也十分广泛，从银行的挤兑、股市的狂跌，到火灾事故现场人员的逃生，都是恐慌行为的典型表现。在社会大众中，由于某种耸人听闻的传闻引起的普遍蔓延的恐慌情绪和行为，也是恐慌常见的表现形式。

作为一种大众行为，恐慌最重要的特征是它的不合作性和不合理性。所谓不合作，指的是在恐慌状态下，相互合作的社会关系被打破了，人们彼此之间没有了合作行动，每个人只关注自己的利益，结果更增加了危机情境对个人的威胁。所谓不合理，指的是在恐慌状态下，人们的行动与他们所期望达到的目的正好相反。在某些情况下，可以把不合理行为看作不合作的必然结果，或者说不合作的行为本身就是不合理的。因为在恐惧情绪的包围之中，多数人无法作出合理的选择，而是将自身行动的控制权完全转让给了他人。与不合作行为的结果一样，不合理的恐慌反应同样会产生更为严重的消极后果。

鉴于恐慌行为造成的严重后果，平时对一些恐慌情境进行训练是十分必要的，如火灾和地震演习等，可以训练人们在危机状态下怎样避免不合作、不合理的行为，从而将灾难带来的损失减少到最低限度。

三、流言与谣言

流言和谣言也是分散的大众中集群行为的类型之一，与时尚和恐慌不同的是，流言和谣言是以信息传播为主要形式的大众行为，因此，流言和谣言也是比时尚和恐慌更加分散的集群行为。这种信息传播方式的集群行为虽然在表面上没有其他集群行为那么激烈或明显，但它同样能够对社会生活产生强大的影响。

流言和谣言都是在社会大众中传播的关于人和事的不确切的或无根据的信息。虽然从形式上很难将二者区分开来，但从性质上来说，流言和谣言还是有区别的，前者常常是无意讹传的，后者则是有意制造出来的。由于流言和谣言的传播都是分散的、匿名的，很难寻访到它们的最初来源，更无法确定其制造者的目的或意图，因此，要想在实践中区分二者几乎是不可能的，只能将它们放在一起加以讨论。

任何社会的任何时候都可能会有流言与谣言的传播。流言和谣言产生的具体机制和原因也是复杂的，以下几种情况与流言和谣言的产生与传播具有十分密切的关系：第一，社会突发事件容易引发流言和谣言。突发事件所形成的暂时失序或失范状态，使它容易成为人们注意的中心，流言和谣言也会从对这些事件的关注和猜测中产生。第二，人们面临着某些危险或威胁压力时，流言和谣言也容易不胫而走。第三，正常的信息渠道不畅通或者人们对正规渠道的信息严重不信任，公众没有可供核实与控制其可怕想象的事实标准时，流言和谣言便会大行其道。

弗洛德·奥尔波特等人的研究更进一步说明了流言和谣言传播的具体条件与原因。奥尔波特认为，重要性和模糊性是与流言和谣言的传播密切相关的两个重要变量。流言和谣言的传播广度随其对相关人员的重要性乘以其相关证据的模糊性的积的变化而变化。重要性指的是流言和谣言的主题对传播者和接受者的某种重要性；模糊性则是指由于缺少新闻或者新闻太粗略，或者因为信息的矛盾性等，人们对事件真相不能获得更多的了解的状况。根据这一观点，当出现了一个对人们具有某种重要性的事件，而关于该事件的信息又含混不清时，流言和谣言就会随之产生并广泛传播。

社会心理学的研究证明，流言和谣言的产生是一个复杂的曲解过程，这个过程可以被划分为以下三个有着内在联系的趋向。

第一，削平。削平是指在流言和谣言的传播过程中，再传者会将信息中的不合理成分省略掉，重新安排某些情节，使之变短、变简洁，越来越易于被理解和讲述。经过削平之后，信息所包含的词汇越来越少，细节越来越模糊，更易于向他人转述。实验研究发现，在连续的复述中，人们所叙述内容的细节越来越少，经过五六次口头转述，大约70%的细节内容消失了，甚至在没有时间间隔的情况下也是如此（见图 11-1）。

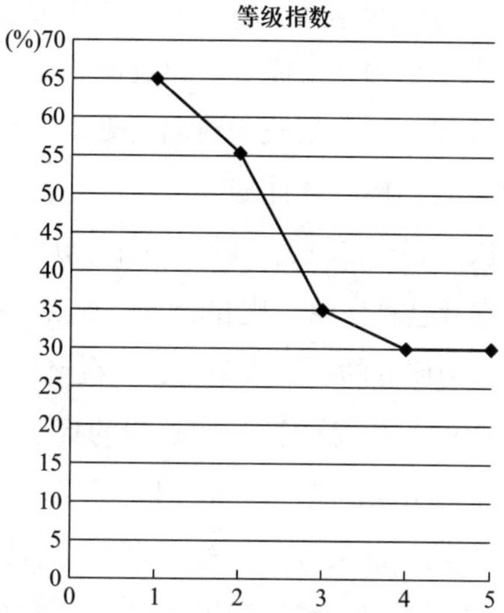

图 11-1 连续复述中保留细节的百分比

注：纵轴为保留细节的百分比，横轴为实验次数。

第二，磨尖。磨尖是指在流言和谣言的传播过程中，再传者从大量的背景材料中有选择地对有限数量的细节加以感知、保留和描述。磨尖是削平的互补过程，两者都不能脱离另一方而存在，因为经过削平，所剩下的信息内容就不可避免地被突出或磨尖了。

第三，同化。同化是指传播者将自己心理上的习惯、兴趣和情感带进了流言和谣言之中，根据自己的日常生活经验对其进行加工改造。有的同化是涉及传闻主题的，为了故事主题的需要，对内容进行增删、修改或歪曲，这样，故事会显得更加连贯、合理和圆满。有的同化是为了保持“良好的持续”，如填补上传闻情节中本来的空白之处，完善本不完整的结尾等。还有的同化发生在语言习惯方面，也就是让知觉和记忆的材料适应于自己特有的语言定式或框架。基于个人兴趣或个人偏见的同化，使得传闻更加具有了传播者的个人色彩。

总之，经过以上过程，流言和谣言会更加易于传播，更加引人入胜，也会显得更加真实可信，从而使得它们能够不胫而走。

从以上流言与谣言的传播过程，我们看到，流言和谣言确实属于不确切的信息。然而，所谓不确切是就其模糊性而言的，不确切不一定不真实。所以不能对它们一概持否定态度，应该看到流言和谣言所具有的社会舆论功能。人类学研究发现，流言具有约定俗成的规则和重要的功能，它有助于维系群体的统一；有助于群体控制其内部相互竞争的小群体和野心勃勃的个人。通过传播流言，那些原本隐藏在幕后的不同意见得到释放，从而能够使群体维持表面上的和谐与友谊。哈维兰等人也认为，个体可以通过流言主动地推测他们的生活和世界的本质，流言为个体提供了一幅关于他们所处的社会环境的图景，人们可以根据这些信息，来制订自己的行动计划。

当然，我们也应该认识到流言与谣言的危害性，认识到它们作为一种分散的大众中的集群行为对正常社会秩序的干扰和消解。所以，对流言和谣言的控制与制止一直是社会心理学致力研究的一个重要问题。在诸多防止流言和谣言的策略中，社会心理学十分重视的是信息的披露和真相的揭示，最大限度地消除模糊性、减少不确定性和增强透明性，是控制和制止流言或谣言的不二法门。

近年来，随着互联网技术的发展，流言与谣言的形成机制和传播方式发生了重大变化。借助于高科技手段，流言和谣言以其强大的传播能力对社会生活产生了前所未有的影响。这一现象引起了学界的高度关注，“网络谣言”一词应运而生，关于网络谣言的研究已经成为社会心理学在传统的流言与谣言研究基础上所发展出来的一个十分重要的学术领域。网络谣言是谣言的一种新的特殊形式，也就是通过网络媒介而生成并进行传播的谣言。在网络时代，特别是在自媒体时代，网民已从单纯的“受众”角色转变为“传播者”和“受众”双重角色，网民可以绕过“把关人”和媒介“议程设置”而自行发布信息。因此，网络上时刻都在产生大量由网民发布的各类信息，这些信息由网民根据自己的所见所闻及所感所思等编辑而成，一方面，经由网民的加工和创造，这些信息增加了资讯的丰富性和多元性；另一方面，这些没有经过严格的考证予以证实的信息也存在歪曲和失实的可能性，常常会引起人们的过度解读和过激反应。另外，也有一些人出于某种动机而捕风捉影，甚至故意捏造所谓的各种“爆炸式新闻”或各类虚假信息。从内容来看，当前的网络谣言既有针对公民个人的诽谤，也有针对公共事件的捏造，具有隐蔽性、炒作性、攻击性、报复性、宣泄性、诱惑性、强迫性等特点。

网络媒介为谣言的传播提供了丰富的手段。目前，国内的微博、QQ、微信、论坛帖文、新闻跟帖和国外的 MSN、推特（Twitter，现已改为 X）、脸书（Facebook）等，都是网络谣言借以传播的重要渠道。借助于各种网络渠道，网络谣言的传播呈现出许多不同于传统传播方式的现代形式。网络谣言传播的早期，一般会呈现出链状结构，即谣言从一个人传到另一个人，但网络的开放性和网民参与的广泛性，使得传播形式很快就转变成树状结构，即谣言从一个人传到几个人，再从几个人分别传到更多的人，像滚雪球一样传递下去，形成呈几何倍数增长的传播模式。但这依然不是网络谣言传播的最终形式，谣言一旦进入网络，特别是在各类社交平台上，它还会立即以放射状方式迅速传播，也就是谣言从信息源同时向大量的接收者无隔阂地直接发送。例如，在几百人的微信群里，一条信息会立即被所有群成员直接接收，理论上说，这个过程还会无穷尽地复制下去。许多谣言的网络传播最终还会促成一种“漩涡型的复式传播”方式，也就是既有人际、群际的多渠道组合，也有大众媒介、互联网络的相互交叉，还有多信源、多途径的信源加工和传递，以至于最终形成一个信息引力巨大的传播“漩涡”。

由此可见，互联网在为人们的信息交流提供了巨大便利的同时，也为谣言的传播创造了空前的条件。正如有的学者所说：随着互联网的普及，谣言似乎找到了最佳的孵化器和生存地。当谣言借助网络这一传播工具时，它比口传谣言的危害更大，网络谣言已成为传播领域的一大公害，常常也成为群体性事件的新的引爆点。因此，如何更有效地治理网络谣言、净化网络空间，也是社会心理学研究面临的一项重要任务。

第四节 社会运动

社会运动是一个含义广泛的概念，按照历史唯物主义的基本原理，社会运动反映了生产力与生产关系之间的矛盾。当旧的生产关系与新的生产力发展水平不相适应从而阻碍了经济社会的发展时，要求变革现有社会结构的包括革命在内的社会运动就会出现，这种社会运动对人类社会历史有着根本性的影响。社会学、社会心理学等学科侧重于将社会运动看成各种外在于制度化和组织化的集体行动，并认为前面所讨论的集群行为与其有着密切的联系。本节除了从社会心理学的角度考察社会运动的一般概念，还将专门讨论马克思主义的社会运动观，以便用其指导社会心理学的社会运动研究。

一、社会运动的概念

在社会心理学和社会学的研究中，对社会运动的定义有很多，通过概括各种观点，我们认为，社会运动就是人们为了追求或抵制某种特定的社会变革，主要通过采取非制度性方式进行的，具有一定连续性和组织性的冲突性集体行动。或者说，社会运动就是有许多个体参加的、高度组织化的、寻求或反对特定社会变革的制度外政治行为。

如上所述，社会运动与集群行为有着密切的联系，从某种意义上说，社会运动和集群行为都是人们在面临紧张、焦虑、不安等心理压力时的一种行为反应。但集群行为是人们在面临这种心理压力时所产生的一种自发的、无组织的瞬间的反应，是一种短期行为。而社会运动则是人们采取的一种有目的、有组织的长期行为。除此之外，在目标、组织结构和领袖、社会资源的动员以及对社会的影响程度等方面，社会运动和集群行为都有着重要区别，故不能将二者等同视之。

总的来看，社会运动有如下四个方面的重要特征：第一，社会运动都包含崭新的不同于以往的观点；第二，社会运动总是伴随着某种信念或意识形态，它能够鼓舞运动参与者的精神；第三，社会运动的参与者一般都具有强烈的信奉行动主义的倾向，即他们坚信为了实现社会的变迁就必须采取实际行动；第四，社会运动常常没有中心控制组织，由于社会运动波及的范围往往非常大，有的甚至跨越国度和时代，所以中心控制组织的产生是不容易的。

虽然社会运动有某些共同的基本特征，但在这些共同特征之下又可将社会运动分为不同的类型。从不同的角度可以对社会运动进行不同的类型划分，例如，根据社会运动的性质和目的来进行划分，比较有代表性的社会运动有如下几种。

（1）改革运动。改革运动试图通过改变社会结构的某些方面来改善整个社会，而不是试图改变整个社会的基本政治框架、经济格局或社会分层体系的实质。例如，我国从 1978 年开始的改革开放就是一场对中国社会具有深远影响的改革运动。

（2）革命运动。革命运动的目的是推翻现存的社会结构，并用新的制度取而代之。它追求的是比改革运动更为彻底的社会变革，是对现存社会制度的一种否定，并力图按照一种新的模式重新构建社会秩序和社会结构。马克思主义的革命理论所揭示的正是这种类型的社会运动。

（3）抵抗运动。并非所有的社会运动都要引发变革，抵抗运动就旨在防止变革或是企图扭转已取得成果的变革。当然抵抗运动并不是一定要阻止社会变迁，有时它只是对于社会变迁的方式有不同的设想。

（4）表意运动。表意运动是一种旨在为其成员提供某种形式的改造，使他们得到情感上的满足，塑造新的个性，或是接受新的意识形态的社会运动。与上述三种运动的不同之处在于，表意运动并不是为了改变现存的社会结构或社会秩序，而是要改变社会成员自身。

二、社会运动的一般发展过程

社会运动的类型虽然不同，但各种社会运动都有着大体相似的发展过程。不同的是，有的社会运动成功走完了整个过程，有的却没有到达最后阶段。一般认为，完整的社会运动的发展过程包括以下四个阶段。

（1）准备阶段。社会群体之间的矛盾和冲突日渐加深，社会安定状况日益恶劣。一部分社会成员深感自身权益受损，而又找不到合适的渠道发泄不满情绪，这时少数个人或群体可能会公开地为解决问题奔走呼号。社会运动的领袖以鼓动者的面目出现，社会运动一触即发。

（2）普及阶段。经过准备阶段的鼓动和宣传，对现实不满的人们意识到了通过社会运动来联合行动的必要性和可能性。大众的互动滋长了不满情绪，经由运动领袖的引导，人们已经认识到，要想改变自身所处的劣势，就必须通过社会运动进行变革。

（3）正式组织阶段。经过充分的社会动员和酝酿，领导社会运动的意识形态已经出现。这种意识形态为社会运动指明了行动方向，为维护社会运动参与者的团结提供了纽带，使社会运动的价值观和目标日益清晰。社会运动的组织结构日益完备，社会运动开始走向成熟。

（4）制度化阶段。随着社会运动的发展，社会运动的理想和目标被部分或全部接受，社会运动被制度化为社会的一部分。运动参与者的理想主义和热情日趋平淡或消失，运动组织已经成为合法的机构或政党，社会运动进入制度化阶段。

斯伯克特和基特苏斯还从社会问题和社会运动交互作用的角度，提出了社会运动发展的生命周期或“自然历史”说，对于理解社会运动的发展变化也颇有启发意义。该观点认为，社会运动可能经过以下四个阶段的生命周期：

（1）鼓动阶段。一部分社会成员感觉到社会理想与社会现实之间有着明显的差别，他们试图通过组织一场新的运动，来唤起公众对这一社会状态的注意。

（2）同化与正统化阶段。在这一阶段，社会运动的各种目标都会得到广泛的支持，运动本身也赢得了人们的尊敬。这时，政府或其他官方机构对该运动的合法性予以承认，并企图同化或吸收其领袖和政策。同化与正统化所带来的主要影响是社会运动丧失了许多能动性，而解决问题的管理权转入到已建立的政府或其他组织机构手中。

（3）官僚主义化与倒退阶段。经过同化与正统化，解决社会问题的组织逐渐变得官僚主义化了，解决问题的效率降低，社会运动出现了退化。

（4）再次兴起阶段。不满情绪的日积月累，终于使得社会运动再次出现。然而，重新兴起的运动不仅针对存在问题的社会现状，同时也针对那些打着改变这些现状的旗号却被制度化了的有关政策、纲领和组织。这样，一个新的运动周期就开始了。

斯伯克特和基特苏斯认为，各种社会问题不可能通过一次改革就得以彻底解决，只有通过一系列的零敲碎打，逐步地消灭那些滋生社会问题的条件，才有可能真正改善和解决这些问题。

三、社会运动理论

社会运动理论涵盖的研究领域十分广泛，涉及的问题十分复杂，以下仅就社会运动理论的发展脉络，对其中影响较大的资源动员理论和政治过程理论做一些简要介绍。

早期的研究者往往把社会运动看作特定形式的集群行为，所以他们在解释社会运动产生的原因和条件时，也常常套用集群行为理论。从 19 世纪末到 20 世纪 50 年代，许多研究者对于社会运动的解释一直采用的是心理学的范式。20 世纪 60 年代，社会运动的研究视角开始从心理学转向社会学，但依然保留了心理学的内核。例如，1970 年格尔在《人们为什么要造反》一书中讨论革命和社会运动的背景时虽然论及大量的社会结构因素，如社会变迁、政治危机、经济转型等，但其核心的解释仍然是心理学的——认为相对剥夺感是社会运动产生的决定性因素，相对剥夺感越大，人们反抗的可能性就越大，破坏性也就越强。格尔把这个过程称为“挫折—反抗机制”。这个时期的其他理论也是如此，如斯梅尔塞的价值累加理论虽然是在社会学方向上走得最远的集体行动理论，但该理论的核心概念，如“结构性怨恨”和“一般化信念”，依然是从心理学理论脉络上发展出来的。

20 世纪 60 年代，美国出现了各种较大规模的社会运动，针对这些社会运动，研究者们发现既有的社会运动理论过分强调了社会运动的负面作用，而且都把社会运动的发动和参与看成非理性行为。所以，他们开始对传统理论进行清理和批判，并在此基础上逐渐发展出了资源动员理论和至今依然在美国社会运动研究中占支配地位的政治过程理论。

资源动员理论是西方社会运动研究中第一个脱离集群行为研究传统的理论范式。从某种意义上说，该理论的出现标志着西方社会运动理论的正式诞生。1973 年，麦卡锡和左尔德发表题为《社会运动在美国的发展趋势：专业化与资源动员》的论文，试图解释 20 世纪五六十年代美国出现众多社会运动的原因。1977 年，他们又将该文的观点进一步系统化和理论化，合作发表了《资源动员与社会运动：一个不完全理论》一文，文章第一次明确把“资源动员”作为社会运动的一个研究视角，并对它的基本假设、核心概念和理论命题进行了系统阐述，奠定了资源动员理论的基础。

资源动员理论关于社会运动的基本认识主要有如下四个方面：第一，社会运动是一种与制度化行为没有本质区别的正常行为；第二，社会运动是一种需要消耗资源的行为，仅有信念或情怀不足以使人们参与社会运动之中；第三，社会运动所需要的资源主要来自外部，而不是内部，因为社会运动的参与者往往是资源有限的弱势群体；第四，社会运动不是一个只包含运动者和权威的两方对垒，而是一个包含运动者、权威和旁观者的三方游戏。

政治过程理论是西方社会运动研究中继集体行为理论和资源动员理论之后出现的另一个理论流派。和资源动员理论一样，政治过程理论也认为社会运动是理性行为，但该理论认为，社会运动本质上是那些被主流政治排斥在外的群体为了捍卫自身利益而发起的政治斗争，蒂利在《从资源动员到革命》一书中提出的“政体模型”（见图 11-2）就对社会运动作出了这样的解释。

在政体模型中，蒂利首先区分了两类人，即政体内的成员和政体外的成员。政体内的成员包括政府和一般成员，一般成员可以通过常规的低成本渠道对政府施加影响，从而影响决策过程并获得利益。而政体外的成员则没有这个能力，他们影响政府的种种尝试经常被政府忽视。为了改变这种弱势地位，政体外的成员要么设法进入政体内，要么设法改变政体的性质以把自己包容进去，要么就彻底打破这个政体，这就形成了社会运动。

1982 年，麦克亚当在《美国黑人运动的政治过程和发展（1930—1970）》

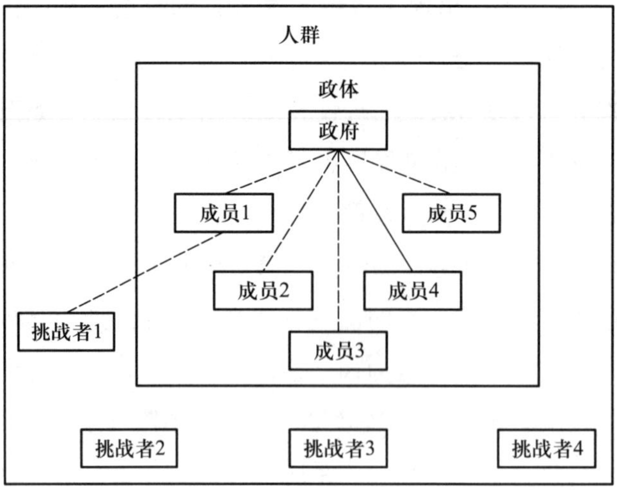

图 11-2 蒂利的政体模型

一书中，进一步提出了“政治过程模型”的概念。他明确指出，社会运动是被排斥群体通过非制度化手段，动员足够多的政治筹码以推进集体利益的努力。同时，麦克亚当认为社会运动是一个内部因素与外部环境交互作用的过程，基于这样的观念，麦克亚当提出了关于社会运动发生的政治过程模型（见图 11-3）。

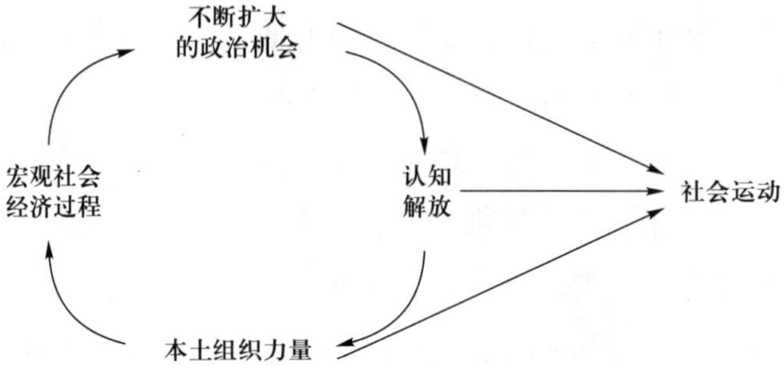

图 11-3 麦克亚当关于社会运动发生的政治过程模型

该模型指出了影响社会运动的三个因素：一是被压迫群体内部的组织化水平，即图中的“本土组织力量”；二是被压迫群体对运动前景的评估，即图中的“认知解放”；三是外部政治环境中其他群体的政治站队情况，即图中的“不断扩大的政治机会”。

社会运动的产生和发展离不开与社会变迁、社会结构等各方面的深层次联系，从这个意义上说，资源动员理论与政治过程理论不局限在心理学因素上讨论社会运动问题，无疑是十分正确的。所以，自资源动员理论和政治过程理论创立以来，社会运动的研究取得了长足的进展。但是，这两个理论的偏颇之处也是显而易见的，如强调社会运动参与者的理性选择当然是必要的，但由此就完全否定了运动参与过程中的非理性因素却是不符合事实的。

四、马克思主义的社会运动观

马克思主义的社会运动观有别于其他一切社会运动理论之处在于，它是以历史唯物主义作为根本的理论出发点，在洞悉人类社会发展规律的基础上提出的社会革命学说，即马克思主义的无产阶级革命理论。相比于其他社会运动理论，马克思主义的社会运动观是对社会运动本质的最深刻的揭示，它既包含着对社会革命的本质的理论概括，也包含着对社会革命具体实践的指导。马克思主义的社会运动观包含如下几个要点。

第一，社会革命是社会基本矛盾的产物，而且资本主义社会向社会主义社会的过渡具有历史的必然性。

在马克思看来，生产力与生产关系之间的矛盾和经济基础与上层建筑之间的矛盾，是社会的基本矛盾。而社会革命的任务就是解决生产力与生产关系之间的矛盾。正如马克思所说，“社会的物质生产力发展到一定阶段，便同它们一直在其中运动的现存生产关系或财产关系……发生矛盾。于是这些关系便由生产力的发展形式变成生产力的桎梏。那时社会革命的时代就到来了。随着经济基础的变更，全部庞大的上层建筑也或慢或快地发生变革”①。在这里，马克思把革命的社会经济内容规定为解决生产力和生产关系之间的矛盾，把革命的政治内容规定为解决经济基础和上层建筑之间的矛盾，并把它们联系在一起，看作社会革命的两项内容。

在资本主义社会中，社会基本矛盾具体表现为生产社会化和生产资料私人占有之间的矛盾，这一基本矛盾以及资本主义的历史局限性决定了资本主义社会向社会主义社会过渡的历史必然性。

根据人们在经济过程中的剥削与被剥削的关系，马克思将社会主体划分为工人阶级和资产阶级两大对立的阵营。“在当前同资产阶级对立的一切阶级中，只有无产阶级是真正革命的阶级。其余的阶级都随着大工业的发展而日趋没落

---

① 《马克思恩格斯文集》第二卷，人民出版社 2009 年版，第 591—592 页。

和灭亡，无产阶级却是大工业本身的产物。”① 在马克思看来，无产阶级是现代大工业的产物，是先进生产力的代表，因而也是社会前进方向的代表。当资本主义制度成为社会生产力发展的巨大束缚时，无产阶级就会作为最革命、最大公无私的阶级，担当起资本主义的掘墓人，通过发动无产阶级革命实现向社会主义的过渡。

第二，推翻资本主义，建立社会主义，最终实现共产主义最高理想的途径，是无产阶级革命及其他可能的和平手段。

马克思、恩格斯指出了无产阶级革命的基本道路和基本形式——暴力革命。他们在《共产党宣言》中明确提出，共产党人不屑于隐瞒自己的观点和意图。他们公开宣布：“他们的目的只有用暴力推翻全部现存的社会制度才能达到。让统治阶级在共产主义革命面前发抖吧。无产者在这个革命中失去的只是锁链。他们获得的将是整个世界。”② 在总结巴黎公社的经验教训时，马克思指出，巴黎公社的一条重要经验就是巴黎工人阶级在革命的过程中，自始至终掌握着革命的武装，并用革命暴力打碎了旧的国家机器，保卫了新生的革命政权，维护了巴黎城里的革命秩序。据此，马克思进一步指出：“建立无产阶级专政，其首要条件就是无产阶级的大军。工人阶级必须在战场上赢得自身解放的权利。”③

当然，马克思在强调通过革命运动夺取政权的重要性的同时，并没有否认运用其他和平手段达到这一目的的可能性。在《关于海牙代表大会》一文中，马克思指出：“我们知道，必须考虑到各国的制度、风俗和传统；我们也不否认，有些国家，像美国、英国，——如果我对你们的制度有更好的了解，也许还可以加上荷兰，——工人可能用和平手段达到自己的目的。”④ 恩格斯在这个问题上阐述得更加具体、明确，在《1848 年至 1850 年的法兰西阶级斗争》的导言中，恩格斯指出：“德国工人仅仅以自己作为最强有力、最守纪律并且增长最快的社会主义政党的存在，就已经对工人阶级事业作出了头一个重大贡献，而除此以外，他们还对这个事业作出了第二个重大贡献。他们给了世界各国的同志们一件新的武器——最锐利的武器中的一件武器，向他们表明了应该

---

① 《马克思恩格斯文集》第二卷，人民出版社 2009 年版，第 41 页。
② 《马克思恩格斯文集》第二卷，人民出版社 2009 年版，第 66 页。
③ 《马克思恩格斯文集》第三卷，人民出版社 2009 年版，第 619 页。
④ 《马克思恩格斯全集》第十八卷，人民出版社 1964 年版，第 179 页。

怎样使用普选权。”① 恩格斯还详细论述道：“而由于这样有成效地利用普选权，无产阶级的一种崭新的斗争方式就开始发挥作用，并且迅速获得进一步的发展。人们发现，在资产阶级用来组织其统治的国家机构中，也有一些东西是工人阶级能够用来对这些机构本身作斗争的。工人参加各邦议会、市镇委员会以及工商业仲裁法庭的选举；他们同资产阶级争夺每一个职位，只要在确定该职位的人选时有足够的工人票数参加表决。结果弄得资产阶级和政府害怕工人政党的合法活动更甚于害怕它的不合法活动，害怕选举成就更甚于害怕起义成就。”② 马克思、恩格斯的这些论述，充分体现了马克思主义无产阶级革命思想的丰富性和深刻性。

第三，人民群众是历史的创造者，卓有成效地动员与组织群众是实现无产阶级革命伟大目标的重要保证。

马克思、恩格斯坚信人民群众是历史的创造者，是人民群众通过物质生产实践推动着人类历史活动的发展。同时，马克思、恩格斯也十分重视人民群众在社会变革中的作用，认为人民群众是社会制度变革的决定力量，强调无产阶级政党只有得到群众的拥护和支持才能实现革命的胜利。列宁在领导社会主义革命和建设的伟大实践中，又进一步丰富和发展了马克思、恩格斯的群众观，提出了一系列宣传群众、动员群众和组织群众的重要思想，是马克思主义社会运动理论中最具实践价值的思想内容之一。

马克思曾经说过：“工人们所具备的一个成功因素就是人数众多；但是只有当群众组织起来并为知识所指导时，人数众多才能起决定胜负的作用。”③ 在如何取得无产阶级革命运动胜利的问题上，列宁也十分清醒地认识到这一点，并明确地指出了组织和动员群众的重要意义：“把千百万劳动群众组织起来……这是革命取得胜利的最深的泉源。”④ 列宁强调：“我们党的一切组织和团体每天经常进行的全部工作，即宣传、鼓动和组织工作，都是为了加强和扩大同群众的联系。”⑤ 同时，列宁又十分深刻地指出，在旧社会，人民群众是被压迫和被剥削的社会底层，他们的经济条件落后、文化水平低下、政治参与意

① 《马克思恩格斯文集》第四卷，人民出版社 2009 年版，第 544 页。
② 《马克思恩格斯文集》第四卷，人民出版社 2009 年版，第 545 页。
③ 《马克思恩格斯全集》第二十一卷，人民出版社 2003 年版，第 14 页。
④ 《列宁全集》第三十六卷，人民出版社 2017 年版，第 69 页。
⑤ 《列宁全集》第十一卷，人民出版社 2017 年版，第 2 页。

识薄弱，他们身上蕴含着的伟大力量被封建专制所压制。大多数人民群众，尤其是农民，为了生存变得麻木不堪。因此，宣传群众、教育群众和引导群众，是无产阶级革命运动中必不可少的群众工作。列宁特别强调，应当尽快用一切宣传手段、一切国家力量、一切教育、一切党的手段和力量来说服非党农民，克服农民群众中的守旧、无知和不信任等思想残余。不仅如此，列宁还指出，工人本来也不可能有社会民主主义的意识，这种意识只能从外面灌输进去。各国的历史都证明，工人阶级单靠自己本身的力量，只能形成工联主义的意识。因此，要使工人从自发走向自觉，必须对工人进行教育，从外部灌输共产主义精神，把工人群众团结在工人政党的周围。所以，列宁要求工人政党要既以理论家的身份，又以宣传员的身份，既以鼓动员的身份，又以组织者的身份，到居民的一切阶级中去开展教育工作。只有让工人群众掌握了科学的理论，才能使其爆发出最为强大的力量。

在如何做好群众的宣传动员工作问题上，列宁提出了许多富有社会心理学意义的具体做法。例如，列宁强调要用通俗易懂、容易接受和理解的语言与群众沟通，坚决丢弃背得滚瓜烂熟的晦涩难懂的专业术语、决定、结论、外来语和群众还不十分熟悉、不十分理解的口号等，要善于运用简单浅显、通俗易懂的句子向群众讲解马克思主义。同时，列宁还身体力行，在与群众的沟通中善于向群众提出问题，并成为认真的倾听者，真正了解群众实际的生活与工作状况。另外，在宣传动员群众时，列宁强调，必须充分考虑到群众的利益，注重把群众实践与个人利益紧密结合起来，以切身利益作为鼓动群众进行奋斗的原动力。

以毛泽东同志为代表的老一辈无产阶级革命家，在革命斗争和社会建设的实践中，继承和发展了马克思列宁主义的群众路线。毛泽东基于革命斗争实践提出的一系列关于动员群众、组织群众的思想学说，为中国新民主主义革命和社会主义革命的胜利提供了重要保证。在当前中国特色社会主义现代化建设时期，习近平总书记从历史与战略的高度指出“人民群众是我们力量的源泉”①，再次强调了党的群众路线的重要性。在党的二十大报告中，习近平总书记指出：“全面建设社会主义现代化国家，必须充分发挥亿万人民的创造伟力。”②

---

① 习近平：《习近平谈治国理政》第一卷，外文出版社 2018 年版，第 5 页。

② 习近平：《高举中国特色社会主义伟大旗帜 为全面建设社会主义现代化国家而团结奋斗——在中国共产党第二十次全国代表大会上的报告》，人民出版社 2022 年版，第 70 页。

因此，全党必须牢固树立群众观点，贯彻群众路线，尊重人民群众的首创精神，从群众中来到群众中去，倾听群众呼声，尊重群众意见，做好服务群众的工作，坚定不移地维护群众利益，引导和激励亿万人民群众积极投身于新时期中国特色社会主义建设的伟大事业之中。

思考题

1. 什么是集群行为？影响集群行为的因素有哪些？
2. 分析群体性事件的产生原因及其控制措施。
3. 什么是时尚？时尚的演变过程是什么？
4. 以现实生活中的传言为例，分析流言与谣言的传播机制。
5. 什么是社会运动？社会运动的类型有哪些？
6. 简述马克思主义的社会运动观。
7. 新时期党的群众路线的主要思想是什么？

► 答题要点

第十二章　社会心理的现代变动

一方面，社会心理作为社会环境、社会生活的反映和反应，社会、文化的变迁必然带动社会心理的变迁；另一方面，社会心理的某些变动也反过来为社会文化的变迁提供心理上的动力。本章即从社会文化的现代化进程，从现代性的诞生、发展、深化和扩张的历程来考察社会心理的现代变动。

第一节　现代化与全球化：现代性的塑造

1993 年的诺贝尔经济学奖得主、著名经济学家道格拉斯·诺斯曾经说，如果一个古希腊人神奇地穿越时空来到 1750 年的英格兰，他会发现许多东西似曾相识；然而，如果这个古希腊人在此后两个世纪才降临英格兰，他会感到自己来到了一个“不真实”的世界，因为他在那里能够识别和理解的东西少之又少。诺斯的这番话形象而生动地向我们说明了西方社会自 18 世纪中叶以来所经历的巨大而深刻的、脱胎换骨般的变化。也许，历史学者可以通过各种精细入微的考察和分析来说明现代世界与传统社会之间存在这样或那样的联系，但是，正如吉登斯所指出的那样，现代性断裂的存在是毫无疑问的：“现代性以前所未有的方式，把我们抛离了所有类型的社会秩序的轨道，从而形成了其生活形态。在外延和内涵两方面，现代性卷入的变革比过往时代的绝大多数变迁特性都更加意义深远……过去三至四个世纪（历史长河中的一瞬间!）以来出现的巨大转变如此剧烈，其影响又是如此广泛而深远，以至于当我们试图从这个转变以前的知识中去理解它们时，发现我们只能得到十分有限的帮助。”①

一、三大革命与现代性的诞生

按照吉登斯的看法，现代性主要产生于两大革命，即以 1789 年法国大革命为代表，同时也包括 1776 年美国独立战争在内的“政治革命”和首先于 18 世纪肇始于英国，而后在 19 世纪扩展到整个欧洲和北美洲的“工业革命”。实际

---

① ［英］安东尼·吉登斯：《现代性的后果》，田禾译，译林出版社 2000 年版，第 4 页。

上，就促成现代性的诞生而言，除了这两大革命，还有一场革命也不能忽视，那就是与政治革命、工业革命彼此交织、相互促进而绵延数世纪的思想文化革命。

18 世纪的政治革命迥异于此前历史中的各种反抗形式，在自由、平等的理想的指引下，它彻底动摇和瓦解了传统的政治社会秩序。它终结了“朕即国家”的专制政体，迎来了以公民为主体的民主时代；它从根本上瓦解或者说结束了封建贵族制，迎来了身份平等、自由流动的时代；它终结了个人的市民身份和政治身份直接等同的社会状态，“完成了政治生活同市民社会的分离”①。而如果说政治革命直接改变了人与人的关系，改变了传统社会秩序，那么，工业革命则通过改变人与自然的关系，进而改变了人与人的关系，改变了社会的结构和组织方式，可以说，工业革命带来了工业社会。19 世纪的社会观察家们注意到，工业革命带来了一系列与以往全然不同的新奇现象：（1）工业是建立在科学的劳动组织的基础上的，生产不是按照习俗进行组织，而是以获得最大效益为目的而组织的；（2）由于有科学的劳动组织，人类得以大量开发资源；（3）工业生产要求在工厂和城镇集结工人，因此工人大量聚集；（4）工人在劳动场所的大量集结导致了职工与雇主、无产者与企业主或资本家之间潜在的或公开的对立；（5）随着财富由于劳动的科学化而不断增加，生产过剩的危机也日益严重，而令人愤慨的是，一方面是大量商品卖不出去，另一方面却是千百万人备受贫困之苦；（6）与劳动组织工业化和科学化相联系的经济制度，其特点是自由贸易与企业主和商人追逐利润，一些理论家由此得出结论，开发财富的根本条件就是追逐利润和自由竞争，国家干预越少，财富增长越快。②

与政治革命和工业革命在发生时间上的相对集中不同，所谓的思想文化革命则绵延数个世纪，包括了文艺复兴、宗教改革、启蒙运动等一系列重大事件。思想文化革命最重要、最显著的影响，就是逐渐建立起解释世界的新的框架，使给予人们以终极关怀和生命意义的宗教世界观、价值观式微，使世俗的、理性的世界观、价值观诞生、兴起和传播。由此，人们逐渐改变了对世界的认识和理解方式，不再以神秘的、敬畏的、“万物有灵”的目光和心理来面对世间万物，而是以科学的、机械的、理性的，或者说工具性、功利性的方式

① 《马克思恩格斯全集》第三卷，人民出版社 2002 年版，第 100 页。

② 参见［法］雷蒙·阿隆：《社会学主要思潮》，葛智强、胡秉诚、王沪宁译，上海译文出版社 1988 年版，第 85—86 页。

来看待和理解世界。没有思想文化革命所带来的这种认识和理解方式的改变，也就不太可能会有对工业革命的发生、发展产生巨大推动作用的科学技术革命，或者可以说，科学技术革命本身就是思想文化革命的一个表征。

总而言之，政治革命、工业革命、思想文化革命，这三大革命彼此交织、相互促进，共同推动了近代以来宗教的衰落，推动了理性主义的、科学的世界观取代神学的世界观，推动了工业社会的诞生、城市化的发展以及与此相应的社会组织结构、社会阶级结构、社会连接纽带、社会交往方式等方面的变化，推动了国家与社会的分离，推动了社会和政治的平等化、民主化，一言以蔽之，推动了现代性的诞生。

二、全球化与现代性的扩张

三大革命推动了现代性的诞生，而全球化则意味着现代性的扩张。从根本上讲，全球化是现代性的全球化。

吉登斯认为，现代性有四个关键的制度性维度。第一，资本主义，即一个以商品生产为中心的体系，它以对资本的私人占有和对无产者的劳动雇佣关系为中心，这种关系构成了阶级体系的主轴线。第二，工业主义，其主要特征是在商品生产过程中对物质世界之非生命资源的利用，这种利用体现了机械化在生产过程中的关键作用；同时，工业主义也催生了生产的规范化组织，目的是使人的行为、机器与原材料的投入和产品的产出相协调。第三，监督机器，即政治权力通过对信息和社会督导的控制，实现对被管辖人口的行为的监控指导。第四，军事力量，即在战争工业化（暴力工具与工业主义相结合）的情境下，现代国家对暴力工具的垄断性控制。尽管由于侧重点和立场的不同，研究者们对全球化存在着各种不同的理解，但在最基本的意义上，全球化意味着这样一个事实，即我们越来越生活在“同一个世界”之中，个人、群体和国家相互间的依赖越来越强。或者说，全球化意味着“世界范围内的社会关系的强化，这种关系以这样一种方式将彼此相距遥远的地域连接起来，即此地所发生的事件可能是由许多英里以外的异地事件而引起，反之亦然”①。而这种社会关系的强化，同样也体现或发生在这样四个维度之上：其一是资本主义世界体系的形成；其二是民族国家体系的确立和变革；其三是世界军事秩序也即军事力

① ［英］安东尼·吉登斯：《现代性的后果》，田禾译，译林出版社 2000 年版，第 56—57 页。

量的全球布局；其四则是工业的全球化发展或者说全球性劳动分工体系的发展。全球化的四个维度也就是现代性的四个制度性维度。而在每一个制度性维度的背后都存在着被西方世界统称为“文化全球化”① 或更准确地说“资信全球化”的现象，即由通信技术的发展所带动的知识和信息的全球共享。

实际上，早在吉登斯作出上述分析的一个半世纪之前，马克思、恩格斯就在对资本主义的分析研究中指出，人类历史将进入真正的世界历史，现代社会必定是一个终结以往各国孤立状态的世界性的社会。在《德意志意识形态》中，马克思和恩格斯指出，大工业“首次开创了世界历史，因为它使每个文明国家以及这些国家中的每一个人的需要的满足都依赖于整个世界，因为它消灭了各国以往自然形成的闭关自守的状态……大工业到处造成了社会各阶级间相同的关系，从而消灭了各民族的特殊性”②。在之后的《共产党宣言》中，马克思、恩格斯进一步明确地指出：“不断扩大产品销路的需要，驱使资产阶级奔走于全球各地。它必须到处落户，到处开发，到处建立联系。资产阶级，由于开拓了世界市场，使一切国家的生产和消费都成为世界性的了……资产阶级挖掉了工业脚下的民族基础……过去那种地方的和民族的自给自足和闭关自守状态，被各民族的各方面的互相往来和各方面的互相依赖所代替了。物质的生产是如此，精神的生产也是如此。各民族的精神产品成了公共的财产。民族的片面性和局限性日益成为不可能，于是由许多种民族的和地方的文学形成了一种世界的文学……资产阶级日甚一日地消灭生产资料、财产和人口的分散状态……由此必然产生的结果就是政治的集中。各自独立的、几乎只有同盟关系的、各有不同利益、不同法律、不同政府、不同关税的各个地区，现在已经结合为一个拥有统一的政府、统一的法律、统一的民族阶级利益和统一的关税的统一的民族。”③ 尽管马克思、恩格斯没有使用“全球化”这一概念，但他们用“世界性”“世界历史”的概念所描绘、所揭示的历史发展趋势可以说天才地预言了以资本主义大工业生产方式为核心、并由此带动的全球化，即资本主义大工业生产必定是世界性的或者说全球性的生产方式，而由此经济基础的变迁所带动而同样成为全球性的，则不仅仅是资本主义生产方式，不仅仅是经济活动，还必然包括与之相联系的政治、军事、文化等。一言以蔽之，全球化是

---

① ［英］安东尼·吉登斯：《现代性的后果》，田禾译，译林出版社 2000 年版，第 67 页。
② 《马克思恩格斯文集》第一卷，人民出版社 2009 年版，第 566—567 页。
③ 《马克思恩格斯文集》第二卷，人民出版社 2009 年版，第 35—36 页。

现代性整体的全球扩张。

三、现代性的心理层面

只要不否认人们的心理体验、情态结构和他们生活于其中的外部客观世界的结构、制度之间的关联，不否认内在的人格特征、心性趋向与外部社会文化的基本状态、运行逻辑之间的联系，那么，我们自然会认识到，现代性不会仅仅局限于，或者说，仅仅体现在外部世界之结构性、制度性层面上，必然也会体现在生活于现代社会之中的人们的心理层面上。

事实上，不少社会理论家都在其关于现代社会和文化的论述中触及、揭示了现代性的心理层面。而从他们的相关论述中可以发现，现代性的心理层面与现代性之外部结构性、制度性的维度及其逻辑之间存在着多种不同的关系。

其一，现代性的心理层面与现代性的外部结构性、制度性维度之间存在一种交互的动力关系。一方面，后者催生了前者，另一方面，前者又反过来推动着后者的进一步发展生长。例如，法国思想家托克维尔分析指出，民主的社会状态，也就是身份平等在全世界范围内无可阻挡的到来，是现时代（现代性）的一个基本特征。而向民主的社会状态的迈进，必然伴随、带来一系列社会心理紊乱，其中最引人注目的三个现象是：第一，个人日益严重的精神孤独，由此导致社会想象力的贫乏和普遍的社会冷漠；第二，对无政府、无秩序状态的恐惧，由此导致对秩序的强迫性企求；第三，对于差异的日益加剧的缺乏容忍性，表现为对“他者”的畏惧、妒忌以及近乎反常的压抑感。而这些社会心理现象反过来又作为一种心理动力进一步促使人们去追求、推动社会走向无差异的身份平等以及与此相联系的人与人之间的疏离、孤立、社会的原子化等。特别是托克维尔所指出的第三点，即普遍蔓延的妒忌、对不平等的不容忍或怨愤、憎恨，一方面是近代以来被大力宣扬并为广大民众所普遍接受的平等的价值观念，与不可能真正完全平等的现实社会状态之间的紧张冲突的产物；另一方面又是无休无止地追求“普世无差异”的平等的革命激情的重要心理动力来源。这与后来德国思想家舍勒所分析的“怨恨”是一致的。从根本上讲，作为一种现代性的社会情感，怨恨一方面是平等的价值观念与不平等的现实社会结构之间的张力的产物；另一方面，使结构性矛盾转化为阶级对抗的社会心理动因很大程度上正是社会阶级成员的怨恨感。现代性的社会情感还包括日益蔓延的焦虑，这种焦虑与现代社会日益增长的不确定性之间同样存在一种交互的动力关系。

其二，现代性之心理层面的某些方面乃是社会成员顺应外部客观世界运行逻辑的结果。最典型的如现代人主观心智的理性化，或者说是理智至上的人格特征，这显然是主体调适自我行为、顺应外部理性化的客观世界的结果。韦伯所谓的“除魅”即说明了现代人主观心智的理性化，也就是世界图像的理性化。所谓“除魅”，就是指这样一种认识或信念：“只要人们想知道，他任何时候都能够知道；从原则上说，再也没有什么神秘莫测、无法计算的力量在起作用，人们可以通过计算掌握一切。而这就意味着为世界除魅。人们不必再像相信这种神秘力量存在的野蛮人那样，为了控制或祈求神灵而求助于魔法。技术和计算在发挥着这样的功效，而这比任何其他事情更明确地意味着理智化。”① 齐美尔同样指出，理智至上的理性性格是现代人格的典型特征，这突出地表现在现代人的算计特征中。与以前相比，现代人变得越来越精于算计、越来越锱铢必较：“现代人们用以对付世界，用以调整其内在的——个人的和社会的——关系的精神功能大部分可称作为算计功能。这些功能的认知理念是把世界设想成一个巨大的算术问题，把发生的事件和事物质的规定性当成一个数字系统……并非只有物质世界才必须由计量和盘算的思想方式来把握；悲观主义和乐观主义一样希望用乐与悲相互抵消来确立生活价值，其理想就是计算欢乐与痛苦的数量。”② 现代人的这种务求精确的计算心理和以前时代那种比较容易冲动、孤注一掷、听凭情感决定的气质全然不同，这是现代人“对付”、适应现代外部世界运行逻辑的结果。

其三，现代性之心理层面的另一些方面则是现代人抗拒抵御外部客观世界的结果，是对外部客观世界运行逻辑的反弹或逃逸。也就是说，现代人并不只是作为被外部客观世界所塑造的客体而顺从其运行逻辑，他同时也是主体性的自我，寻求自我的表达。8 小时工作时间之内的行为顺应着机械化、理性化的逻辑，服从管理，恪守纪律；8 小时之外的行为则可能是另一番情形。齐美尔列举分析了现代个体抗拒抵御外部世界的许多行为表现形态。比如，由于在货币主宰的大都会生活中个性被忽视，现代都市人就忍不住用最怪异的方式，极

① ［德］马克斯·韦伯：《学术与政治：韦伯的两篇演说》，冯克利译，生活·读书·新知三联书店 1998 年版，第 29 页。

② ［德］西美尔：《货币哲学》，陈戎女、耿开君、文聘元译，华夏出版社 2002 年版，第 358 页。齐美尔又译为西美尔。

端夸张的举止，乃至反复无常、矫揉造作的表现来标榜自己，表示自己的与众不同。这说明在外部客观世界的日常生活由越来越多非个人的以及取消了个性色彩和独特性的东西所构成时，人们为了保存他最个人性的东西，就要强烈地呼唤独特性；为了仍然可以保持对自我的意识，人们不得不夸大个人因素。这是典型的反弹。齐美尔又分析了冒险、旅行、赌博等现代人热衷的活动，描绘了作为“潜在的流浪者”的“陌生人”的体验，所有这一切都有一个共同的特征，即它们虽然存在于这个世界之中，但在那单调的、理性的（算计的）、压抑的、窒息的日常生活之外，脱离了日常生活的链条和逻辑，使个体获得一种心灵的解放和自由。可以说，这是现代主体对外部客观世界运行逻辑的一种逃逸。

无论现代性所呈现的心理层面与现代性的外部结构性、制度性的维度及其逻辑之间是一种什么样的关系，不能否认的是，这两者之间存在着紧密的联系。而如前所述，今天我们正在经历的全球化从根本上讲乃是现代性的全球扩张。现代性的全球扩张必然也会导致其心理层面进入全世界各个不同的民族社会。在反思自第二次世界大战到 20 世纪 70 年代一直统治着欧洲社会心理学界的“美国式社会心理学”所带来的困境时，泰弗尔认为，社会心理学要比心理学的其他分支更依赖于它从中诞生的社会的、政治的、文化的背景。因而，社会心理学必须本土化。这当然是正确的主张，但这只是问题的一个方面，在今天的全球化时代，还存在着问题的另一面。这就是随着现代性的全球化，如当年马克思、恩格斯所预言的那样，各民族的特殊性有日渐消失的趋势。作为现代性在心理层面上的表现的社会心理也必然呈现出各民族之间趋同的一面，至少不同的民族在今天这个一体化的世界中会越来越多地面临共同的社会心理现象或问题。这既体现在上面所列举的那些现代社会心理现象上，同样也表现在下面要论述的这些社会心理问题上。

第二节 文化震荡

在现代社会中，很少有人一辈子都生活在一种单一的文化环境中。作为现代性的一个方面，人们常常不得不遭遇异文化的碰撞与冲击，常常会身不由己地被“抛入”异文化之中，并且，其自身的文化也时刻处于深刻的变迁之中。“文化震荡”就是这种碰撞、冲击与变迁在人们社会心理上引起的反应。

一、文化震荡及其成因

所谓文化震荡（culture shock），就是指原本生活在某种已经习以为常的文化中的人，或者由于突然接触、面临了某种全然不同的文化，或者由于自身文化的急剧而深刻的变化，在一种近乎身不由己地被“抛入”全新的文化环境的情形下而在心理上产生的巨大的冲击和震撼。在本章第一节开头所引述的道格拉斯·诺斯的虚构中，那个穿越时空来到20世纪50年代的英格兰的古希腊人，面对这个奇幻的、“不真实”的世界所体验到的那种错愕、张皇、迷茫、晕眩，就是文化震荡的典型写照。

从上面对文化震荡的描述我们可以知道，文化震荡可能有两种原因。第一是与异文化的接触、碰撞。早年由于地理大发现和接踵而来的海外殖民运动，西方殖民者在与各种非西方文化的接触中就曾体验过由此带来的心理冲击和震惊，这一点我们从当时那些西方殖民者留下的各种记录中就可以看到。同样，在我国晚清时期，在近代中国人开始“走向世界”的早期，那些率先出国接触到西方文化的人也体验过类似的文化震荡，这同样可以从他们留下来的海外见闻录中清楚地看到。不少学者，特别是文化人类学者，都曾研究考察过现代西方文化的进入对原始民族、对非西方社会在心理和行为上的冲击。不过，尽管研究者都注意到这种文化进入所引起的文化震荡问题，但对于随后的适应问题的观点却不尽一致。如H. B. 墨菲认为不发达国家的精神疾患率的增高与行为变态者的增多是西方文化移入过快的一种必然反应；而玛格丽特·米德则从对马努斯文化变迁的考察中得出结论，认为只要人们能够同变动中的文化进行有效的调适，精神的变态乃至心理的巨大震荡都是有可能避免的。

造成文化震荡的第二种原因是人们生活于其中的文化本身发生了急剧而深刻的变化。美国未来学家阿尔温·托夫勒将这种文化震荡称为“未来的震荡”。他认为未来的震荡是一种时间现象，它是社会变动急剧加速的产物。它是发源于依附在旧文化基础上的一种新文化的附加物，是人们在自己所生活的社会里所遇到的文化震荡。简而言之，那是人们在一个极短的时间里承受过多的变化之后感到压力重重、晕头转向、不知所措的现象。在不断发展的新科学、新技术不断地带来新的事物、新的生产和生活方式的当今世界，未来的震荡会是更加普遍的现象。

而说到“在一个极短的时间里承受过多的变化”，在今天这个世界上，又有几个国家能与中国相比呢？中国社会和文化在这几十年中所经历的巨变，是改革开放所带来的与其他文化的接触、碰撞同自身飞速发展所带来的自身文化的深刻变迁结合在一起的变迁（当然，这在今天这个全球化时代已成为必然的现象）。在短短四十多年的时间中，中国社会经历了西方社会两百多年所经历的巨大而深刻的变迁。这种急剧迅猛而又深刻的变迁带给中国人的那种错愕迷茫、五味杂陈，既有欣喜又有痛切的体验，那种深刻的文化震荡，在以往的历史中是无与伦比的，在当今的世界中也是鲜有其俦的。

二、包容与理解他者

从根本上讲，文化震荡是人们在与全然不同的、陌生的他者骤然遭遇时所产生的一种心理上的应激反应：与异文化的接触、碰撞是与空间上的他者的遭遇，自身文化的剧变则是与时间上的他者的遭遇。如果说，作为与陌生他者骤然遭遇的应激反应，文化震荡的产生具有必然性，那么，“震荡”这个词本身也提示我们，这种反应不可能长久地持续下去，而是震荡会过去，会平复。但是，如何对待他者，如何与他者相处的问题却在震荡渐渐平复下来后浮现在人们面前。

有人曾将人们在社会文化巨变面前的反应取向概括为三种类型，即进取型、守旧型和反社会型。[①] 进取型的人具有较强的再社会化能力，能随着外界事物的变化重新调整自己，能较快地接受新事物、新思想。守旧型的人固守业已形成的价值观念和思维方式，思想保守，以不变应万变，具有很浓的怀旧心理，甚至表现出偏执狂式的人格障碍。反社会型的人在发现自己原有的价值观和生活方式已不再适应社会，而具有适应性的新观念、新生活方式又难以形成时，心头涌起对新的社会和文化形态的强烈不满和敌意，从而表现出越轨或犯罪行为。实际上，这三种反应取向也是人们在最初的震荡平复之后，如何对待陌生的他者、如何与陌生他者相处的三种基本的反应类型。显然，在这三种反应类型中，唯有第一种才是置身于现代世界中应该持有的一种适应性反应或者

① 周晓虹：《现代社会心理学——多维视野中的社会行为研究》，上海人民出版社 1997 年版，第 529 页。

态度。

真正进取型的人，在面对他者时必定首先是一个开明的人，即开放、理性的人。开放，意味着愿意接纳、包容，而不是一味地拒绝、排斥；理性，意味着愿意通过与他者的接触、交往、沟通真切地认识和理解他者，而不是闭目塞听、盲目仇外。在与他者的相处上，开放的胸怀和理性的态度是彼此联系、相辅相成的：有开放的胸怀，才愿意去真切地认识、理解他者；而真切的认识和理解，反过来则会增进对他者的包容与接受，即使仍然不能完全认同他者，也会比较愿意与之和平相处。在这方面，我国晚清时期那些率先走出国门、走向世界去接触西方文化的人为我们提供了典型的例子，如1876年出任驻英副使的刘锡鸿。刘锡鸿原本也跟当时的大多数中国人一样，认为西方是“夷狄”，但是他愿意去认识、理解西方，于是，他到伦敦两个月后，就在其《英轺私记》中写道：“经过详细考察，我觉得除了父子关系和男女关系两个方面以外，这里的风俗和政治都可以算得很好。没有不勤于职守的官员，也没有游手好闲的百姓。人民和政府之间比较融洽，法律并不暴虐残酷，人们的性情也很诚恳直率。两个月来，我出门的次数很多，见到居民的表情都很安详快乐。可见这个国家不仅仅是富足和强大而已，我们不应该再把它看作过去的匈奴、回纥了。”① 当然，在那个时代，具有这种意识的人凤毛麟角。但是，在今天这个飞速发展的社会，几乎每时每刻人们都要面对时间上的他者，而全球化则已几乎使每一个稍大一点的城市都成了“联合国”，具有这种心理和意识的人无疑已不再是少数。就此而言，对他者的理解与包容实际上也是人们不得不与他者共处的结果，这从费斯汀格认知失调理论的角度来看也是可以理解的：当面临无可回避的现实时，人们往往会说服自己去接受现实。

三、从“各美其美”到“美美与共”

如上所述，今天，全球化使世界上很多城市都成了“联合国”，人们不得不与来自其他文化的人（也即横向空间上的他者）共处。这种与异文化之无可回避、不得不的共处，在普通社会成员那里固然促使更多的人对异文化采取理解、包容的态度，但是在理论上，关于与异文化的接触、碰撞会产生什么和如何与异文化相处的问题则存在着两种不同的观点和立场。

---

① 转引自钟叔河：《书前书后》，海南出版社1992年版，第99页。

一种观点以美国学者塞缪尔·亨廷顿的“文明冲突论”为代表。亨廷顿认为，文明由建立在共同经历，特别是历史、宗教、语言和习俗之上的种族、国家或民族所拥有的最广泛层次的文化认同构成；在后冷战时期，无论意识形态冲突还是民族国家之间的斗争，都将不再像冷战时期那样影响全球政治活动，相反，未来的冲突将主要在不同文明之间展开，特别是在西方文明和以伊斯兰教—儒家思想为轴心的非西方文明之间展开；将非西方文明捆绑在一起的是它们在历史上对西方国家的共同憎恨；同时，当今世界范围内的一系列变化，尤其是现代化和全球化也在强化这种文明意识。需要指出的是，尽管亨廷顿在作出上述判断时用的是客观诊断的言辞，但实际上，他是在为西方世界如何在后冷战时代、同时也是全球化时代应对非西方文明支招，这一点他在为《文明的冲突与世界秩序的重建》一书的中译本所写的中文版序言中表现得尤为清楚，他承认，他的文章为后冷战时代的世界政治提供了一个“思维框架”。

与亨廷顿不同，1990 年费孝通提出了另一种不同文化之间如何相处的思想，即后来广为流传的“十六字箴言”：“各美其美，美人之美，美美与共，天下大同。”在这里，“各美其美”，是指各民族要在“文化自觉”即清楚地认识和把握自身文化之性格特征的基础上，培育和强化对自身文化的认同，尊重、守护并发展好自己的文化传统；“美人之美”，是指要尊重其他民族文化，承认世界文化的多样性，并懂得欣赏不同民族的文化；“美美与共，天下大同”则意味着只有维护世界的文化多元性，并加强不同文化之间的交流、互动、沟通和融合，才能推动人类文明的发展，实现世界文化的繁荣。

这十六个字以高度概括的方式，体现了不同文化如何共处这一问题上的中国思维或者说中国智慧。2014 年 6 月 28 日，习近平在“和平共处五项原则”发表 60 周年的纪念大会上，也引用了这十六个字，并提出把本国利益同各国共同利益结合起来，努力扩大各方共同利益的汇合点。

在此前后，为了建成良好的世界秩序，中国提出了“构建人类命运共同体”的思想。2012 年，党的十八大报告首次公开倡导“人类命运共同体意识”，强调世界各国遵循联合国宪章宗旨和原则，建立更加平等均衡的新型全球发展伙伴关系。2017 年 1 月，习近平在日内瓦联合国总部发表讲演，倡导各国共同构建人类命运共同体，随后这一理念被写入联合国决议，成为日益流行的全球共识。党的二十大报告继续重申这一理念，继全球发展倡议、全球安全倡议后，又提出了全球文明倡议，呼吁“世界各国弘扬和平、发展、公平、正义、民主、自由的全人类共同价值，促进各国人民相知相亲，尊重世界文明多样性，以文明交流超越文明隔阂、文明互鉴超越文明冲突、文明共存超越文明优越，共同应对各种全球性挑战”①。党的二十届三中全会再次强调，“推动构建人类命运共同体，践行全人类共同价值，落实全球发展倡议、全球安全倡议、全球文明倡议”②。

曾经，世界上的各个民族在几乎不知有其他不同文化存在的情况下按部就班地过着自己的日子，品味着自己的生活，“各美其美”，而不存在“美人之美”或“恶人之美”的问题，而在现代化、全球化已不可避免地将世界上各种不同文化拉到一起的今天，人们不仅要懂得“各美其美”，而且还要学会“美人之美”，要努力去推动和促成“美美与共，天下大同”。在此意义上，从“各美其美”到“美美与共”，所反映出的正是现代性或各国现代化的推进在文化认知和文化认同上带给人们的影响。

第三节　代际关系的变革

“即使在不久以前，老一代仍然可以毫无愧色地训斥年轻一代：‘你应该明白，在这个世界上我曾年轻过，而你却未老过。’但是，现在的年轻一代却能够理直气壮地回答：‘在今天这个世界上，我是年轻的，而你却从未年轻过，并且永远不可能再年轻。’”③ 文化人类学家玛格丽特·米德的这段话也许包含了过多的情感色彩，但是，它无疑以极其凝练的方式向我们揭示了社会文化的现代变迁给代际关系带来的深刻影响。

一、代际关系的社会和文化基础

“代”，既有生物学的含义，又有社会性、文化性的含义，并且随着历史向近现代的迈进，其社会性、文化性的含义越来越显著，越来越占据主导地位。

---

① 习近平：《高举中国特色社会主义伟大旗帜　为全面建设社会主义现代化国家而团结奋斗——在中国共产党第二十次全国代表大会上的报告》，人民出版社 2022 年版，第 63 页。

② 《中共中央关于进一步全面深化改革　推进中国式现代化的决定》，人民出版社 2024 年版，第 47 页。

③ ［美］玛格丽特·米德：《文化与承诺：一项有关代沟问题的研究》，周晓虹、周怡译，河北人民出版社 1987 年版，第 74 页。

这一点从英文“generation”一词的意涵变化就可以看出。英文 generation 可追溯的最早词源为拉丁文“generare”，其意义是繁衍自己的种族。在 generation 的早期用法中，其含义主要指源自同一父母的子孙后代。在其后的演变中，其词义一直朝向社会性、历史性的方向发展，尽管一直到 18 世纪中叶之前，generation 特别具有影响力的现代意涵——独特的人群或一种独特的观点——还一直没有受到重视，这种意涵的真正普及要等到 19 世纪中叶。19 世纪末期，在关于“第一代移民”（first generation）、“第二代移民”（second generation）——尤其是美国移民——的讨论中，其社会性、文化性意涵进一步强化，而其生物学意义则越来越淡薄。到 20 世纪 30 年代，“空袭世代”和“世代意识”的概念出现。到 50 年代时，“世代意识”实际上已隐隐包含着“代沟”（generation gap）的意思。从 60 年代开始，generation 一词还进一步被用来描述一系列产品的世代，如第一代产品、第二代产品，在这种用法中，其生物学的含义已完全消失了。从上述 generation 词义的演变过程中，我们可以清楚地看到其生物学意义不断减少乃至消失，而社会性、文化性意义不断强化、扩大的进程。而之所以会如此，其中一个原因就是在一个极速变迁的时代里，generation 所涵盖的时间很可能缩短，甚至很可能少于生物世代的时间。

正如“代”既有生物学的含义，又有社会性、文化性的含义，“代际关系”同样虽受到生物学因素的影响，但更受到社会性、文化性因素的影响。只要我们承认“人”主要不是指其作为一个生物有机体的存在，而是指其作为社会、文化塑造的产物的存在，我们就不能否认这一点。实际上，即使是传统的“父慈子孝”“敬老爱幼”，也不完全取决于生物学基础，更是社会、文化教化的结果。自近现代以来，随着社会、文化的变迁越来越迅速，“代”的社会性、文化性含义变得越来越显著，对于代际关系而言，社会性、文化性因素也越来越成为人们关注的主要影响因素。文化的急剧变动产生了上一代人与下一代人之间的种种差异，其在某种程度上可比之于文化与文化之间的差异。在这种差异里，属于上一代的一群人的生活态度、价值观念、行为方式与属于下一代的另一群人的明显不同。换言之，今天代际关系之所以引起关注，主要是因为社会文化的飞速变化必然带来生长于不同时代的人们所经历的社会化过程的巨大差异，社会化过程的巨大差异则不可避免地带来不同代的人之间在价值观、行为方式、人格特征等方面的巨大差异，进而带来他们对对方的观感、态度、行为的变化。

二、代际关系的断裂与对峙

如上所述，社会文化的飞速变化必然导致在不同时代生长起来的人们在价值观、行为方式、人格特征等方面的巨大差异，当这种巨大差异使代际关系呈现为彼此断裂与对峙的形态时，人们便以“代沟”来形容它。许多人常把代沟与亲子关系中当子女处于青春期时特别容易表现出来的亲子冲突混同起来。实际上，这两者之间虽有联系，但其所指是有区别的：常见于子女青春期时的亲子冲突与青春期特定的生理、心理因素有关；而代沟则主要指由社会文化的急剧变迁而导致的两代人之间在价值观、生活态度、行为方式上的断裂与对峙。

较早关注到现代社会中代沟现象的学者有美国人类学家杰弗里·戈勒和我国社会学家费孝通。戈勒观察到，由于迁徙到了新的环境中，美国的父辈丧失了欧洲的父辈所具有的权威性，因此常常会遭受更能适应新生活的子女的拒斥。而费孝通则在《生育制度》中，专章论述了中国社会由于新旧两种文化的交锋引发的亲子两代人之间的隔膜和冲突：“子女可以时常觉得父母的过分干涉，没有道理，甚至感到压迫……在父母看来，子女不能体恤他们，倔强，不肯顺服，进而觉得是悖逆，不孝，大逆不道的孽障。”① 20 世纪 60 年代，我国台湾作家李敖发表《老年人与棒子》，用更激烈的言辞和姿态将现代社会中两代人之间的紧张与冲突分析暴露于世人之前：对于那些拿着“莫须有的棒子”“落了伍的棒子”或“不放手的棒子”的老年人，“有些急进派的年轻人实在看不惯。他们对‘老罴当道卧’的局面感到难以容忍。他们未尝不想自己去另外找棒子，可是老年人慢腾腾地‘跑’在前面，既碍了路，又挡住视野，于是年轻人想到还是干脆去抢棒子。可是，怪事就在这儿。十次有九次，他碰到的是一位饭斗米肉十斤的腹负将军，或是一位狡猾无比的痴顽老子。除了被饱以老拳以外，连接棒预备队的资格也要丢掉了”②。如同殷海光评论指出的那样，李敖的言辞虽失之片面，只说到老年人的“坏处”，没提及老年人的“好处”，但他指出了“一个真实存在的问题”，那就是“代间紧张和冲突的问题”。③

关于现代社会中代际紧张和冲突的最有影响的研究，无疑要数同在 1970 年于美国出版的两部专著：其一是社会学家查尔斯·赖克的《美国的返青》；其二是文化人类学家玛格丽特·米德的《文化与承诺：一项有关代沟问题的研

① 费孝通：《生育制度》，天津人民出版社 1981 年版，第 117 页。
② 转引自殷海光：《中国文化的展望》，中国和平出版社 1988 年版，第 204 页。
③ 殷海光：《中国文化的展望》，中国和平出版社 1988 年版，第 205 页。

究》。在《美国的返青》中，赖克将美国传统的中产阶级价值观和美国官方所倡导的价值观分别称为“第一意识”和“第二意识”，与此相应，他认为年轻一代形成了一种和他们的父辈不同的意识，即“第三意识”。他认为，持有第三意识的年轻人能毫不费力地看出政治上的虚假和不诚实，建筑和都市计划的丑陋和徒有其表。因此，年长的一辈应该接受再教育，以使他们同样具有这种洞察能力。赖克预言：第三意识最终会引发一场发生在价值观方面的“沉默的革命”；随着第三意识成为社会的主导意识，美国将经历一次普遍的“返青”。而玛格丽特·米德则认为，表现于20世纪60年代后期欧美青年运动中的代与代之间的矛盾和冲突主要源于文化传承上的变化和差异。着眼于文化传承的方式，米德将整个人类文化划分为三种基本类型：前喻文化、并喻文化和后喻文化。前喻文化是指晚辈主要向长辈学习；并喻文化是指晚辈和长辈的学习都发生在同辈人之间；而后喻文化则是指长辈反过来向晚辈学习。前喻文化，即所谓“老年文化”，是一切传统社会的基本特征。并喻文化，从根本上来说是一种过渡性质的文化，它肇始于前喻文化崩溃之际。后喻文化，即人们所称的“青年文化”，它的出现与人类社会在第二次世界大战后的迅猛变化有关。正是这种变化使得年长者的经验不可避免地丧失了传承的价值，人类将自己所熟知的世界抛在身后，开始生活在一个完全陌生的新时代中：“古往今来，没有任何一代曾经目睹能源形式的变化、通讯手段的更替、人性定义的反复，能够敏悟宇宙开发的限制，有限世界的确定性，以及生与死的不可背逆；没有任何一代能够了解、经历和吸收在他们眼前发生的如此迅猛的变革。”① 在时代的巨变面前，老一代不能舍旧和新一代唯恐失新的矛盾，不可避免地酿就了两代人的对立与冲突，也造就了年长一代的“落伍”。立足于此，米德宣称：现代世界的特征，就是接受代际的冲突，接受由于不断的技术化，每一代的生活经历都将与他们的上一代有所不同的信念。

三、代际关系的重塑

在社会、文化飞速变化的现代世界，不同代的人在价值观、生活态度、行为方式上必然出现巨大的差异和分歧，就此而言，传统的代际关系在今天这个

① ［美］玛格丽特·米德：《文化与承诺：一项有关代沟问题的研究》，周晓虹、周怡译，河北人民出版社1987年版，第85—86页。

时代里必然要经历重塑。重塑的方式和方向主要取决于我们对两个问题的认识和态度。

第一，如何认识、看待社会文化的飞速变化使得不同代的人之间在价值观、生活态度、行为方式上存在差异？换句话来说，所谓的代沟究竟是不可逾越的绝壑，还是可以蹚过的河沟？前述赖克和米德的著作将关于代沟的研究推向了高潮，但同时也有人指出，他们的言辞过度渲染了代与代之间的对立与冲突。阿德尔森就曾引用美国《幸福》杂志对18—24岁的年轻人进行的一项民意测验，其结果表明，80%以上的年轻人认为，他们与自己的父母在价值观方面并不存在重大差异。费孝通年轻时也曾充满激情地说，牛顿花了一生才发明的物理定律，现在的大学生一星期就学会了。这固然是不容否认的现实，但同样不容否认的现实是，亚里士多德的《物理学》如今已没有人再来膜拜，但他的《政治学》依旧是今天的学者们认真研究的对象。这表明，在人类历史的发展进程中，社会文化固然在不断地变化，但在这变化中，始终有着共通、连续的东西存在。与此相应，不同代的人之间固然会由于社会文化的变迁而形成价值观、生活态度、行为方式上的差异，但由于那共通的、连续的东西的始终存在，代与代之间也始终存在着沟通、联系的桥梁。金克木曾说过，无论是多么深的沟，最下面总是两边相连的，不然就不是沟而是分成两半了。既然代与代之间始终存在沟通、联系的桥梁，那么，代际关系的重塑也就不应该只停留于接受代际的冲突，更不应该引向对立冲突，而应该在新的基础上重建代际的和谐。

第二，如果所谓的代沟并非不可逾越的绝壑，而是可以蹚过的河沟，那么，着眼于在新的基础上重建代际的和谐，作为站在代沟两岸的当事人，该如何对待和处理由于社会文化的飞速变化而在他们之间产生的价值观、生活态度、行为方式的差异，该如何认识、面对自身和对方？可取的态度恐怕只能是：首先，承认并接受这种差异的必然性，把这种差异的存在看作正常的、合理的现象，就像将男女两性的差异看作自然的现象一样。其次，双方都不以敌意的情绪将对方看作异己的对立方，不将对方看作对自己的否定，而是看作对自己的欠缺的补充，年长的一代从年轻的一代那里吸取新的知识和技能，年轻的一代从年长的一代那里传承传统的人生智慧和社会经验。毕竟，不同代的人们必须也只能生活于同一个世界中，必须也只能去适应这个由他们共同构成的世界。实际上，回顾以往半个多世纪的历史，我们可以看到，这不仅仅是一种选择上的应然，在历史的发展进程中，也已经成为现实社会生活中的实然。在代沟现象初现的时刻，当事双方对此现象所表现出来的愕然本是自然现象，就像一直以来生活在一种单一文化传统中的人忽然遭遇来自异文化的人一样，但随着时间的推移，随着当初的新现象变成生活中的常态，人们自然而然地会慢慢适应它，并学会如何应对它，于是当初面对代沟时的那种不适的体验也就慢慢转化成了现代世界代际关系的基本生活经验。

第四节 社区意识的淡化与网络社会心理

如果说文化震荡主要体现了现代社会变迁对不同文化横向关系的影响，代际关系的变革体现了这种变迁对历史纵向维度上人与人之间关系的影响，那么，接下来要讨论的社区意识的淡化与网络社会心理则体现了现代社会变迁对人与地域空间之间关系的影响。

一、社区意识的淡化

一般认为，社区有五个基本要素：（1）一定数量的人口；（2）一定范围的地域空间；（3）一定规模相对完备的社会生活设施和服务体系；（4）体现为社区成员公认的价值准则、行为规范，并进而体现为社区成员特定行为方式的社区文化；（5）社区居民对社区的心理认同和归属感。第五个要素即社区意识。这种社区意识是在社区成员长期的共同生活、密切的交往互动中形成的，从本质上说也是一种共同体意识。但是，现代社会的“脱域”机制使这种社区意识日趋淡化了。

齐美尔在其《货币哲学》中分析了货币所造成的主体与其财产在空间上的分离。实际上，这种分离作用也就是所谓“脱域”机制。作为吉登斯所说的现代性扩张的三个动力机制之一，脱域机制指的是社会关系从彼此互动的地域性和时间性关联中脱离出来。吉登斯具体分析了两类包含于现代社会制度发展之中的脱域机制。第一是“象征标志”，即相互交流的媒介，它能将信息传递开来，用不着考虑任何场景下处理这些信息的个人或团体的特殊品质。货币就是这样一种象征标志，它将产品与产品的交易从具体的交换环境中抽离出来，从而成为时—空伸延的工具，使得在时间和空间中分隔开来的商人之间的交易成为可能。第二是“专家系统”，即由技术成就和专业队伍所组成的体系，在现代社会中，它通过跨越、延伸时—空来提供预期的保障，从而同样把社会关系从具体的地域情境中抽离出来。

这种脱域机制一方面使人与人之间的社会关系脱离了地域空间的限制而大大拓展，走向一体化、全球化；另一方面也使得在现代社会中，各种法规、政策以及其他治理措施直接以个体为执行对象成为可能，从而推动了社会和生活的个体化。在这种一体化和个体化的双重挤压、消解之下，作为地域性社会生活共同体的社区逐渐无可避免地走向式微，人们的社区意识也随之淡化。实际上，从社会学的经典时代起一直到今天，许多理论和经验研究都不同程度地在提示我们这一点。早一些的研究者如滕尼斯指出，随着社会联结由“社区”或“共同体”（gemeinschaft）向“社会”（gesellschaft）的转变，交往的本地网络必将为异地网络所替代，地方性的小共同体必将走向跨地区的甚至世界性的大共同体。齐美尔则更直截了当地指出：“如果社会学想用一种简明的方式表达现代与中世纪的对立，它可以作如下尝试。中世纪的人被束缚在一个居住区或者一处地产上，从属于封建同盟或者法人团体；他的个性与真实的利益群体或社交的利益圈融合在一起，这些利益群体的特征又体现在直接构成这些群体的人们身上。现代摧毁了这种统一性。现代……使个性本身独立，给予它一种无与伦比的内在和外在的活动自由。”① 而涂尔干则认为，随着历史的不断伸展，那些建立在地方集团基础上的组织将一步步走向穷途末路。“地理上的划分纯粹是人为的，根本无法唤起我们内心中的深厚感情，那种所谓的地方精神也已经烟消云散，无影无踪……我们的行动已经远远超出了群体范围，我们对群体范围内所发生的事情也反应冷淡，一切都因为群体的范围太狭窄了。”②

稍晚一些的芝加哥城市社会学派的主将帕克通过对城市社区深入细致的实证研究指出，除了某些种族聚居区，在城市环境中，邻里关系正在失去其在更简单、更原始的社会形态中所具有的重要性。在那里，成千上万的人虽然居住生活近在咫尺，却连见面点头之交都没有，初级群体中的那种亲密关系弱化了，依赖于这种关系的道德秩序慢慢地解体了，居民与地方的联系变得越来越

① ［德］西美尔著，刘小枫编：《金钱　性别　现代生活风格》，顾仁明译，学林出版社2000年版，第1页。

② ［法］埃米尔·涂尔干：《社会分工论》，渠东译，生活·读书·新知三联书店2000年版，“第二版序言”第40页。

松弛，他们虽住在同一地方，却互不相干，甚至互不相识。再如城市社会学亚文化学派的代表菲雪尔，尽管他关于城市社会生活的观点在许多方面与芝加哥学派不同，但是在认为邻里社区的重要性在现代城市生活中日益趋于没落这一点上，二者异曲同工。菲雪尔认为，居处相近的邻里社区对于人们生活的意义取决于三方面的条件：一是功能必要性，即居住于同一地方的人们需要共同行动来满足某些地方性的需求；二是居住于同一地方的人们除了居处相近之外，互相之间还存在着其他的关系，如亲戚关系、同事关系、同族关系等；三是与外界联系的困难性。但是，在现代都市中，满足社区内部的各种功能需求的责任越来越多地由更高层次的市政部门来统一承担，随着住房市场的扩大，人们选择居住地方的自由越来越大，同时人们与超越于狭隘社区的外界的联系越来越方便，上述这些条件都趋于弱化甚至不复存在了。于是，地方性的邻里社区在居民生活中也就越来越无足轻重，居民的社区意识或者说社区感越来越淡漠。而在全球化的背景下以更极端的语言表达出同样观点的是英国社会学家马丁·阿尔布劳了。他指出，资本主义所带来的必然结果早已使作为社会经济生活的一种原则的地域性成为明日黄花，家与工作的分离在现代早期就已发生，如今，社会生活已经完全非领土化了。从社会性的意义上讲，地域性已不再具有任何明确无误的重要意义。在全球化时代，共同体是没有地方性的中心的，它已和地点脱钩。如果想表明在全球化条件下居住在同一区域中的人们之间的关系的特点，最好是把他们叫作“互不相关的邻里”。总之，借用吉登斯的话来说，现代社会的脱域机制已经逐步地使人们的社会关系从他们所处的特殊的地域情境中抽离出来。

二、网络与虚拟社区

在传统现实社区的社区意识日益淡薄的同时，与网络技术——一种属于吉登斯所说的“专家系统”的脱域机制——的发展紧密相连的虚拟社区则日益兴盛起来。

早在20世纪90年代之前，计算机技术行业的专家就预言未来不会是个人计算机的天下，而会是以一个联系全球的计算机系统——互联网——为主宰的时代，通过这个网络，人们可以迅速了解发生在其他地方的事情，也可以自由传递、表达自己的信息和观点，而且这个网络不属于任何个人或公司。当年的预言早已成为现实，互联网已经极大地改变了人们的生活，而虚拟社区的发展兴盛，就是这种改变的一个表征。

从最初的起源上讲，最早的虚拟社区出现于互联网形成之前。1978 年，在芝加哥地区的计算机交流会上，两位计算机专家一见如故，经常在各方面进行交流合作，但两人并不住在一起，有些问题在电话中又很难表达清楚。于是他们就借助于当时刚上市的调制解调器将他们家里的两台苹果Ⅱ通过电话线连接在一起，形成了世界上的第一个 BBS，这可以说是最早的虚拟社区。不过，虚拟社区真正的发展兴盛无疑与后来互联网技术的飞速发展分不开。这一点，只要看看研究者们对于虚拟社区的界定就很清楚。尽管许多研究者从各种不同的角度提出了各自的理解和表述，但他们对虚拟社区的本质有着基本一致的认识，虚拟社区存在于与日常经验的物理空间不同的电子网络空间（cyberspace，也译作“赛博空间”），社区的居民是“网民”，他们在一定的网络空间内，围绕共同的需要和兴趣展开交流、沟通等活动，并且形成共同的文化和对社区的归属感、认同感。

虚拟社区具有现实社区的基本要素，如一定的活动区域（BBS、聊天群、网上论坛等），有一定数量的居民（网民），居民之间存在较频繁的互动，等等。当然，与现实社区相比，虚拟社区更有着其自身的一系列特点。一般认为，虚拟社区的特点包括：（1）人际交往的超时空性。通过网络，人们之间的交流不受地域的限制，个体可以和世界上任何地方的人畅所欲言，在网络交往中，身体的不在场取代了传统人际交往中的在场。（2）人际互动的匿名性和彻底的符号性。在虚拟社区里，成员是匿名的，彼此之间看不到对方的“庐山真面目”，他们可以随意选择进入社区的身份标识，性别、年龄、种族等各种身份区别失去了实质意义。于是，在网络交往中，他们不只是使用符号进行交流沟通，他们本身也化为了符号。（3）人际关系的松散性和社区群体成员流动的频繁性。（4）自由、平等、民主、自治和共享的活动准则。虚拟社区成员的身份获得不受地域、年龄、性别、职业等因素的局限，成员之间基本上都是平等的关系；由于匿名性，现实社会里的地位等级近乎消解；成员共享社区文化和资源；同时虚拟社区实行民主化与自治性的管理，允许每个成员充分发挥其自主性、创造性。

三、虚拟社区中的人类行为

在很大程度上，正是虚拟社区的上述特点，造成了虚拟社区中人类行为的一些特别表现和特定效应。

如上所述，虚拟社区中的人际交往具有超时空性、匿名性的特点，这种特点直接影响人们在虚拟社区中的自我呈现或者说自我披露。研究表明，在网络虚拟社区中，人们的自我呈现通常采用自我增值的方式以夸大个人的吸引力，而这种自我披露又直接关系个人在虚拟社区中人际关系的发展。进一步的研究表明，自我信息披露的数量和意愿通常会对网络人际关系产生正面影响，但自我信息披露的真实性反而可能会对关系的发展有负面影响。对社交技能较低的部分青少年而言，网络在线交流给了他们一个发展正常有益的友谊关系的平台。通信的匿名性和异步性允许低社交技能的个人透露更多的个人信息，有效应对其他朋友的意见，并认真准备他们的发言内容。研究还表明，虚拟社区中人际互动的超时空性、匿名性、异步性还有助于提高虚拟群体工作的效率和创造力。原因是：第一，网络互动的参与者可以匿名参与，他们的信息简洁，这使他们被评估的压力降低，从而增加了整合信息的可能性。第二，网络能充分发挥互动的功能，增加人们分享其他人的信息的可能性。在面对面的会议中，往往是几个领导成员占据讨论的主导地位，这种情况在虚拟世界中较少发生，这就使得每个人的意见都有平等的方式为其他人所了解和接受。

自由、平等、民主、自治和共享是虚拟社区的活动准则，同时，人际互动的匿名性也为人们在虚拟社区中的言行创造了更多的自由空间，使他们在较大程度上摆脱了现实社会中真实身份的羁绊和相应的顾虑。在虚拟社区中，人们往往比在现实社会中更加能够，也更愿意表达自己的真实感受和意见。也正因如此，从20世纪90年代末开始，许多受过良好教育的中国公民在网络空间找到了自己的公共表达方式，使网络成为一个比较有效的公共舆论空间。

但也正因为虚拟社区中人际互动的匿名性和彻底的符号性，人们在虚拟社区中往往会降低对自身言行的自我约束，从而表现出各种网络越轨行为，如网络欺诈、网络暴力、网络群体性事件和形形色色的网络有组织犯罪等。程度较轻的个体行为倾向还有网瘾，即上网者习惯性和长时期地沉溺于网络时空之中，产生强烈的心理依赖甚至痴迷的心理状态，这在青少年中尤为普遍。除此之外，“网络舆论乱象丛生”，也会“严重影响人们思想和社会舆论环境”①，

---

① 习近平：《高举中国特色社会主义伟大旗帜　为全面建设社会主义现代化国家而团结奋斗——在中国共产党第二十次全国代表大会上的报告》，人民出版社2022年版，第5页。

因此同样需要有效的治理。

最后值得一提的是人们在虚拟社区中的行为与其在现实社会中的行为的关系。在此须注意两点：其一，从根本上讲，人们在虚拟社区中的行为机制与在现实社会中的行为机制并没有本质上的不同，发生于两者之中的具体行为不同，无非是行为所面临的环境条件或者外部约束因素发生了变化。其二，在肯定上述第一点的基础上，我们也要看到，人们在网络虚拟社区的行为会影响其在现实社会中的行为，如线上好友群也可能会演变成线下好友群，而沉迷于网上人际交往可能影响个人在现实社会中的人际交往能力。

第五节　社会变迁与中国体验

从党的十一届三中全会开始，中国社会走上了改革开放的社会大变革的道路，这是继新中国成立以后，中国历史上最伟大、最激动人心的社会变迁历程。改革自经济体制始，逐步迈向中国社会的各个领域；开放从打开国门起，最终使我们这个古老的民族融入世界文明的洪流之中。40 余年的时间，不但中国的经济、政治和社会生活发生了巨大的变化，而且中国人民的价值观和社会心态也经历了迅猛的嬗变，这一过程成为社会心理的现代变动的最佳案例。如果说，自改革开放以来我们一直提倡的中国式现代化“是物质文明和精神文明相协调的现代化”①，那么改革开放 40 余年来中国人精神世界的嬗变，也是中国式现代化必不可少的一部分。它是中国人民在传承中华优秀传统文化的同时，广泛吸收包括西方在内的全世界优秀和进步文明所形成的新的社会主义的精神样态和人格风貌，它体现了在中国式现代化进程中，全世界最广大的一群人本身也在经历着现代化和全面发展的洗礼。

一、改革开放与中国人社会心理的嬗变

如果说 1976 年“文化大革命”的结束预示着春天已经降临中国的话，那么彼时中国人的精神河流中的坚冰尚未被打破。直到 1978 年 5 月 11 日，《光明

① 习近平：《高举中国特色社会主义伟大旗帜　为全面建设社会主义现代化国家而团结奋斗——在中国共产党第二十次全国代表大会上的报告》，人民出版社 2022 年版，第 22 页。

日报》发表了题为《实践是检验真理的唯一标准》的特约评论员文章，并因此引发了关于“实践是检验真理的唯一标准”的大讨论和其后大规模的思想解放运动，才真正推动了中国人精神世界的腾飞。这不仅为这一年年底召开党的十一届三中全会奠定了思想基础，同样也为其后快速的经济腾飞和巨大的社会变革，以及中国人的价值观和社会心理的快速嬗变铺平了道路。

从1978年至今的40余年里，中国社会发生了翻天覆地的变化。不仅经济飞速成长，国内生产总值（GDP）位居世界第二，而且通过制度建设、民主法治和社会主义市场经济的确立，中国正在向一个真正意义上的现代国家迈进。这40余年中的巨大变化涉及经济、政治和社会生活的方方面面，我们可以粗略地将这场社会大变迁简要地归纳为这样两个方面：

其一，沿着1949—1978年的工业化道路，继续实现从以农业为主导的社会向以工业和服务业为主导的社会的转变。1978年中国经济三大产业结构的比率为27.7：47.7：24.6，经过短短的40余年，到2022年，三大产业结构的比率已经转变为7.3：39.9：52.8；而从城镇化的进程来看，1978年我国城镇化率只有17.92%，2022年则达到了65.22%。产业结构的变化及城市化的发展，不仅促进了新经济形态的生长，同时也促进了中国社会结构的分化，孕育了现在数量越来越大的中等收入群体。

其二，尤为重要的是，经济体制从指令性的计划经济向社会主义市场经济的转变。这一转变经历了许多复杂的过程：先是从最初的“以计划经济为主，市场调节为辅”，过渡到有计划的商品经济；接着，1992年中共十四大明确建立社会主义的市场经济体制，党的十四届三中全会提出“要使市场在国家宏观调控下对资源配置起基础性作用”①；之后，2013年召开的党的十八届三中全会，则进一步强调市场在资源配置中应起“决定性作用”②，2017年党的十九大强调“经济体制改革必须以完善产权制度和要素市场化配置为重点，实现产权有效激励、要素自由流动、价格反应灵活、竞争公平有序、企业优胜劣汰”③，2024年召开的党的二十届三中全会提出要“聚焦构建高水平社会主义

① 《中共中央关于建立社会主义市场经济体制若干问题的决定》，人民出版社1993年版，第2页。

② 《中共中央关于全面深化改革若干重大问题的决定》，人民出版社2013年版，第3页。

③ 习近平：《决胜全面建成小康社会 夺取新时代中国特色社会主义伟大胜利——在中国共产党第十九次全国代表大会上的报告》，人民出版社2017年版，第33页。

市场经济体制”[1]。这一系列的朝向市场经济的推进和改革不仅为中国经济的起飞奠定了基础，也必然导致中国人的价值观和社会心理进一步朝向现代转变。

历史是延续的，但不同的历史事件对人的生命历程和精神世界的影响是不同的，这又使得人们的历史感是断续的。纵观 40 余年来在改革开放的大背景下中国人的价值观和社会心态的嬗变，我们以若干重大的历史事件为标志，将其粗略地分为两大时期：

一是现代价值观的发展时期。新中国成立以来，党和国家都对培养中国人的价值观和社会心理高度重视，并通过诸如雷锋精神的培育造就了一批“社会主义新人”。尽管 1966 年开始的“文化大革命”这场“由领导者错误发动，被反革命集团利用，给党、国家和各族人民带来严重灾难的内乱”[2] 对中国人民的精神世界带来了损害，并造成了“文化大革命”结束后年轻一代的迷惘与失落[3]，但随后而至的改革开放迅速促进了中国人的社会心理继续向现代发展。1978 年后助推现代价值观发展的力量来自改革和开放两个方面。其一，就改革的力量而言，党的十一届三中全会之后，以家庭联产承包责任制为主导的农村经济体制改革使得农村经济显示出前所未有的繁荣景象。在这样的背景下，1982 年召开的党的十二大进一步提出了有系统地进行经济体制改革的任务，随后又明确提出了“社会主义商品经济”的概念，同时将经济体制改革推向城市。其二，就开放的力量而言，世界文明浪潮的波及不仅使当时的中国掀起了一场现代化的学习热潮，也使人们普遍经历了“全球意识”“第三次浪潮”“新技术革命”等观念的冲击。在改革和开放两股力量的推动下，相当多的中国人尤其是年轻人中间开始进一步发展出了富有鲜明的现代气息的价值观和社会心态。一时间，“深圳速度”“温州模式”和“苏南模式”成了人们谈论的热点，而“时间就是金钱”“效率就是生命”“观念更新”也成了人们的口头

---

① 《中共中央关于进一步全面深化改革　推进中国式现代化的决定》，人民出版社 2024 年版，第 4 页。

② 《中国共产党中央委员会关于建国以来党的若干历史问题的决议》，人民出版社 1981 年版，第 25 页。

③ 1980 年由《中国青年》杂志所刊发的署名“潘晓”的来信——《人生的路呵，怎么越走越窄……》，以及其后主要由年轻人参加的关于人生观和价值观的大讨论，是“文化大革命”后一批被耽误的青年人迷惘和失落的心理表现。不过，从后来的效果来看，尽管这一讨论在当时有效缓解了年轻一代的心理焦躁，但多少也带来了矫枉过正的消极后果，在一定程度上助长了个人主义倾向的滋生。

禅。文化与教育领域一样充满了勃勃生机，这一切都有力地推动了中国学术界的发展和观念更新。

二是现代价值观的提升时期。这一阶段始于1992年邓小平的南方谈话，一直延续到2002年开始的和谐社会的构想，尤其是2012年中国梦蓝图的提出和2022年推进“中国式现代化”的伟大设想。南方谈话引发了随后兴起的以市场经济为导向的体制改革热潮，同年召开的党的十四大明确提出要在中国建立社会主义市场经济的新体制，由此在中国人尤其是年轻一代心中，孕育了更能适应社会主义市场经济的价值体系和社会心态；之后，无论是2002年和谐社会的构想，还是2012年中国梦蓝图的提出，都在激励中国人民在继续奋进的同时，开始思考如何使我们民族的社会心态摆脱浮躁，迈向稳健从容。毋庸回避，40余年快速的经济与社会变迁，也在不同领域导致了不同程度的心态失序，以至于费孝通先生说，和谐社会“需要一个所有人类均能遂生乐业，发扬人生价值的心态秩序”①。面对这一现实，党和国家更是高度意识到在经济发展的同时，确立与现行社会形态相一致的健康向上的价值观与社会心态的重要性。继2006年党的十六届六中全会首次对社会主义核心价值观的构成作出明确表述之后，2012年党的十八大将其浓缩成24个字，提出“倡导富强、民主、文明、和谐，倡导自由、平等、公正、法治，倡导爱国、敬业、诚信、友善，积极培育和践行社会主义核心价值观”②；与此同时，培育健康向上的社会心态也被写进议事日程，党的十九大报告申明，要养成“自尊自信、理性平和、积极向上的社会心态”③，并在党的二十大上号召“弘扬劳动精神、奋斗精神、奉献精神、创造精神、勤俭节约精神，培育时代新风新貌”④。

二、当代中国人精神嬗变的边际性

在社会科学领域，德国社会学家齐美尔最先讨论了因现代性的诞生而产生

---

① 费孝通：《中国城乡发展的道路——我一生的研究课题》，《费孝通文集》第12卷，群言出版社1999年版，第315页。

② 《关于培育和践行社会主义核心价值观的意见》，人民出版社2013年版，第4页。

③ 习近平：《决胜全面建成小康社会　夺取新时代中国特色社会主义伟大胜利——在中国共产党第十九次全国代表大会上的报告》，人民出版社2017年版，第49页。

④ 习近平：《高举中国特色社会主义伟大旗帜　为全面建设社会主义现代化国家而团结奋斗——在中国共产党第二十次全国代表大会上的报告》，人民出版社2022年版，第44—45页。

的边际人现象。其后，美国社会学家罗伯特·帕克沿着齐美尔的思路，将边际人形象地比喻为文化上的混血儿，他们寄托在两个不同的群体之中，但又不完全属于任何一方，他们的自我概念是矛盾的、不协调的。用帕克自己的话说，边际人生活在两个世界中，在这两个世界中，他或多或少都是一个外来者。不过，这种边际性不仅是一种负担，同时也是一种财富。因为相对于他的文化背景，他会成为眼界更加开阔，头脑更加聪明，具有更加公正和更有理性观点的个人。帕克说："正是在边际人的思想中，由新文化的接触而产生的道德混乱以最显著的形式表现出来。也正是在边际人的内心——那里正在发生文化的变迁和融合——我们可以最佳地研究文明和进步的过程。"①

早在1958年，美国社会心理学家勒纳就通过对中东地区的现代化过程的研究得出结论：如果一个社会中有许多人成为"过渡人"或"边际人"，这个社会就开始由传统走向现代了。在勒纳眼中，边际人是置身于传统—现代连续统上的人：他既处在传统之中，又置身于传统之外；他既跨进了现代的门槛，又未完全投身于现代的怀抱。与此相应，他的行为也受着"双重价值系统"的支配，他渴慕现代的刺激，但又不能完全摆脱传统的掣肘。

如果说上述边际人的特征能够在某种程度上刻画出身处社会变迁时代的中国人的社会心理群像，那么处在传统—现代之间的二元化特征就是边际人的最本质特征。我们认为，只要能够将这二元特征视为一种连续统，这种并非绝对的两分法就可以为我们提供一种合适的分析构架。我们也可以按照这一思路，论述现时中国人的价值观和社会心态嬗变的二元性或边际性：

其一，中国人的价值观和社会心态的二元性，表现出了传统与现代的对抗。传统与现代这对主题，已经缠绕了中国人100多年。从某种程度上说，我们可以将这100多年来中国人社会心态的嬗变历史视为一个传统性不断削弱和现代性不断增强的过程，或者视为传统在功能上对现代性的要求不断适应的过程。比如，虽然五四运动时期与现在一样存在着传统—现代这对相互对抗的主题，但彼时的人们和今天的我们对传统与现代的理解有相当大的区别。换句话说，今天的中国人更为现代，表现为他们不再将传统和现代视为绝对对立的两极，也不会为了"恭迎"现代而像1919年时那样彻底将传统打翻在地。人们

---

① Robert E. Park, "Human Migration and the Marginal Man," in Robert E. Park *on Social Control and Collective Behavior*, Chicago: The University of Chicago Press, 1967, p. 206.

已经看到，传统与现代虽然仍有发生冲突的可能，但在许多情况下，它们也是能够共存共生的，没有人再否认优秀的传统文化在中国现代化进程中能够发挥促进作用。进一步来讲，其实中国人民在长期的生产和生活实践中积累的包括宇宙观、天下观、社会观、道德观在内的世界观和生活态度，有相当一部分“同科学社会主义价值观主张具有高度契合性”①，值得我们在新的历史时期加以弘扬。

其二，中国人的价值观和社会心态的二元性，反映出了理想与现实的落差。理想之所以还会激励着个人，是因为中国社会在不断地进步，尤其是改革开放40余年来的进步，让所有人感受到了希望；但是，现实又不能令人完全满意，尤其是随着改革开放和眼界的不断开阔，人们对生活产生了更高的要求。当然，经过这40余年来的嬗变，中国人不再固执于某一个极端。在面临理想与现实的落差时，他们既不会因屈从现实而放弃理想，也不会因固守理想而无视现实。他们往往会力求在两极之间寻求某种兼顾。比如，一项对北京高校学生的调查表明，学生们在对微软的创始人比尔·盖茨充满仰慕的同时，依旧对苏联小说中的英雄保尔·柯察金保持了足够的敬意，区别只在于他们倾向于将盖茨视为现实世界中的榜样，而将保尔视为精神世界中的偶像。

其三，转型时期中国人精神世界嬗变的二元性或两极化特征，表现为城市与乡村的对峙。在中国，由于城乡分治多年，加之城乡之间的差别一直很大，两种不同的人格模式逐渐形成：都市人格和乡村人格。前者是与工业化和城市化相一致的价值观和行为模式，具体表现为精明、开放、享乐，自我取向，行为方式上的异质性、积极进取、业缘本位；后者则是与传统的小农生产方式和生活方式相吻合的价值观和行为模式，具体表现为敦厚、耐劳、封闭，他人取向，行为方式上的同质性、消极自保、血缘与地缘本位。这种人格特征基础上的城市与农村的对峙，并不是道德评判，也并不仅仅发生在市民和农民之间，每一个具体的人也都可能同时存在这两种不同的人格和行为特征。有的市民在行为方式上可能更“乡村”一些，比如，他们不遵守交通规则、不爱护公共卫生，因为他们尚不适应同生共济性更强的城市生活；同理，沿海地区率先步入

① 习近平：《高举中国特色社会主义伟大旗帜 为全面建设社会主义现代化国家而团结奋斗——在中国共产党第二十次全国代表大会上的报告》，人民出版社2022年版，第18页。

现代化的农民在行为方式上也可能更“城市”一些①；而许多农民工也同样“没有因为较低的收入水平和经济社会地位而表现出消极的社会态度，反而呈现出预料之外的积极社会态度”②。

其四，转型时代中国人精神世界嬗变的二元性或两极化特征，表现为积极与消极的共存。在论述 40 余年来中国人精神世界的嬗变时，大多数研究在肯定这种嬗变的积极向度的同时，指出了它具有的消极向度。事实上，精神嬗变过程中积极与消极的共存，本身就是变迁或转型的一种特征；同时任何一种心理特征或精神特质也都可能引发积极或消极的社会后果。只看到最近 40 余年来整个社会朝向市场的转型，以及对物质生活和经济成就的积极肯定态度，促进了中国经济的迅猛发展和 GDP 的狂飙突进以及物质生活的极大丰富，却忽视同样一种价值观也会带来拜金主义和享乐主义，这种观点在理论和认知层面上是片面的。同理，迅猛的变迁既可能造就中国人积极能动的社会心态，当然也会孕育焦虑、浮躁和夸耀。③

三、中国体验：社会变迁的精神呈现

改革开放 40 余年来，中国社会取得了前所未有的进步，它使关注这一进程的人们意识到中国社会改革开放 40 余年来的发展和转型，已经显示出自己鲜明的特色，显示出在全球的独特性，用世界上任何现有的发展模式都难以完全解释得通，由此，促成了“中国经验”以及相关概念的形成。学者们用这一概念来指代在全球化和社会转型的双重背景下，中国社会近几十年来在宏观的经济与社会结构方面的发展及其经验。

与此对应，社会心理学工作者也提出，在研究宏观的经济与社会发展的“中国经验”的同时，也要关注中国人的价值观和社会心态在最近 40 余年中发生的微观变化，即我们这里所称的“中国体验”。中国体验与中国经验作为 1978 年开始的这场史无前例的大变迁或社会转型的一体两面，赋予我们这个独

---

① 参见周晓虹：《传统与变迁——江浙农民的社会心理及其近代以来的嬗变》，生活·读书·新知三联书店 1998 年版，第 309—328 页。

② 李培林、李炜：《农民工在中国转型中的经济地位和社会态度》，《社会学研究》2007 年第 3 期。

③ 参见周晓虹等：《当代中国人社会心态笔谈》，《江苏行政学院学报》2014 年第 5、6 期。

特的时代完整的历史意义和文化价值。[1] 同时，这也从物质和精神两个方面为我们理解中国式现代化提供了新的可能。

理解中国体验的现实性，首先涉及承认还是不承认诸如阶层、民族、国民这样的人群共同体存在某种集体的或共同的社会心理或社会心态的问题。来源于不同学科的社会心理学家分属社会唯名论和社会唯实论两个主要阵营：前者认为只有个体是现实的，而社会只是一个虚幻的存在物，是标示这个虚幻存在物的一个名称，因此，所谓群体心理，如弗洛德·奥尔波特所言，不过是人们通过想象建构起来的一种“群体谬误”；后者则认为社会固然是由个体组成的，但一旦个体组成了社会，社会就有了独立存在的特性，或者说成了一个实体的存在，具备了组成它的单个个体所不具备的“突生性质”。因此，持社会唯实论观点的社会心理学家如安德列耶娃认为，除个体意识之外，还存在着表征团体心理性质的某种东西，并且个体意识在某种程度上是由这种东西来决定的。不过，“这种东西”究竟是什么，学者们说法不一：黑格尔使用过“民族精神”，涂尔干使用过“集体表象”，韦伯使用过“资本主义精神”，马克思和恩格斯也同样论述过那种“使广大群众、使整个整个的民族，并且在每一民族中间又是使整个整个阶级行动起来的动机”[2]。

我们承认包括阶层、民族和国民心理在内的群体心理存在和嬗变的现实性，也承认正是这 40 余年来中国社会发生了巨大的社会变迁，使十几亿中国人的精神世界发生同样迅疾的历史性嬗变，形成所谓的中国体验。中国体验的这种现实性，起码可以从三个方面加以论述：（1）中国体验是一个特殊历史时代的“国民性”，或者说是一种转变中的国民性格的组成部分，是十几亿中国人在改革开放这个特殊的社会历史条件下形成的各种心理与行为特征的总和，是一种与时代密切相连的时代精神。（2）中国体验的现实性首先取决于自改革开放以来中国社会大转型的现实性，我们已经看到，这 40 余年来的社会大转型不仅造就了中国经济的奇迹，在经济飞速发展的同时，中国社会的阶层结构、社会组织方式、社区和社区管理方式、人们的就业方式等一并发生了翻天覆地的变化。作为一种现实生活的背景，这一系列的社会结构和社会生活变化不能不影响生存其间的中国人民的精神世界和社会心理。（3）我们一方面承认

---

① 参见周晓虹等：《中国体验——全球化、社会转型与中国人社会心态的嬗变》，社会科学文献出版社 2017 年版，第 3 页。

② 《马克思恩格斯文集》第四卷，人民出版社 2009 年版，第 304 页。

中国体验是中国国民的一种整体社会心理，但另一方面也意识到由于阶层地位不同、生活的城乡环境不同、接受的文化教育不同、从事的职业类型不同，中国体验并不是一种单一的精神状态，它本身也是多元的、复杂的。所以，在我们讨论中国体验的积极的一面时，也承认其中同样有消极的一面，包括前述中国人表现出的全民焦虑感，也包括对过度的贫富差异的不满体验，等等。

应该承认，1978 年后发生的大变迁和社会转型最为重要的特点是：在广度上，它从经济领域的改革开始，推向社会生活的纵深领域；在深度上，它所触及的层面非常深刻，有相当一部分触及中国人传统的价值观和社会体制的深层结构，由此带来了中国人精神世界的大动荡、大起伏；在时间的持续性上，这场大变迁更是历经 40 余年仍然未见颓势，虽然随着改革的深入，新的社会矛盾逐渐显现，但中国社会依旧表现出了强劲的向前发展的趋势。这一切都使我们相信，这场大变迁最终能够完成近代以来中国社会朝向现代化的大转型，使得我们的国家和国民都能够实现一百多年来崛起和复兴的伟大梦想。

既然我们谈论的是这样迅疾和巨大的社会转型以及在转型背景下中国人的精神嬗变，那么能够想象的是，同宏观的中国社会结构带有鲜明的二元特征一样，当前中国人的微观价值观和社会心态，即我们所说的中国体验，也一定会带有前述鲜明的边际性或二元性。这种边际性的存在，一方面说明中国体验是急速的社会变迁的精神感悟，是前后相继的两个迥然不同的时代及其“翻转”带给人们的精神烙印；另一方面也构成了我们理解当代中国变迁的一种独特视角，为我们构建具有中国特色的哲学社会科学学科体系、学术体系、话语体系提供了现实的契机。正是中华民族在 20 世纪 70 年代末从经济改革起步的这场伟大变革，在实现中华民族伟大复兴的中国梦的历史征程中，使我们的人民以具有自己特色的方式形成更能够适应现代社会的健康、积极、平和的价值观和社会心态，并成为现在变得越来越沟通频繁、往来便利的“地球村”中的骄傲一族。

思考题

1. 如何认识现代性的社会心理层面？
2. 飞速变化的现代社会给传统代际关系带来了怎样的冲击？如何重塑代际关系？

3. 虚拟社区与现实社区中的行为有何区别与联系？

4. 如何理解当前中国人精神嬗变的边际性？

5. 根据你自己的生活经历，谈谈对“中国体验”的价值与意义的理解。

▶ 答题要点

阅 读 文 献

■ 马克思：《1844 年经济学哲学手稿》，《马克思恩格斯文集》第一卷，人民出版社 2009 年版。

■ 马克思、恩格斯：《德意志意识形态》，《马克思恩格斯文集》第一卷，人民出版社 2009 年版。

■ 习近平：《决胜全面建成小康社会　夺取新时代中国特色社会主义伟大胜利——在中国共产党第十九次全国代表大会上的报告》，人民出版社 2017 年版。

■ 习近平：《高举中国特色社会主义伟大旗帜　为全面建设社会主义现代化国家而团结奋斗——在中国共产党第二十次全国代表大会上的报告》，人民出版社 2022 年版。

■《中共中央关于构建社会主义和谐社会若干重大问题的决定》，人民出版社 2006 年版。

■《关于培育和践行社会主义核心价值观的意见》，人民出版社 2013 年版。

■ 沙莲香：《中国民族性》（一、二），中国人民大学出版社 1989 年、1990 年版。

■ 周晓虹：《现代社会心理学史》，中国人民大学出版社 1993 年版。

■ 周晓虹：《现代社会心理学——多维视野中的社会行为研究》，上海人民出版社 1997 年版。

■ 乐国安主编：《20 世纪 80 年代以来西方社会心理学新进展》，暨南大学出版社 2004 年版。

■ 杨国枢：《中国人的心理与行为：本土化研究》，中国人民大学出版社 2004 年版。

■ 何友晖、彭泗清、赵志裕：《世道人心：对中国人心理的探索》，北京大学出版社 2007 年版。

■ 方文：《学科制度和社会认同》，中国人民大学出版社 2008 年版。

■ 黄光国、胡先缙等：《人情与面子：中国人的权力游戏》，中国人民大学出版社 2010 年版。

■ 孙本文：《社会心理学》，《孙本文文集》第 2 卷，社会科学文献出版社 2012 年版。

■ 翟学伟：《人情、面子与权力的再生产》（第二版），北京大学出版社 2013 年版。

■ 周晓虹主编：《中国社会心理学文选（1919—2019）》，社会科学文献出版社 2022 年版。

■ [苏联] 安德列耶娃：《社会心理学》，南开大学社会学系译，南开大学出版社 1984 年版。

■ [英] 迈克 · 彭等：《中国人的心理》，邹海燕等译，新华出版社 1990 年版。

■ [美] 阿列克斯 · 英克尔斯、戴维 · H. 史密斯：《从传统人到现代人——六个发展中国家中的个人变化》，顾昕译，中国人民大学出版社 1992 年版。

■ [美] 明恩溥：《中国人的特性》，匡雁鹏译，光明日报出版社 1998 年版。

■ [美] 奥尔波特等：《谣言心理学》，刘水平、梁元元、黄鹂译，辽宁教育出版社 2003 年版。

■ [美] 乔治 · H. 米德：《心灵、自我与社会》，赵月瑟译，上海译文出版社 2005 年版。

■ [美] 欧文 · 戈夫曼：《日常生活中的自我呈现》，冯钢译，北京大学出版社 2008 年版。

■ [美] 彼得 · M. 布劳：《社会生活中的交换与权力》，李国武译，商务印书馆 2008 年版。

■ [美] 托马斯 · 吉洛维奇等：《吉洛维奇社会心理学》，周晓虹、秦晨等译，中国人民大学出版社 2009 年版。

■ [德] 马克斯 · 韦伯：《新教伦理与资本主义精神》（罗克斯伯里第三版），苏国勋等译，社会科学文献出版社 2010 年版。

■ [澳] 迈克尔 · A. 豪格、[英] 多米尼克 · 阿布拉姆斯：《社会认同过程》，高明华译，中国人民大学出版社 2011 年版。

■［法］塞尔日·莫斯科维奇：《社会表征》，管健、高文珺、俞容龄译，中国人民大学出版社 2011 年版。

■［美］亚伯拉罕·马斯洛：《动机与人格》（第 3 版），许金声等译，中国人民大学出版社 2012 年版。

■［美］戴维·E. 罗哈尔、梅利莎·A. 米尔凯、杰弗里·W. 卢卡斯：《社会心理学：从社会学的角度看清社会心理现象》，郑全全等译，机械工业出版社 2015 年版。

■［美］阿尔伯特·班杜拉：《社会学习理论》，陈欣银、李伯黍译，中国人民大学出版社 2015 年版。

■［法］古斯塔夫·勒庞：《群氓心理学》，陈璞君译，北京师范大学出版社 2018 年版。

人名译名对照表

[美]	阿德尔森	J. Adelson
[奥地利]	阿德勒	Alfred Adler
[德]	阿多诺	T. W. Adorno
[英]	阿尔布劳，马丁	Martin Albrow
[美]	阿耶兹，伊克	Icek Ajzen
[意]	阿奎那	Saint Thomas Aquinas
[法]	阿隆，雷蒙	Raymond Aron
[美]	阿伦森	Elliot Aronson
[美]	阿伦特，汉娜	Hannah Arendt
[美]	阿罗	K. J. Arrow
[美]	阿特金森	John William Atkinson
[美]	阿希	Solomon Eliot Asch
[美]	埃尔伍德	Charles A. Ellwood
[美]	埃里克森	Erik Homburger Erikson
[美]	艾克曼	Paul Ekman
[意]	艾儒略	Giulio Aleni
[英]	艾森克，汉斯	Hans J. Eysenck
[苏联]	安德列耶娃	Г. М. Анлреева
[美]	安德森，克雷格	Craig A. Anderson
[美]	安德森，诺曼	Norman Henry Anderson
[美]	安斯沃斯	Mary Ainsworth
[美]	奥尔德弗	Clayton Alderfer
[美]	奥尔波特，弗洛德	Floyd Henry Allport
[美]	奥尔波特，高登	Gordon Willard Allport
[美]	奥格本	W. Ogburn
[古罗马]	奥古斯丁	St. Anrelius Augustinus
[美]	奥斯古德	Charles Egerton Osgood
[苏联]	巴甫洛夫	Иван Петрович Павлов
[美]	巴克	Kurt W. Back

[美]	巴伦	Robert A. Baron
[美]	巴斯，阿诺德	Arnold H. Buss
[美]	巴斯，戴维	David Buss
[美]	巴特森	Daniel Batson
[美]	班杜拉	Albert Bandura
[美]	鲍德温，詹姆斯	James M. Baldwin
[英]	鲍尔比	John Bowlby
[美]	鲍尔斯，萨缪	Samuel Bowles
[美]	鲍迈斯特	Roy F. Baumeister
[日]	北山忍	Shinobu Kitayama
[美]	贝克尔	Gary S. Becker
[美]	本尼迪克特	Ruth Benedict
[苏联]	彼得罗夫斯基	A. B. Петровского
[法]	波达	Jean-Charles de Borda
[美]	伯克威茨	Leonard Berkowitz
[美]	伯曼	Jeffrey S. Berman
[古希腊]	柏拉图	Plato
[美]	博厄斯	Franz Boas
[美]	布劳	Peter Blau
[英]	布雷德	James Braid
[美]	布鲁默	Herbert Blumer
[美]	布鲁纳	Jerome Seymour Bruner
[英]	达尔文	Charles Robert Darwin
[美]	达利	John Darley
[美]	戴恩	Karen K. Dion
[美]	戴维斯	Keith E. Davis
[美]	德西	Edward L. Deci
[美]	多德森	John Dodson
[美]	多拉德	John Dollard
[美]	梵纳曼	R. D. Vanneman
[美]	菲德勒	Fred E. Fiedler
[美]	菲什拜因，马丁	Martin Fishbein

[美]	菲雪尔，克劳德	Cloude S. Fisher
[德]	费尔巴哈	L. Feuerbach
[美]	费斯克，苏珊	Susan Tufts Fiske
[美]	费斯汀格，列昂	Leon Festinger
[德]	冯特，威廉	Wilhelm Wundt
[美]	弗里德曼	Howard Friedman
[美]	弗洛姆	Erich Fromm
[奥地利]	弗洛伊德	Sigmund Freud
[美]	富兰克林	Benjamin Franklin
[美]	戈德伯格	L. A. Goldberg
[美]	戈夫曼	Erving Goffman
[美]	戈勒，杰弗里	Geoffrey Gorer
[德]	歌德	Johann Wolfgang von Goethe
[美]	格尔	Ted Robert Gurr
[美]	格瑞伯格	Jeff Greenberg
[美]	古德曼	Cecile C. Goodman
[美]	哈维兰	William A. Haviland
[美]	海德	Fritz Heider
[澳]	豪格，迈克尔	Michael A. Hogg
[美]	赫茨伯格	Frederick Herzberg
[美]	赫尔，克拉克	Clark Leonard Hull
[德]	黑格尔	G. W. F. Hegel
[美]	华生	John Broadus Watson
[英]	霍布斯	Thomas Hobbes
[美]	霍尔	Edward Hall
[美]	霍夫兰	C. I. Hovland
[荷兰]	霍夫斯塔德	Geert Hofstede
[美]	霍兰德	Edwin Hollander
[美]	霍曼斯，乔治	George C. Homans
[美]	霍妮	Karen Danielsen Horney
[美]	基特苏斯	John I. Kitsuse
[英]	吉登斯，安东尼	Anthony Giddens

[美]	吉丁斯	F. H. Giddings
[美]	加芬克尔	Harold Garfinkel
[美]	金迪斯，赫伯特	Herbert Gintis
[美]	津巴多，菲利普	Philip George Zimbardo
[美]	卡曾斯	Steven D. Cousins
[美]	卡丁纳，阿布拉姆	Abram Kardiner
[美]	卡罗	S. J. Karau
[美]	卡曼	A. Korman
[美]	卡尼曼，丹尼尔	Daniel Kahneman
[美]	卡特尔，雷蒙德	Raymond Bernard Cattell
[美]	卡特莱尔	N. B. Cottrell
[美]	凯利，哈罗德	Harold Harding Kelley
[美]	凯利，乔治	George Alexander Kelly
[德]	康德	Immanuel Kant
[美]	科恩	Claudia E. Cohen
[美]	科尔曼	James S. Coleman
[苏联]	科尔尼洛夫	Константин Николаевич Корнилов
[美]	科斯塔	Paul Costa
[苏联]	科瓦列夫	А. Г. Ковалев
[美]	科瓦奇	J. K. Kovach
[英]	克里斯普，理查德	Richard Crisp
[美]	克罗尔	Gerald L. Clore
[法]	孔德	Auguste Comte
[法]	孔多塞	Marie Jean Antoine Nicolas de Caritat, marquis de Condorcet
[美]	库利	Charles Horton Cooley
[苏联]	库兹明	Евгений Сергеевич Кузьмин
[美]	拉彼埃尔，理查德	Richard Lapiere
[美]	拉坦纳	Bibb Latané
[美]	拉扎勒斯，莫里茨	Moritz Lazarus
[美]	拉扎勒斯，理查德	Richard Stanley Lazarus
[美]	莱维特	Harold J. Leavitt

[美]	莱歇尔	S. D. Reicher
[美]	赖克，查尔斯	Charles A. Reich
[美]	赖克，威廉	Wilhelm Reich
[美]	朗，格莱迪斯	Gladys Engel Lang
[美]	朗，克特	Kurt Lang
[加拿大]	朗伯特	Gerard Lambert
[美]	朗西曼	W. G. Runciman
[美]	勒纳	Daniel Lener
[法]	勒庞，古斯塔夫	Gustave Le Bon
[美]	勒温	Kurt Tsadek Lewin
[美]	理查森	Deborah R. Richardson
[意]	利玛窦	Matteo Ricci
[苏联]	列昂捷夫	Алексе́й Никола́евич Лео́нтьев
[美]	林顿，拉尔夫	Ralph Linton
[奥地利]	洛伦兹，康拉德	Konrad Lorenz
[德]	卢曼	Niklas Luhmann
[美]	卢钦斯	Abraham S. Luchins
[法]	卢梭	Jean-Jacques Rousseau
[苏联]	鲁宾斯坦	С. П. Рубинштейн
[美]	罗杰斯	Carl Ransom Rogers
[美]	罗森伯格	Seymour Rosenberg
[美]	罗斯，爱德华	Edward Alsworth Ross
[美]	罗特	Julian Bernard Rotter
[美]	马尔库塞	Herbert Marcuse
[意]	马基雅维利	Niccolò Machiavelli
[美]	马库斯	Hazel Rose Markus
[英]	马林诺夫斯基	Bronislaw Malinowski
[美]	马斯洛	Abraham Harold Maslow
[美]	马通礼	Anthony Joseph Marsella
[英]	麦独孤，威廉	William McDougall
[美]	麦卡锡	John D. McCarthy
[美]	麦克阿瑟	Leslie Ann McArthur

[美]	麦克利兰	David C. McClelland
[美]	麦克雷	Robert McCrae
[美]	麦克亚当	Doug McAdam
[美]	麦奎尔	William James McGuire
[美]	梅，罗洛	Rollo May
[美]	梅奥	George Elton Mayo
[美]	梅拉比安	Albert Mehrabian
[美]	梅农	Tanya Menon
[美]	梅因	Henry James Sumner Maine
[美]	米德，玛格丽特	Margaret Mead
[美]	米德，乔治	George Herbert Mead
[美]	米尔格拉姆	Stanley Milgram
[美]	米勒，尼尔	Neal E. Miller
[美]	米勒，琼	Joan G. Miller
[美]	米歇尔	Walter Mischel
[德]	闵斯特伯格	Hugo Munsterberg
[美]	明恩溥	Arthur Henderson Smith
[德]	莫德	Gijsbertus Mulder
[美]	莫雷诺	Jacob Moreno
[美]	莫里斯	Michael W. Morris
[荷]	莫蒙戴	A. Mummendey
[美]	莫瑞	Henry A. Murray
[法]	莫斯科维奇	Serge Moscovici
[美]	墨菲，加德纳	Gardner Murphy
[美]	纳什，约翰	John Nash
[美]	奈瑟尔	Ulric Neisser
[美]	纽科姆，西奥多	Theodore Newcomb
[美]	诺斯，道格拉斯	Douglass Cecil North
[美]	诺依曼，冯	John von Neumann
[美]	帕克，罗伯特	Robert Ezra Park
[意]	帕累托，维弗雷多	Vilfredo Pareto
[美]	帕森斯	Talcott Parsons

[美]	派蒂格鲁	T. F. Pettigrew
[美]	彭，迈克	Michael Harris Bond
[俄]	普列汉诺夫	Георгий Валентинович Плеханов
[德]	齐美尔，格奥尔格	Georg Simmel
[美]	琼斯，爱德华	Edward Ellsworth Jones
[瑞士]	荣格	Carl Gustav Jung
[美]	瑞安	Richard M. Ryan
[法]	瑞琼曼，马克斯	Max Ringelmann
[美]	萨姆纳	William Graham Sumner
[美]	沙赫特	Stanley Schachter
[美]	沙利文	Harry Stack Sullivan
[德]	舍勒	Max Scheler
[波兰]	什托姆普卡	Piotr Sztompka
[美]	施瓦兹	Norbert Schwarz
[美]	史密斯，戴维	David H. Smith
[美]	史密斯，弗农	Vernon Smith
[美]	舒茨，阿尔弗雷德	Alfred Schutz
[美]	舒茨，威廉	William Schutz
[英]	斯宾塞	Herbert Spencer
[美]	斯伯克特	Malcolm Spector
[美]	斯金纳	Burrhus Frederic Skinner
[美]	斯梅尔塞	Neil J. Semelser
[英]	斯密，亚当	Adam Smith
[美]	斯莫尔	Albion Woodbury Small
[德]	斯坦达尔	Heymann Steinthal
[美]	斯腾伯格	Robert Sternberg
[美]	斯托弗	S. A. Stouffer
[古希腊]	苏格拉底	Socrates
[法]	塔尔德	G. Tarde
[美]	塔克，艾伯特	Albert Tucker
[英]	泰弗尔，亨利	Henri Tajfel
[英]	泰勒，爱德华	Edward Burnett Tylor

[美]	泰瑟尔	Abraham Tesser
[美]	坦南鲍姆	Robert Tannenbaum
[美]	特雷安迪斯，哈里	Harry Triandis
[美]	特纳，拉尔夫	Ralph H. Turner
[澳]	特纳，约翰	John C. Turner
[美]	特里普利特	Norman Triplett
[德]	滕尼斯	Ferdinand Tönnies
[美]	蒂利	Charles Tilly
[荷兰]	廷伯根	Nikolaas Tinbergen
[法]	图海纳，阿兰	Alain Touraine
[法]	涂尔干，埃米尔	Émile Durkheim
[美]	托夫勒，阿尔温	Alvin Toffler
[法]	托克维尔	Alexis de Tocqueville
[美]	托马斯	William Thomas
[美]	威尔逊，爱德华	Edward O. Wilson
[美]	威廉姆斯	J. E. Williams
[美]	威廉姆斯，凯普	Kip Williams
[美]	威斯伯	Lauren G. Wispé
[德]	韦伯，马克斯	Max Weber
[美]	韦斯	John R. Weisz
[苏联]	维果茨基	Лев Семёнович Выготский
[美]	维纳	Bernard Weiner
[美]	希布塔尼	Tamotsu Shibutani
[美]	希金斯	Edward Tory Higgins
[美]	席尔斯	R. R. Sears
[苏联]	肖洛霍娃	Е. В. Шорохова
[美]	谢里夫，穆扎夫	Muzafer Sherif
[美]	休斯	Charles Evans Hughes
[古希腊]	亚里士多德	Aristotle
[美]	叶克斯	Robert Yerkes
[美]	英克尔斯，阿列克斯	Alex Inkeles
[美]	扎荣茨	Robert Zajonc

［美］	詹姆斯，威廉	William James
［美］	詹尼斯	Irving Lester Janis
［美］	左尔德	Mayer N. Zald

后　记

《社会心理学概论》是马克思主义理论研究和建设工程重点教材，由教育部组织编写，经国家教材委员会审核通过。在编写过程中，得到了国家教材委员会高校哲学社会科学（马工程）专家委员会、思想政治审议专家委员会以及教育部原马工程重点教材审议委员会的指导。同时，广泛听取了高校教师和学生的意见建议。

本教材 2021 年出版，由周晓虹主持编写，乐国安任副主编。绪论、第十二章第五节，周晓虹撰写；第一章、第八章，乐国安撰写；第二章，罗教讲撰写；第三章，翟学伟撰写；第四章，张洪撰写；第五章，汪新建撰写；第六章，李伟民撰写；第七章，管健撰写；第九章，孙时进撰写；第十章，方文撰写；第十一章，马广海撰写；第十二章第一节至第四节，王小章撰写。

为及时、深入贯彻党的理论创新成果和党的代表大会精神，扎实推动习近平新时代中国特色社会主义思想进教材、进课堂、进头脑，充分反映马克思主义中国化时代化最新成果、中国特色社会主义丰富实践和本学科领域最新进展，党的二十大召开后，教育部组建了修订组，组织了集中修订，形成了本教材第二版。

第二版由周晓虹主持修订工作，胡洁、张洪、李伟民、管健、马广海参加了具体的修订工作。

2025 年 7 月